Friedrich Theodor Vischer

**Goethes Faust**

neue Beiträge für Kritik des Gedichts

Friedrich Theodor Vischer

**Goethes Faust**
*neue Beiträge für Kritik des Gedichts*

ISBN/EAN: 9783741124471

Hergestellt in Europa, USA, Kanada, Australien, Japan

Cover: Foto ©Andreas Hilbeck / pixelio.de

Manufactured and distributed by brebook publishing software (www.brebook.com)

Friedrich Theodor Vischer

**Goethes Faust**

# Göthes Faust.

### Neue Beiträge

zur

## Kritik des Gedichts

von

### Friedrich Vischer.

O, daß dem Menschen nichts Vollkommnes wird,
Empfind ich nun!

Stuttgart.
Verlag von Adolf Bonz & Comp.

# Vorwort.

Man erlaube mir, daß ich den Hergang der Entstehung dieser Arbeit berichte, um einer Messung mit unrichtigem Maßstabe vorzubeugen. — Im Jahr 1857 brachte die Monatsschrift des wissenschaftlichen Vereins, die damals in Zürich erschien, einen Aufsatz von mir: „Kritische Bemerkungen über den ersten Theil von Göthes Faust, namentlich den Prolog im Himmel." Die Verlagshandlung (Meyer und Zeller) gab dieselbe in besonderem Abdruck heraus. Diese kleine Broschüre (20 Druckseiten) ist vergriffen, der jetzige Besitzer jenes Verlags, Herr Vogel in Stuttgart, zeigte sich zu einer neuen Ausgabe geneigt; von einfachem Wiederabdruck konnte keine Rede sein, Manches durfte stehen bleiben, aber in vielen Puncten mußte der Aufsatz umgearbeitet, mußten seine Sätze gegen Einwendungen, die inzwischen aufgetreten sind, vertheidigt werden. Ich gieng im Anfang vorigen Winters an dieß Geschäft, da mich die Reihe meiner amtlichen Vorlesungen wieder zu Göthes Faust führte, und ich glaubte eigentlich, nur mit rascher Feder meinen Vorträgen folgen zu dürfen und so die Arbeit ziemlich glatt erledigen zu können. Sie ward mir, offen gestanden, ungleich schwerer, als ich vorhergesehen; ich mußte aufs Neue erfahren, daß man mit diesem unfertigen Wunderwerk der Dichtung nie fertig wird. Als ich meine Mühe zu Ende geführt und niedergeschrieben vor mir lag, was jetzt den Theil des zweiten Abschnitts S. 205 bis 260 bildet, hielt ich für passend, eine Einleitung über die Ursachen der langen Verschleppung des Faust hinzuzugeben; ja ich glaubte, den gegebenen Anlaß hiezu benützen zu sollen.

Meine Ansichten hierüber hatten sich seit meinen letzten Veröffentlichungen geändert, ich hatte aufgehört, mit Gervinus den einzigen Grund des langen Stockens in Göthes Scheue vor dem politischen Schauplatz zu suchen, auf den der Held doch geführt werden sollte; es war natürlich, daß ich wünschte, Rechenschaft vom jetzigen Stand meiner Auffassung zu geben.

Das wuchs und wuchs mir nun unter der Hand. Was ich jetzt für die erste Ursache des Zauderns, Hinziehens bis ins letzte Lebensjahr des Dichters halte: der gänzliche Wandel seines Stylprincips, das verlangte eine Nachweisung, die nicht von kurzer Hand sein konnte, dieselbe führte naturgemäß auf den ästhetischen Charakter des spätvollendeten zweiten Theils, und nun stand ich abermals einem Urtheil gegenüber, das ich längst bekämpft habe, alte Vertreter dieses Urtheils waren seit meinen letzten Publikationen gegen mich vorgegangen, neue hatten sich eingestellt und mich angegriffen; ich mußte mich meiner Haut wehren, doch dieß war Nebensache, es handelte sich um eine Aufgabe der Kritik, die ich für ihre Amtspflicht halte nach wie vor: nicht zu dulden, daß zahnlose Pietät uns den Geschmack verderbe. Die Polemik führte unter Anderem nothwendig auf eine Untersuchung der Begriffe: Symbolisch und Allegorisch, die den Umfang nicht um Weniges ausdehnen mußte. — Was ich dann als zweites Hinderniß entschlossener Fortarbeit aufführte: die „philosophische Schwierigkeit," war ebenfalls nicht in Kürze klarzulegen; da galt es, schwere Fragen über das Verhältniß von poetischem Instinct und Denken aufzunehmen, Fragen, die nur ganz natürlich dazu führten, daß ich mehrere Hauptstellen des Gedichts in diesem Zusammenhang herbeizog und darauf ansah, ob sie der dichterischen Divination oder der bewußten Absicht und Reflexion ihren Ursprung verdanken. — Dann erst als dritte Ursache der langen Säumniß ließ ich die Schwierigkeit der politischen Aufgabe folgen, wie sie für Göthe bestand; sie konnte kürzer erledigt werden, war aber auch nicht leichtweg abzumachen; und die vierte —

was ich die rein subjective Schwierigkeit nenne — schien mir eine Wärme zu fordern, die sich mit einer gewissen Ergiebigkeit aussprechen mußte.

Ich hatte nun zwei Aufsätze geschrieben: einen über die Ursachen der langen Verschleppung des Gedichts, einen über den Prolog im Himmel. Sie bildeten nebeneinanderstehend ein Paar von einer Ungleichheit des Umfangs, die das Proportionsgefühl stören mußte. Die Zusammenstellung zeigte aber auch im Inhalt ein organisches Mißverhältniß. Ich habe vorhin gesagt, jener Theil, der die Aufschrift führt: „die zweite Ursache, die philosophische Schwierigkeit" habe mehrere Hauptstellen des Gedichts unter dem Standpuncte beleuchtet, der die betreffende Untersuchung leitet. Es sind diejenigen, die besonders viel und schwer zu denken geben; zu diesen gehört namentlich der Prolog im Himmel; dieser aber mußte dort ausgelassen werden, denn er war ja in einem besondern Aufsatz schon behandelt mit einer Ausführlichkeit, die den Charakter einer selbständigen Arbeit trug und so die Einreihung in jenen Zusammenhang ausschloß. Die beiden Aufsätze verhielten sich denn nun so zu einander, daß der letztere zweite, ursprünglich erste, an einer der Scenen des Drama, welche so tief sind, daß sie dem begriffmäßigen Denken eine unendliche Aufgabe bieten, eine eingehende Analyse vornahm, ein Beispiel philosophischer Auswicklung des Inhalts gab, während andere Stellen, welche dieselbe Schwierigkeit bringen, im jetzt ersten, ursprünglich zweiten Aufsatz eine ähnliche, nur kürzere Behandlung fanden. Dieß also wie die Ungleichheit des Umfangs forderte eine organische Aenderung. Die Parthieen, welche es mit den Stellen des Gedichts zu thun haben, die besonders schwere Probleme enthalten, bei denen zugleich die Frage ist: divinatorisch erschaut oder reflectirt oder etwa auch eine Art Mischung von beidem? kurz mit allen erquicklich oder minder erquicklich bemühenden tiefsinnigen Stellen: diese Parthieen mußten beisammen stehen. Ich zog also aus der genannten Abtheilung des Aufsatzes, der jetzt den ersten Abschnitt bildet, alles Betreffende heraus, behandelte namentlich die Contract=Scene nun ungleich eingehender, stellte diese Analysen mit der des Prologs in eine Reihe zusammen und gab der so erweiterten älteren Studie die Aufschrift: die inhaltschweren Stellen des Gedichts, — ein Name, der mir selber nicht klingen will, nicht im Titelstyl ist und für den ich doch keinen besseren finden konnte (s. S. 201. 202).

So war denn größere Gleichheit des Umfangs und zugleich besseres organisches Verhältniß hergestellt. Sagt man mir nun, so sollte es bei der Entstehung eines Buchs nicht zugehen, ein klarerer Plan müsse zu Grunde gelegt und nach ihm gearbeitet werden, so könnte ich antworten, die Schuld sei doch wohl durch die Mühe abgetragen, die ein solcher Umbau kostet; wer es versteht, kennt sie. Eben die Mühe aber wird man nur zu sehr heraus= fühlen und darum gebe ich das Buch nicht ohne Sorge in die Welt. Mit aller Anstrengung ist es namentlich nicht mehr ge= lungen, da und dort die Wiederholungen auszuscheiden, die eine solche Umstellung schon dadurch mit sich bringt, daß neue Ver= bindungsglieder für die versetzten Theile geschaffen werden müssen und daß man bei allem Zurückblättern nicht überall mehr ent= deckt, was man schon gesagt hat. Von den unvermeidlichen Wiederholungen nicht zu sprechen! Göthes Faust gleicht einer Stadt, die fächerförmig gebaut ist und deren Häuserreihen zudem Lücken haben, so daß man sich doppelt leicht von allen Puncten aus auf einmal unversehens wieder im Centrum, im Ausgangs= punct der Radien, mitten in den Grundgedanken befindet. — Doch auf die vermeidlichen und nicht ganz vermiedenen Wieder= holungen und auf alle nicht ganz getilgten Spuren der Mühe zurückzukommen: das soll ja freilich nicht sein, ich bin nicht gesonnen, dem Gesetze den Gehorsam zu weigern, das gebietet, die Mühe müsse bis dahin gelangen, daß der Schein der Mühe= losigkeit entsteht, und wenn ich mir denn nicht bewußt bin, dieß Ziel ganz erreicht zu haben, so fühle ich, da meine Arbeit ge=

druckt vor mir liegt, recht das Bedürfniß, unter dem Schutz meines Motto, der einem so ungleich Größeren zu Gute kommen soll, nebenher auch mich zu bergen; allein wenn mir ein bitter= saurer Kritiker käme, diese Offenheit mißbrauchte und den drakonischen Spruch fällte, ich hätte einfach einen Bau, dem man ansehe, daß im Bauen der Plan verändert worden sei, umstoßen und einen neuen aufführen sollen, so bin ich doch nicht wehrlos. Ich will es darauf ankommen lassen und für jetzt nur sagen, daß es auf jeden Fall unrichtig wäre, wenn er seinem Richter= spruch die Vorstellung zu Grund legte, ich habe sollen und wollen ein auf Einheit und Vollständigkeit geplantes Buch schreiben, das sei mir mißlungen und ich habe durch Flicken zu helfen gesucht. Es bleibt dabei, daß ich bieten wollte einen umge= arbeiteten Aufsatz über eine Hauptstelle des Göthe'schen Faust und daß ich dann einen zweiten, eine zweite Studie hinzufügte, und Niemand kann sagen, daß es ein solches Buch nicht geben dürfe. Natürlich war es auch, daß ich beiden Studien aus dem Vorrath meiner Gedanken über das Gedicht so viel als möglich einverleibte; nur daß dabei das Verhältniß der späteren zur früheren unter der Arbeit nicht zeitig bemessen wurde, daß hieraus die geschilderte Ungleichheit entstand und daß die Mühe= spuren der hiedurch nöthigen Umänderung nicht mehr ganz zu vertilgen waren: nur hier liegt, wie gesagt, der Angriffspunct und ich bin also des Angriffs gewärtig.

Insbesondere habe ich wohl zu erwarten, daß mir verübelt wird, wie ich die ästhetischen Schätzungen in verschiedene Par= thieen zerstreut habe. Zu dieser Verzettlung — wenn es so stark bezeichnet werden soll — führte auch der Zwiesprach mit mehreren Gegnern, daher kommt z. B. die Helena so wieder= holt vor, weil sie von diesen der eine so, der andere anders in Schutz nimmt oder rühmt. Schwerer scheint zu verantworten, daß ich, was ich zum Preis des ersten Theils der Tragödie sage, da= und dorthin vertheilt habe, je nach Anlaß, nicht nach der

Ordnung des Gedichts. Ich muß aber gestehen, daß ich gerade darüber mich vergeblich bemühe ein böses Gewissen zu haben. Ich habe sogar in die erste Eintheilung des ersten Abschnitts, welche nur erst erzählt, wie unterbrochen Göthe an seinem Faust gearbeitet hat, einzelne Urtheile ästhetischen Inhalts eingestreut und mache mir auch darüber keine Scrupel. Es war sogar Absicht in diesem Abweichen von successiver Folge. Welche? Das erräth der Einsichtige; ich warte, bis der erste Stein aufgehoben wird, und hoffe, mich dann decken zu können.

Und nun habe ich noch nichts von der Schwere gesagt, die in meiner Aufgabe lag, nach welchem Plane sie auch gelöst und ob der Plan unterwegs verändert wäre oder nicht. Wer den Faust kennt, der weiß was ich sage. Man kann über ihn kein Buch für Damen schreiben. Höchst verwickelte Gedankenprozesse können Niemand glatt eingegossen werden. Habe ich aber die Klarheit nicht erreicht, die auch der verlangt, der Denkarbeit versteht: dieß ist etwas Anderes, da bedarf ich Nachsicht, da berufe ich mich mit noch ganz anderem Ernst als vorhin auf mein Motto, darf aber auch hoffen, daß der Appell Gehör findet.

Dieß führt auf die Verschiedenheit der Leserkreise, denen das Buch sich gegenüber befinden wird. Nach einer Schrift über Göthes Faust greift eine Menge von Aufschlußbedürftigen, welche nicht die Zeit, nicht die Kenntnisse, nicht die Uebung der Denkkraft haben, um das Gedicht historisch, aus seiner Zeit, aus seiner Entstehungsart, seiner Stoffquelle, aus der Natur und Persönlichkeit des Dichters zu begreifen und die Schlüssel der Philosophie an seine schweren Schlösser zu setzen. Sie dürfen nicht vornehm zurückgestoßen werden, denn unter ihnen ist gar Mancher, der doch gut einsieht, daß man sich über das Tiefe nicht oberflächlich belehren lassen kann. Ihnen zu liebe muß man denn Manches sagen, wiederholen, was die Eingeweihten längst wissen; um aber diese zu befriedigen, muß man eine

Sprache reden und Untersuchungen anstellen, die über den Horizont der Ersteren, auch so weit sie ernsten Willen der Vertiefung haben, doch weit hinausgehen. Da ist nun nicht zu helfen: eine Arbeit, die beiden etwas bringen will, wird hier den Einen zu leicht sein, zu viel Altbekanntes sagen, dort den Andern zu schwer und lange nicht genug sagen.

Auch der Vorwurf könnte erhoben werden, daß ich Manches wieder sage, was ich in verschiedenen früheren Schriften schon gesagt habe, daß sich also auf einzelne Wiederholungen innerhalb dieser Schrift noch Wiederholungen aus weiterer Distanz häufen. Wer genauer zusieht, wird nicht zugeben, daß diese Wiederholungen mir vorgerückt werden dürfen. Vor Allem vergesse man nicht, daß ein Haupttheil nichts Anderes ist als eine neue Ausgabe einer früheren Publikation, übrigens doch nicht in einfachem Wiederabdruck, sondern in eingreifender Umarbeitung, wobei nur keine Pflicht bestand, alles Frühere auszustoßen. Und so konnte ich auch in den übrigen Theilen nicht meinen, mir jede Wiederholung früher von mir ausgesprochener Gedanken verbieten zu müssen, es durfte mein Zweck sein, was ich im Wesentlichen bisher gedacht, mit neuen Einblicken in einer gewissen Vollständigkeit zusammenzustellen. Gesagt ist schon, daß Angriffe auf mein längst bekanntes Urtheil über den zweiten Theil der Tragödie, neue Lobpreisungen dieses Spätlings mich bestimmen mußten, auf die Kritik desselben nach Inhalt und Form zurückzukommen. Ich konnte das alte Lied auf keine sanftere Melodie setzen. Einverstandene, die es müßig finden möchten, daß ich es wieder singe, bitte ich, doch mitleidig der Tausende zu gedenken, die aber- und abermals in das Elend hineingeführt werden, den Bewunderten und Bewunderungswerthen auch da bewundern zu sollen, wo er nothdürftig zu entschuldigen ist. Ich habe es Amtspflicht der Kritik genannt, sie zu befreien; es ist auch Menschenpflicht.

Da ich mich mit einzelnen Gegnern theilweis eingehend beschäftige, so könnte man auch fragen, warum ich die Faust-Literatur nicht in größerem Umfang berücksichtigt habe. Die Antwort ist nicht schwer. Grenzen muß man sich stecken, sonst ist kein Absehen eines Endes, und die natürlichsten Marken ergeben sich einfach aus dem Zweck der Vertheidigung gegen die zunächst in Sicht stehenden Gegner.

In Summa — ich bin mir freilich gewisser Mängel meiner Arbeit bewußt. Es kommt nun eben darauf an, ob sie Inhalt genug bietet, um sammt denselben der Existenz werth zu sein. Steht Einiges im Buche, was über ein Geisteswerk, das unergründlich und unerschöpflich ist wie alle höchsten Erzeugnisse des Genius, neues Licht bringt, so ist es gerechtfertigt und darf nebenher auch Nachsicht ansprechen, und darüber ist nun eben das Urtheil derjenigen abzuwarten, von denen man Grund hat gern zu lernen.

Es ist noch übrig, eine kleine Ungleichmäßigkeit in einer Bezeichnung zu entschuldigen. Ich hatte oft zu citiren die ältere Sammlung und die neue Folge meiner „Kritischen Gänge." Der Kürze wegen sollte jene einfach durch ein A., diese durch ein N. bezeichnet werden. Es kann kein Mißverständniß bereiten, wenn ich in der Correctur übersehen habe, dieß consequent durchzuführen und nun einige Male z. B. statt N. steht: N. F. — Die Correctur ist so pünktlich besorgt worden, daß nach Abschluß des Drucks ein nochmaliges Spähen nach Fehlern für erläßlich gehalten werden durfte; bei flüchtigem Einblick hat sich S. 48 gefunden: Dirn statt Dirne, man lasse die „kurz angebundne" passiren.

November 1875.

Fr. Vischer.

# Inhalts-Verzeichniß.

## Erster Abschnitt.
### Die lange Säumniß und ihre Ursachen.

                                                                           Seite

Die Zeitstrecke der Entstehung . . . . . . . . . . 1
Die erste Ursache der Verzögerung: der Stylwechsel . 41
Die zweite Ursache: die philosophische Schwierigkeit 147
Die dritte Ursache: die Schwierigkeit der politischen Aufgabe für Göthe 161
Die vierte Ursache: die rein subjektive Schwierigkeit . . . . . 180

## Zweiter Abschnitt.
### Die inhaltschweren Stellen des Gedichts.

Der Prolog im Himmel . . . . . . . . . . . . . 205
Die Anfangs-Scenen, die Exposition . . . . . . . 260
Monolog im Studirzimmer, erste Scene zwischen Faust und Mephistopheles . . . . . . . . . . 276

|   | Seite |
|---|---|
| Zweites Gespräch des Faust und Mephistopheles. Die Wette, der Bund | 285 |
| Gespräch des Mephistopheles mit dem Schüler | 343 |
| Die Scene: Wald und Höhle | 346 |
| Das Religionsgespräch zwischen Faust und Gretchen | 351 |
| Die letzten Scenen des ersten Theils | 360 |

# Erster Abschnitt.
Die lange Säumniß und ihre Ursachen.

# Die Zeitstrecke der Entstehung.

Es ist bekannt, wie ungemein langsam, unter welchen Stockungen, Unterbrechungen Göthe's Faust entstanden ist. Die Daten hierüber sind in der Faustliteratur längst, am sorgfältigsten von Heinr. Düntzer (Göthe's Faust. Erster und zweiter Theil. Zum erstenmal vollständig erläutert\*) zusammengestellt; es ist aus diesem, obwohl den Kennern wohlbekannten Material für unsern Zweck das Wesentliche hier aufzunehmen.

Die erste Conception des Gedichts fällt in das Jahr 1770 oder 1771, vielleicht schon 1769, die Abfassung der ersten Scenen in die Zeit von 1773 und 1774; dann rückt die Dichtung rasch weiter; Jakobi hat, wie er 1791 schreibt, schon im Jahr 1775 fast Alles gekannt, was in der ersten Ausgabe von 1790 erschien. Von da an bis zur Reise nach Italien 1786 erfahren wir außer einer schwachen auf die Helena weisenden Spur von einem Fortrücken nichts, Göthe nimmt sein altes Manuscript nebst der ersten (pro=

---

\*) Eine sehr pünktliche Nachlese zu seinen Notizen und Erläuterungen enthält die Ausgabe des Faust von G. v. Löper (Göthe's Werke B. 12. Hempel).

saischen) Redaction der Iphigenie, nebst den Plänen und vollendeten Theilen des Egmont und Tasso mit nach Italien und berichtet bei seinem zweiten Aufenthalt in Rom in dem merkwürdigen Briefe vom 1. März 1788, er habe den Plan zu Faust gemacht und hoffe, die Operation solle ihm geglückt sein; aus diesem Briefe ergibt sich die oben angegebene Jahreszahl 1773 für die Anfänge der Dichtung, denn Göthe sagt: „es ist ein ander Ding, das Stück jetzt oder vor fünfzehn Jahren auszuschreiben." Mit eigenthümlicher Empfindung betrachtet er sein vergilbtes und vergriffenes Manuscript wie einen alten Codex, der ihn in eine selbstgelebte Vergangenheit versetzt; er hofft, das Stück solle bei der langen Unterbrechung nichts verlieren, besonders da „ich jetzt glaube, den Faden wieder gefunden zu haben." Aus dem Vorsatze, den Faust jetzt zu vollenden oder wenigstens weiterzuführen, wird nun aber nichts; Göthe schreibt wohl, er habe schon eine neue Scene ausgeführt; man weiß aus den Gesprächen mit Eckermann und der „Chronologie der Entstehung Göthe'scher Schriften," daß es die Herenscene ist; aber dabei bleibt es.

Auf diesem Puncte der Geschichte unserer Dichtung müssen wir etwas verweilen. Zur Vergleichung mit spätern Angaben wollen wir uns gut merken, daß Göthe nur glaubt, den Faden wieder gefunden zu haben. Sodann vergessen wir ja nicht, daß wir uns in der Zeit befinden, wo die bekannte gründliche Wandlung in seinen ästhetischen Prinzipien, seinem Styl, längst stille vorbereitet in der Heimath, nun unter dem italienischen Himmel und in der Anschauung der Antike sich vollzogen hat. Ein Dichter, der so eben seine Iphigenie zu der Gestalt umgebildet hat, in welcher wir sie besitzen und als Meisterwerk des

Idealstyls in seiner sublimsten Reinheit bewundern, kann sich unmöglich in der Stimmung befinden, seinen Faust rüstig fort= zuführen. Diese Dichtung ließ ja den neuen Styl, den classisch idealen nicht zu, forderte unbedingt den Jugendstyl, worin sie begonnen war, jenen Styl, der kühn und feurig dem hoch= bewegten geistdurchdrungenen Realismus Shakespeares folgte, — einen Styl, der eine Reinigung freilich auch noch erwartete, aber eine Reinigung, die ihm seinen Grundcharakter bewahrte. Ein Beweis allerdings liegt vor, daß auch jetzt die alte Stimmung wieder ihr Recht behauptete; dieß ist eben die vorhin genannte Hexenscene, die merkwürdig genug nach Göthes eigener Angabe in der Villa Borghese concipirt ist. Unter Pinien, Cypressen, Oliven, Myrthen und Marmorbildern rührt sich plötzlich wieder die nordische Natur und führt den Dichter auf die alten Dunst= und Nebelwege; allein zufrieden mit diesem Einen Durchbruch tritt sie wieder in verborgene Tiefen zurück, und übrigens ist der Niederschlag dieses Durchbruchs mit einem Elemente bedeut= licher Art versetzt, das hier zum erstenmal hervortritt, das später entschieden sprengend auf den Körper der Faust=Dichtung gewirkt hat und das im Verlauf zur Sprache kommen wird.

Von da bis 1790, wo die erste Ausgabe erschien, wird Göthe nur im Einzelnen zurechtgerückt, dem Bilde nur da und dort noch einzelne Striche gegeben haben. Diese längst ver= griffene Ausgabe ist Wenigen bekannt; es ist daher anzugeben, wodurch sie sich von der verbreiteten unterscheidet. Es fehlen die Zueignungsstrophen, das Vorspiel auf dem Theater, der Prolog im Himmel. Die Exposition schließt mit dem Ausrufe Fausts nach Wagners Abgang: „Wie nur dem Kopf — Regen=

würmer findet." Es fehlt der folgende Monolog, der Schritt zum Selbstmord, die Zurückhaltung von diesem Schritte durch Glockenklang und Ostergesang, der Spaziergang vor dem Thore, die Beschwörung des Pudels im Studirzimmer und das erste Gespräch Faust's mit Mephistopheles; wir finden nach dieser großen Lücke beide mitten in dem Gespräch begriffen, welchem nach der späteren Ausgabe der Abschluß des Bündnisses vorangeht; der Dialog beginnt mitten in einem Satze bei den Worten: „und was der ganzen Menschheit zugetheilt ist" u. s. w. Beide Ausgaben bleiben sich von da an gleich, zunächst bis an einen Punct, wo Göthe eine Umstellung vorgenommen hat: das Gespräch zwischen Lieschen und Gretchen steht in der alten Ausgabe vor der Scene: „Wald und Höhle", in der neuen nach derselben: gewiß eine Veränderung aus guten Gründen, denn hat die Verführung, wie es jene Scene besagt, schon ihr Ziel erreicht, so hat Mephistopheles wenig Interesse mehr, Faust aus seiner Einsamkeit und seinen hohen Betrachtungen zu Gretchen zurückzulocken, und diesem kann sein Gewissen eher erlauben, sich zurückzuziehen und in der Stille zu sammeln, nachdem er Gretchen um ihre Ruhe, als nachdem er sie auch um ihre Unschuld gebracht hat. Nach dem Gebet Gretchens im Zwinger fehlt in der alten Ausgabe der Auftritt, wo Valentin ermordet wird, und hierauf schließt dieselbe mit der Scene in der Kirche; die Worte des bösen Geistes: „auf deiner Schwelle wessen Blut?" sind natürlich erst eingeflochten, nachdem jene Mordscene hinzugefügt war.

Nun, nach 1790, bleibt die Arbeit wieder liegen, nun fängt von Neuem erst recht das Verschleppen an. In einem Brief vom 2. Dezember 1794 an Schiller findet sich eine Stelle, die wir uns für die folgende Betrachtung sehr gesagt sein lassen müssen. Die Freunde kannten ungedruckte Bruchstücke der Fortsetzung. Es ist sehr zu vermuthen, daß sich darunter Fragmente des tragisch Größten, was Göthe gedichtet hat, der Kerkerscene, befanden, denn sie kann nur aus der Zeit von Göthe's bester Kraft stammen. Schiller kannte diese geheimen Schätze noch nicht; er bittet im vorhergehenden Brief, sie lesen zu dürfen, denn, was gedruckt vorliegt, ist ihm der „Torso des Herkules", er findet „eine Kraft und Fülle des Genies, die unverkennbar den ersten Meister zeigt," er bewundert „die große und kühne Natur, die darin athmet." Göthe aber schlägt ab; er „wagt es nicht, das Paket aufzuschnüren," das den Faust „gefangen hält"; „ich könnte nicht abschreiben, ohne auszuarbeiten, und dazu fühle ich keinen Muth. Kann mich künftig etwas dazu vermögen, so ist es gewiß Ihre Theilnahme." — Im Januar 1795 wünscht Schiller wiederum lebhaft, daß Göthe doch einige Scenen aus dem Faust noch zu hören gebe, Frau v. Kalb habe ihn äußerst begierig gemacht. Göthe antwortet darauf nicht. Im August desselben Jahres stellt er für die Horen „etwas von Faust" in Aussicht, „wenn es möglich wäre," und hier folgt das oft angeführte höchst bezeichnende Bild für sein Zögern: „mit diesem letzten geht es mir wie mit einem Pulver, das sich aus seiner Auflösung nun einmal niedergesetzt hat; so lange Sie daran rütteln, scheint es sich wieder zu vereinigen, so bald ich wieder für mich bin, setzt es sich nach und nach zu Boden."

Wieder Pause bis 1797! Da endlich, im Juni, schreibt

Göthe an Schiller, er habe seinen Faust wieder vorgenommen. Ich hebe aus der höchst merkwürdigen Correspondenz, die nun beginnt, für jetzt nur die Aeußerung Göthe's im ersten der betreffenden Briefe hervor, welche besagt, daß er über die Idee des Faust nun „ziemlich mit sich selbst einig sei." Alles Weitere sei zurückgestellt, bis wir den Ursachen des langen Verschleppens eine selbständige Besprechung widmen. Was aber geschieht am Werke? Es werden (nach der „Chronologie") um diese Zeit die Zueignungsstrophen gedichtet, vielleicht wird auch nur die letzte Hand daran gelegt, denn man erkennt ihren Entstehungskeim zu deutlich in der Stimmung, worin der Brief aus Rom 1. März 1788 geschrieben ist, um annehmen zu können, zwischen ihr und ihrer ersten Fassung in lyrische Form sei so lange Zeit verflossen. Es entsteht ferner der Prolog im Himmel. Da Göthe um dieselbe Zeit geschrieben hat, er sei über die Idee ziemlich mit sich einig, so haben wir in dieser genialen Einleitungs-Scene entweder den Beweis, daß er bald darauf ganz mit sich einig wurde, oder jene Briefstelle versteht unter Idee nicht den Grundgedanken, sondern die Grundlinien seiner dramatischen Weiter-Entwicklung über den ersten Theil hinaus. Ist das Erstere anzunehmen, so drängt sich eine Frage auf, die viel zu denken gibt. Nachdem wir den Prolog haben, der klar die Perspective eröffnet, daß die Handlung mit einer Aufnahme Fausts in den Himmel schließen werde, vollends nachdem der zweite Theil diese Erwartung bestätigt hat, scheint jede Möglichkeit abgeschnitten, auch nur einen Augenblick zu denken, daß Göthe je geschwankt habe, ob er seinen Faust retten oder zur Hölle senden wolle. Die Zeitgenossen aber, denen nur erst die Ausgabe 1790 vorlag, waren ja noch nicht im Besitze des großen Expediens, das der Prolog bringt, und so konnte z. B. Wilh. Schlegel auf die Annahme gerathen, Faust müsse nothwendig untergehen. Man nehme hinzu, daß auch der Anfang der Scene des Patt-Abschlusses noch nicht vorlag, worin die Schlagworte: „werd' ich beruhigt je mich auf ein Faulbett legen" u. s. w. eine Frische und Schwungkraft des strebenden Geistes ausdrücken, welche eine lichte Perspective eröffnet. Die Volkssage schließt ja mit einem grausigen Ende Fausts, eine furchtbare Schuld ladt er im ersten Theil unserer Tragödie auf sich, dieser hatte zwar die Kerkerscene noch nicht gebracht, daß aber Gretchen durch die Verzweiflung zu einem Verbrechen getrieben werden und ein schreckliches Ende nehmen werde, sah man voraus oder wußte es bestimmt aus Mittheilungen des Dichters; daß dieß Alles auf Fausts Gewissen falle, daß er am Schlusse furchtbar schuldig dastehen werde, war leicht zu erkennen, man hatte eine gräßliche Verführungsgeschichte vor sich und jeder ausdrückliche Fingerzeig fehlte, daß der Schuldige trotzdem nicht verloren sein könne, daß er durch großartiges Weiterstreben die schwere Schuld sühnen werde. Stellen wie die Worte des Mephistopheles: „wir seh'n die kleine, dann die große Welt," waren ein zu schwacher Anhaltspunct für eine solche Aussicht. Daß der Dichter selbst wenigstens im Jahre 1797 an einen trostlosen Ausgang seines Faust nicht dachte, wissen wir nun freilich; ob er aber vorher niemals daran gedacht hatte, wissen wir nicht mit Sicherheit. Man würde gerne sagen: er kann daran niemals gedacht haben, wenn nur die Schlußworte des Vorspiels auf dem Theater nicht wären: „vom Himmel durch die Welt zur Hölle." Freilich das

Vorspiel erschien ja erst mit und neben dem Prolog. Auf dieses Geleitschreiben, das Göthe seinem Werke 1808 mit auf den Weg gibt, diesen humoristischen Entschuldigungsbrief dafür, daß er die Handlung auch jetzt nicht über den ersten Weltgang des Helden hinausgeführt, sondern nur um einige Scenen vermehrt hat, werden wir zurückkommen; hier handelt es sich nur von den genannten Schlußworten. Sie stehen mit dem Prolog, mit welchem die Zuthat also gleichzeitig erschien, schlechtweg im Widerspruch, sie würden unzweifelhaft auf eine Höllenfahrt des Faust weisen, wenn jener nicht auf eine Himmelfahrt wiese. Wie ist dieser Widerspruch zu erklären? Es sind drei Fälle möglich. Entweder wird er geläugnet, dann müßte wahrscheinlich gemacht werden, daß das „zur Hölle" nichts bedeute, als: es wird ein Teufel und höllischer Spuck vorkommen. So wird es aber Niemand nehmen, das „zur" bedeutet doch das Ende, wohin die Handlung führt. Oder der Widerspruch wird zugegeben und als ein Versehen des Dichters erklärt; es spielt die Reminiscenz eines früheren, jugendlichen Vorhabens herein, den Faust zur Hölle fahren zu lassen; Göthe hatte im Sinne gehabt, die Untreue zu strafen, wie an seinem Clavigo und Weislingen. Aber so sehr zu vergessen, welche entgegengesetzte Aussicht der Prolog eröffnet, war doch fast unmöglich. So bleibt nur die Annahme eines eigenthümlich kecken Scherzes, den der Dichter mit dem Leser treibt. Genug, man muß sich einfach an den Prolog halten und sagen: ob Göthe zu einer früheren Zeit daran dachte, seinen Faust untergehen zu lassen, können wir nicht wissen.

Wir haben aber noch eine andere, fast unbegreiflich grelle Erscheinung zu constatiren: um dieselbe Zeit, da die erhabene

Scene des Prologs gedichtet wird, beschließt Göthe, einen Haufen satyrischer Xenien, den Schiller nicht in den Musenalmanach für 1798 aufnehmen mochte, unter dem Titel: Oberons und Titania's goldene Hochzeit zu sammeln und in seinen Faust zu werfen. Um dieselbe Zeit muß dem Dichter auch schon die Walpurgisnacht vorgeschwebt haben, wiewohl die erste Spur der Ausführung dieser Episode erst 1800 auftaucht; mehrere Epigramme des lyrischen Intermezzo beziehen sich ja auf die Blocksberg-Erscheinungen, Göthe dachte sich doch vielleicht den Titel jener Epigrammengruppe gleich mit dem Zusatz: Walpurgisnachtstraum; an sich liegt nichts daran, ob die Brockenbesteigung schon damals oder etwas später entworfen wurde; die leidige Willkühr, der wir den Walpurgisnachtstraum verdanken, spielt jedenfalls breit genug auch in der Walpurgisnacht. Wir kommen darauf zurück. So viel ist klar genug: Göthe geht zickzack statt vorwärts.

Es liegen zu wenig Nachrichten vor, um nun bestimmt anzugeben, in welche Zeiten der langen Strecke von 1797 bis 1808, wo die Gesammtausgabe der Werke erschien, die den ersten Theil in seiner jetzigen Gestalt enthält, oder 1806 und 1807, wo sie vorbereitet wurde, die einzelnen Ergänzungen fallen, durch die er sich von der ersten Ausgabe unterscheidet. Wo sich Anhaltspuncte für die Zeit der Abfassung finden, dienen solche keineswegs immer, um auch die Zeit der Entstehung, d. h. der Conception und der ersten schriftlichen Skizze zu bestimmen. So hat Dünzer in Riemers „Mittheilungen über Göthe" die Notiz gefunden, daß dieser dem Verfasser die Scene: Trüber Tag, Feld nach 1803 dictirt hat. Schon die Prosa weist aber auf einen früheren Entwurf. Göthe schreibt an Schiller 5. May 1798, da er das alte „höchst confuse" Manuscript hat abschreiben lassen und daran gehen will, einzelne Theile weiter auszuführen und das Ganze „früher oder später zusammenzustellen," es erscheine dabei ein sonderbarer Fall: „einige tragische Scenen sind in Prosa geschrieben, sie sind durch ihre Natürlichkeit und Stärke im Verhältniß gegen das Andere ganz unerträglich. Ich suche sie deßwegen in Reime zu bringen, da denn die Idee wie durch einen Flor durchscheint und die unmittelbare Wirkung des ungeheuren Stoffes gedämpft wird." Es müssen dies Scenen sein, die sehr frühe niedergeschrieben waren, und daß eine von denselben die genannte war, geht schon aus ihrem Styl hervor; die wilden Vorwürfe Faust's gegen Mephistopheles sind ganz in Göthe's feuersprühendem Jugendgeiste gehalten. Unzweifelhaft aber geht die frühe Entstehung dieser Scene daraus hervor, daß sie unter diejenigen gehört, worin die Spuren des alten, in der Ausgabe von 1808 doch aufgegebenen Planes stehen geblieben sind, wonach Mephistopheles der beauftragte Diener des Erdgeistes war; auf diesen werde ich mit Nächstem eingehen und dann die betreffenden Stellen aus dieser Scene anführen. — Gewiß aus wahrhaft künstlerischem Grunde hat nun aber Göthe in dieser Einen Scene die Prosa beibehalten, denn nur höchst angemessen entspricht ihre Grellheit im Contraste gegen die gebundene Sprache aller übrigen der Grellheit des Lichtes, das dem Faust aufgegangen ist, der nackten Wahrheit, die er nun erfahren hat; die Prosa wirkt hier ganz ähnlich, wie in der Scene, wo Lady Macbeth als Nachtwandlerin den wahren

Zustand ihres im wachen Leben künstlich verhüllten Innern enthüllen muß.

Der vordere Theil des Gespräches mit Mephistopheles, das nun das zweite ist, wird nicht lang nach dem Prolog entworfen sein; es ist schon erwähnt, daß die Schlagworte des Contractes ganz von demselben frischen, Licht verbeißenden Geiste bewegt sind, wie jene tiefsinnige Einleitungsscene. Der Valentin-Auftritt ist nach einem mit Datum versehenen Manuscript im Jahr 1800 geschrieben: ein Beweis, welche Fülle von männlicher Dichterkraft noch hervorbrach, wenn Göthe der alten, ächten Fauststimmung Luft ließ. Die Kerkerscene ist außer Zweifel in ihrer Conception und nicht wenigen Theilen der Ausführung eine der ältesten Schichten, die dem Feuerheerde entflossen sind, welchem der Faust sein Dasein verdankt. Man fühlt ihr die ganze Unmittelbarkeit, Innigkeit, Gewalt der jugendlichen Dichterseele an; man wird so erschüttert, daß man kaum Zeit hat, auf die Künstlerhand zu achten, welche diese Welt von Herz, Liebe, Jammer, Weh zu einer Einheit geordnet hat, und nur deswegen wird Göthe bis 1807 gezaudert haben, die Scene zu geben, weil er lange warten mußte, bis im eigenen Innern die nöthige Abkühlung sich einstellte, um durch Nachhilfe im Einzelnen das, was er im Sturme des Gefühles niedergeschrieben hatte, künstlerisch durchzubilden und so erst zur höchsten Wirkung zu rufen.

Es ist nun für die Leser, denen die Entstehungsgeschichte des Faust nicht geläufig ist, zunächst noch auf die eigenthümlich dunkle Erscheinung aufmerksam zu machen, die vorhin bei der Scene: Trüber Tag, Feld schon berührt wurde, daß nämlich

Göthe in der Ausgabe 1808 eine Anzahl von Stellen unge=
ändert stehen gelassen hat, welche zweifellos auf einen Plan
weisen, den er bei der ersten Ausgabe noch gehabt haben muß,
dann aber aufgegeben hat. Es ist merkwürdig, daß man sie
lang übersah und erst Chr. Herm. Weiße (Kritik und Erläu=
terung des Göthe'schen Faust 1837) sie entdeckt hat. Nach
diesem Plane ist es also der Erdgeist, der den Mephistopheles
zu Faust sendet, ihm als Begleiter durch das Leben beigibt,
und gleichzeitig behält sich jener Genius vor, dem Faust
während seines Lebensgangs in einzelnen Pausen der innern
Sammlung tiefe Blicke in das Geheimniß der Natur zu öffnen.
Die Stellen sind:

(Wald und Höhle):
Erhabner Geist, du gabst mir, gabst mir Alles,
Warum ich bat. Du hast mir nicht umsonst
Dein Angesicht im Feuer zugewendet —.

(Ebenda):
— — Du gabst zu dieser Wonne,
Die mich den Göttern nah' und näher bringt,
Mir den Gefährten, den ich schon nicht mehr
Entbehren kann, wenn er gleich kalt und frech
Mich vor mir selbst erniedrigt und zu Nichts
Mit einem Worthauch deine Gaben wandelt.

(Ebenda, Worte des Mephistopheles):
Und wär' ich nicht, so wärest du schon
Von diesem Erdball abspaziert.

Diese letzteren Worte lassen sich allerdings auch unbestimmter
nehmen, so daß sie eben besagen, Faust hätte längst aus Lebens=
überdruß den Tod gesucht, wenn Mephistopheles ihn nicht
zerstreute; zusammengenommen aber mit den vorhergehenden

und folgenden Spuren begründen sie den Schluß, daß nach dem alten Plane Mephistopheles in dem Momente, wo Faust die Giftschale an den Mund setzt, eintreten und ihn umstimmen sollte. Das schöne Motiv des Ostergesangs wäre dann freilich weggefallen; es sei übrigens vorläufig angedeutet, daß diese Scene der genaueren Betrachtung doch auch einige nicht kleine Schwierigkeiten darbietet.

(Trüber Tag, Feld.)

Hund, abscheuliches Unthier! Wandle ihn wieder, du unendlicher Geist! wandle den Wurm wieder in seine Hundsgestalt u. s. w.

(Ebenda.)

Großer, herrlicher Geist, der du mir zu erscheinen würdigtest, der du mein Herz kennest und meine Seele, warum an den Schandgesellen mich schmieden, der sich am Schaden weidet und am Verderben sich letzt!

Wenn Göthe diese Scene wirklich nach 1803 dictirt hat, so muß er jedenfalls diese letzteren Stellen aus einem älteren Blatt oder aus dem Gedächtniß, wie sie sich ihm früher firirt hatten, entnommen haben uneingedenk, daß sie nun nicht mehr paßten. Dabei ist die erste von beiden besonders verwirrend, da es nach den übrigen Spuren des alten Plans doch scheint, Mephistopheles sollte ohne Umstände bei Faust eintreten und sich — denn woher soll Faust sonst wissen, daß er dieß ist? — als den Sendling des Erdgeistes zu erkennen geben; es sieht ja ganz danach aus, Göthe habe sich hierin früher an das Volksbuch halten wollen, wo der Teufel erklärt, er selbst könne ihm nicht dienen, wolle ihm aber einen seiner dienenden Geister schicken; danach wäre es also ein späteres, nach dem Aufgeben dieses Plans ergriffenes Motiv, den Mephistopheles zuerst als Pudel erscheinen zu lassen, wogegen nun aber dieses Motiv in unserer Stelle unverständlich als ein mit dem alten Plan gleichzeitiges auftritt. Zugleich sieht man aus dieser, daß Göthe vorübergehend daran gedacht haben muß, den Mephistopheles in Pudelgestalt mehrere Annäherungsversuche machen zu lassen: — „in seine Hundsgestalt, wie er sich oft nächtlicher Weile gefiel, vor mir herumzutrotten." Was läßt sich sagen, als: non liquet?

Ganze Nester von schweren Fragen heften sich an diese stehengelassenen Zeugnisse eines aufgegebenen Plans. Wenn Mephistopheles der beauftragte Diener des Erdgeistes ist, repräsentirt alsdann dieser, obwohl er zunächst die Eine Kraft in allen Naturkräften bedeutet, nicht ausdrücklicher auch die Welt der Begierden und Leidenschaften, als man glauben sollte? „Ausdrücklicher," denn allerdings zwar, wenn der Erdgeist die schaffende Natur ist, so ist er auch die Natur im Menschen, also auch Affect und Leidenschaft; allein dieß bleibt, so lang man nicht gedrängt ist, in ihm den Herrn und Auftraggeber des Mephistopheles zu sehen, einfach latent, der bloßen Folgerung überlassen; tritt er aber in die letztere Rolle, so ist es anders und erscheinen in einem eigenthümlichen Lichte die Worte, die Faust ausruft, wie das Zeichen des Erdgeists plötzlich geheimnißvoll und mächtig auf ihn wirkt:

> Schon fühl' ich meine Kräfte höher,
> Schon glüh' ich wie von neuem Wein,
> Ich fühle Muth, mich in die Welt zu wagen,

Der Erde Weh, der Erde Glück zu tragen,
Mit Stürmen mich herumzuschlagen
Und in des Schiffbruchs Knirschen nicht zu zagen.

So lange man keine andere Beziehung zwischen Faust und dem Erdgeist anzunehmen hat, als die des Wissensdurstes und seines Gegenstandes, denkt man bei diesen Worten eben unbestimmt. Faust fühle sich so hochbewegt nur in demselben Sinne, in welchem er nach dem Verschwinden des Erdgeists und dem Abgang Wagners ausruft:

> Ich mehr als Cherub, dessen freie Kraft
> Schon durch die Adern der Natur zu fließen
> Und schaffend Götterleben zu genießen
> Sich ahnungsvoll vermaß —

man findet in jenem Glühen den Beginn einer Stimmung, die bis zu titanischer Wesens-Indentifizirung mit dem Erdgeist höchst leidenschaftlich, doch ohne Beziehung auf die Welt der Begierden und Thaten anschwillt, ein Vermessen, das freilich auch Gesinnungssache ist, doch vorerst noch - in der Erkenntnißsphäre eingeschlossen bleibt. Kennt man aber den früheren Plan, so fällt auf jene Worte der besondere Accent, daß man vermuthet, der Anblick des Zeichens des Erdgeistes reize in Faust sogleich nicht nur die mystische Gluth des Erkenntnißdrangs, sondern auch seinen Lebens- und Weltdrang so stark auf, daß er neben dem ersteren mit gleicher Gewalt hervortrete. So wird Hegel dazu gekommen sein, unter dem Erdgeist den Geist der egoistisch genießenden, kein sittliches Gesetz achtenden Individualität zu verstehen (Phänomenologie: die Lust und die Nothwendigkeit und andere Abschn.). Im Volksbuch sieht Faust, wenn er seine magischen Bücher studirt, Lichter um sich schweben und schließt daraus, daß die Geister eine Inclination zu ihm haben. Kommt nachher Mephistopheles ja doch im Auftrag des Erdgeists, so muß es wohl zum Voraus in seinem Willen liegen, ihn zu senden. Ja es kann nun die Vermuthung auftauchen, der Erdgeist wirke schon bei dem Anblick seines Zeichens magisch auf Faust ein und rege planmäßig neben dem Wahrheitsdurst den Welttrieb auf, um nach der dem Beschwörer vorerst zugedachten Beschämung ihn auf den Weg zu leiten, daß er zunächst den ersteren zurückstelle, dem zweiten folgend mit Mephistopheles seinen Lebensgang antrete, dann aber in Pausen zum Forschen nach Wahrheit zurückkehre, um schrittweise, wie es dem Menschen allein möglich, durch die Hülfe des Erdgeists (s. den Auftritt in Wald und Höhle) in die Tiefe, in das Geheimniß alles Lebens einzudringen. Der eine Theil dieser Auffassungen wird, obwohl nahe liegend, unrichtig sein; der Erdgeist ist nicht die Begierde, wirkt nicht zum Voraus heimlich anziehend auf Faust, aber der andere Theil, der eben genannte Plan des Erdgeists, muß Göthes Intention gewesen sein. — Wie wollte er nun wohl den alten Plan ursprünglich weiter ausführen? Nach der Beschämung die Seelenqual Fausts bis dahin zu steigern, daß er zum Selbstmord schreiten will, dieß war gewiß immer die Absicht des Dichters. Und wenn dann im Momente, wo Faust zur Ausführung übergeht, Mephistopheles eintreten sollte, wie gedachte Göthe ihn einzuführen? Ist es richtig, wenn ich oben angenommen habe, Mephistopheles sollte nach diesem Plan sich ohne Umstände als den vom Erdgeist gesandten Diener zu erkennen geben? Als Grund habe ich genannt, daß Faust ja nach den angeführten, von eben diesem Plane zeugenden Stellen nicht anders weiß, als: der Erdgeist habe ihm den Gefährten gegeben. Oder sollte dieser Eröffnung doch etwas Mummerei und Beschwörung schon nach der damaligen Absicht vorangehen? Sollte ferner Mephistopheles auch Andeutungen geben, aus denen Faust das Vorhaben des Erdgeistes errathen könnte, ihn zum Gegenstande jener Doppelerziehung zu machen? Oder sollte Faust von einer Verbindung zwischen beiden zuerst nichts ahnen, sondern davon erst im Verlauf erfahren, und wie?

Alles dieß bleibt dunkel, nur den Grund, warum Göthe die Verbindung gelöst, den ganzen Plan aufgegeben hat, glaubt man zu erkennen. Wahrscheinlich hat er es gethan, weil ihm der Erdgeist zu bedeutend wurde. Die große Erziehungs-Rolle mußte einem unendlich Höheren zufallen, der Sonne, Mond und Sternen ihre Bahn weist; Göthe kam auf den herrlichen Gedanken, das Expositions-Motiv aus dem Hiob zu benützen, der Zusammenhang zwischen dem Erdgeist und Mephistopheles wurde gelöst, die Beschwörungs-Scene, falls sie doch ursprünglich auch leidenschaftlichen Weltdrang enthalten sollte, nun auf ihre theoretische Bedeutung eingeschränkt, wonach es sich nur um Erkenntniß und ihre Grenzen handelt, und das gleichzeitige Aufwallen jenes Drangs in Faust verlor seinen Accent. Eine der schwierigsten unter diesen Fragen ist die, wie es denn mit dem schrittweisen, in Pausen während seines Lebensganges vor sich gehenden Wachsthum Fausts in der Erkenntniß nach der einen diesem Motiv dienenden Scene „Wald und Höhle" ferner gehalten werden sollte. Der wahre, edle Kern seines Wesens ist ja doch der Wahrheitsdurst; „verachte nur Vernunft und Wissenschaft, des Menschen allerhöchste Kraft." Es sollte nur ein vorübergehendes Verachten sein. Faust sollte sich zu etwas dem Aehnlichen entwickeln, was Göthe war: ein Forscher, ein Weiser und ein Staats- und Weltmann. Es bot aber die Aufgabe, Faust in der Erkenntniß, wie in der Lebenserfahrung weiterhin fortschreiten zu lassen, der poetischen Darstellung Schwierigkeiten, die fast unüberwindlich scheinen; hierüber verweise ich auf meine Erörterung Krit. G. N. F. H. 3, S. 148, 149 und schließe hiermit die Betrachtung dieses Punctes ab. Man kann nicht weiter, sondern muß das Gedicht mit seinen ungelösten Fragen eben nehmen wie es ist.

Das Vorspiel auf dem Theater, das nun in der Ausgabe 1808 hinzukam, habe ich als einen humoristischen Entschuldigungsbrief bezeichnet, den Göthe seinem Torso mit auf den Weg gab. Natürlich geht es als ein poetisches Gespräch über diesen Zweck auf manchen Puncten hinaus, ergeht sich am Faden der Zufälligkeit und gibt z. B. ein köstliches Bild des gewöhnlichen Theaterpublikums, — wie prächtig sind z. E. die Worte: „schon sitzen sie mit hohen Augenbrauen gelassen da und möchten gern erstaunen"! —, doch sehr leicht erkennbar liegt der genannte Zweck vor Augen. Hätte Göthe den Geist, der an so manchen Stellen dieses Geleitschreibens so munter strahlt und blitzt, dazu verwendet, seinen Faust weiter zu führen, statt dazu, mit bequemem Humor diese Unterlassung zu entschuldigen! Er erleichtert sich in diesem poetischen Vorwort, dessen Motiv bekanntlich der Sakontala entlehnt ist, seine Aufgabe dadurch, daß er dem Dichter durch den Director die Zumuthung stellen läßt, ein Zug- und Effectstück für den Publikus, wie er ist, zu schreiben, und indem er sich gegen diese Zumuthung, die im Ernste an den Faustdichter zu stellen Niemand einfallen kann, mit der bekannten herrlichen Worten über das Wesen der wahren Poesie verwahrt, läßt er leichtweg den Schein entstehen, als habe er sich gegen eine Zumuthung, die man allerdings stellt, stellen darf und muß, überzeugend verwahrt: die Zumuthung, die vor Allem dahin ging, daß das Drama, als es nach achtzehn Jahren in neuer Auflage erschien, wenn nicht vollendet, doch in der Handlung über Fausts ersten Weltgang hinaus um einen guten Schritt vorwärts geführt sein sollte, die Zumuthung, doch so viel Fortschritt und Geschlossenheit in die Handlung zu bringen, als ein Drama auch dann verlangt, wenn es viele phantastische Freiheit gestattet, ja bedingt. Die „lustige Person" ist der personificirte Ausdruck der Absolution, die sich Göthe für sein Liegenlassen, für alle Klüfte, Spalten, Sprünge, Ungleichheiten in seinem Faust ertheilte. Die Worte: „laßt Phantasie mit allen ihren Chören, Vernunft, Verstand, Empfindung, Leidenschaft, doch, merkt euch wohl! nicht ohne Narrheit hören!" umfassen heiter und geistreich Alles, was der erste Theil des Drama's in genialem Durcheinander von Tiefe, Feuer, Herz, packender und energisch fortschreitender Handlung und phantastischer, willkürlicher Abschweifung brachte. Von da an wird das Thema noch einmal durchgesprochen und ich verweile bei diesem Gang so weit, um noch auf eine Vertuschung, Ueberspringung eines Mittelglieds aufmerksam zu machen, die vielleicht Manchem entgangen ist. Der Director benützt die gemüthliche Läßlichkeit in den Worten der lustigen Person, als wären sie Wasser auf seine Mühle, nimmt die schlagend wahre, ausgezeichnet humoristische Schilderung des Publikums, wie es ist, noch einmal auf, wünscht sich ein rechtes Quodlibet von Spektakelstück nach dessen Geschmack und empört dadurch den Dichter so, daß er in jene herrliche Apostrophe über den wahren Geist der Poesie ausbricht: „geh' hin und such dir — im Dichter offenbart." Es ist das Tiefste und Schönste in seinem Drama, dessen der Dichter, der aus der Maske des fingirten Dichters spricht, in dieser Stelle sich annimmt, es ist die Einheit der Idee, die Seele des Gedichts, wie sie auf so vielen Puncten mit dem ächten Goldglanz der Dichtung hervor= leuchtet, aber aus ihrem Centrum nicht ganz hervorzuquellen, nicht einen geschlossenen Körper hervorzubringen, die Theile, die ihr an's Licht zu stellen gelang, nicht harmonisch zu ergänzen und zu durchdringen vermocht hat. Was nun die lustige Per= son darauf erwidert, will, kurz ausgedrückt, sagen: schon gut, aber meine darum nicht, mit der höchsten Anspannung des Geistes auf gleichmäßige Tiefe und Harmonie arbeiten zu müssen; ein glücklicher Fund, ein frischer Griff ins Leben thut's auch. So frischweg hatte Göthe ins Leben gegriffen, als seiner jugendlichen Phantasie ohne langes Suchen sich das Motiv der Liebe zu einem bürgerlichen Mädchen als Inhalt für den ersten Lebens= gang seines Helden darbot und als er mit jugendlich rascher Hand die Skizze und die ersten Scenen dieser Handlung auf's Papier warf. Man erkennt diese Beziehung ganz deutlich, da hierauf der Dichter im Vorspiel sagt, um so fortzufahren, müßte ihm seine Jugend wiedergegeben werden. Und nun folgt, was ich (— ohne pedantische Härte natürlich —) eine Vertuschung nenne; denn in ihrer Antwort vertröstet die lustige Person den Dichter mit einer Leistungsfähigkeit, die auch dem Alter noch zu Gebot stehe —:

Doch ins bekannte Saitenspiel
Mit Muth und Anmuth einzugreifen,
Nach einem selbstgesteckten Ziel
Mit holdem Irren hinzuschweifen,
Das, alte Herrn, ist eure Pflicht.

Es ist poetische Paraphrase der Worte in einem der Briefe an Schiller, auf die wir in anderem Zusammenhang zurückkommen: da das Ganze doch immer ein Fragment bleiben werde, so wolle er dafür sorgen, daß wenigstens die Theile anmuthig seien und etwas zu denken geben. Man denke, um sich das „Schweifen" statt des gemessenen Vorwärtsgehens recht vorzustellen, namentlich an die willkührlichste aller Abschweifungen, die Walpurgisnacht und den Walpurgisnachtstraum. Allein zwischen der Jugend mit ihrem Glück in frischen poetischen Griffen und dem hold schweifenden Alter lag doch die Zeit der vollen Mannestraft. Ist das Vorspiel etwa in den Jahren zwischen 1797 und 1800 gedichtet, so hatte Göthe in den Jahren von 1790 bis dahin 7, 8, 9 oder 10 Jahre verloren, ohne seinen Faust vorwärts zu führen, er stand im Alter von 41 bis 51 Lebensjahren; das war noch keine Zeit, um sich die Frische des poetischen Instincts, die Gabe der glücklichen Funde und Griffe, die Feuerkraft der Phantasie zu gemessen schreitendem Bilde der Leidenschaft abzusprechen, das waren vielmehr die Jahre, wo sich die Naturkraft des Geistes mit seinem freien Denken und Wollen, mit Tiefe und Besonnenheit noch in der gesundesten Mitte zusammenzufinden pflegt, und eben, daß er diese Zeit verpaßt hat, dieß ist im vorliegenden Uebergang des Gesprächs escamotirt. Nun war aber dieser poetische Paß etwa bald nach 1797 zwar geschrieben, blieb aber wieder im Pulte, bis er 1807 in die Druckerei wanderte; bis dahin giengen also wieder gegen 10 Jahre verloren, während deren gar wohl etwas hätte geschehen können, was den Paß überflüssig machte, oder — da es um seine schönen Stellen schade wäre — was gestattete, ihn als objectlos geworden um seines poetischen Werthes willen gelegentlich anderwärts zu publiciren. Auch zwischen 48 und 58 Jahren sollte ein Dichter immer noch nicht auf eine Alterszulage von Indulgenz Anspruch machen. Uebrigens mit „Muth" hat der „alte Herr" nicht in's Saitenspiel eingegriffen, denn der Muth hätte ihn dem „selbstgesteckten" Ziele näher gebracht. Was nun der Director noch spricht, enthält Sätze, die sich als Waffen gegen den Dichter kehren, während die, freilich unverständliche, Meinung ist, sie sollen als Schilde ihn decken.

> Was hilft es, viel von Stimmung reden?
> Dem Zaudernden erscheint sie nie.
> Gebt ihr euch einmal für Poeten,
> So kommandirt die Poesie!

Die Poesie kommandiren kann doch nicht bedeuten: sich entschließen, ein unvollendetes Drama, das man nach so langer Zeit in der Handlung nicht wesentlich vorwärts gebracht hat, in so unfertigem Zustand wieder in die Welt schicken. Es kann nur heißen: dichtet, um etwas vorwärts und fertig zu bringen, auch einmal invita Minerva! Aber hatte denn Göthe der Minerva etwas abgezwungen? Die Scenen von absolutem poetischem Werthe, die dem ersten Theile zugewachsen waren, sind natürlich Werke der reinsten Stimmung, die phantastischen und satyrischen (Walpurgisnacht und Walpurgisnachtstraum) sind ja auch keine Zwangsarbeit, sondern muthwilliges Spiel, und vorwärts über den ersten Theil war ja der steltische Pegasus eben nicht geritten worden. Nein! Göthe hatte immer auf Stimmung gewartet, um die Handlung weiter zu führen, und sie hatte sich nicht einstellen wollen. Und nun müssen wir den Punct genauer nehmen. Gewiß: ohne Stimmung keine Poesie! Aber der Dichter (und Künstler) darf sich auch nicht zu weich sein, nicht immer warten, daß die Stimmung eben komme. Er muß eben doch wie ein anderer Arbeiter auch gar manchen lieben Tag sich zur Arbeit zwingen in Hoffnung, daß im Fortgang der Anfang sich verbessere, d. h. daß durch eine, zunächst der natürlichen Bequemlichkeit abgezwungene Vertiefung in die Aufgabe, in den Stoff, die Phantasie erwache, erwarme, die Stimmung sich einstelle. So hat es Schiller gehalten, so muß es ja auch jeder bildende Künstler halten, wenn er auf Bestellung arbeitet, und man wird doch nicht läugnen, daß auf diesem Weg unzählige, der ächten Phantasiestimmung entsprungene Kunstwerke entstanden sind. Der rechte Stoff packt, wenn er muthig „beim Schopfe gefaßt ist," und hat eine Kraft in sich, den Dichter zu zwingen, daß er weiter wirkt: „und wirket weiter, weil er muß." Auch der Poet braucht eben Willensakte, wenn etwas fertig werden soll. Dieß ist nicht wohlweis und moralpedantisch gemeint; man hat sterile Tage, Wochen; hat man's redlich versucht und die Stimmung will doch nicht kommen, nun so mag man es eben liegen lassen. Geniale Menschen sind Naturkinder, haben Perioden, wo sie schlafen oder sich im Aufgreifen neuer Pläne zersplittern, man muß sie läßlich beurtheilen; der Tag bringt Zerstreuungen, bringt unterbrechende Arbeiten, auch dieß entschuldigt reichlich das Brachliegen eines Kunstwerks, aber was zu viel ist, ist zu viel, eine wartende Nation zu lang hinhalten ist nicht recht. „Es hat mich diesen Winter oft geschmerzt, Sie nicht so heiter und muthvoll zu finden, als sonst —. Die Natur hat Sie einmal bestimmt, hervorzubringen; jeder andere Zustand, wenn er eine Zeitlang anhält, streitet mit Ihrem Wesen. Eine so lange Pause, als Sie diesmal in der Poesie gemacht haben, darf nicht mehr vorkommen und Sie müssen darin ein Machtwort aussprechen und ernstlich wollen. — Wenn ich mir übrigens die Masse von Ideen und Gestalten denke, die Sie in den zu machenden Gedichten zu verarbeiten haben und die in Ihrer Phantasie lebendig liegen, so begreife ich gar nicht, wie Ihre Phantasie auch nur einen Augenblick stocken kann." So schreibt Schiller an Göthe März 1799; es handelt sich augenblicklich um die Achilleis, das Was ist aber hier gleichgültig, es paßt Alles ja noch weit mehr auf den Faust. Es ist durchaus interessant naiv, was Göthe auf diesen Spornbruck antwortet: „Ich muß mich nur, nach Ihrem Rath, als eine Zwiebel ansehen, die in der Erde unter dem Schnee liegt, und auf Blätter und Blüthen in den nächsten Wochen hoffen." Wie sehr hat er Recht, sich unter das Naturgesetz zu stellen, und wie sehr doch auch Unrecht! Schiller antwortet, nachdem Göthe doch etwas vorwärts gemacht hat: „Herzlich gratulire ich zu den Progressen in der Achilleis, die doppelt wünschenswürdig sind, da Sie dabei zugleich die Erfahrung machten, wie viel Sie durch Ihren Vorsatz über Ihre Stimmung vermögen."

Dieß ist der Commentar zu dem „kommandirt die Poesie" und Göthe läßt sich's hier vom Director sagen, als hätte er es

befolgt, während er es eben recht nicht befolgt hat. Es werden in anderem Zusammenhang noch weitere Momente in Betracht kommen, welche einen Abzug von der Schärfe dieses Urtheils begründen; es muß ja auch von den ungemeinen Schwierigkeiten die Rede werden, die in der Sache lagen; aber ganz kann Göthe von Vor=
wurf der Lässigkeit und Säumniß nicht freigesprochen werden.

Ganz muthwillig ist nun der Schluß dieses Vorspiels. Der Director spricht, als käme nun ein Spektakelstück zur Auf=
führung. Man mag bei den „Prospecten, Maschinen, Wasser, Feuer, Felsenwänden" u. s. w. an die Walpurgisnacht denken, allein die Stelle lautet, als ob das ganze Drama solch ein phantastisches Schaustück wäre, und dabei kann die Absicht nur die sein, der Leser solle dem innerlich widersprechen, nur um so mehr sich vergegenwärtigen, daß der Faust denn doch etwas Anderes sei, und darüber vergessen, wie hoch die Schuldsumme des Dichters sich noch belief. Und schließlich macht sich Göthe den Spaß, ihn mit dem Scheine zu necken, als werde Faust am Ende zur Hölle fahren. Es ist oben gesagt, daß die Worte „vom Himmel durch die Welt zur Hölle" eine andere Erklärung kaum zulassen; Göthe, der gern mystificirte, wird lächelnd ge=
dacht haben: nun wollen wir sehen, ob sie darauf anbeißen.

Ich füge nun noch einige Notizen über die Entstehungs=
geschichte des zweiten Theils bei. Wir haben, vom ersten sichern Datum endgültiger Ausführung an gerechnet, einen Zeitraum von 31 Jahren vor uns; der Anhaltspuncte sind nicht viele, es ist wenig Sicheres zu geben, was uns übrigens auch wenig verschlägt, da wir es nach unserer Aufgabe nur mit dem ge=
meinsamen Character der ungleichzeitigen Theile zu thun haben.

Es muß hier vor Allem von dem Motiv die Rede wer=
den, das Göthe so sehr beschäftigt hat: von der Helena. Im
ältesten Volksbuch (von Johann Spies, erste Ausgabe 1587
Frankfurt) kommt sie zweimal vor. Das eine Mal wird ihre
Erscheinung von Faust beschworen, wie denn überhaupt das
Vorzaubern antiker Gestalten unter die magischen Kunststücke
Faust's gehört: so citirt er Alexander den Großen und seine
Gemahlin auf den Wunsch Kaiser Karl's V. (nach dem späteren
Volksbuche von Widmann 1599 ist es Kaiser Maximilian); im
Puppenspiel dagegen citirt er am Hof in Parma alttestamenliche
Figuren: Simson und Delila, Holofernes und Judith, David
und Goliath. Es sind Studenten von Wittenberg, welche nach
Spies die schöne Helenam aus Gräcia zu sehen begehren. Die
Erscheinung wird höchst naiv beschrieben: „mit einem runden
Köpflin, ihre Lefzen roth wie Kirschen, mit einem kleinen
Mündlein, einem Hals wie ein weißer Schwan, rothe Bäcklin
wie ein Röslin, ein überaus schön gleißend Angesicht, eine
länglichte, aufgerichte, gerade Person, in Summa, es war an
ihr kein Untädlin zu finden, sie sahe sich allenthalben in der
Stuben umb mit gar frechem und bübischem Gesicht, daß die
Studenten gegen ihr in Liebe entzündet waren." Das andere
Mal tritt nun aber Helena nicht als zauberisch herbeschworene
Erscheinung, sondern als Buhlteufelin, als Succuba auf; bei
Spies ohne weiteres Motiv, als daß Faust in seinem Lasterleben,
nachdem er sich schon vorher sieben teufelische Succubas „be=
rufen, mit denen er Unkeuschheit triebe bis an sein Ende," auch
noch auf den Einfall kommt, von Mephistopheles zu verlangen,
er solle ihm die Helenam „darstellen," so er vormals den Studenten

„erweckt" hatte, indem er sich der unvergleichlichen Reize jener Erscheinung erinnert; Mephistopheles willfährt ihm, Helena erscheint in „ebenmäßiger Gestalt wie damals, und hat sie, als Dr. Faustus Solches sahe, ihm sein Herz dermaßen befangen, daß er anhube, mit ihr zu bulen und für sein Schlafweib bei sich behielt." Er zeugt mit ihr einen Sohn, den er Justus Faustus nennt. Nach Widmann und nach dem Puppenspiel fällt die Verbindung mit der Helena später, ganz nahe vor das Ende, und ist bestimmter motivirt. Bei Widmann durch einen Ehe-Vorsatz Fausts; er verliebt sich in eine „ziemlich schöne, doch arme Dirne," vom Lande, die bei einem Krämer im Dienst ist, will sie verführen, sie widersteht, „er nehme sie dann zur Ehe," auf den Rath guter Freunde beschließt er, sie zu heirathen, Mephistopheles aber hat den wichtigen Punct im Contrakte, worin Faust sich verpflichtet hat, nie in die Ehe zu treten, nicht vergessen, schreckt ihn durch fürchterliche Erscheinungen, Sturmwind, Feuerflammen in seiner Wohnung, läßt ihn durch einen Geist wie einen Ballen umherschleudern, ja Lucifer selbst erscheint ihm, grausam anzusehen, leibhaftig und so wird ihm sein Wunsch ausgetrieben; zum Ersatz verlangt er nun von Mephistopheles die schöne Helena als Beischläferin, dieser erfüllt sein Begehren und nun wird die Erscheinung der reizenden Griechin beschrieben, wie von Spies bei Anlaß ihrer Beschwörung. Auch nach dieser Darstellung erzeugt er einen Sohn Justus mit ihr, nach seinem Tod verschwinden beide. Im Puppenspiel wird Faust von Parma nach Konstantinopel geführt, dann wird der Schauplatz nach Mainz verlegt, Faust tritt in furchtbarer Reue und Zerknirschung auf, will sich bekehren und jetzt führt ihm Mephistopheles die Helena zu, von deren Anblick er so bezaubert wird, daß er Gott auf's Neue abschwört, sie verwandelt sich aber, da er sie umarmen will, in eine Schlange, wie in Calderons wunderthätigem Magus das reizvolle Scheinbild der Justina verschwindet, da Cyprian sich ihm naht, und wie in verwandten Sagen solche Phantome sich in Gerippe verwandeln. Unmittelbar darauf folgt im Puppenspiel das fürchterliche Ende des Faust.

Man sieht leicht, welch ein ausgezeichnetes Motiv in dieser Helena sich darbot. In der Volkssage sind diese Beschwörungen ein höchst interessanter Zug vom ersten Aufgang des Bildes antiker Schönheit im ahnenden, naiv suchenden Vorstellen der eben aus der Barbarei des Mittelalters erwachenden Völker; es drängt sich wie von selbst auf, an der Hand dieses Motivs in klarerer, künstlerisch gebildeter Weise dem Faust eine neue, die humanistische Welt aufgehen zu lassen. Nur wird man sich dabei sogleich sagen, ein dramatischer Dichter, der es benützte, dürfte nicht vergessen, daß er Alles in einen ethischen Zusammenhang zu stellen hat, wie es ja auch die Sage thut und wie es dem Drama unzweifelhaft obliegt. Nur durch den Frevelbund mit dem Teufel wird es hier dem Faust möglich, die Erscheinungen heraufzubeschwören, und noch viel bestimmtere ethische Beziehung hat die zweite Einführung der Helena: da ist sie nicht ein schattenspielartiges Phänomen, sondern eine Buhlteufelin, und Mephistopheles schafft sie herbei nach der einen Wendung, um Faust den Heirath=Gedanken, d. h. den Willen des Eintritts in die bürgerliche Ordnung, in die Welt der Sitte, nach der andern, um ihm Reue und Vorsatz der Besserung auszutreiben.

Man übersehe aber auch nicht den feinen Zug, wie im älteren Volksbuche (von Spies) das Auftreten der Helena als Buhlteufelin mit dem früheren, blos bildartigen Erscheinen in Verknüpfung gesetzt ist: Faust erinnert sich jener entzückenden Gestalt und begehrt nun von Mephistopheles eine wirkliche (freilich nur dämonisch wirkliche) Helena zum Besitze; also hat das bloße Erscheinen doch auch seine bestimmte, reale, dramatisch verwendbare Nachwirkung. Besonders gut müßte sich jedoch die Motivirung in Widmanns Buch vom neueren Dichter benützen lassen — wobei ich bemerke, daß Göthe diese ganze Literatur gekannt hat. Man stelle sich auf den Punct seines Drama's, wo Faust den Valentin ermordet hat und die Stadt meiden muß. Da er natürlich nicht so tief gesunken sein kann, um sich nicht herzlich um Gretchens Schicksal zu kümmern, so läge es nun doch ganz nahe, ihn auf den Gedanken der Ehe kommen zu lassen; freilich zwar stehen weite, große Bahnen vor ihm und schließt es die dramatische Handlung aus, daß er sich im Beginne derselben bürgerlich bindet, aber warum sollte ihm der Dichter nicht die Inconsequenz leihen dürfen, trotz seinem unruhigen Vorwärtsstreben jetzt an Gretchen als ehrlicher Mann handeln zu wollen? und was den Gang der Handlung betrifft, so müßte ja natürlich eben jetzt Mephistopheles dafür sorgen, daß es nicht geschieht. Er würde in die Rolle des Carlos im Clavigo eintreten und mit Weltmannsgründen die Treue ausreden; dieß würde nicht genügen, und so würde er ihn nun rasch in neue Verhältnisse führen, in eine Welt feiner Bildung und geistreicher Zerstreuungen. Ich bin längst der Ansicht, daß an dieser Stelle sich Passenderes nicht darbieten könne, als das Motiv des Puppenspiels, die

Versetzung an einen Hof, und zwar an einen jener italienischen
Höfe, wo gerade in der Zeit, da die Sage spielt, die neue
Renaissance=Bildung sich mit allen Reizen und Lastern südlicher
Sinnlichkeit verband. Man wäre auf realem Boden und doch
wären geisterhafte Motive nach allen Voraussetzungen des Stoffes
und seiner Behandlung durchaus zuläßig; es gienge also sehr
wohl an, die Helena als einen Inbegriff griechischer Schönheit
von Faust heraufbeschwören und dann, nachdem er sich in die
Erscheinung heftig verliebt, durch Mephistopheles ein dämonisches
Wesen an ihre Stelle substituiren zu lassen, das nun Faust in
einen Wirbel der Leidenschaft und zu irgend einem neuen Ver=
brechen fortrieße. Ich habe hier nicht die Skizze eines ab=
weichenden Plans zu einem zweiten Theil im Auge, die ich in
den Krit. Gängen N. F. H. 3 zu geben ohne Anmaßung mir
erlaubt habe; dort meinte ich, diesen Theil der Handlung nach
Gretchens Untergang folgen lassen zu müssen; die Zeitmaaße
gestatten jedoch ganz gut, ihn zwischen Valentins Ermordung
und die Kerferscene zu setzen, denn zwischen jener und dieser
verfließt eine geraume Zeit, Gretchen flieht, irrt als Bettlerin
in der Fremde, wird ergriffen (wie aus ihren halb wahnsinnigen
Worten ersichtlich), ihre Verurtheilung wird dann nicht ohne
Verfluß einiger Zeit erfolgen; da Göthe an die Stelle einer
sich inzwischen abspielenden Zeit fordernden Handlung eine einzige
Nacht auf dem Brocken setzt, so springt er auch über alle Zeit=
bedingungen weg und nöthigt uns, durch eigene Nachhilfe den
phantastischen Sinnbildern der tollen Zaubernacht realere Bilder
von Hergängen längerer Dauer unterzuschieben. — Bei der
Betrachtung des Helena=Motivs, wie es die Sage bietet, muß

man sich ferner sagen, nichts wäre unglücklicher, als wenn es nicht nur aus dem sittlichen Zusammenhang gerissen, sondern auch zu einer Allegorie oder Reihen von Allegoricen verarbeitet würde. Die Versuchung liegt nahe genug, aus der wilden Ehe mit der Teufelin Helena eine Allegorie der Verbindung des Classischen und Romantischen herauszuspinnen und dann dem Sprossen Justus Faustus zuzumuthen, daß er die culturgeschichtliche Frucht dieser Verschmelzung bedeute. Hiedurch wird die Helena, welche Faust als Buhlteufelin zu seinem Kebsweib nimmt, ebenso zu einer bloßen Bild-Erscheinung wie jene, die er heraufbeschwört und diese Bilderscheinung selbst auch des Lebens, das einer Leidenschaftweckenden Erscheinung zukommt, noch beraubt und in eine nur auf einen Begriff hindeutende Hülse verwandelt.

Wir kehren zu unserer Chronologie zurück. Göthe nennt die Helena in einem Brief an Zelter 1827 ein fünfzigjähriges Gespenst. Nach andern Spuren wäre die erste Conception noch älter, fiele in die Jahre 1774 oder 1775; dieß ist nur sehr wahrscheinlich, denn, wie gezeigt, das Motiv drängt sich mit dem ersten Blick in die Sage als schlechthin nachbildenswerth von selbst auf. Ferner weiß man, daß er 1780 der Herzogin Amalie unter andern Dichtungen antifen Inhalts (Proserpina, Iphigenie) auch Helena-Scenen vorlas. Man möchte nicht gern glauben, daß er um diese Zeit schon den Weg betreten hatte, den er mit der Dichtung einschlug, wie sie nun vorliegt, und ganz unglaublich ist, daß er schon früher, in den siebziger Jahren, gedachte, ihn zu wählen, denn damals beirrte ihn noch kein Classicismus und Formalismus den natürlichen, unbefangenen

Sinn, den Lebenssinn, den Sinn der Lebenswärme und Lebensfülle.

Ob die Hexenscene schon damals, als er sie 1788 in Rom dichtete, auch die Worte enthielt:

> Du siehst mit diesem Trank im Leibe
> Bald Helenen in jedem Weibe

kann man nicht wissen. Es ist möglich, daß sie auf eine spätere Einführung der Helena präludiren, aber ebenso möglich, daß Göthe zur Zeit, da er sie niederschrieb, sich mit dem Motiv abfinden wollte, um sich nicht weiter damit zu befassen. Eigentlich scheint doch die letztere Annahme die richtige, denn wenn das Bild eines nackten Weibs im Zauberspiegel so wirken wird, daß Faust in jedem Weibe die Helena zu sehen glaubt, so bedarf es der wirklichen dämonischen Erscheinung eines Ebenbildes der Helena nicht weiter. Allein sehr begreiflicher Weise ließ ihm der schöne Dämon keine Ruhe und im Jahr 1800 gieng er an die Ausführung, von der wir nicht wissen, welche frühere Versuche er dabei benützte oder verwarf. Es ist sehr wahrscheinlich, daß er nur verworfen hat, daß also Erfindung wie Form der Helena des dritten Actes neu ist. Denn von dieser zunächst handelt es sich, ihre Entstehung kündigt er Schiller jetzt an und liest ihm einen Theil des Ausgeführten vor. Schiller nennt in einem Brief vom 23. September 1800 unter dem Vorgelesenen namentlich einen Monolog, woraus einem der hohe und edle Geist der alten Tragödie entgegenwehe, und dieß ist sicher der Monolog der Helena im Anfang des jetzt dritten Acts des zweiten Theils; auch ist nicht zu zweifeln, daß er schon in Trimetern gedichtet war, und es werden diese Trimeter sein,

die Schiller zur Nachbildung in der Montgomery=Scene der Jung=
frau von Orleans und in Act 4. Sc. 8 der Braut von Messina
angeregt haben. Ich stelle nun aber die äußerst wichtigen und
belehrenden Aeußerungen beider Dichter in dem Briefwechsel
von 1800, wie jene über den ersten Theil von 1797, zurück,
um sie an der Stelle aufzufassen, wo die geschichtlichen Daten
als Stoff zu einer allgemeinen Reflexion dienen sollen.

Wie weit dieses Stück des späteren zweiten Theils damals
zunächst vorrückte, bleibt dunkel, den Spuren einzelner Rucke,
welche die Arbeit bis 1827 gethan, ins Einzelne zu folgen sei
mir erlassen. In diesem Jahr ist bekanntlich (im 4. B. der
Werke) der Theil der Handlung, der jetzt den dritten Act des
zweiten Theils Faust bildet, für sich erschienen unter dem Titel:
Helena, classisch=romantische Phantasmagorie. Ein Zwischenspiel
zu Faust. — Also nur Zwischenspiel, ursprünglich nicht zur Auf=
nahme in den zweiten Theil bestimmt, doch erfuhr man dann
aus der bekannten Erklärung Göthes in „Kunst= und Alterthum"
(VI, 1), daß er die „Phantasmagorie" in denselben einzu=
passen gedenke. Vor und nach der Veröffentlichung hat Göthe
nun bald an einem, bald am andern der übrigen Acte des
zweiten Theils gearbeitet, und die zerstreuten Notizen, wie sie
von Dünger und v. Löper gesammelt sind, geben ein höchst
verworrenes Bild von Durchkreuzung der Zeitfolge der Ent=
stehung mit der Reihenfolge der Stücke der Handlung, wie sie
nun vorliegt, sind auch viel zu sehr nur äußere Daten, um
durch sie irgend einen Einblick in den innern Prozeß der Ent=
stehung zu erlangen und dadurch einiges Licht für die Beant=
wortung der Frage zu gewinnen, wie Göthe endlich dazu kam,

zu meinen, er habe ein organisches Ganzes zuwege gebracht, dessen einzelne Theile in einem inneren Zusammenhang von natürlichem und begreiflichem Fortschritt stehen. Wie und wann kam er, nachdem er die Helena in Sparta hatte erscheinen und sich mit Faust vermählen lassen, dazu, nun auch das andere Motiv aus der Sage, die Heraufbeschwörung, aufzunehmen? Oder ist dieß ein viel älterer Gedanke? Als er an die classische Walpurgisnacht gieng, schwebte ihm dabei denn wirklich vor, diese solle das Vermittlungsglied zwischen der einen und andern der Helena-Erscheinungen bilden, und was auf der Welt konnte er sich dabei denken? Es ist etwas von dem Zusammenhang da, der im ältesten Volksbuch zwischen beiden besteht: Faust verliebt sich in die Heraufbeschworene, kann sie nicht vergessen und sucht sie. Aber wie verständlich und einfach, wenn er sie bei Spies nun von Mephistopheles sich erbittet, wie abstrus und verworren das Suchen bei Göthe! — Wie und wann kam er auf die Mütter? Diese Scenen sind sehr spät entstanden; 1830 liest er sie Eckermann vor, doch erfährt man, er habe den Einfall von den Müttern schon viele Jahre früher gehabt. — Das Schönste und Tiefste im zweiten Theil, der Gedanke, seinen Helden als Herrscher eines thätig ringenden Volkes endigen, in dem Augenblick sterben zu lassen, wo er in eine Zukunft schaut, da er mit freiem Volke auf freiem Grunde steht, wann mag er dem Dichter aufgestiegen sein? Eigenthümlich wird uns eine Stelle in der Achilleïs (also schon 1799) auf diesen Gedanken weisen. Und stand er nie im Zusammenhang mit einem Plan, der den Faust vorher durch irgend welche andere Form, Eine Form wenigstens männlicher Thätigkeit führte, so daß der Antritt eines Herrscheramts nicht gar so unvorbereitet blieb? Was nun der erste Act enthält, das Auftreten an einem Hofe: hatte Göthe dabei in der Zeit größerer Frische nicht vielleicht andere, kräftigere Intentionen, sollte man Faust da nicht handeln sehen? Der Beginn der Ausführung des fünften Acts muß nach mehreren Indizien in die Jahre 1824 bis 1826 fallen. Also auch die legendarisch hochkatholische Behandlung des Schlusses, der Himmelfahrt, die in ihrem Grundmotive schon mit dem Prolog gleichzeitig, aber zunächst gewiß in einfacherer Form concipirt sein muß, gehört dieser späten Zeit an. Genug der Fragen! Es darf hier nicht weiter eingetreten werden, sonst wird der Besprechung des Inhalts dieser Productionen zu sehr vorgegriffen. Zum Abschluß sei die bekannteste aller Notizen noch hergesetzt: daß der zweite Theil im Jahre vor Göthes Tod, 1831, vollendet ist. Rund gerechnet hat also Göthe sechzig Jahre am Faust gearbeitet. Nur höchst rührend ist es, durch Verfolgung der einzelnen Aeußerungen, die aus Briefen und Gesprächen bekannt sind, zu sehen, wie gewaltsam er endlich in seinem Alter unter Abhaltungen, Unterbrechungen jeder Art den Willen aufbietet, „durch Vorsatz und Charakter zu erreichen, was eigentlich der freiwillig thätigen Natur allein zukommen sollte" (Brief an W. v. Humboldt), wie er in halb träumender Greisenart meint, in seinem „wundersamen Werk" alle alten und neuen Theile so gefügt und aneinander gepaßt zu haben, daß „es klappt" (Brief an Zelter), und wie er nach gethaner Arbeit, im Bewußtsein, sein ganzes Selbst und eine ganze Welt in den Faust niedergelegt zu haben, Feierabend macht: „mein ferneres Leben kann ich nun als reines Geschenk ansehen und es ist jetzt

im Grunde einerlei, ob und was ich noch thue" (zu Ecker=
mann).

Dem Urtheil, zu dessen Begründung ich diese Notizen zu=
sammengestellt habe, muß ich eine Verwahrung vorausschicken.
Haben wir soeben mit herzlicher Pietät den Muth, die Ausdauer
und mühsame Vertiefung anerkannt, durch welche der Greis
kurz vor seinem Tode den ungeheuren Stoff noch in seiner Weise
bezwungen hat, so werden wir doch unverholen beklagen, daß
er zu dieser Anspannung seiner Kräfte erst gelangte, als die beste
unter ihnen, die Phantasie, altersschwach geworden war. Wir
werden die Ursachen der langen Zögerung aufsuchen und zum
Theil zwar Grund genug finden, mit gebührender Gerechtigkeit
für den Dichter einzutreten, zum andern Theil aber keinen, ihm
strengen Vorwurf zu ersparen; vor Allem eben die Schuld der
Verschleppung wird stehen bleiben, so Manches auch in Abzug
kommt. Ich weiß, dieß wird übel aufgenommen werden. Es
ist einmal die Art der Menschen, in allen Dingen, die in aus=
nehmender Weise zweiseitig sind, Parteien zu bilden, welche sich
blind in ein Für und Wider theilen. Das große Unglück der
Wahrheit suchenden Menschheit sind die falschen Alternativen des
Denkens, in der Philosophie, in der Religion, im Staate, in
der Kunst und Dichtung. Man soll sich ja freilich entscheiden
und nicht weder kalt noch warm sein, und wer wird nicht
Partei halten für das Große! Aber die Klarheit soll man sich
bewahren, sehend soll man bleiben in und trotz der Partei, also
auch fähig, gegnerische Sätze der Unwahrheit, die sie nur in
Verbindung mit einem falschen Prinzip bekommen haben, zu
entkleiden und mit dem Stück Wahrheit, das ihnen übrig bleibt,

in seinen Gedankenkreis aufzunehmen. Die Mehrheit wird dieß niemals lernen. In Sachen Göthes kann man freilich nicht mehr von zwei Parteien sprechen, wenn man mit dem Begriff der Partei den eines Lagers verbindet, das sich stark hörbar macht und gerne eine Schlacht annimmt. Es ist Göthes wie Shakespeares Schicksal gewesen, daß die Kritik das Ungeschick begieng, falsche Maßstäbe anzulegen und daß, als diese zurückgewiesen waren, ein unkritischer Cultus an ihre Stelle trat, der nun von einer solchen Mehrheit getrieben wird, daß nur vereinzelt und halbversteckt die Angriffe sich noch hervorwagen. Die falschen Maßstäbe waren moralisch, positiv religiös, politisch. Dieß will, wie sich von selbst versteht, nicht besagen, daß in der Beurtheilung eines Dichters oder Künstlers das Ethische zu schweigen habe. Was ethisch nicht gesund ist, das ist ja auch nicht schön; ferner fällt der Entwicklungsgang des Talents, die Geschichte seiner ästhetischen Richtungen, seiner Stylbildung, obwohl von Naturbedingungen und allgemeinen culturhistorischen Gesetzen abhängig, doch nicht ganz außerhalb der Linie des Verantwortlichen, und es ist ja doch auch die Frage aufzuwerfen, ob es die nöthige Strenge des Willens an sich geübt habe, um so viel zu leisten, als es konnte und sollte (talent oblige kann man so gut sagen als: noblesse oblige); allein diese Normen selbst dürfen nicht von engem und horizontarmem Standpunkte aus gehandhabt werden und steht man dem höchst Bedeutenden gegenüber, so muß ihre Anwendung von Liebe und Verehrung, der Frucht eines innigen Verständnisses getragen sein. Die Menzel sind längst verstummt; man kann sagen: es gibt eine Kritik Göthes seit Gervinus; das Erscheinen seiner Literaturgeschichte bestimmte mich schon 1844, in einer Note (A. Krit. G. Th. 2, S. 189) mein Wort zurückzunehmen, Göthe habe bis jetzt noch keine Kritiker gefunden, sondern nur enthusiastische Freunde und unedle Feinde. Allein es bedarf heute keiner Nachweisung mehr, daß auch mit Gervinus eine wahre Kritik des Dichters doch erst begonnen hat. Hier spricht der gesättigte, weise Geist des Historikers und sucht das Ja und Nein gerecht gegeneinander abzuwägen, aber dem Willen der Gerechtigkeit und dem geschichtlichen Wissen kommt nicht das Kunstgefühl gleich, der Nerv der rein ästhetischen Auffassung ist nicht in genügender Feinheit und Wärme vorhanden und die Stimmung der Zeit, welche unruhig nach den politischen Zielen rang, hat dem ernsten Richter eine mürrische Falte eingegraben. Als man nun dieß erkannt hatte, so ergoß sich nach kurzer Stauung der unkritische Cultus nur allzu siegesfroh wieder in sein altes Bett. Er ist jetzt nicht mehr so blind, wie zu jenen Zeiten, da das Verständniß Göthes der Nation erst aufgegangen war und die Romantik in ihm den Buddha der reinen Form anbetete. Es ist eine Verehrung, die auch zu tadeln wagt, die aber meint, sie wäre keine Verehrung mehr, wenn ihr Tadel Zähne hätte. Etwas von der Morosität eines Gervinus ist allerdings in Göbeke wiedergekehrt. Es sind zwischen dem vollen Laub seiner Anerkennung da und dort Brennesseln versteckt, deren feine Härchen mit Widerhaken in der Haut sitzen bleiben und übel nachbrennen. Beides ist ja nicht das Rechte; nicht der schüchterne, sanfte, in ein „dürfte vielleicht," ein „möchte etwa" säuberlich gewickelte und ebenso wenig der spitzige und halbverborgen stechende Tadel! Die wahre Pietät glaubt sich nicht verpflichtet, das Urtheil zu unterbinden; wen ich herzlich liebe, gerade auf den darf ich recht böse sein, wenn ich finde, daß er an dem sündigt, um dessen willen ich ihn liebe, an seinem eigenen herrlichen und freien Können und seinem hohen Sollen! Gibt es einem Göthe gegenüber kein kaltes Lob, so gibt es auch keinen halben Tadel; jene, die ihm nicht zürnen, wo er leichtweg mit der Künstlerpflicht spielt, uns für Narren hat, wo er über alles billige Maß säumt und verzögert, wo er absurd, affectirt, steif, widerwärtig, lächerlich wird, sie fallen in den Verdacht, ihn da nicht zu lieben und mit ganzer Seele zu bewundern, wo zu seinem Preise kein Wort genügen will. Also heraus mit dem Unwillen, so offen und voll wie mit der Bewunderung! „Einen elenden Dichter tadelt man gar nicht; mit einem mittelmäßigen verfährt man gelinde; gegen einen großen ist man unerbittlich": dieß Recht ist Göthe bis heute nicht angethan und dem, der das Wort gesagt hat und der nicht so groß ist, aber groß genug, um das Recht anzusprechen, — Lessing auch nicht. Noch ein Wort über einen beliebten Vorwurf der Götzendiener. Wagt es die Kritik, positiv zu werden, d. h. sucht sie Wege aufzufinden, wie das, was sie für verfehlt hält, etwa anders zu machen gewesen wäre, so sind die Herrn mit dem Vorhalt der Unberufenheit bei der Hand. Ich habe dagegen vergeblich schon in den Krit. Gängen gesagt, ob man ein Raphael sein müsse, um berechtigt zu sein, an Raphaelischen Werken Fehler zu finden, und zwar auch starke Fehler, nicht nur da eine kleine Verzeichnung, dort einen vernachläßigten Farbenton, sondern Mißgriffe in Figuren, Gruppen, ja Compositionen! Diese Tempelhüter selbst sind gar nicht so schüchtern, gegen irgend eine Größe ganz frisch ins Zeug zu gehen, wofern sie ihnen nur nicht ans Herz gewachsen ist; nur den Liebling darf man nicht antasten, da soll man ein Göthe sein müssen, um über Göthe urtheilen zu dürfen. Es liegt aber jedem Urtheil, das negativ ausfällt, ein Bild zu Grunde, wie das Beurtheilte sein sollte, in Sachen der Kunst freilich nur ein schwebendes; wagt es der Kritiker einmal, es bestimmter zu fassen, so ist das nicht Unbescheidenheit, die es besser wissen will, als das schöpferische Talent, denn die ungefähre Skizze einer Idee ist noch lange kein frech nebenbuhlerischer Versuch der Durchführung. Wer es verbieten will, möchte eben das Urtheil verbieten. Urtheil soll erlaubt sein, aber nur, wenn es Lob ist, also erlaubt und eigentlich nicht erlaubt. Kurz, die Menschen sind eben Kinderart, die nur ein Für oder Wider kennt. Verehrung wird Anbetung. Tastet Einer dem Angebeteten an seinen Nimbus, so heißt es: auf ihn! er ist vogelfrei! und die zarten Gemüther werden grob, so grob, daß sie gar nicht wissen, wie grob sie nur sein sollen!

Also zur Sache. Ich habe früher den Grund des Stockens, Zauderns, der ganzen Verschleppung mit Gervinus darin allein gefunden, daß Göthe, wie wir ihn kennen, vor dem politischen Schauplatz scheute, auf den er seinen Faust doch führen mußte; ich habe mich eines Anderen überzeugt; diese Scheue kann nur eines der Hindernisse gewesen sein und nicht das stärkste, nicht das tiefste. Ich werde es jetzt nur an dritter Stelle besprechen.

### Die erste Ursache der Verzögerung: der Stylwechsel.

Unter den Hemmnissen der rechtzeitigen Fortführung des Dramas ist offenbar jenes voranzustellen, das gleich zu Anfang der vorausgeschickten Entstehungsgeschichte berührt wurde: Göthes Stylwechsel. Das dort erst Angedeutete ist nun genauer ins Auge zu fassen. Dabei muß sogleich wieder in Anwendung kommen, was vorhin in anderer Richtung über falsche Alternativen gesagt worden ist. In allen Literaturgeschichten ist es noch herkömmlich, im verbreiteten Urtheile noch üblich, den Uebergang Göthes in diejenige Stylrichtung, die wir mit unzulänglichen Namen Classicismus und Idealismus nennen, unbedingt als einen Aufgang zum wahren und rechten Gipfel und hiemit schlechtweg als ein Glück für unsere Literatur anzusehen. Es ist ja wahrlich auch ein Aufsteigen, es ist ein Glück, dem wir Meisterwerke, „Sculpturgestalten mit deutschem Seelenblick," dem wir eine segensreiche Ernte in unserer ganzen Cultur verdanken, aber es ist ebensosehr ein Abweg und ein Unglück. Die Freunde zu Hause, welche sich enttäuscht fanden, als ihnen Göthe die umgedichtete Iphigenie aus Italien zuschickte, welche gestanden, sie hätten „so etwas Gözisches erwartet," waren im großen Unrecht und hatten doch auch ein gutes Stück Recht. Sie waren im Unrecht, weil sie Göthes Jugendstyl in der Gröbe seines Naturalismus wieder zu finden verlangten, im Recht, weil sie ahnten, daß der bessere Kern dieses Jugendstyls nicht grober Naturalismus, sondern geistdurchdrungener Realismus war, welcher nicht abgeworfen, sondern erhalten sein wollte; sie waren im Unrecht, weil sie gehofft hatten, in Göthe wieder Shakespeare mit Haut und Haaren zu begegnen, im Recht, weil Göthe seinen Griechen nicht d e n Shakespeare, der übrig bleibt, wenn man seine Rohheiten und Absurditäten, seinen Aberwitz abzieht, so ganz hätte opfern sollen. Wer auch mit nur etwas Urtheil von jenem Wendepuncte vorwärts sieht auf Göthes weiteren Gang und Werke und auf alle folgenden Gährungen und Kämpfe in unserer Literatur, der wird sich durch die Gefahr, den Vorwurf des nachträglichen Besserwissenwollens zu befahren, nicht von dem Versuch abhalten lassen, sich eine andere Entwicklungslinie zu denken, eine Linie, welche folgende Bewegung genommen hätte: in Göthe vollzieht sich ein geistiger Prozeß, wodurch er an seinem bisherigen Hauptmuster Shakespeare klar unterscheidet, was graß, was wilde Natur, was maaßlos, was Harmonie der Stimmung zerreißend, abgeschmackt, was Zeitschnörkel, was dagegen markig, lebenswahr und hochpoetisch zugleich, ganz individuell gezeichnet und doch gattungsmäßig, ganz concret und ganz gedankentief, was ahnungs- und stimmungsvoll, geisterhaft, traumhaft, wunderbar helldunkel, was sachgemäßer, nicht willkürlicher, kühner Wechsel zwischen Ernst und Humor ist, — eine Krise, die wie ein richtiger chemischer Prozeß so die Bestandtheile in Shakespeare sonderte, jene ausschied und diese behielt, eine Krise, die ein Mann wie Göthe zu vollziehen doch allerdings die geistige Naturkraft besaß. Gewiß hätte er diese Scheidung nicht vollziehen können, ohne erst aus der antiken Kunst und Dichtung das wahre Maaß- und Schönheitsgefühl geschöpft zu haben. Es bleibt ja wahr, daß die neuern Völker, sicher wenigstens wir ungemischt germanisches Volk mit all unsrem eignen Talente doch barbarisch geblieben wären ohne die Zucht der Griechen; hat sich ja eben Shakespeare selbst aus dem Barbarischen nicht ganz befreien können, weil er den classischen Geschmack in der Entstellung, worin er ihm entgegentrat und womit er bereits auf ihn zu wirken begonnen hatte, von seiner Volksbühne ansstoßen und dem steifen Schuldrama überlassen mußte. Das aber steht fest, daß nur ein durch die classische Bildung zwar geläuterter, aber in seiner eignen Lebensfrische erhaltener germanischer Styl unsrem Genius zusagt. Göthes Jugendstyl und vor Allem die freien Reime in seinem Faust, derb, frisch von der Leber, unnachahmlich lebenswahr und doch nie gemein wahr, blitzend von Geist, unbekümmert, wie scharf die Contraste des Unheimlichen, Schauderhaften und Komischen aufeinander stoßen mögen, Rembrandtisch in der Magie der Beleuchtung, Rubenzisch in Breite des Pinsels, Saftigkeit und Fülle der Formen, in Leidenschaft und Feuer der Bewegung, herzlich in rein deutscher Art: das ist Fleisch von unsrem Fleisch, Bein von unsrem Bein und Göthe wäre ein — im guten Sinne, versteht sich — populärer Dichter geworden, wie er es nun nie werden kann, wenn er, in diesem Zuge fortschreitend, immer reiner das unmotivirt Grobe und nur Subjective, Willkürliche ausgestoßen, gleich kühn und stark aber auf Leben und wiederum auf Leben gearbeitet hätte, ohne lang zu fragen, in welche unplastische Ecken und Kanten das feurig bewegte Bild auslaufen möge. Und Schiller! Es geht ja doch nichts über Wallensteins Lager und die Parthieen der Wallenstein-Dramen, die in Zeichnung und gesättigtem Colorit gut deutsch, gut shakespearisch (und das ist ja im Grund auch deutsch), naiv im besten Sinne unserem inneren Auge, Sinn und Ohr entgegenkommen. Dabei konnten beide den Marmorstyl, den Styl der Statue mit bloßem Farbenton sich immerhin für die Stoffe, die ihn verlangten, mit freier Wahl vorbehalten und auch ihn tiefer beseelen, auch ihn noch mit einem Zusatz von Realismus so kräftig mischen, wie es die Griechen nicht vermochten. Von dieser Art der Durchdringung ist das reinste Bild Hermann und Dorothea, dieß einzige Amalgam von Homers Kunstgeist, Gegenständlichkeit, contemplativer Klarheit und dem Seelenleben unserer Zeit, dem Herzschlag unseres Volks, den Einzelzügen, die unsere Menschenart stempeln, wie es die Welt nicht wieder sehen wird. Der Idealstyl ist eine Schwalbe, die das Meer des Lebens nur mit den Flügelspitzen badend berührt, der (gute, shakespearische) Realstyl ein Delfin, der mitten durch die Wellen schießt, manchmal freilich auch ein Leviathan, welcher den Meerschlamm aufwühlt und (mit Luther naiv zu übersetzen) das Meer zu einer Mixtur machet, er wird dann naturalistisch und dieß widerfährt Shakespeare. Der moderne Dichter kann wählen und wechseln, er kann „ein Bürger zweier Dichterwelten" sein, dort wird er tiefer tauchen, hier den Schlamm vermeiden, doch seine wahre Heimath wird nicht die Luft, sondern das Meer sein.

Fragt man, welchen Stoffen der Realstyl vorbehalten blieb, so haben wir ja ein Beispiel, das uns freilich nun eben aufs Belehrendste zeigt, wie Göthe den Weg, die Linie, auf der man ihn zu sehen wünschte, nicht einschlug. Er hat sich in seinem Egmont den Shakespeare, „an dem er zu Grunde zu gehen fürchtete, vom Halse geschafft." Das höchst merkwürdige Wort öffnet den Blick in schwere Kämpfe, und in diesen Kämpfen konnte es sich um nichts Anderes handeln, als um jene Sichtung, Ausscheidung, von der wir gesprochen haben und die Göthe als Aufgabe unserer Dichtung so richtig ahnte, als er ein andermal sagte, Shakespeare habe das Ungeheure mit dem Abgeschmackten verbunden: so grundwahr, wenn man „ungeheuer" im Sinne des Wortes versteht, das derselbe Göthe zu Eckermann sagte: an Shakespeare könne man nur hinaufsehen. Nun kommt aber also statt einer Ausscheidung des Abgeschmackten vom Ungeheuren ein „sich vom Halse schaffen" heraus, d. h. eine Ausstoßung des ganzen Shakespeare unter einer letzten Ehrenerweisung. Diese besteht darin, daß der eine Theil des Egmont in der Um- und Ausarbeitung, obwohl durchgängig die Prosa beibehalten ist, antikisirend im Geist, in der Form mit durchklingenden Jamben, der andere Shakespearisch (will sagen: gut Shakespearisch, in Shakespeares ächtem Naturgeist, ohne seine Flecken) und ohne Vers-Anklang behandelt wird. Dieß sind längst bekannte und besprochene Dinge; Gervinus ist meines Erinnerns der Erste, der diesen Knotenpunct in seiner ganzen Bedeutung aufgewiesen hat; ich weiß aber nicht, ob es gerade viele Leser sind, die nicht nur die Volksscenen genauer mit denjenigen vergleichen, welche unter den Hauptpersonen spielen, sondern auch diese so untereinander, daß sie z. B. aus Egmonts Monolog, aus Klärchens Rede an die Bürger heraushören, wie sie geradezu lauten, als wären sie aus dem Lateinischen oder Griechischen übersetzt. So erst erkennt man ganz den Unterschied der Style, die hier neben einander hergehen, vielleicht schärfer, als wenn man die sinnbildliche Traum-Erscheinung am Schluß mit dem Geiste der Realität in der übrigen Handlung zusammenhält. Göthes Egmont (ich weiß nicht mehr, ob die Vergleichung neu oder eine Reminiscenz ist) erscheint wie ein Fluß, in welchem man ganz deutlich die andere Farbe eines eingetretenen zweiten unterscheidet. Wer zweierlei Stylarten so neben einanderstellen kann, hat vorher schon entschieden; und dieß war ja mit der Iphigenie der Fall; der Doppelstyl im Egmont ist eine nachträgliche Abfindung mit Shakespeare. Und wer wird es nun nicht bedauern, daß es eben eine Abfindung ist! Den Styl aufgeben, dem wir jene Volksscenen verdanken, wer wird nicht rufen: schade! Wer wäre der classische Schulmeister, der mürrisch dazu sähe, wie hier das Komische und Tragische sich verbindet, wie ein Schneider Jetter zugleich Kassandra ist! Der ein Aergerniß nehme, wenn diese naiven Scenen mit so einzig hochtragisch gespannten wechseln, wie die, wo Alba am Fenster den Egmont vom Pferde steigen sieht!

Nun betrachte man sich genauer, was entstehen mußte, wenn ein Dichter, der von nun an die Forderung jener classischen Reinheit an sich machte, die solche Naivetät und solches Zwielicht und solchen Wechsel des Furchtbaren und Naiven ausschließt, ein Jugendwerk fortführen sollte, das schlechterdings vermöge seiner ganzen Natur einen andern Styl nicht vertrug, als den des geistdurchdrungenen germanischen Realismus! Die classische Stylwelt ist eine Aristokratie, seine Götterschönheit ein Adel im Staate des Schönen. Mit vornehmem Auge wird also Göthe auf den feurigen Wildling seiner Jugend heruntersehen. Er wird ihn verachten und in dieser Stimmung wird er erst

von Andern erfahren müssen, was sein Faust werth ist. So
ist es auch außer Zweifel gewesen, Göthe mußte in manchen
Zeiten erst durch den Widerhall seines Faust vernehmen, was
an ihm sei. Nicht ganz, nicht immer; es waltet da ein eigen=
thümlich naiver Widerspruch; er wußte von selbst, er ahnte es
ein andermal wieder gar wohl, was er geschaffen, und so mußte
die Verachtung und das ganze Gefühl des Werths, Anziehung
und Abstoßung, Liebe, Stolz auf den muthwilligen Jungen und
Scheue, Unheimlichkeit, Unbehagen mit einander wechseln. Wie
es nun zu gehen pflegt, so rettet man sich aus solcher Ebbe
und Fluth eben gern an das breite Ufer des Liegenlassens;
man thut eben nichts und es kann kommen, daß dieß Monate,
Jahre, Reihen von Jahren dauert. Selbst zur Zeit des zweiten
Aufenthalts in Rom schien es noch lange nicht an dem, daß es
so kommen könnte; da schrieb Göthe, wie schon angegeben, die
Hexenscene; es ist aber nun Zeit, zu erklären, was ich unter
dem bedenklichen Element verstehe, das hier bereits sich fühlbar
macht. Das Motiv bot sich zunächst als ein Expediens, um
einen Widerspruch auszugleichen, so gut es eben gehen wollte.
Der Faust, der Gretchen erblickt hat, ist ein anderer, als jener
in den ersten Scenen. Wir sollen diesen auf etwa fünfzig
Jahre und darüber schätzen („und schafft die Sudelköcherei wohl
dreißig Jahre mir vom Leibe?"); freilich ist der Mann, der so
leidenschaftlich alle gegebne Wissenschaft verdammt, so feurig den
Erdgeist beschwört, viel jugendlicher, als seine Jahre es glaublich
machen; in ihm steckt der Jüngling Göthe; doch diese Unwahr=
scheinlichkeit läßt man sich gerne gefallen. Aber das erwartet
man nicht, daß dieß Feuer auf dem ersten Schritt ins Leben

so rücksichtslos sinnlich, ja mit Don-Juanischer Verführerlust hervorbrechen werde (— „hör', du mußt mir die Dirn schaffen" — „Hab' Appetit auch ohne das"); dieß ist ein gar zu jäher Sprung; doch nimmt man weniger an der Hitze, als an der Gewissenlosigkeit Anstoß. Man fragt sich, ob es unmöglich, ob es zu schwer gewesen wäre, die Einheit des Charakters besser festzuhalten. Göthe hätte, meint man, seinen Faust, obwohl schnell vom Pfeile getroffen, nur schrittweise die Schüchternheit des Gelehrten, die Bedenken des Gewissens ablegen lassen sollen. Dieß fühlt der Dichter selbst und schiebt daher ein magisches Motiv zwischenein: den verjüngenden, alle sinnlichen Lebensgeister aufreizenden Trank. Auch dieß läßt man sich gefallen, man weiß einmal, daß man nicht auf dem Boden der gewöhnlichen Wahrscheinlichkeit sich befindet, und Göthe versteht Alles so zu behandeln, daß man Lücken und Sprünge über der Zaubergewalt seiner Phantasie gern vergißt. In der That ist auch die Hexen=scene ein Meisterstück dieser Genialität. Sie ist rein und ganz in die geisterhafte, rothglühende Beleuchtung eines zackigen Feuers unter einem Hexenkessel gesetzt, sprüht von täuschungauflösendem Witz und gleichzeitig fortbestehender Gewalt der Täuschung, Vers für Vers läuft und klappt, wie es dem Dichter Keiner nachahmt. Dazwischen sind nun aber satyrische Andeutungen gestreut: ein paar Hiebe auf seichte Dichterei; der eine „Nun ist es ge=scheh'n — Poeten sind" kam schon 1790, der andere: „breite Bettelsuppen" ist allerdings erst später eingeschoben; die Stelle von der Krone, die mit Schweiß und Blut geleimt werden soll, gibt zu denken, man weiß nicht recht, ob man sie auf die nah=drohende Revolution, oder auf was Anderes beziehen soll, das

Hereneinmaleins geht sichtbar auf die Lehre von der Dreieinigkeit und auf dunkeln terminologischen Kram der Wissenschaft. Damit beginnt denn bereits das Element einzudringen, das später in der Walpurgisnacht und dem Walpurgisnachtstraum den Leib der poetischen Anschauung aus Rand und Band treibt. Wer bestreitet das Recht der Satyre? Wer begreift aber auch nicht, daß sie in der ächten und wirklichen Poesie ein fremdes, zersetzendes Element ist? Denn sie weist ja aus dem Körper des Gedichts hinaus auf Anderes, was in diesen Körper nicht gehört, sie weiß um die empirische Welt und haut aus der Idealwelt der Kunst nach ihr hinüber, sie zersprengt daher die Illusion, daß jetzt nur jene die wahre Welt ist. Nicht als ob dem Dichter die Freiheit bestritten werden sollte, das eine oder andere Mal sich einen feinen Seitenhieb zu erlauben, solche sehen wir manchem classischen Werke nach, ein solcher steht z. B. in der Scene, wo Mephistopheles darüber wüthet, daß ein Pfaffe das erste Geschenk für Gretchen eingestrichen hat: „die Kirche hat einen guten Magen" u. s. w., und wem wird der scharfe Stich nicht gefallen? aber es ist etwas Anderes, wenn man in solchen kleinen Licenzen wie jene die Vorboten dessen kennt, was nachher in den Brockenscenen so beklagenswerth um sich griff.

Wir müssen nun zunächst über die schrecklich breite Lagune bis 1797 hinübereilen und aus den bis hieher zurückgestellten Aeußerungen im Briefwechsel mit Schiller diejenigen aufnehmen, die in den gegenwärtigen Zusammenhang gehören. Göthe hat also endlich seine Gedanken wieder dem Faust zugewandt. „Unser Balladenstudium hat mich wieder auf diesen Dunst- und Nebelweg gebracht," so schreibt er am 22. Juni. Dieß hat an sich noch nichts Bedenkliches; auf einem Dunst= und Nebelweg läßt sich eine nordische Welt entdecken, die in ihrer Art für den Dichter so fruchtbar ist, als südliches Land im klaren Sonnen= licht. Aber im Zusammenhang bekommt der Ausdruck noch eine ganz andere Bedeutung; Göthe fährt fort: „und die Umstände rathen mir in mehr als Einem Sinne, eine Zeit lang darauf herumzuirren." Die „Umstände" heißt: eine unbestimmte Summe von Zufällen, die ihm die rechte Sammlung nehmen, die ihn in eine Stimmung versetzen, lieber zu irren, als gemessen zu schreiten, also sich jetzt mit einer Dichtung zu beschäftigen, die keine feste Geschlossenheit verlangt. Göthe meint namentlich die Unruhe, worin ihn die Verzögerung der beschlossenen Schweizer= reise versetzt; man beachte nun, daß er in demselben Briefe vor= her sagt: „da die ganze Arbeit subjectiv ist, so kann ich in einzelnen Momenten daran arbeiten und so bin ich auch jetzt etwas zu leisten im Stande." „Subjectiv" würde eigentlich be= deuten, daß hier die ganze Handlung von rein innerlichen Kämpfen ausgeht und daß bei diesem Bilde des Dichters eigenes Seelenleben in ungewöhnlichem Grade betheiligt ist; wenn nur nicht dieser Bedeutung des Worts sich hier die weitere unter= schöbe, daß daraus ein gewisses Recht zum willkürlichen Belieben in der Behandlung sich ergebe! — Wohl erlaubt ja ein Stoff wie dieser und eine Betheiligung des Ich, wie an ihm, eine be= sondere Freiheit der Bewegung, kühn gebrochene Lichter, zer= klüftete Formen, manchen Zickzack, aber schließlich will er eben doch auch mit jener concentrirten Hingebung behandelt sein, die ein Ganzes schafft. Wir werden bei Anlaß eines Wortes von Göthe über den Unterschied des ersten und zweiten Theils später auf die Begriffe subjectiv und objectiv zurückkommen; nehmen wir es hier noch nicht so genau, seien wir läßlich gegen ein pathologisches Verhalten des Dichters und verlangen wir nur wenigstens dieß: dem Begriffe subjectiver Stoff soll nicht der Begriff: Recht zu subjectiver Behandlung so untergeschoben werden, daß der Dichter schweift und herumirrt, statt vorwärts zu gehen und fertig zu machen; erlauben wir ihm tecke Episoden, aber fordern wir, daß er doch nach seinem Ziele vorrücke; allein eben auch diese unerläßliche Forderung ist es, über die sich Göthe mit seinem „subjectiv" hinwegtröstet. Hiezu folgt als sehr verständlicher Commentar, nachdem Schiller eingeräumt hat, daß die Fabel ins Grelle und Formlose gehen müße, nachdem er dann die Grund-Idee des Faust in gewisse Sätze zu fassen gesucht hat, die wir an anderer Stelle aufnehmen, Göthe's Antwort: „Ihre Bemerkungen waren mir sehr erfreulich, sie treffen, wie es natürlich war, mit meinen Vorsätzen und Planen recht gut zusammen, nur daß ich mir's bei dieser barbarischen Composition bequemer mache und die höchsten Forderungen mehr zu berühren, als zu erfüllen gedenke." Aus dem Wort barbarisch spricht ganz und voll Göthes längst entschiedener classicistischer Idealismus. Wohl scheint es als Prädicat zur Composition nur den formlosen Charakter gerade dieser Composition zu bezeichnen, natürlich aber sieht Göthe denselben als Consequenz des Styles an, worin überhaupt der Stoff behandelt ist und den derselbe mit sich bringt, und so nennt er barbarisch den Shakespearisch germanischen Styl mit dem Geisterhaften, Traumhaften, was er gerne mit seiner lebenswahr individuellen Zeichnung vereinigt. Dieser Styl läßt zu, ja fordert trotzdem eine

geschlossene Composition so gut als der classisch idealistische; bei einem Stoff wie der des Faust mag der Dichter nach dieser Seite besondere Nachsicht ansprechen dürfen und sie wird ihm nicht versagt, aber er darf nicht meinen, damit sei jede Willkür zugedeckt, jedes Schlendern erlaubt. Auch sprunghafte Behand=
lung dürfte sich doch nicht erlassen, den Hauptmomenten gerecht zu werden, die im Grundgedanken liegen; wenn manche Felder des durch ihn ausgesteckten Raumes leer bleiben, wenn dagegen abseits liegende Stellen bemalt werden, so müßte der Künstler doch we=
nigstens auch dafür sorgen, daß die wesentlichsten Stellen des architektonischen Risses nicht der klaren Zeichnung und Colorirung entbehren. Man übersehe nicht, daß Schiller eben vorher auf den Inhalt, auf die Grund=Idee hingewiesen hat: gegenüber der Anforderung, die sich hieraus ergibt, will es Göthe sich be=
quem machen; er mag immerhin von der Straße abirren, aber er sollte sie doch wieder einschlagen und verfolgen: dem gegen=
über will er sich Nachlässigkeit gönnen. Er fährt fort: „ich werde dafür sorgen, daß die Theile anmuthig und unterhaltend sind und etwas denken lassen; bei dem Ganzen, das immer ein Fragment bleiben wird, mag mir die neue Theorie des epischen Gedichts zu Statten kommen." Noch einmal: wir werden nicht die Pedanten machen, Göthe mag sich in einem Drama die laxere, breitere, auf Seitenwegen lustwandelnde Gangart des Epos gönnen, wir verdanken ihr z. B. das anschauungsreiche Sitten=
bild des Spaziergangs vor dem Thore. „Fragment bleiben:" was bedeutet dieß? Heißt es: wird nicht geschlossen werden können? Dann müßte angenommen werden, Göthe habe, als er diesen Brief schrieb, die Idee des Prologs im Himmel noch nicht ge=

habt, obwohl er ihn, wie oben aus seinem eigenen chronologischen Verzeichniß angeführt ist, noch in diesem Jahre schrieb; denn wir werden doch wohl Recht haben mit der dort ausgesprochenen Meinung, daß dieses Motiv auf einen entsprechenden Schluß hinweise, daß also dem Dichter gleichzeitig mit dem Prolog eine Aufnahme in den Himmel vorgeschwebt haben müsse. Hatte er aber den Prolog und hiemit einen solchen Schluß schon im Sinne, so bedeutet das „Fragment bleiben," die Linie zwischen diesem Anfangs= und Endpunct werde sich niemals ausfüllen lassen. Die Frage, ob dieß möglich war oder unmöglich, wird uns in anderem Zusammenhange sehr beschäftigen; aber auch angenommen, die Linie sei nicht auszufüllen gewesen, weil das Thema eine Unendlichkeit der Materie zu fordern scheint, so ist doch klar, daß Faust in neue Lebensformen versetzt werden, daß mit der Weiterziehung der Linie doch begonnen werden mußte, und so kommen wir immer wieder auf die Pflicht der Fortführung zurück. Diese ist es, die sich Göthe mit dem „Fragment bleiben" schenkt, und diese durfte er sich nicht schenken, wenn er nicht abwarten wollte, bis ihm die Kraft zur Aus= führung erlahmte. Wir sprechen im gegenwärtigen Zusammen= hang nur von dem Einen Motive dieser Vernachlässigung, der Verachtung des eigenen Jugendstyls, und für diese zeugen nun noch folgende Briefstellen. In derselben Zeit bezeichnet Göthe seinen Faust als Possen. „Es käme jetzt nur auf einen ruhigen Monat an, so sollte das Werk zu männiglicher Verwunderung und Entsetzen wie eine große Schwammfamilie aus der Erde wachsen. Sollte aus meiner Reise nichts werden, so habe ich auf diese Possen mein einziges Vertrauen gesetzt." (1. Juli 1797).

Vom Jahr 1800, da er die Helena aufgenommen hatte, ist jetzt die ganz schlagende Aeußerung gegen Schiller aufzunehmen: „nun zieht mich aber das Schöne in der Lage meiner Heldin so sehr an, daß es mich betrübt, wenn ich es in eine F r a tz e verwandeln soll." Schiller versteht dies in seiner Antwort ganz, wie es zu verstehen ist: in eine Fratze verwandeln durch Aufnahme unter die Fratzen, und Fratzen sind die Gestalten des ersten Theils, weil die Darstellung barbarisch ist. „Lassen Sie sich ja nicht durch den Gedanken stören, daß es Schade sei, die schönen Ge=
stalten (die classischen der Helena=Scenen) zu verbarbarisiren; — das Barbarische der Behandlung, das Ihnen durch den Geist des Ganzen aufgelegt wird, kann den höheren Gehalt nicht zer=
stören" u. s. w. Hätte Schiller wenigstens davon abgerathen, die „Phantasmagorie" je in den ursprüglichen Faust aufzunehmen! Die Gestalten des ersten Faust haben ihr Stylrecht so gut, daß man fragen kann, ob nicht eine antik behandelte Helena, vollends eine allegorische, neben sie gestellt zur Fratze werde. Sind nun die Gebilde des ersten Theils einmal Fratzen, so wird es natürlich dem Dichter, der so sein Werk schätzt, nicht darauf ankommen, Geburten hineinzuwerfen, die auch für uns wirklich Fratzen sind. Dieß ist zunächst der Epigramme=Haufen „Walpurgisnachtstraum," wovon bereits erwähnt ist, wann und wie er in den Faust zu liegen kam: gute und schlechte, viele darunter von rein ephe=
merer Bedeutung, das Ganze eine Einstreuung von satyrischem Häckerling in ein ewiges Gedicht, die ein unverantwortlicher Leichtsinn zu nennen ist. Hier ist denn jenes Element, das wir ein sprengendes, aus den Fugen treibendes genannt haben, zum vollen Durchbruch gekommen. Auch in der Walpurgisnacht selbst

kündigt es sich ja schon stark genug an. Ehe wir auf diese insoweit näher eingehen, wie es an gegenwärtiger Stelle gefordert ist, darf hier eine Aeußerung Göthes gegen Charlotte v. Schiller nicht unerwähnt bleiben. Er schreibt an sie 1798: „Faust hat diese Tage immer zugenommen; so wenig es ist, bleibt es eine gute Vorbereitung und Vorbedeutung. Was mich so viele Jahre abgehalten hat, wieder daran zu gehen, war die Schwierigkeit, den alten geronnenen Stoff wieder ins Schmelzen zu bringen. Ich habe nun auf Cellinische Weise ein Schock zinnerne Teller und eine Portion hartes trockenes Holz daran gewendet und hoffe nun, das Werk gehörig im Fluß zu erhalten." (Charlotte v. Schiller und ihre Freunde B. 2, S. 238.) Was die Zinnteller und das Holz bedeuten, ist nicht lange zu fragen, wenn man die in Rede stehenden Bestandtheile ansieht. Auf die Walpurgisnacht hat uns schon die Besprechung der Frage geführt, wie das Helena-Motiv zu verwenden gewesen wäre. Die ganze phantastische Scene ist sinnbildliches Surrogat für die Leistung, die man, wie ich dort gezeigt, an dieser Stelle des Drama's erwarten durfte. Wie haben, wie natürlich, schon zugegeben, daß auf dem realen Boden einer reichen glänzenden Welt voll sinnbetäubender geistgewürzter Zerstreuungen, in welche Faust hier zu führen war, dämonische, geisterhafte Motive nur ganz zulässig waren, aber kein überzeugender Grund ist mir bekannt, der es irgend rechtfertigte, daß der Dichter nun allen Boden der Wirklichkeit uns unter den Füßen wegzieht und in Träumen eines Delirirenden umwirbelt, daß statt Phantasie nun Phantasiren eintritt. Wer könnte so stumpf sein, nicht einzusehen, daß Göthe immer Göthe ist, auch wo er fehlgeht! Er hat es ganz vermocht, uns in die irre Traum- und Zauberstimmung zu versetzen, der Sturm im Wald und Gebirg, der Hexenschwarm zu Anfang sind Meisterbilder, es heben sich Stellen hervor, wo Göthes ganze Macht, Anschauung, Zustand, Erscheinung mit Sprachklang, Reim und Rhythmus in Eins zu fühlen, wunderbar zu Tage tritt, auf einen Vers wie diesen (um nur die eine Stelle anzuführen):

> Wie traurig steigt die unvollkommne Scheibe
> Des rothen Monds mit später Gluth heran!

war er mit gutem Grunde stolz. Am Schluß die Gewissens-Vision, worin dem Faust das Bild Gretchens erscheint, macht durch das todesbange Dunkel der bloßen Andeutung das Blut in den Adern gerinnen wie bei entsetzlichen Traumgesichten. Betrachtet man aber das Ganze von der Seite der Composition, so sind die Theile mit der denkbar gründlichsten Verachtung aller Einheit zusammengewürfelt. Man erwartet doch eine Steigerung, einen Mittelpunct. Nach dem Anblick des Hexenschwarms aber treten Faust und Mephistopheles bei Seite zu einer Gesellschaft, die sich abwegs niedergelassen hat und vergnügt: eine Episode — immerhin! aber dann zum Gipfel! Das schneidet Göthe gleich zu Anfang der Episode mit den Worten ab, welche Mephistopheles dem Faust antwortet, der lieber oben sein möchte, weil sich da manches Räthsel lösen müsse: „doch manches Räthsel knüpft sich auch." Im Grunde sehr natürlich. Göthe konnte hier keine Metaphysik des Bösen vortragen; es läßt sich nicht etwa ein mythisches Bild denken, eine dem Prolog im Himmel gegenübergestellte Versammlung der höllischen Heerschaaren um Beelzebub, worin philosophische Offenbarungen über das Böse vorkämen, die tiefer wären, als diejenigen, welche in Charakter und Thun des Mephistopheles poetisch niedergelegt sind. Und ich sage: eben daran, daß dem Ganzen kein Mittelpunct zu geben war, hätte Göthe zum Bewußtsein kommen können, daß er den ganzen Brocken-Einfall opfern müße. Oder sollte die Lilith eine solche Steigerung sein, ein Gipfel aller Sinnlichkeit? Allein eine Steigerung dieser Art braucht es nicht mehr neben dem Tanz mit den nackten Hexen, der weibliche Buhlteufel aus der Talmud-Sage ist müßig und gehört unter den Kram, der durch Nothwendigkeit eines Erklärungsapparats bemüht; Göthe hat vielleicht einen Augenblick gedacht, ihn statt der Helena fungiren zu lassen. Man könnte etwa auch vorbringen, die Höhe der Brockenscenen sei die Erscheinung Gretchens, indem der Dichter damit sage, daß die höchste Losgelassenheit des Sinnentaumels in Schauer des Gewissens umschlägt; allein dieser furchtbare Ernst wird ja mit den Worten: „nur immer diese Lust zum Wahn" u. s. w. wie mit einem Spazierstöckchen hinweggeschnellt, indem hiemit Mephistopheles den Faust zum Theater einladet, wo eben Oberons und Titania's goldene Hochzeit aufgeführt wird, und dieser die Einladung nicht ablehnt. — Und nun also das satyrische Scheidewasser, das nicht nur alle Poesie zersetzt, sondern zu einem nicht kleinen Theil zugleich durch ungelöstes Dunkel auf die Nerven drückt! Es ist zugleich Göthes Neigung zum Mystificiren, die noch viel stärker, als in der Hexenscene, hiemit in seinen Faust einbricht. Der Hexenschwarm wird halbdeutlich zu einem Bilde des Drängens und Schiebens nach oben in Literatur und Leben. Die Eule im Nest ist der Schuhu aus Göthes Fragment: die Vögel, er bedeutet die Kritik, dann folgen ein paar Verse, die auf den Hexenzug ein Schlaglicht werfen, als stelle er das Drängen nach Zielen der Begierde vor, indem sie Weib und Mann nach der Geschwindigkeit ihres Uebergangs zum Bösen vergleichen („wir schleichen — Mann"); damit wechseln wieder Andeutungen auf Literatur („wir möchten gern mit in die Höh'" u. s. w. „ich tripple auch so lange Zeit" u. s. w.), vielleicht auch Wissenschaft, wer weiß? („ich steige schon dreihundert Jahr — meinesgleichen"). Der Vers: „und wenn wir — Hexenheit" scheint die breite Masse der Mittelmäßigkeit zu bedeuten, die den Parnaß umlagert. Bei solchen Brocken auf dem Brocken rückt nun der Erklärungsphilister seinen Sitzbock zurecht, senkt den Kopf tiefer und denkt: Donnerwetter! da wollen wir uns einmal Mühe geben, das herauszubringen! und Göthe lacht hinter seiner spanischen Wand. Die alten Herrn am Feuer, laudatores temporis acti, sind auch ein solcher Anspielungsspaß, drei Verse politischen, ein Vers literarischen Inhalts; wenn Politik auf dem Blocksberg, warum nicht mehr, nicht auch etwas von den Scheusalen der Revolution? Die alten Herrn sehen auch aus, als sollte man an bestimmte Personen denken, und man kann nicht entdecken, an welche? Wer Lust hat, grüble! Bei dem Tanze nun der Spaß auf Nicolai als Prottophantasmisten, dieß sehr nett, da die Satyre zur drolligen Posse wird, namentlich der Vers: „er wird sich gleich in eine Pfütze setzen — curirt" ganz prächtig, geistreich cynisch (das Cynische ist doch etwas ganz Anderes, als das sexuell Obscöne), aber die ganze Posse gehört doch nicht in den Faust! Dann kommt übrigens der Nicolai ja wieder vor im Narren-Aufzug des Walpurgisnachtstraums. Der Servibilis muß auf eine bestimmte Person gehen; man bringt nicht heraus, auf welche? — Auf den Walpurgisnachtstraum lasse ich mich nicht weiter ein. Soll hier etwa zum hundertsten Mal erläutert werden, wer der Hennings ist? In der Jugend, als ich Göthes Faust mit heiligen Schauern ansah wie ein Werk eines Gottes, in welchem Unglück saß ich über diesem Zeug! Ist nicht schon das eine Sünde, durch solche Neckereien in einem unsterblichen Werke die Pietät für Narren haben! Nun endlich die Obscönitäten! Ich erinnere an gewisse Gedankenstriche beim Tanz mit den nackten Hexen. In einer Handlung, welche die Epoche in Fausts Leben, die hier darzustellen war, nicht phantastisch uneigentlich, sondern phantasiereich eigentlich darstellte, müßte Faust tief in die Wirbel des Sinnengenusses gerissen werden; sollen wir aber annehmen, er treibe Dinge, die dem entsprechen, was hier ekelhaft angedeutet wird, so ist er ein Schwein geworden, an dem nichts mehr zu retten ist. Ich muß in diesem Zusammenhang eine sehr bekannte Briefstelle aus einer viel späteren Zeit anführen, aus Göthes Brief an jenen Schubarth, der das nichtige und affectirte Buch über den Faust geschrieben hat; der Brief ist vom Jahr 1820; wir brauchen die Stelle später noch einmal, um zu sehen, wie Göthe die Irrthümer bezeichnet, durch welche sich durchzuarbeiten seinem Helden im zweiten Theil vorbehalten sei; von diesen Irrthümern sagt dann der Brief, der arme Mensch (Faust) dürfte sich edler, würdiger, höher in sie verlieren, „als im ersten, gemeinen Theile geschieht." Gemein: dieß kann unmöglich blos auf die Schlichtheit der Verhältnisse in seinem ersten Lebensgang sich beziehen, Göthe kann Gretchen nicht gemein nennen, auch Valentin nicht; es muß auf die Behandlung gehen, Göthe nennt seinen naturderben Jugendstyl gemein; man denke auch wieder an die „Frahen," die „Possen." Nun, wenn ihm sein erster Theil einmal doch gemein vorkam, so konnte es ihm nicht darauf ankommen, auch noch Einiges hineinzuwerfen, was recht ausdrücklich — nicht ungemein ist. In den Stunden, wo er seinen Faust verachtete, hielt er ihn für einen Schubsack, in den sich die dicksten Obscönitäten stecken ließen, die ihm eben einmal einfielen. Der Phantasiemensch hat so seine diabolischen Stunden, wir werden kein Minos=Gericht darüber halten, wenn ihn der Teufel einmal reitet, solchen wüsten Einfällen auch Gestalt zu geben; man kennt gewisse Blätter von bedeutenden Künstlern; die wurden dann aber nicht für die Oeffentlichkeit bestimmt, und wenn je, so wurden sie nicht in Werke großen Inhalts, in unsterbliche Werke gesteckt, Göthe aber, sage Göthe, hat seinen Faust nicht für zu gut geachtet, um ihn als Ablagerungsgrube für solche Phantasieen zu behandeln. Ich muß noch an das Paralipomenon „Gipfel des Brockens" erinnern; dieß wenigstens blieb glücklicher Weise im Pult. Einen Tragelaphen konnte er übrigens nun seinen Faust wohl nennen (an Schiller 1797), da so dem Edelhirsch ein Bockskopf am Rücken auswuchs.

Dieß sind Entstellungen des Gedichts, die wir also mittelbar dem ungünstigen Einfluß des bezeichneten Stylwechsels zuschreiben, sofern derselbe Stimmungen der Geringschätzung des eignen Werts zur Folge hatte. Wir haben nicht vergessen, daß die guten Stunden zurückkehrten, wo der Dichter wieder den ganzen

Werth seines großen Wurfes fühlte, wo die alte ächte Faust=
stimmung über ihn kam. An der Schönheit der Theile, welche
zwischen den Ausgaben von 1790 und 1808 aus dieser Quelle
geflossen sind, werden wir uns erquicken, für jetzt müssen wir unser
Thema verfolgen, das uns auflegt, uns mit dem Unerquicklichen
und minder Erquicklichen zu beschäftigen. Direct organisch zu
seinem Nachtheil in das Gedicht eingreifend wirkt der Stylwechsel
von da an, wo der Dichter das Helena=Motiv in der Form
zu behandeln anfängt, in der es vorliegt; doch wurden ja
diese Scenen zunächst nicht in das Drama aufgenommen; wir
können das ganz bestimmte Eindringen des Classischen und
zugleich Allegorischen noch zurückstellen und zunächst auf eine
andere Erscheinung hinweisen, die immerhin auch als eine in=
directe Folge der immer bestimmtern Festsetzung Göthes auf dem
Boden des classischen Styls zu erklären ist; ich meine die sicht=
bare Abnahme der Kraft, die Leidenschaft darzustellen. Sie ist
allerdings nicht aus diesem Grund allein abzuleiten; es war
auch das wissenschaftliche Forschen, es war überhaupt der stets
wachsende Zug zur Contemplation, zur Ruhe der Weisheit, was
kühlend auf jene Dichterkraft wirkte; ja man könnte gegen die
Behauptung jenes Einflusses vorbringen, daß es ja den Alten
wahrlich auch nicht an Feuer der Leidenschaft fehlt, doch hierauf
ist zu antworten, daß Göthe, dieser Ruhe der Betrachtung zu=
gethan, wie er war, und Winkelmannisch gebildet, wie er es
auch war, ihnen doch mehr die maaßvolle Stille als das feurige
Pathos abgesehen hat. Die Erscheinung ist zunächst nur sporadisch.
An manchen Stellen flammt noch in voller Gluth das alte
Feuer auf; wie bricht es z. B. hervor in dem hochpathetischen

Fluche Fausts auf alle Erdenfreuden, der ja in der ersten Ausgabe noch fehlte! Dagegen ist von der Kritik schon längst richtig gesehen worden, daß der Monolog nach Wagners Abgang, so tief und gedankenreich er ist, gegen den Schluß hin abfällt, — abfällt von dem Grade der Leidenschaft, der gerade an dieser Stelle gefordert wird. Vor den Worten: „doch warum heftet sich mein Blick an jene Stelle?" erwartet man etwas Anderes, als die männlich ruhige Betrachtung:

>Was du ererbt von deinen Vätern hast,
>Erwirb es, um es zu besitzen.
>Was man nicht nützt, ist eine schwere Last,
>Nur was der Augenblick erschafft, das kann er nützen.

Wem der freiwillige Tod als einzige Lösung erscheint, der muß sich in einem Zustande des Eingeklemmt- und Eingeteiltseins, in einer Qual der Spannung befinden, die ihm doch wohl andere Worte auspressen wird. Jenes Gefühl der Linderung, das schon bei dem Anblick der Phiole Faust überkommt und das so rührend schön ausgesprochen ist, hätte der jugendlichere Göthe nicht verfehlt in doppelte Wirkung zu setzen durch einen vollen Kontrast gegen unmittelbar vorhergegangene Seufzer und Ausrufe der tiefsten Seelenpein. Auf dem Spaziergange vor dem Thore steigert sich im Anblick der untergehenden Sonne und der Landschaft das Schmerzgefühl zu dem Wunsche, fliegen zu können, und Faust fleht die Geister in der Luft, ihm einen Zaubermantel zu leihen. In diesem Augenblick knüpft die Hölle an. In der folgenden Scene zurückgekehrt in seine stille Zelle, fühlt er sich gesammelt, beruhigt, betröstet er sich, daß „wilde Triebe" entschlafen sind und „Vernunft fängt wieder an zu sprechen." Jener Wunsch ist aber nicht wild, sondern ganz weich lyrisch ausgesprochen, die Stelle bewegt sich ganz in den schön fließenden Accorden wie alle Reden Fausts in dem Gespräch, dessen Schluß sie bildet, und ebendarum markirt sie sich nicht stark genug in der Auffassung des Lesers, um ihm nahe zu legen, daß es sich um ein höchst leidenschaftliches, aus verzweifelter Beklemmung aufsteigendes Begehren handelt, das die Hölle reizt, sich dem Faust nun an die Fersen zu heften; man übersieht daher, welcher sittlich gefährliche Gedanke in ihm sich verräth: Faust möchte durch das Leben stürmen, ohne die Lasten des Lebens zu tragen, ohne sich zu binden. Man versetze sich in die Situation. In Faust hat sich, nachdem das Ungestüm des Wissenstriebs durch den Erdgeist zurückgestoßen und beschämt ist, der Lebenstrieb hervorgedrängt, aber Faust getraut sich nicht, das Leben anzufassen, wie er die Wahrheit nicht anzufassen weiß, — Beides, weil er Alles oder nichts, weil er Alles auf einmal will: wie die Wahrheit mit Einem Geistesgriffe ganz, so will er die Lebensgüter mit Einem Zuge ganz und hemmungslos, weiß aber doch, daß dieß nicht möglich ist: man lese die frühere Stelle nach, die wir zu genauerer Betrachtung anderswo vornehmen müssen: „wenn Phantasie sich sonst — beweinen;" Faust möchte leben und fürchtet doch, an Alles, was bindet im Leben, seine innre Freiheit zu verlieren. Und nun also ruft er die Hölle an, ihm zu helfen, daß er leben könne, ohne die Einschränkungen der Freiheit tragen zu müssen, die jedes sich Einlassen in's Leben zur Folge hat: dieß ist mit dem Fliegen gemeint und dieß ist es, was wir weit nicht so leidenschaftlich ausgedrückt finden, als seine Seelenlage es erfordert.

Zu den Beweisen gegen eine Abnahme des Feuers in Darstellung der Leidenschaft werden wir den Auftritt „trüber Tag, Feld" und die markerschütternde Schluß-Scene des ersten Theils wenigstens in ihrer Entstehung nicht zählen können, denn diese fällt, wie wir schon gesagt und uns schwerlich bestritten wird, in eine frühere Zeit.

Wie anders verhält es sich mit der in Rede stehenden Kraft bei Shakespeare! Nur immer drangvoller faßt sich dieser poetische Zorngeist bei ihm in seiner dritten Periode zusammen! Was Göthe am längsten treu bleibt, ist das sanftere Feuer, das in der Liebe nach innen brennt und das noch in der „Trilogie der Leidenschaft" den Puls des dreiundsiebzigjährigen Greises beschleunigt. Beweises genug auch dieß, daß nicht der Stoß und Drang der Manneskämpfe im Leben, sondern das rein Menschliche sein Element war.

Noch ein anderer Zug ist zu beobachten. Man sehe zu, wie oft im Faust gesungen wird. Nun ist natürlich zu unterscheiden. Wo es durch die Situation innen heraus motivirt ist, wer wollte da nicht Gesang, auch in einem Drama, gern hören? Wer möchte die herrlichen Lieder entbehren, die wir durch diese Neigung des Dichters gewinnen? Gesang der Erzengel, Lied der Soldaten, prächtiges, heiß gestimmtes, in medium rem reißendes Lied der tanzenden Bauern, Lied der Studenten in Auerbachs Keller und Flohlied des Mephistopheles, Gretchens Lieder: der König von Thule und: „meine Ruh ist hin," die furchtbar erhabenen Verse aus dem Requiem, eingeführt in der Kirchenscene, endlich das Bruchstück des Volkslieds, das Gretchen im Wahnsinne singt — lauter lyrische, musikalische Motive am rechten Ort und mit der besten Wirkung! Nun aber kommen noch andere Gesänge hinzu, welche zu zweifeln geben. Fragt man, warum ich den Ostergesang hier bei den Zweifel zulassenden musikalischen Einschiebungen aufführe, so habe ich zu gestehen, daß ich meine alten Scrupel noch nicht habe los werden können. Man bedenke doch: Faust glaubt an das Wunder der Auferstehung, das der Gesang verkündigt, ausdrücklich nicht; was ihn rührt, ist die Reminiscenz früherer kindlicher Rührung bei dem Ertönen des alten Osterlieds und der Glocken; es sind die schönen Täuschungen der Menschen, die ihn erweichen; die Scene geht genau auf derselben Linie wie die folgende: die Menschen, in deren Anblick Faust auf dem Spaziergang vor dem Thor aufthaut, sind dieselben, welche Morgens in der Kirche gläubig diese Gesänge gehört haben; Faust hat sich am Ostermorgen in ihre andächtige Stimmung hineinziehen lassen und läßt sich am Nachmittag durch den Anblick ihrer Freude, durch Frühlingsluft, Licht und Landschaft in ihre fröhliche Stimmung hineinziehen, beidemal ohne Illusion; im zweiten Gespräche mit Mephistopheles fühlt er sich tief beschämt und verwundet, da ihn dieser daran mahnt, wie ihm eine menschliche Rührung den Giftbecher vom Munde zog, er flucht jenen schönen Täuschungen und darum jeder Täuschung:

> Wenn aus dem schrecklichen Gewühle
> Ein süß bekannter Ton mich zog,
> Den Rest von kindlichem Gefühle
> Mit Anklang froher Zeit betrog,
> So fluch' ich Allem, was die Seele
> Mit Lock- und Gaukelwerk umspannt u. s. w.

Nun ist allerdings wohl kaum zu zweifeln, daß der Dichter will, wir sollen noch etwas Anderes in der Scene finden: eine

Wahrheit, die in ihrem Werthe stehen bleibt, wenn man auch ihre symbolische Hülle als blos symbolisch klar und frei durchschaut. Der Christus, der nach schwerer Prüfung aus Todesbanden ersteht, wir sollen in ihm den Menschengeist sehen, der sich siegreich durch die Kämpfe der Welt hindurchringt, der Chor der Engel ruft: reißet von Banden freudig euch los! und tröstet die Ringenden, daß der Meister ihnen nah, ihnen gegenwärtig sei. Diese Gegenwart dürfen wir ungesucht auf die Immanenz des absoluten Geistes in philosophischem Sinne deuten als eine Bürgschaft, daß Faust, das Bild der Menschheit, nicht verloren sein werde. Wir — die Leser. Der Mann im Stück, Faust nimmt aus der symbolischen Hülle nicht diesen Gedanken heraus, wir hören aus seinem Munde nur, daß er den Wunderglauben abweist; daß ihm das Wunder, das die Kirche und der Glaube als Thatsache aufstellt und nimmt, zum Symbol einer reinen Wahrheit werde, davon hören wir nichts; es müßte denn der Dichter durch die Worte: „zu jenen Sphären wag' ich nicht zu dringen, woher die holde Nachricht tönt" andeuten wollen, daß Faust von Weitem einen großen Inhalt ahne, der als verborgener Kern im Mythus liege. Da dieß im Dunkel bleibt, so folgt: daß der symbolisch eingekleidete Sinn eigentlich an den Leser adressirt ist. Ich sage: Leser, denn in der Aufführung gehen die symbolisch bedeutenden Worte unter Orgelklang, Gesang und Beschäftigung des Auges dem Ohr und der Aufmerksamkeit verloren. Göthe hat zwar erst sehr spät, auf Anlaß von außen, an eine wirkliche Ausführung seines Faust gedacht, aber dessenungeachtet doch natürlich mit seinem innern Auge und Ohr Alles gesehen, gehört, als ob es aufgeführt würde, sichtbar aber besonders diese Scene mit der inneren Vorstellung der theatralischen Wirkung gedichtet; es folgt, daß er in Rechnung zu nehmen hatte, wie die Textesworte, um die es sich handelt, in den Tönen der Melodie halb gehört verschwimmen müssen. Wollte also Göthe wirklich einen Wink geben, daß man die Textesworte im genannten Sinne symbolisch verstehen solle, wollte er auf eine Schlußscene präludiren, wo die kirchlich mythische Vorstellung ebenso dienen werde, den Helden nun als gerettet und erlöst darzustellen, so hat er diesen Wink nur den Wenigen gegeben, die mit Vertiefung lesen und genau hinhören, die Mehrheit aber rührt er durch ein theatralisch an sich außerordentlich schönes, opernhaft wohlgefälliges, jedoch das Verständniß fast unvermeidlich irreführendes Motiv. So ist es nun sehr begreiflich, wenn diese Mehrheit die Scene vollständig dahin mißversteht, daß dem Faust eine Mahnung ertheilt werde, von seinem Forschen überhaupt abzustehen und sich dem Kinderglauben in die Arme zu werfen. Fausts Wort: „das Wunder ist des Glaubens liebstes Kind," mit seiner tiefen Wahrheit ist für diese Menge vergeblich gesprochen, sie merkt nicht, daß es damit dem Dichter ernst ist, und hat für den Satz kein Verständniß, daß alle Wunderthatsachen der Religion nur Producte der gläubigen Phantasie sind. Hat ja doch ein Mann der Wissenschaft, Chr. H. Weiße, den Auftritt so verstanden; er meint, der Dichter habe hier einen Anlauf genommen zu der allein richtigen christlichen Wendung des Dramas, er lege Hand an, seinen Helden dem Reich der Gnade zuzuführen, aber es bleibe bei dem kurzen Ansatz, weil ihm selbst der wahre Glaube fehle. Doch Weiße steht nicht allein, Schubarth, Falk, Ent und Ano: haben sich von der Scene auf ähnliche Art blenden lassen. In modificirter Weise hat neuerdings Sengler (Göthes Faust. Erster und zweiter Theil 1873) diesen Standpunct zum seinigen gemacht: „die Engelstimmen sind die Offenbarungen des christlich=religiösen Gewissens in Faust als Gottes= oder als Himmelsstimme" u. s. w. Dieß meint er offenbar so, daß in der Aufrichtung, wozu das Gewissen mahnt, der Glaube an die Gottmenschheit und Auf= erstehung Christi als an Thatsachen enthalten sein soll. Da würde also der Faust, der das Wunder nicht glaubt, einen zweiten Faust in sich tragen, der sich auffordert, daran zu glauben. Vergißt man denn ganz das Religionsgespräch zwischen Faust und Gretchen? Hier sagt uns der Dichter doch deutlich genug, wie er sich verstanden wissen will, wo es sich vom Glauben handelt, denn er spricht durch seinen Helden sehr vernehmlich seine eigene Ueberzeugung aus. Nun redet er hier zwar in seiner jugendlichen Periode; zwischen damals und zwischen der Zeit, wo er die Osterscene schrieb, wird sein Denken sich ver= ändert, vertieft haben, wir werden, wenn wir das Religions= gespräch seines Orts eingehend besprechen, in Fausts freiem Pantheismus ein wesentliches Moment vermissen und die Ahnung dieses Mangels vom Dichter im weiteren Gang der Handlung niedergelegt finden; aber nimmermehr ist es ihm eingefallen, sich und seinen Faust dem positiv kirchlichen Glauben zuzuwenden und dessen Vorstellungen anders, denn als Symbole zu gebrauchen; in der Osterscene dagegen findet der fromme Wunsch derjenigen, die ihn gläubig haben möchten, einen Anhalt; das ist mein Be= denken, bei dem ich stehen bleiben muß.

Wir kehren zu unserem Zusammenhang zurück; was uns be=

schäftigt, sind die vielen Opern-Motive. Ein sehr merklich nur eingelegtes Stück ist der höllische Geister-Chor „drinnen gefangen ist einer", mir will scheinen, er sei auch für die Erhöhung des geisterhaften Stimmungs-Elements entbehrlich und dürfte zu den Gründen gezählt werden, die für Dewette's Urtheil sprechen, in dieser ganzen Scene (Beschwörung des Pudels, erstes Gespräch mit Mephistopheles) sei doch des Hokus-Pokus zu viel. Je schwerer es ihm wurde, mit der ganzen Handlung über den ersten Theil hinaus vorwärts zukommen, um so mehr solchen Aufputz hat ihm Göthe gegeben. — An sich von ungemeiner Schönheit ist der den Faust in Schlummer einwiegende Geistergesang in diesem Auftritt. Um ihn noch ungleich weltlustiger zu stimmen, als er es auf dem Spaziergang geworden, zieht der Dichter dem Mittel der Rede, des Zuredens durch Mephistopheles, ein Mittel vor, das auf die Nachtseite, den unbewußten Grund der Seele, auf Nerven und Phantasie wirkt: er läßt ihn in Schlaf und einen alle Sinne mit süßem Zauber befangenden Traum einsingen; — kurze daktylisch trochäische Zeilen in einfacher und wechselnd in frei getreuzter Reimfolge, aufregend und einlullend, gleich die ersten Worte: „schwindet ihr dunkeln Wölbungen droben" höchst stimmungs- und anschauungsvoll, und nun öffnet sich ein herrliches Bild einer schöneren, entzückenden Natur, worin ein freieres, göttergleiches Menschengeschlecht selig schwebt und schwelgt: ächt traumartig fließen die Bilder ineinander über, flatternde Gewandbänder in blauen Himmel und Zeltdächer über Lauben, wo sich „fürs Leben tief in Gedanken Liebende geben," die Lauben in Reben, die schäumenden Weine und Quellen in Seen, wobei das edle Gestein, durch das sie rieseln, mit einem vorüber=

gehenden Schlaglicht die Vorstellung von Reichthum und Schätzen
weckt; das wandernde Geflügel, die jauchzenden, tanzenden, über
Höhen und Seen sich zerstreuenden Menschen sind verklärte, erweiterte Erinnerungsbilder dessen, was Faust so eben auf seinem
Spaziergang gesehen hat, und der grammatisch freie phanta-
sirende Schluß überbietet alles Herrliche, was der Traum vorgeführt, durch die Ahnung noch seligerer Fernen. — Der Text
ist so schön, daß er fast zu schön ist, im Theater gesungen zu
werden. Es ist ein bekannter und zugegebener Satz, daß Opern-
Terte nicht durch selbstständigen poetischen Gehalt sich auszeichnen
sollen; anders verhält es sich mit Compositionen für Haus- und
Concertmusik, wo im Gesang das Wort mehr zur Geltung
kommt. Wir haben also in einem ernsten Drama ein opern-
haftes Motiv, bei dem sich der Dichter wie beim Ostergesang
theatralische Aufführung, wenn er sie auch nicht bezweckte, doch
vorgestellt hat, und dessen poetischer Werth durch diese fast verloren geht. Es wäre pedantisch, klein, grämlich, sich durch dieß
Bedenken den Genuß verderben zu wollen; häuften sich die musikalischen Motive nicht so sehr, so würde man an dieser Stelle
den Zweifel gern unterdrücken; nun aber, da gleich in der
nächsten Scene nach dem Fluche Fausts auf alle Erdenfreuden
abermals ein Geistergesang folgt, so entsteht eine Cumulation,
zu der denn doch gesagt werden muß, es sei des Opernhaften
zu viel. Hier singen wieder höllische Geister, beklagen die Zer-
trümmerung der schönen Welt und rathen, in neuem Lebens-
lauf sie prächtiger herzustellen; es ist die Objectivirung des Gefühls, das nach solchem Paroxysmus im Innern des Mannes
selbst nachzittern muß, der den Fluch ausgestoßen hat, einer Art

von Selbstbedauern, daß es nun für ihn keine Freude auf der Welt mehr geben soll; daß dieß die Bedeutung ist, erhellt aus der ganz unbefangenen Art, mit der Mephistopheles gleich darauf anknüpft, als wäre der Fluch gar nicht gesprochen. So kann man sich die abermalige Vocalmusik wohl zurechtlegen, aber helle Worte aus dem Munde des teuflischen Bearbeiters könnten ebendasselbe, was sie leistet, deutlicher leisten. Doch ist noch auf einen bedeutenden Zug aufmerksam zu machen: eigenthümlich klingt aus dem Klagen, Lispeln, Locken dieser Stimmen ein idealer Ton heraus: „prächtiger baue sie wieder, in deinem Busen baue sie auf." Es ist von großer Tiefe, daß uns nahe gelegt wird, Faust dürfte die Flüstertöne auch in das Gegentheil ihrer höllischen Absicht deuten und die Mahnung daraus entnehmen, im guten Sinn eine neue Welt sich in seinem Innern aufzubauen.

Auf den zweiten Theil der Tragödie gehe ich hier vorerst nur mit der kurzen Bemerkung ein, daß ich keinen Grund sehen kann, von meiner alten Behauptung (Krit. Gänge N. F. H. 3 S. 152) abzugehen, gleich der erste Auftritt vermehre das Zuviel des Opernhaften um einen leidigen Beitrag, da Faust durch Elfengesang von seiner Seelenqual geheilt wird. Ein Mann, der so eben den Henkerstod der Geliebten erlebt hat und auf seinem Gewissen trägt, auf blumigen Rasen gebettet, von Elfen eingelullt, was will das heißen! Nun: es will heißen, daß er an der Natur gesundet, aber hat das Wahrheit? Muß aus einer innern Hölle von Selbstanklage nicht eine ethische Bewegung, eine Willensbewegung, ein Entschluß, eine That erlösen und ist das weichschöne Einwiegen durch äußere Natur-Erscheinung und Musik hier zu ertragen? Freilich ist ja eben auch der Seelenzustand selbst gar nicht dargestellt; doch nachdem die Energie des Bildes der Leidenschaft bei Göthe schon früher nachgelassen hat, können wir sie um die Zeit, wo diese Scenen entstanden, nicht mehr erwarten. — Auf das lange hochkirchliche Oratorium am Schlusse wollen wir für jetzt nicht eintreten; es genügt, darauf hinzuweisen.

Diesen Bemerkungen über das Opernhafte füge ich noch bei, daß es absichtlich geschah, wenn ich Göthes directe Befassung mit der Oper nicht erwähnt habe. Warum sollten wir ihm seine Singspiele verargen? Warum darf ein Dichter nicht daran gehen, einmal einen Text zu einem zweiten Theil der Zauberflöte zu schreiben? Nur freilich gerade bei einem Göthe ist es um die Zeit schade. Immer noch mit dem Faust nicht fertig, — da erst thut es leid, daß er seine Muße solchen Spielen gönnt. Doch auch dieß bei Seite, — nur daß er die Opernform so stark in's Drama hereinzieht, das ist es, um was es hier sich handelt. — Führte es nicht zu weit über die Grenzen hinaus, die ich diesen Betrachtungen stecken muß, so wäre viel eher dabei zu verweilen, daß Göthe sich entschließen konnte, zwei Stücke von Voltaire zu übersetzen; Alles eingerechnet, wodurch diese Thatsache so und so mildernd erklärt wird, es wäre ihm doch nicht möglich gewesen, hätte ihn sein Stylwechsel nicht weiter und weiter von der Natur abgeführt. Auch ein Theil seiner Theaterregeln erinnert an französisch classischen Wohlanstand.

Das zu starke Eindringen des Opernhaften und dieser letztere Zug führen nun auf einen Punct von weiterem Belang, den ich hier freilich nicht erschöpfend behandeln kann, der eigentlich eine gründliche selbstständige Ausführung verlangt.

Es findet sich in unsern beiden classischen Dichtern ein Zug, für den ich keinen rechten Namen zu finden weiß. Es ist ein gewisses Etwas, zu dem man sagen möchte: zu schön! Kann nun aber in der Welt des Schönen, in der Kunst, auch etwas zu schön sein? Eine dialektisch schwere Frage, auf die in Kürze hier nur zu sagen ist: nennt man das Charakteristische auch schön, dann muß sie verneint werden; was schön aussieht, aber nicht charaktertreu ist, wäre dann als nicht wirklich schön zu bezeichnen; stellt man das Charakteristische dem Schönen gegenüber und nennt es lieber wahr und bedenkt zugleich, daß ein Kunstwerk, wie sehr das Schöne sein Ziel sein mag, doch Parthieen haben muß, die durch mehr oder minder herbe Wahrheit hindurch zur Schönheit führen, so ist die Frage zu bejahen und hiemit zuzugeben, daß es auf Kosten der Wahrheit schön sein kann. Darf man nun sagen: es findet sich bei unsern großen Dichtern ein Zug zum Schönmachen, das nicht wahrhaft schön, weil nicht charaktertreu ist, oder zum Schönmachen auf Kosten der Wahrheit, also ein Zuviel des Schönen? Wenigstens etwas von einem solchen Zuge? Hat man wirklich öfters ein Gefühl bei ihnen, daß sie mehr auf schönes Arrangiren, als auf jene Schönheit arbeiten, die auch lebenswahr ist? Um den Schein gehässiger Verkleinerung abzuwehren, wenn man diese Frage gegen sie aufwirft und nicht mit Nein beantworten zu können gesteht, muß dieser Punct in das Licht des Historischen gerückt werden. Wer eine Verirrung aus geschichtlichen Bedingungen begreift, der weiß, wohin er die größere Hälfte der Schuld zu schieben hat, auch wenn er sie unverblümt beim Namen nennt. Nun versetze man sich in die ganze Schwere des Prozesses, der vor sich gehen muß, wenn ein

Nationalgeist, an sich barbarisch wie der deutsche, seine Geschmacks=
bildung durch Aufnahme eines ihm national fremden, von einem
längst untergegangenen Volk überlieferten Schönheits=Ideals voll=
ziehen soll. Da muß es ja nothwendig Krisen geben, wie wenn
ein Körper einen heterogenen Stoff in sich einlassen und ver=
arbeiten muß, und diese Krisen können nicht ablaufen, ohne
Spuren bedenklicher Art zurückzulassen. Den Griechen wuchs die
Art von Schönheit, die sie schufen, aus der gegenwärtigen Wahr=
heit ihres Lebens; diese war es, welche in die Phantasie ein=
gieng und zur Schönheit wurde. Es gab keine Classiker, als
die Classiker, die glücklichen, schrieben. Die Art von Schönheit,
die sie uns als Muster hinterließen, ist jetzt eine Hülse geworden,
die wir erst dadurch innerlich beleben müssen, daß wir uns,
unterstützt durch unser Wissen, in das Ganze des Lebens, aus
dem sie einst entquollen, künstlich zurückversetzen. „Künstlich"
soll nicht ohne Weiteres in tadelndem Sinne gesagt, die Versetzung
kann eine innige und lebendige sein und eine solche war es ja, die
nach der Sturm= und Drangperiode den falschen französischen
Classicismus erst ganz besiegte und uns den ächten Classicismus
schenkte. Für den schaffenden Künstlergeist und den ihm nach=
empfindenden handelt es sich ja aber nicht einfach um eine Zurück=
versetzung, die Aufgabe ist ja eine doppelte und dadurch gerade=
zu eine unendliche: nichts Geringeres soll er leisten, als jene
fremde Formschönheit zugleich aufnehmen und zugleich so um=
wandeln, daß sie unserem Lebensgehalt zum adäquaten
Gewande wird, zu einem Kleide, das ihm sitzt. Wer wird den
ersten Stein aufheben, wenn dieß ungeheure Werk nicht so ge=
lingt, daß nicht ein Rest von leerer Form, von Ueberziehen und

Uebertünchen bleibt? Ein Zug zum Kostümiren, Drapiren, glatt schön Ausbreiten, Schönfärben, so eine Art Schönmacherei? Shakespeare hat, wie man weiß, als Sonettist und mythologischer Erzähler dem Renaissance-Geschmack der Zeit seinen Tribut abgezahlt, im Drama wußte er von der bezeichneten schweren Aufgabe einer Verschmelzung noch nichts, er ging frei und frisch im eigenen Rock als gesunder Barbar aus Einem Stück und Guß. Er sah das Classische neben sich so geistlos entstellt im Schul-Drama, daß es für ihn nur Einen Weg gab: wegstoßen und bekämpfen. Dadurch ist nicht ausgeschlossen, daß er nicht an einem Schnörkel, einem Auswuchs des Humanismus seiner Zeit, der Mode des classischen Citats und dem Euphuismus hängen blieb, daß es ihm in einzelnen Momenten nicht doch auch einfiel, sich mit classisch gelehrten Federn aufzuputzen, und daß er nicht auch einmal ein Stückchen zum Besten gab, wie die Erscheinung Jupiters mit Opern-Bimborium in Cymbeline, aber dieß geschah naiv, es sind einige bunte Lappen an seinem übrigens guten, rechten, ihm auf den Leib geschnittenen Kleid. Dagegen ein Schön-machen im Widerspruch mit unserer Gefühlsweise, Charakterwelt, Sitte, wie z. B. die Exequien der balsamirten Leiche Mignons mit Chören der Jungfrauen und Jünglinge, eine Scene, wie die Wunderheilung am Schlusse der Wahlverwandtschaften (nach anderer Seite zugleich romantisirend, was gut zusammengeht) ist nicht naiv, ist bewußt theatralisch, ist, was die Münchner-Künstler eine Draperie-Huberei nennen, und der Ueberfluß von Opernscenen im Faust ist auch nicht naiv, sondern auch bewußt theatralisch, eben auch mehr Putz als Schönheit. Die Art von rundabglättendem Hinlegen, wie sie in Göthes Prosa eindrang und wie wir sie später, wenn von seinem Altersstyl zu sprechen ist, in ihrer Ausartung zu charakterisiren haben, gehört auch zu diesen Erscheinungen, hängt ebenfalls mit dem Antikisiren, wenigstens indirect, zusammen. Im Großen aber handelt es sich um die Wahl ganzer Stoffe, um einen Zug in der Behandlung ganzer Aufgaben, und darauf wird die weitere Verfolgung unseres Thema führen. Zunächst sei es erlaubt, hier einen Seitenblick auf Schiller zu wenden.

Ganz merkwürdig ist es, zu sehen, wie sein Verhältniß zu Göthe unter dem Einfluß des geschwornen Classicismus, der Neigung zum Opernhaften und zum Schönhinlegen, die sich bei diesem festgesetzt hatten, aus seiner ursprünglichen Bahn entgleist. Sonnenklar ist dieß gegeben in den Briefen der ersten Zeit. Die kürzeste Formel dafür ist: Schiller erkennt, wie er von der normalen Dichternatur seines Freundes lernen muß: jeden Gegenstand aus dessen eignem Wesen und Charakter heraus idealisiren, nicht, wie früher, eine abstracte Idealisirung von oben herunter über die Gegenstände breiten. Die falsch idealistische Verallgemeinerung neigt nothwendig stark zu einem Ueberfluß von Schmuck; auch von dieser Neigung sich zu befreien, schien ihm das Schicksal den Freund gegeben zu haben, den die Natur als ihren Vertrauten am Busen hegte. Ein zweiter Führer, der ihm in Reinheit der Form kein Muster sein konnte, dem er aber an drastischem Feuer so tief verwandt war, Shakespeare, wies ihn in der Grundmethode des Schaffens auf denselben Weg, den Schiller mit dem treffenden Worte bezeichnet: einen Stoff aufquellen machen. Der ganze Segen dieses Verhältnisses liegt vor Augen in seinem Wallenstein. Schiller hat ihn nicht wieder erreicht, hat sich vielmehr Schritt für Schritt immer weiter von dieser Tiefe der Sättigung des Colorits nach der Richtung des allgemein und typisch Schönen entfernt und zwar nicht zum wenigsten dadurch, daß er in der classificirenden Tendenz, die zwar schon vor der Verbindung mit Göthe in ihm angesetzt hatte, eben von diesem Dichter mehr und mehr bestärkt wurde, von dem er bestimmt war Vereinigung classischer Reinheit mit germanisch naturwahrem Individual-Styl zu lernen. Und hiemit entbindet sich auch wieder seine ursprüngliche Neigung zur Pracht, zur Ueberladung mit Pracht, freilich auch geknüpft an seinen Zug zum Sentimentalen, dessen Ueberschwang ihn allezeit von Göthe unterscheidet. Und nun steigern beide mit einander ihren classisch-typischen Schönheitsbegriff zu dem ästhetischen Princip der bloßen Formschönheit (vgl. Krit. Gänge N. F. H. 6, S. 92). Inzwischen ersteht die romantische Schule, construirt sich, freilich auf anderer Basis und mit ungesunden, windigen Elementen versetzt, dasselbe Princip und beide Classiker halten sich nicht von ihrer Ansteckung frei. So wird es möglich, daß beide ganz Lessingisch gesinnten Männer zu stockkatholischen Motiven neigen, weil solche sich schön machen, schön anlassen, und daß sie hiefür vom Leser und Zuschauer eine Objectivität fordern, auf welche sich zu stellen ebendieselben Dichter durch ihren rein modernen klaren Geist, der schon aus ihrer Sprache weht, ihn hindern. Ich habe an den Schluß der Wahlverwandtschaften erinnert und hätte an so Manches in Meisters Wanderjahren erinnern können; bei Schiller denke man an: Gang nach dem Eisenhammer, Rudolph von Habsburg; in Maria Stuart hängt die Herabsetzung eines großgeschichtlichen Stoffs zu einem Weiberstreit und Intriguenstück allerdings mit einer jetzt sehr bestrittenen geschicht= lichen Annahme Schillers zusammen (Maria unschuldig bei Babingtons Verschwörung), doch auch so ist es auffallend, daß sein ethischer, wuchtiger Geist nicht erkennt, wie die unglückliche Königin erscheinen müßte als zermalmt vom weltgeschichtlichen Kampf zwischen dem hochberechtigten Factor der Reformation und dem culturfeindlichen Katholicismus, mit dessen drohenden Gewalten ja Maria jedenfalls conspirirt hat; die Segensgrüße an den Papst und an das Scheusal Philipp II., Nachtmahlscene, Crucifix, Agnus Dei u. s. w. sollen nur als rein ästhetisch und sym= bolisch gute Motive wirken und können es nicht, weil der denkende Zuschauer durch die unwürdige Repräsentation des Protestantismus im ganzen Stück gerade erst recht an dessen Werth erinnert ist, weil er erkennt, daß die Verwerthung dieses Werths dem Drama die wahre tragische Würde gegeben, also eben ästhetisch in die Höhe geholfen hätte, und weil er nun erst recht nicht in der Stimmung ist, die innere Blödheit und Vernunftwidrigkeit dieser Motive zu vergessen. Schiller würde sagen: begreift ihr aber nicht, daß dieß objectiv zu nehmen ist? Gewiß meint er es so; Mortimers entzückter Preis des katholischen Cultus und ganzer Fanatismus ist ja auch nicht des Dichters subjective Meinung, sondern objectiv zu verstehen. Allein dieselbe Objectivität ver= langte, diesen gehäuften Farben gegenüber, die der katholischen Kirche den reichen Glanz geben, den Protestantismus, an den das schwerbedrohte Wohl Englands und mit ihm das wahre Wohl Europas geknüpft war, in ein warmes, gediegenes Colorit zu setzen. Da dieß (namentlich in Burleigh) fehlt, so entsteht gegen des Dichters Willen der Schein einer subjectiven Parteinahme für den Feind dieser großen ethischen Bewegung in der Menschheit. Uebrigens, was Personen-Charakteristik betrifft, so entfällt der Maria Stuart nicht ein einziges jener naiven Worte, wodurch Weib erst als Weib und Individuum als Individuum Lebenswahrheit erhält. Schiller gleicht häufig einem virtuosen Bildhauer, Zeichner, Maler, der zu wenig Modell ansieht. Der Gipfel von Typusschöpfung auf Kosten wahrer Individualität ist die Jungfrau von Orleans. Sie ist Pallas, Prophetin, modern sentimental liebendes Weib und Heilige. Wenn über Schiller die ideale Stimmung kommt, so reißt ihn eine Art von Sausen über die Lebenswahrheit hinweg. Die wahrsten Züge seiner Johanna sind jene, wo das Gefühl ihres hohen Berufs mit der gewissen schönen Naturwildheit der Hirtin aus ihr spricht. Das Stück ist mit Pracht aller Art, wechselnden lyrischen Formen, Trimetern, Opernschaustücken, so überladen, daß es hier wenigstens erlaubt sein wird, zu sagen: zu schön! viel schöner, wenn weniger schön! Aus den Manneswörten des sterbenden Talbot glaubt man wie eine fremde Stimme zu vernehmen; Schiller will den Materialismus in ihm repräsentiren, allein was er sonst spricht, ist so klar und wahr, daß man diesen leicht abzieht, und was bleibt, das schlägt eigentlich die ganze Tragödie in ihren Wundergeschichten todt. — Das antike Fatum in das moderne Weltbild herüberzunehmen, darin ist Schiller freilich nicht von Göthe bestärkt worden. Es hängt mit seinem Kantianismus zusammen, der das moralische Subject abstract auf sich stellt und nichts von einem geheimnißvoll gerechten Gesetze weiß, das aus dem Ineinanderwirken der Subjecte immanent resultirt; dem abstract freien Subjecte steht nun der Weltgang wie eine dunkle Macht gegenüber, gegen die es „seine Independenz von Naturursachen" zu bewähren hat, ein lichtloses Ding an sich, auf das leicht der Herodotische „Neid der Gottheit" überzutragen ist. Diese tückische Macht stößt den Wallenstein ins Verbrechen und die finstere Wolke im Hintergrund drückt schwer auf die übrigen großen Vorzüge des Stücks; das Vorspiel, das Lager, hat darunter natürlich nicht zu leiden und bleibt das Vollkommenste, was Schiller geleistet hat, weil es in reiner Naivetät durchgeführt ist; in der Maria Stuart dienen die Verfolger der Königin diesem bösen Schicksalsdämon als Organe; der Jungfrau verbietet er, in christliche Vorstellungs= bilder verkleidet, was eine ächte Johanna aus natürlicher Herbig= keit freiwillig meiden würde, bis sie ihre Mission erfüllt hätte: die Liebe zu einem Mann; in der Braut von Messina wird dieses Gespenst zum Helden der Tragödie, eine Familie muß untergehen, damit ein Fluch, Traum, Weissagungen Recht be= halten, die Mittel, dem Fatum zu entgehen, führen gerade in sein Netz und die wirkliche Schuld, die begangen wird, erscheint in dem verfänglichen Zwielicht, daß sie vielleicht begangen werden mußte, eben weil das Schicksal Recht behalten muß. Es ist, wie Jeder weiß, Uebertragung des Oedipus=Schicksals; darauf näher einzugehen, warum eine aus Wahrheit und Aberglauben dunkel gemischte Vorstellung, die dem Griechen natürlich war, uns unnatürlich ist, kann hier nicht meine Aufgabe sein. Die schwere Wolke lichtet sich im Tell, nicht aber kann man sagen, daß gleichzeitig die Charaktergebung an Sattheit und Tiefe der Farbe gewachsen sei, die gut naiven Züge, die Schiller mit ächtem Gefühl aus Tschudi schöpft, bleiben vereinzelt und der Bauernsohn Melchthal apostrophirt im höchsten Schmerze den Werth des Augenlichts so rednerisch schön, daß man nicht ihn, sondern den Dichter hört. Besonders abstract ist der Landvogt Geßler ausgefallen. Der Einfall mit dem Hut ist barock; dieß führt ganz wie von selbst auf das Bild eines grausamen Spaß= machers und hiemit auf ein sehr concretes Charakterbild. Göthe hat diese Consequenz auf den ersten Blick erkannt; was hätte Shakespeare, der uns in Richard III. einen grausigen Hanswurst der Hölle gezeichnet hat, aus diesem Landvogte gemacht! Bei Schiller ist er bloßer Typus, ein Tyrann überhaupt. Hedwig hat Momente, wo sie weit über den Charakter einer Gebirgs= Hirten= und Jägers=Frau schön beredt spricht und in Bertha von Bruneck wird Niemand Individualität finden.

Die Schicksalswolke füllt sich wieder dunkelschwarz im Demetrius. Der Held ist vom Schicksal präjudizirt. Aber ein ungemeiner Fortschritt liegt darin, daß hier das Fatum aller Transcendenz entkleidet ist; es liegt rein in den wirklichen Ver= hältnissen, die realen Prämissen sind es, an denen Demetrius zu Grunde gehen muß; er ist vorgeschobener Prätendent, blindes Werkzeug, und so wie er es entdeckt, ist er gebrochen, verloren. In diesem Sinn — das Schicksal so immanent gefaßt — darf und soll es immer eine Schicksalstragödie geben. Auch der Hamlet ist eine solche; der Held ist durch das vor dem Anfang der Handlung Geschehene präjudizirt, d. h. hier: bestimmt, etwas zu vollziehen, was ihm zu schwer ist und woran er untergeht, weil er zu spät handelt.

Diese Bemerkungen haben viel getadelt, ich muß erwar=

ten, daß man mir nachsagen werde, ich reiße nun auch Schiller herunter, und was kann ich dagegen thun, als auf meine einleitenden Bemerkungen über Pietät und Kritik verweisen. Es könnte sich finden, daß, wer so die Mängel scharf zu besehen wagt, auch die Kraftparthieen des ächtesten Real=Idealismus, die sich zwischen die formalistischen Scheinschönheiten des abstracten Idealismus lagern, um so klarer sieht und wärmer liebt. Es ist nur unser Zusammenhang, der es ausschließt, auf die männliche Großheit von Dichter=Gedanken einzugehen, wie der ist, aus dem Rütli=Schwur eine Landsgemeinde nach dem bekannten uraltdeutschen Schweizerbrauch zu machen und der Scene dadurch eine sächliche Mächtigkeit einziger Art zu geben; es ist nur unser Zusammenhang, der uns nicht Zeit läßt, bei all den Zeugnissen jenes Organs zu verweisen, durch das Schiller dem Shakespeare so verwandt war: des Organs, das spezifisch Wuchtige im geschichtlich politischen Stoff zu fühlen und, nicht abgeschreckt von seiner Spröde und Rauhheit, ihn in Poesie zu verwandeln, und ebensowenig ist hier der Ort, die ächt dramatische Schlagkraft, die ihm eigen bleibt, ins Licht zu setzen. Das aber sei noch gesagt, daß er auch, was nicht ächt poetisch gedacht ist, in einer Weise zu überdecken weiß, die ihm Keiner nachahmt; durch die feurige Bewegtheit seiner Phantasie, durch die wunderbare Kunst seiner Composition umwachsen auch Knochengerüste, in denen schadhafte Stellen sind, sich so mit lebendigem Fleisch, daß ein Ganzes entsteht, das einzig, daher klassisch trotz alledem ist und bleibt. In der Braut von Messina knüpft der Chor, der doch gewiß auch Uebertragung einer für uns ausgelebten ästhetischen Form ist, an eine unwahre Schicksalsfabel

Wahrheiten, erhaben, majestätisch und hochreligiös, wie je ein ächtes Drama ohne Kanzel und ohne Pfarrer sie gepredigt hat. Es bleibt dabei, daß in Schiller da, wo der Dichter in ihm aussetzt, nicht immer zwar, aber häufig genug, um Nationen zu begeistern, die Menschheit zu heben, der große, reine, heilige Redner einsetzt.

Es ist Zeit, zu unserem eigentlichen Thema zurückzukehren. Wie sicher Göthes Gefühl ging, wenn er unbefangen einen seiner deutschen Natur homogenen Stoff ansah, das beweist nicht nur sein Vorhaben mit Geßlers Figur, sondern Alles, was wir von ihm über den herrlichen Stoff der Tellsage vernehmen, der ihn auf seiner Schweizerreise 1797 so erfaßte, daß er ihn episch zu behandeln beschloß. Hätte er es gethan! Man kann nicht sagen, er habe den Stoff an Schiller abgegeben, denn er wußte selbst ja sehr wohl, daß ein Epos Tell neben einem Drama Tell gar gut bestehen konnte. Es ist nie genug zu beklagen, weinen könnte man darüber, daß dieser Plan liegen geblieben ist. Es hieße längst Erkanntes, namentlich von Gervinus klar Gesehenes noch einmal darthun, wenn ich hier zeigen wollte, wie in Göthes Begabung Alles sich vereinigte, ihn zum epischen Dichter zu bestimmen. Mit diesem Beruf ist er in eine Zeit hineingeboren, deren sämmtliche Bildungsformen und Anschauungsweise dem Epos widerstreben; Göthe findet die Gattung, die sein Beruf war, ausgestorben. Ein kleiner Raum ist noch übrig, wo er sich mit dieser seiner eigensten Kraft niederlassen kann: ländliche Stille, wo Menschen noch menschlich vertraut mit der Natur wohnen und leben; er betritt dieß Gebiet und schafft jenes Idyll, worin wir, nachdem er den Gedanken, die Tellsage zu behandeln, nicht ausgeführt hat, seine höchste Leistung be-

wundern und worin wir schon oben die reinste Vereinigung seiner
deutschen und realistisch schauenden mit seiner griechisch fühlenden
Natur gesehen haben: einen deutschen Theokrit und Homer zugleich.
Nun aber betrachte man die ganze Gunst des Tellstoffes! Die
Grundlage idyllisch, ein Hirtenvolk im Hochgebirg; das Lokal
ganz bestimmt und begrenzt, ein Umstand, den Schiller (in seinem
Brief vom 30. October 1797) mit so gutem Recht als hoch=
wichtig, als eine Hauptquelle inniger und intensiver Rührung
an diesem Stoffe rühmt und in dessen geistvoller Benützung
geradezu das Hauptgeheimniß der Reize seines Dramas liegt.
Nun aber auf dieser Basis nicht eine bloße Herzensgeschichte wie
in Hermann und Dorothea; hier mußte nicht ein großer histo=
rischer Hintergrund erst erfunden werden, um das Ganze in
die Höhe des Epischen zu heben, wie es Göthe so großartig
gethan hat, indem er die Weltbegebenheit der französischen Revo=
lution am Horizont vorüberführt und das Schicksal seiner Personen
an sie knüpft; vielmehr eine volkbefreiende, freiheitschaffende
That steht im Mittelpunkt der Sage selbst und dieß nicht die
That eines eigentlich politischen Helden — ein Stoff, für den
Göthe einmal nicht das Organ hatte, — sondern eine That aus
der natürlichsten einfachsten Leidenschaft eines mißhandelten Natur=
sohns der Berge, eines guten Gebirgsschützen hervorgehend,
die That eines Naturhelden, gerade wie gemacht für Göthes
hoch naiven Dichtergeist, und parallel mit dieser That das nicht
minder ächt epische gemeinsame Handeln des Volkes, endlich
Beides zusammentreffend zu einer Wirkung, der Abschüttlung
eines Joches, an welche sich ungesucht der Gedanke an jede große
Völkerbewegung für die höchsten Menschengüter knüpft, doch so

rein ideal, daß Göthe wie Schiller den Abscheu gegen die wilde Ausartung der französischen Revolution aus dem Bilde der Handlung hätte hervorblicken lassen können und dürfen. Ja, ein Epos Wilhelm Tell, dieß wäre Göthes wahres Meisterwerk geworden.

Und statt dessen beginnt er seine Achilleis. Einen leidigeren Beweis für die Wahrheit des Satzes, mit dessen Ausführung wir uns hier beschäftigen, kann es nicht, stärker kann Göthe uns nicht Recht geben, wenn wir die Determinirtheit seiner Wendung zum Classischen als ein Unglück beklagen, das uns um so viel Herrliches, was sonst entstanden wäre, und so auch um eine des wahren Göthe würdige Fortführung des Faust gebracht hat. Wir sind nun einmal keine Griechen; es kann mit Homer, aber nicht auf seinem eigenen, rein griechischen Felde gewetteifert werden. Was ein Göthe anfaßt, wird ja natürlich immer die Spuren seines Geistes tragen; das Fragment, das uns als einzige Spur dieses Fehlgriffs geblieben ist, enthält einige herrliche Stellen und ich kann mir nicht versagen, eine derselben hier anzuführen, weil sie uns wieder an die Faust-Idee erinnert. Pallas Athene ist entschlossen, vom Olymp niederzusteigen und den Achilles über seinen frühen Tod zu trösten, ihm die Seele durch den Gedanken der Unsterblichkeit seines Ruhmes aufzurichten; sie eröffnet dieß der Here und klagt, daß das schöne Bildniß schon so früh der Erde entrissen werden soll, die „breit und weit am Gemeinen sich freuet:"

„Ach! und daß er sich nicht, der edle Jüngling, zum Manne
Bilden soll! Ein fürstlicher Mann ist so nöthig auf Erden,
Daß die jüngere Wuth, des wilden Zerstörens Begierde
Sich als mächtiger Sinn, als schaffender, endlich beweise,
Der die Ordnung bestimmt, nach welcher sich Tausende richten!

Nicht mehr gleicht der Vollendete dann dem stürmenden Ares,
Dem die Schlacht nur genügt, die männertödtende! Nein, er
Gleicht dem Kroniden selbst, von dem ausgehet die Wohlfahrt.
Städte zerstört er nicht mehr, er baut sie; fernem Gestade
Führt er den Ueberfluß der Bürger zu; Küsten und Syrten
Wimmeln von neuem Volk, des Raums und der Nahrung begierig."

Zwar nicht ein zerstörender Krieger ist Faust, aber ein leidenschaftlicher Stürmer, und enden soll er mit Bauen und Wirken, wie es Athene dem Achilles wünscht. Man sieht ganz den Gedanken aufsteigen, der das Motiv zum letzten Acte des zweiten Theils der Tragödie bilden sollte.

Ich befasse mich hier nicht mit der Frage, ob es Göthe möglich geworden wäre, einen tragischen Stoff, der (nach seinem eigenen Ausdruck, siehe den Brief an Schiller vom 16. May 1798) zugleich ein sentimentaler war, weil die Liebe zu Polyxena noch die Wehmuth über den frühen Tod erhöhen sollte, episch und im ächt antiken Geiste zu bemeistern, und ich halte mich nicht bei Stellen im Fragmente auf, die in ganz anderem Sinne sehr ungriechisch sind (man lese die Verse von Aphrodite, der „äugelnden" Göttin); was uns hier noch interessirt, ist der Umstand, daß an die Säumniß gerade in dieser Arbeit die ernsten Mahnungen Schillers sich knüpfen, die ich oben angeführt habe. Warum gibt er dieser freundlichen Strenge nicht die Richtung, den Freund zur Aufnahme des Tell zu mahnen? Ob er selbst den Stoff als Drama zu behandeln damals schon beabsichtigte, wissen wir nicht; schwerlich war es der Fall, aber wenn auch, so hätte es ihn nicht abhalten können, eine epische Behandlung durch Göthe lebhaft zu fördern; Schiller hat einfach den Fehlgriff nicht als Fehlgriff erkannt, im Gegentheil für einen vortrefflichen Griff gehalten und den Freund in dem Fahrwasser sehen wollen, das ihn doch von der Strömung des Jahrhunderts, von den Bewegungen der lebenden Völker abführte. Die Achilleis war es, wozu er ihn mit dem Wort ermuthigte, er sei einmal ein Bürger zweier Dichterwelten. Dieß Wort ist oben angeführt und als wahr anerkannt, doch nur in dem Sinn, daß bei der einen der zwei Dichterwelten an eine Iphigenie, nicht daß an eine Achilleis zu denken ist; jene ist kein Fremdling für die deutsche Nation, diese wäre es geworden und geblieben.

Dennoch zeigt der Geist unserem Dichter einen Stoff, der mitten in die Woge des vollen Lebens fällt, einen Stoff, der sich in seiner Behandlung zu einem Bilde der französischen Revolution erweitern sollte. Göthe beginnt „Die natürliche Tochter" im Jahre 1801. Eben jedoch der Theil dieses Unternehmens, der zur Vollendung gelangte, ist gerade darum recht ein Beweis, daß der Stylwechsel, in welchem wir das stärkste Hinderniß einer frischen Fortführung des Faust sehen, nun seine Höhe erreicht hat, weil ein Stoff, der Leben und wiederum Leben forderte, so ganz im Sinne jenes Schönmachens abgeglättet wird, das wir oben charakterisirt haben. Nicht „marmorglatt und marmorkalt" darf man dieses Fragment, eigentlich ersten Theil einer Trilogie nennen, zu deren Ganzem er sich als die Exposition verhalten sollte. Diese Dichtung scheint nur marmorkalt, weil sie marmorglatt ist. Dabei muß an Politur gedacht werden, an polirte Statuen; diese Vergleichung paßt nur zu gut. Läßt man dem Marmor das glanzlos Körnige seiner Oberfläche, so ist bekanntlich eine warme Aehnlichkeit mit der menschlichen Haut zu erreichen, durch Politur erscheint sie wie Bein. Man fühlt in diesem Drama eine tiefe Bewegtheit nach und nach durch, wenn man nur durch wiederholtes Lesen den ganz anfremdenden ersten Eindruck überwunden hat, den die Politur des Marmors hervorbringt. Nach der Seite dieser verborgenen Wärme gehört es nicht unter die Zeichen frühen Nachlasses der dichterischen Feuerkraft. Der Dichter nimmt den innigsten Antheil an der armen Herzogs-Tochter, die aus der Welt des Glückes und Glanzes durch Deportation herausgerissen werden soll und vor diesem Schicksal sich nur dadurch rettet, daß sie durch Trauung mit einem bürgerlichen Mann in Obscurität verschwindet; die Klage des Vaters, der sie todt glaubt, erglüht von Leidenschaft des Schmerzes, mit bangem Schicksalsgefühl vernimmt man den nahen Donner der Revolution, mit herzlicher Wärme wird der Werth der Ehe ausgesprochen. Nun aber wird Alles schon dadurch in kalte Fremde entrückt, daß das Land und die Personen nicht benannt sind. Göthe glaubte, dieß entzöge dem Schicksalsbild etwas von seiner allgemeinen menschlichen Bedeutung. Wie? Sind Land und Leute im Hamlet, im Macbeth nicht benannt und sind diese Tragödien dadurch weniger furchtbare, jedes Menschenherz erschütternde Bilder ewiger Wahrheit? Es liegt eben die Meinung zu Grunde, Individualität und Allgemeinheit der Bedeutung, hervorleuchtende Idee oder wie man es nennen will, schließen einander aus, und das trifft in den Mittelpunct der Stylfrage, damit entsteht der falsche Idealstyl, der griechisch gemeint und doch erst nicht griechisch ist, denn die Griechen benannten doch auch ihre tragischen Helden. Man muß doch wissen, wo man ist! Darin liegt denn der erste Grund, warum diese Dichtung den Leser nicht annimmt; man kommt nicht hinein, wird nur mühsam zu Hause darin. Nun folgt daraus natürlich von selbst, daß es überall an jenen Einzelzügen fehlt, wodurch Personen, Gruppen, Massen nahe, vertraut, greifbar, überzeugend werden. Es ist Stand, Alter, Geschlecht, es gibt Gesinnungen, es gibt Zustände, Stimmungen, aber es gibt keine Individuen. Schon dieß kann man ein Wegpoliren nennen; nun aber die Sprache! Sie entbehrt nicht des Bildlichen, neigt aber doch stark dazu, den allgemeinen Ausdruck dem anschaulichen vorzuziehen, an Shakespeares Phantasie, die Alles beseelt und Alles verkörpert, darf man gar nicht denken. Wodurch aber das Maaß jener Verallgemeinerung voll wird, die Alles abglättet, abschwächt und abkühlt, das ist die Art von Schönheit, die im Verse herrscht. Nicht lauter Schönheit; viele Jamben sind auffallend unakustisch, man begegnet gar nicht durchaus jenem Gehöre voll Naturgefühl des Worts und Klangs, wodurch Göthe im Lyrischen sich so einzig auszeichnet. Aber den schönlaufenden wie den matt hinkenden Jamben: allen fehlt der energische Stoß, der in Accentfolge und Cäsuren diesem dramatischen Metrum seine Schlagkraft geben soll. Dieß zusammen mit der Sprache an sich, wie in ihr das Korn des Marmors abgerieben ist, vollendet erst den Charakter der Politur. Der Herzog klagt so schön, daß man vor lauter Schönheit seinen Schmerz erst findet, wenn man sich seine weich melodischen Laute in drastischere übersetzt; man könnte sich versucht finden, den Schrei der Natur herbeizuwünschen, wie er in der Zeit der Sturm- und Drangperiode hervorbrach; die teuflischen Intriganten, der Secretär und der Weltgeistliche, sprechen in der Form so edel, daß man sich nach einem Sekretär Wurm sehnen möchte. Was wäre in so weicher, feiner, adelicher Hand aus den wilden Volksscenen geworden, die der zweite und dritte Theil forderte! Schiller rühmt an der Natürlichen Tochter die hohe Symbolik, die alles Stoffartige vertilgt habe, aber rühmt er nicht mit ganz ähnlichen Worten Shakespeares Richard III. und folgt daraus nicht, daß ein Dichter unendlich tecker in das feurige, unerbittliche Leben greifen und dennoch alles Stoffartige ausscheiden kann? Und ein Dichter, der so schreibt, wie Göthe jetzt, kann er noch Freude haben an einem Jugendwerk, wo es lautete: „verfluchtes, dumpfes Mauerloch!" und „es möchte kein Hund so länger leben," und „belastet hier zu schwitzen," und „Kopf und Hintern, die sind dein," kann er Lust haben, so fortzuschreiben? Wird er sich sagen, wie er sich sagen sollte: habe ächtes Feuer, so gehen einige Derbheiten heiter mit darein! Dein Volk ist nicht zimperlich, es läßt sich gern ein Stück grober Natur gefallen, wo warmes, tiefes Leben athmet! Schreibe du für dieses dein Volk nur tecklich weiter und weiter!? Er wird es sich nicht sagen, er ist vornehmer Stylist, sein Faust ihm eine Fratze geworden und es ist nicht zu wundern, wenn er in solcher Stimmung 1807 an Zelter schreibt, er habe bei der neuen Ausgabe seiner Werke sehr lebhaft gefühlt, wie fremd ihm „diese Sachen" geworden seien, unter welchen Sachen, wie der weitere Inhalt des Briefes zeigt, namentlich der Faust zu verstehen ist.

Da wir Shakespeares wieder gedacht haben, so wird es erlaubt sein, hier in der Zeitfolge einen Sprung zu thun und Einiges über Göthes Verhältniß zu dem großen Meister des Realstyls, richtiger: des indirecten Idealismus zu sagen. Wie

Göthe durch seinen Styl zur Allegorie geführt wurde, dieß werden wir nachher aufnehmen und dann die Zeitfolge, so weit hier nöthig, wieder einhalten.

Im Jahre 1813 schreibt er seinen Aufsatz: Shakespeare und kein Ende; dazu gehören die Nachträge von 1816. Nicht mit der merkwürdigen Behauptung will ich mich hier beschäftigen, daß der Britte eigentlich nicht für die Augen des Leibes dichte, sondern für den inneren Sinn, die innere Anschauung; Göthe gründet sie nicht auf diejenigen Züge Shakespeares, mit denen wir es hier zu thun haben, und eine eingehende Erörterung würde uns zu weit abführen.\*) Schwerer widersteht man der Versuchung, das herrliche, staunende Lob des unerreichbar hohen Geistes, das dieser Aufsatz enthält, so oft es auch schon geschehen, abermals nachzuschreiben selbst da, wo eigentlich die Verkennung zu besprechen ist, die sich seltsamer Weise an eben dieß Lob knüpft. Man kann sich oft dem Gedanken nicht entziehen, es sei eine Art Schauer vor Shakespeares Geistertiefe gewesen, die unsern deutschen Dichter, der sie verstand, wie kein Anderer, im Anziehen zurückschreckte und lähmte. „Shakespeare gesellt sich zum Weltgeist, er durchdringt die Welt wie jener, beiden ist nichts verborgen;" dazu gehören die bekannten Worte, die er später zu Eckermann sprach: „man kann über Shakespeare gar gar nicht reden, es ist Alles unzulänglich; ich habe in meinem W. Meister an ihm herumgetupft, allein das will nicht viel heißen." Es ist aber nicht bloß Shakespeares centrale Tiefe, was

---

\*) Ich verweise auf Ad. Stahrs Abhandlung: Shakespeare in Deutschland. Literarhistor. Taschenbuch v. Prutz. 1843.

er bewundert; dabei könnte die Stylfrage immer noch dahingestellt bleiben; sondern es ist gerade die Art, wie dieser Geist in der Behandlung die Wahrheit des Lebens naturvoll offenlegt. Göthe erwähnt die außermenschlichen Wesen, die Shakespeare aus der Phantasiewelt entlehnt und einführt, und fährt fort: "diese Truggestalten sind aber keineswegs Hauptingredienzien seiner Werke, sondern die Wahrheit und Tüchtigkeit seines Lebens ist die große Basis, worauf sie ruhen, deßhalb uns Alles, was sich von ihm herschreibt, so ächt und kernhaft erscheint." Diese Gesundheit bringt er in Zusammenhang mit dem Protestantismus Shakespeares: "er hatte den großen Vortheil, daß er zur rechten Erntezeit kam, daß er in einem lebensreichen protestantischen Lande wirken durfte, wo der bigotte Wahn eine Zeit lang schwieg, so daß einem wahren Naturfrommen wie Shakespeare die Freiheit blieb, sein reines Innere, ohne Bezug auf irgend eine bestimmte Religion, religiös zu entwickeln." So preist er ihn auch in dem Aufsatz: "Calderons Tochter der Luft" glücklich, daß er als Protestant geboren und erzogen worden, und diesen Glückwunsch läßt er folgen auf die Vergleichung des englischen und spanischen Dichters: Shakespeare reiche uns die volle reife Traube vom Stock, Calderon stehe an der Schwelle der Uebercultur, gebe eine Quintessenz der Menschheit, reiche abgezogenen, höchst rectifizirten Weingeist. Wie verhält sich Göthes eigene gleichzeitige Praxis zu diesem herrlich klaren Urtheil? Sein Faust war volle Traube am Stock — mit etwas Erde daran, was man gern mit hinnimmt —, seine Natürliche Tochter und was wir bei dem Allegorischen betrachten werden, ist rectifizirter Weingeist, nicht germanisch protestantisch, sondern stark den Neigungen der Völker entsprechend, die lateinisches Blut in den Adern und sich von der römischen Kirche nicht getrennt haben, romanisch, spanisch. Und aus dieser Richtung, nicht aus der Stimmung jener vollen Einsicht, ist es gesprochen, wenn nun Göthe über Mercutio und die Amme in Romeo und Julie die bekannten Worte sagt: „Betrachtet man die Oekonomie des Stücks recht genau, so bemerkt man, daß diese beiden Figuren und was an sie grenzt nur als possenhafte Intermezzisten auftreten, die uns bei unserer folgerechten, Uebereinstimmung liebenden Denkart auf der Bühne unerträglich sein müssen." Ob ihn, als er dieß niederschrieb, Mephistopheles, Wagner, die Hexe, Frau Martha Schwertlein nicht am Aermel zupften? Vielleicht — und dann wird er sie als Fratzen weggescholten haben. Mit mehr Recht that er das freilich, wenn ihm auch die Walpurgisnacht und der Walpurgisnachttraum über die Schulter sahen. Dieß führt nun auf die Bearbeitung von Romeo und Julie, die Göthe 1811 für die Bühne vornahm. Hier begegnet man gleich im Eingang einer Veränderung unglaublicher Art. Die Geschichte des Drama kennt kaum eine bessere Exposition, als die Anfangs-Scene von Romeo und Julie. Zwei feindliche Häuser, deren Bedienten sich nicht auf den Straßen begegnen, ohne sich durch Hohn- und Drohworte zu reizen und dann vom Leder zu ziehen, — man begreift augenblicklich die dämonische Natur eines solchen eingefleischten Hasses, der, wenn auch die vernünftigeren Häupter steuern wollten, durch ihren Anhang immer fortgenährt, immer neu aufgefacht wird, und die ganze folgende Handlung ist hiemit auf den dunkeln Grund dieser Wetterwolke gestellt. Einen verdrießlicheren Beleg für das, was ich über die Neigung zum Opernhaften, zum sauber Hinlegen und Drapiren gesagt habe, kann es nun nicht geben, als diese Scene, wie sie bei Göthe lautet.*) Capulets Bediente schmücken die Thüre seines Palastes (zum Ballfest) mit Lampen und Kränzen und singen:

> Zündet die Lampen an,
> Windet auch Kränze dran,
> Hell sei das Haus!
> Ehret die nächtige
> Feier mit Tanz und Schmaus,
> Capulet, der Prächtige,
> Richtet sie aus. u. s. w.

Nun kommt bei Göthe Benvolio mit Romeo, ärgert sich über das Hoch, das die Diener dem Capulet noch bringen, will losschlagen und wird von Romeo besänftigt. Allein Shakespeare stellt ja den Benvolio zu jenen Vernünftigeren auf die Seite der Montague, die gerne Frieden halten; erst durch des haßvollen Tybalt Hinzukunft wird bei ihm, nachdem die Bedienten bereits aufeinander schlagen, Benvolio selbst und werden dann Bürger, endlich die Familienhäupter in den Streit gezogen. Dieses Bild voll anschwellenden wilden Lebens in ein fein ordentliches Opernstückchen verwandeln! Unleidlich!

Nun aber folgen Widersprüche, die man nach diesem Anfang und nach der Stelle von den „possenhaften Intermezzisten" nicht erwarten sollte. Diese ist zwar 1813 geschrieben, die Um=

---

*) Dieß und das Folgende theilweise bekannt durch die oben angeführte Abhandlung von Stahr. Die ganze Umarbeitung s. Boas: Nachträge zu G. sämmtl. W. B. 1.

arbeitung, wie gesagt, 1811; allein da diese Anfangsscene deutlich genug sagt, daß Göthe 1811 schon dachte, wie 1813, so sollte man meinen, er habe Mercutio und die Amme gestrichen. Nein! erst nicht! Er muß gefühlt haben, daß sie doch von der Oekonomie gefordert, doch keine Intermezzisten sind. Von dem stehen gelassenen Mercutio erwartet man anfangs, er werde ihm einen andern Charakter beigelegt haben, als Shakespeare, denn der Prinz, den Göthe auf Capulets Mastenball einführt, bittet ihn, für Versöhnung der Parteien thätig zu sein:

„So wirke mir besonders auf die Jüngern;
Der Alten Starrsinn macht es fast unmöglich,
Denn Jugend ist zwar heftig, doch verträglich."

Den Humor läßt ihm Göthe zwar von Anfang an, nach dieser Stelle aber scheint es, die Rauflust werde er ihm cassiren; wie hätte er es gekonnt! Dann wäre ja der tragisch entscheidende Auftritt im dritten Acte weggefallen, er mußte bleiben und Göthe hat dem muthwilligen Gesellen sogar seine letzte Rede gelassen: „Nein, nicht so tief wie ein Brunnen, noch so weit wie eine Kirchthüre" u. s. w.; kurz, er hat erkannt, daß er den Mann braucht und so braucht wie er ist: als heiteren Raufer im Gegensatz gegen den schwarzgalligen Raufer Tybalt. Einige Zoten hat er ihm gestrichen, mit Recht natürlich; einige hat ja schon W. Schlegel unterdrückt. Und die Amme? Auch gelassen! Auch als unentbehrlich erkannt! Nicht alles Gefasel und Geschwätze, nur ein Theil, namentlich der zotenhafte, wird gestrichen, freilich auch ein paar ganze Scenen, darunter die köstliche (II, 4.), wo sie mit Peter angesegelt kommt, dem Romeo Juliens Botschaft auszurichten; die rohen Zweideutigkeiten in

den Hänselworten Mercutios hätten ja hier immer wegbleiben
können, aber im Uebrigen: wer wird nicht sagen: schade! Streng
nöthig zur Handlung ist der Auftritt nicht, aber er dient aus=
gezeichnet dem Zwecke der Belebung, der runden Durchbildung
der Figuren und Situationen: so eine alte Schachtel, noch
eitel und im Gefühl der Wichtigkeit ihrer Mission als Postilionin
d'amour, wie sie nun unter junges muthwilliges Volk geräth
und aufs Blut geärgert wird, wer mag das entbehren? Nun,
derjenige, der etwa die allerdings auch entbehrliche Scene im
Faust: Auerbachs Keller entbehren möchte. Aehnliches wäre von
den weggelassenen Spässen zwischen Capulet und den Bedienten
zu sagen, ich eile aber zu solchen Parthieen, welche wieder im
reinen Widerspruch mit dem glättenden Bügeleisen stehen, womit
die Expositionsscene applanirt ist. Man erwartet danach einen
Capulet, dessen Härte gelassen, dessen Rohheits=Ausbruch gegen
die ungehorsame Tochter aber getilgt wäre, — Irrthum! der
Capulet des fünften Auftritts in Act III (Shakespeare) ist ge=
blieben, geblieben mit seinen Schimpfworten und Flüchen,
sogar mit dem Dreinschwätzen der Amme und seinen groben
Antworten darauf; Göthes bessere Natur kommt an Shakespeares
Stärke und Wahrheit wieder zur Geltung. Dagegen die Scene
IV, 5., wie die Amme Julien wecken will, die Todtenklage der
Eltern ist gestrichen, obwohl sie Göthes Operngeschmack hätte
zusagen können; wohl deswegen gestrichen, weil ihm die tragische
Ironie darin zu herb erschien, doch hat ja er selbst in der
natürlichen Tochter auch eine Todtenklage aus Irrthum. In V. 3.
charakterisirt Shakespeare Romeos wilde Stimmung durch den
drohenden Befehl an Balthasar und den Ausruf:

> Die Zeit und mein Gemüth sind wüthend wild,
> Viel grimmer und viel unerbittlicher
> Als durstige\*) Tiger und die brüllende See!

Dieß war Göthe wieder zu stark und er macht einen ungleich zahmeren Monolog daraus. — Ich muß, ehe ich zum Schluß übergehe, noch ein paar Einzelheiten herausheben. Es fehlt in Romeo und Julie bekanntlich nicht nur an zotigen, sondern auch an sonst widrigen und an abgeschmackten Stellen so wenig, als in irgend einem Werke Shakespeares; hier gewiß wäre Göthes reinigende Hand erwünscht. Manches der Art ist nun auch, wie zu erwarten, getilgt, namentlich jenes entsetzlich absurde concetto Romeos an den durchsichtigen Ketzern (I, 2.); allein, was man nicht glauben sollte: Juliens Beiseite-Reden im Gespräch mit der Mutter (III, 5.), psychologisch richtig an sich, aberwitzig in der Behandlung, ist von Göthe gelassen, wie es ist, und den eignen Augen traut man kaum, wenn man in Romeos Apostrophe an die vermeintlich todte Julie (V. 3), eine Metapher, die das Absurde und Ekelhafte in schrecklicher Einheit mischt, nicht gestrichen findet, sie heißt:

> Hier will ich bleiben
> Mit Würmern, so dir Dienerinnen sind. (chambermaids.)

Nun aber der Schluß! Die Versöhnung der Eltern an den Leichen ihrer Kinder ist ein Motiv, dessen Schönheit doch kein gesundes Gefühl bestreiten kann. Dem milden, lindernde Lösung liebenden Wesen Göthes mußte es, so meint man, als ein Schlußaccord von idealer Reinheit entgegenkommen. Und diesen Schluß läßt er weg, setzt an seine Stelle eine kurze seichte Predigt von Lorenzo!

---

\*) Eigentlich ausgehungerte (empty), was nicht in den Jamben geht.

Dieß nur einige Bemerkungen zur Vergleichung des Originals mit der Umarbeitung; ich konnte, wollte ich nicht zu spät zu meinem Zusammenhang zurückkehren, nicht alle Abweichungen aufführen. Uebrigens wird man keine müßige Abschweifung darin sehen, daß ich etwas näher auf diese Arbeit eingegangen bin. Sie gibt äußerst belehrend das schwankende Verhältniß Göthes zu Shakespeare zu erkennen und sie zeigt einerseits die Neigung zum schönen Abhobeln und zum Opernhaften, die wir zu verfolgen haben, andrerseits durch Stehenlassen von Absurdem doch den Beginn eines Nachlasses in der Sicherheit des Geschmacks, welcher dann im zweiten Theil des Faust so leidig überhand nimmt.

Wir verfolgen nun den Göthe'schen Classicismus in eine fernere Wendung, die er ganz naturgemäß genommen hat: es ist der Zug zur Allegorie. Der Grund ist einleuchtend. Das Alterthum blickte mythisch, uns leben die Mythen nicht mehr und Mythen, da verwendet, wo man sie nicht mehr glaubt, werden zu Allegorieen, wenn nicht eine sehr mächtige Phantasie mit schöpferischer Rückversetzung in die Zeit der Blüthe des Mythus ihn noch einmal belebt. Wir glauben (poetisch) an geglaubte Wunder. Ist der Glaube todt, so braucht es doppelten Zuschuß vom Dichter, um ihnen das Leben einzuhauchen, das diesen Phantasievorstellungen ursprünglich schon der Umstand lieh, daß sie geglaubt waren. Doch auch der noch bestehende Glaube des Alterthums lief sehr begreiflich in allegorische Erfindungen aus. Wo alles Allgemeine gläubig personificirt wird, da personificirt leicht der einzelne Dichter für sein Bedürfniß, was der Volksglaube nicht personificirt hat, und diesen oberflächlichen Verkörperungen kommt die allgemeine Gewohnheit und Fertigkeit der mythischen Illusion so zu gute, daß etwas vom vollen Scheine der Lebendigkeit, die Götter, Geister und Dämonen genießen, für sie abfällt. Solche Bildungen sind die „Kraft" und die „Gewalt" in Aeschylos Prometheus, in das Seichte und Gemachte laufen sie aus in so fühlbar erdachten und ausgesponnenen Figuren, wie die Necessitas des Horaz mit ihren Klammern und Balkennägeln. In dem modernen Dichter, der einmal begonnen hat, auf der Bahn des Classicismus jener Individualisirung zu entsagen, welche der wahre Kunstgenius unserer Zeit als Bedingung poetischer Lebenswahrheit fordert, wird nun überhaupt eine Vorliebe zu solchen transcendenten Motiven sich ausbilden. Absolute, von der glaubigen Phantasie erzeugte Idealgestalten dulden äußerst wenig Individualisirung, fordern den großen Styl im engsten Sinne, der nur mit wenigen gewichtigen Hauptzügen operirt: ein Alphabet von großen Initialen, das der Kunst allezeit unentbehrlich sein wird, mit dem aber in mythuslose Zeit nur sparsam und nur unter der genannten Bedingung zu schalten ist. Ueber der Vorliebe zu diesen Gebilden wird der classicirende Dichter diese Bedingung leicht übersehen, wird vergessen, daß sie doppelt warmer Belebung bedürfen, weil sie nicht mehr vom Glauben getragen sind. So werden sie in seiner Hand bloße Allegorieen. Ebenso aber wird die Neigung der Alten, mit freien Erfindungen über den Volksglauben hinauszugehen, für ihn ein bestechender Vorgang sein, und auch hier wird er vergessen, daß diesen Erfindungen keine allgemeine Geneigtheit zu mythischer Illusion mehr entgegenkommt. Hat nun gleichzeitig seine Phantasie ohnedieß schon gealtert, so werden

Todtgeburten unerquicklicher und seltsamer Art entstehen. Die erste allegorische Dichtung Göthes, das Gelegenheitsstück Paläophron und Neoterpe (1800), zeigt diese Wendung noch nicht in beschwerender Weise, sie ist humoristisch, und wer wollte bezweifeln, daß für komische Erfindungen die Allegorie jederzeit frischweg freigegeben sein muß! Nun beginnt Göthe um dieselbe Zeit, wie wir gesehen, seine Helena; da wir aber nicht wissen, wie weit er sie geführt hat, also auch nicht wissen, ob es damals bereits seine Intention war, sie so unbarmherzig in eine Allegorie zu verwandeln, wie dann geschehen ist, so belassen wir es vorerst bei dem oben Gesagten, daß sich ihm damals der classische Styl in ein Werk eindrängte, in das er nicht gehört, so daß nun beide Elemente peinlich auf einander drücken mußten: das ideal schön griechische auf das keck naturwahre, genial phantastische germanische und umgekehrt, und verfolgen zunächst noch ferner, abgesehen von der Fortführung des Faust, den Hang zur Allegorie in seinem Wachsthum. In dasselbe Jahr mit der Redaction des ersten Theils des Faust für die zweite Ausgabe, das Jahr 1807, fällt die Pandora. Ein tiefer Seelenschmerz des Dichters, das Weh der Trennung von Minna Herzlieb, maskirt sich in antik mythische Figuren, die dadurch, daß ein ihnen fremder Inhalt in ihre Hülsen gesteckt wird, zu abstrusen Allegorieen werden. Hier schieben sich nun zwischen Trimeter deutsche Liedformen, worin einzelne Laute ertönen, so innig, so herzlich wie die rührendsten, ächtesten Seelenklänge aus Göthes bester Zeit. So die tief ergreifend schönen Strophen, die Epimetheus spricht:

      Wer von dem Schönen zu scheiden bestimmt ist,
      Fliehe mit abgewendetem Blick u. s. w.

Es ist, als hätte der Dichter gewollt, daß man diese Perlen nicht finde, denn welches einfache, natürliche Gefühl sucht solche Herzlaute in einer Dichtung, die man ohne gelehrte Schlüssel nicht und auch mit diesen nur halb versteht, die daher bemüht, beunruhigt, statt zu erfreuen, und die ein Leser von der Frische der Empfindung, wie sie der Dichter seinem Werke doch wünschen muß, nach dem ersten Leseversuch aus der Hand legt. — Sehr merkwürdig ist nun aber dieses Fragment dadurch, daß in ihm fertig und ausgebildet bereits der Styl vorliegt, der nachher im zweiten Theil Faust der herrschende geworden ist. Ich hebe einige Beispiele von diesen Tänzelungen und Kräuselungen aus, die unserem Fischart Spaß machen würden:

> „Allschönst und allbegabtest regte sie sich hehr
> Dem Staunenden entgegen, forschend holden Blicks."

Von Pandoras Erscheinung, ihren Sandalen:

> Gegliedert schnürten goldne Riemen schleifenhaft.

Von ebenderselben:

> Ihr Antlitz, angeschaut allein, höchst schöner war's,
> Dem sonst des Körpers Wohlgestalt wetteiferte.

Höchst schöner statt: viel schöner! und die folgende Construction statt eines Satztheils mit „als" bemühend schwierig. Und noch ein Beispiel von Satzbildung:

> Der Fackel Flamme morgendlich dem Stern voran
> In Vaterhänden aufgeschwungen kündest du
> Tag vor dem Tage.

Dieß sind Seltsamkeiten, Sprach=Affectationen, die aus Nachahmung des Griechischen entstanden; aber ganz des alternden

Göthe eigener Geschmack sind Verse wie folgender im Gesang der Schmiede:

> Wasser, es fließe nur!
> Fließet es von Natur
> Felsenab durch die Flur,
> Zieht es auf seine Spur
> Menschen und Vieh.
> Fische, sie wimmeln da,
> Vögel, sie himmeln da,
> Ihr ist die Fluth;
> Die unbeständige,
> Stürmisch lebendige,
> Daß der Verständige,
> Manchmal sie bändige,
> Finden wir gut.

Man vergleiche aus der Schluß=Scene des zweiten Theils Faust die immerhin noch klarere Strophe:

> Waldung, sie schwankt heran,
> Felsen, sie lasten dran,
> Wurzeln, sie klammern an,
> Stamm dicht an Stamm hinan;
> Woge nach Woge spritzt,
> Höh'e, die tiefste, schützt;
> Löwen, sie schleichen stumm=
> Freundlich um uns herum,
> Ehren geweihten Ort,
> Heiligen Liebeshort.

Es hilft nichts, es muß heraus: dieß ist kindisch, unbegreifliche Erscheinung theilweise Kindischwerdens in einem Alter von acht und fünfzig Jahren, während derselbe Mann im Uebrigen noch in der vollen Kraft steht, die Wahlverwandtschaften, die doch, welche Bedenken man haben mag, ein Kunstwerk sind, eine Welt von herrlichen Liedern zu dichten, eine Saat köstlicher

Epigramme auszustreuen und unabläſſig über Welt, Daſein, Natur zu forſchen. Alles, was wir vom Stylwechſel geſagt, erklärt nicht ganz die Erſcheinung; ich verzichte darauf, ſie zu verſtehen. Wir müſſen übrigens weiterhin noch auf dieſe ſeltſamliche Sprachperrücke zu ſprechen kommen, wenn ſpezieller vom zweiten Theile Fauſt die Rede ſein wird, wo ſie ja in voller Lockenpracht ſteht; daß ſie Liebhaber, ja Verehrer gefunden hat, iſt mir nicht unbekannt.

Im Jahre 1814 wird Göthe aufgefordert, für das Berliner Theater die Feſt=Dichtung zur Feier des Sieges über Napoleon zu ſchreiben und es entſteht des „Epimenides Erwachen." Man kennt das Product, die Nation hat mit verdrießlichem Lachen darüber gerichtet. Mußte je etwas populär ſein, ſo war es ein Gedicht mit dieſer Beſtimmung, war je etwas werth, eigentlich, nicht uneigentlich beſungen zu werden, ſo war es die That, die das Volk recht eigentlich ſelbſt, mit ſeinem Herzen, ſeinem Arm, ſeinem Blut vollbracht hatte; auch hier mit Allegoricen=Cichorie aufwarten, das hieß der ſchlachtenmüden Nation einen traurigen Kaffee bieten. Einige Töne, die warm aus der Seele kamen, wie die Strophe, welche die Liebe ſingt:

> Ja ich ſchweife ſchon im Weiten
> Dieſer Wildniß leicht und froh,
> Denn der Liebe ſind die Zeiten
> Immer ſo und immer ſo!

ſchwanken wie arme verirrte Kinder zwiſchen den Strohmännern dieſes Marionettenſpiels.

Es iſt hier nicht meine Aufgabe, eine Geſchichte der Göthe'ſchen Dichtung zu ſchreiben; ſelbſt Manches, was mir im vorliegenden Zusammenhang diente, muß ich übergehen, z. B. die Wanderjahre, denn es ist hohe Zeit, nun zu unserem Faust zurückzukehren. Es sind nun also zwei Erscheinungen, die wir zu beklagen haben. Die wachsende Einseitigkeit, womit Göthe sich in den classischen Idealstyl einlebt, wirkt Jahrzehent um Jahrzehent als Ursache der Verschleppung dieses tiefsten aller seiner Werke; das ist die eine Erscheinung. Aber dann bringt sie, und zwar, nachdem sie sich in natürlicher Consequenz zur Allegorien-Spinnerei ausgebildet hat, in den Faust selbst ein und zersprengt den ursprünglichen Charakter des Gedichts: dieß ist das Neue. Nicht unmittelbar geschieht es; noch 1827 hat Göthe, wie wir gesehen, trotz Schillers Unbedenklichkeit, das richtige Gefühl, daß er das erste Product dieser Einmengung, die Vermählung der Helena mit Faust, getrennt halten, als „Zwischenspiel" gesondert publiciren müsse. Später schwindet dieß Gefühl und die Helena wird als dritter Akt in den zweiten Theil gesteckt. In diesem früheren „Zwischenspiel" blieb der alte Fauststyl nach seiner humoristischen Seite fern; Mephistopheles als Phorkyas sagt und thut nichts Komisches; Euphorion ist ganz gegen die Absicht des Dichters komisch. Nur die Stylvermischung erlaubt sich Göthe, lyrische Strophen in deutscher Liedform und Gefühlsfarbe zwischen die Trimeter zu stellen, wie in der Pandora; dieß ist eine Kühnheit schöner Art und wäre nur erfreulich, wenn die Sprache dieser Strophen freier von Manier wäre. In den übrigen Acten ist es anders. Die Verachtung seines jugendlichen Faust-Styls, in der wir bis dahin die Hauptursache der langen Verschleppung gesehen, ist der Dichter nun los geworden; er nimmt, mit Ausnahme der

Trimeter, in denen er die Erichtho in der classischen Walpurgisnacht und Faust im Anfang des vierten Acts sprechen läßt, die alten Reimpaare wieder auf und wechselt noch freier und häufiger, als in Epimenides Erwachen und im „Zwischenspiel," jetzt dritten Acte, mit lyrischen Strophen, in zwei Scenen des vierten Acts, der Aemterverleihung durch den Kaiser und dem Auftritt mit dem begehrlichen Erzbischof, tritt humoristisch sachgemäß der zopfige Tact des Alexandriners ein, die kecke Mischung von Ernst und Scherz ist wieder da und jener Humor, der Göthe nie verlassen hat, wirft leuchtende Funken, wagt derbe Cynismen wie im ersten Theil. Aber ach, zu spät! zu spät! Denn im Uebrigen ist nun die Allegorie Meisterin geworden; sie müßte nicht nothwendig dunkel sein, aber der gewisse ägyptische Zug, der sich in Göthe mehr und mehr ausgebildet hat, gefällt sich im „Hineingeheimnissen" und spielt in Räthseln Versteckens, das Schönmachen, das angenehme Runden und das Opernhafte lagert sich an Hauptstellen, die mit lauter Stimme Lebenswahrheit, dramatische Kraft, Leidenschaft, energischen Ernst verlangen, der Nachlaß des Geschmacks, der uns in der Pandora, in der Bearbeitung von Romeo und Julie überrascht hat, erscheint zum Ungeschmack in einem unbegreiflichen Grade gesteigert, mitten im Schönen begegnet man auf Schritt und Tritt mindestens einer aufremdenden und curiosen Sprachform, und so kommt es, daß in Allem, auch im Besten, ein Haar ist, und daß alle Tiefe eines Theils der Intentionen, die Niemand läugnet, dem gaumenabstoßenden Gerichte die Ungenießbarkeit nicht nehmen kann.

Seit ich in den Krit. Gängen (ält. Sammlung B. II., N.

Folge B. I, Heft 3. B. II. H. 4.) meine Ansicht über diesen zweiten Theil ausgesprochen habe, ist man stark gegen mich losgegangen. Zunächst sei gesagt, daß man bei diesen Angriffen gewisse Veränderungen meines Urtheils, die in den späteren Aufsätzen, auch schon im Vorwort zu der älteren Sammlung Krit. Gänge, stehen, übersehen hat. Ich vertrete das frühere Urtheil nicht mehr in seinem ganzen Umfang. Verkannt hatte ich früher das stellenweise Aufleuchten des ächten Göthe'schen Geistes, namentlich seines Humors in diesem zweiten Theile; dieß ist längst von mir selbst berichtigt. Einen Schluß hielt ich früher nicht für möglich, ließ den Göthe'schen nicht gelten, später überzeugte ich mich, daß er auf symbolischem Wege allerdings ausführbar ist, und sprach dieß aus in den „Krit. Bemerkungen über den ersten Theil an Göthes Faust, namentlich den Prolog im Himmel"; wenn ich auch nach solcher Berichtigung meiner Ansicht sagte (Krit. Gänge N. F. I. 3 S. 139), der Faust sei in's Unendliche fortsetzbar, so ist dieß nicht ein Widerspruch, wie mir G. v. Löper vorhält (Hempelsche Ausg. d. Faust Th. 2. XXXIX.); es will sagen: Faust kann noch durch die verschiedensten Lebenslagen geführt werden; es kommt dann darauf an, ob ein Dichter, der so etwas versucht, nur einzelne Situationen oder ein geschlossenes Ganzes geben will; immer aber muß er, wenn er anders der Faust-Idee treu bleiben will, einen Schluß in Aussicht nehmen, der irgendwie symbolisch eine Versöhnung enthält, im Grundgedanken dem älnlich, was Göthe (vom Barocken eines Theils seiner Ausführung abgesehen) gegeben hat.

Doch es handelt sich von der Gesämmt-Auffassung des zweiten Theils und ich befinde mich in einer schwierigen Lage.

Die Gegner werden verlangen, daß ich eine neue Beweisführung für mein Urtheil antrete, das ich in der Hauptsache doch aufrecht erhalte. Es scheint auch Pflicht, denn die Wissenschaft fordert Beweise. Wir befinden uns aber im Gebiete des Schönen und mir drängt sich im gegebenen Fall stärker als jemals die Ueberzeugung auf, daß die Anwendung wissenschaftlich gefundener ästhetischer Sätze auf ein gegebenes Object nicht mehr Sache der Wissenschaft ist, daß es sich vielmehr verhält wie in der Medizin, wo Wissen und Diagnose doch wahrhaftig sehr verschiedene Dinge sind. Dennoch geräth man in solchen Fällen, wo es sich um ästhetische Diagnose handelt, immer wieder in die Täuschung hinein, es müßte sich durch Beweis etwas erreichen lassen. Wahrhaft befreiend und erlösend kommt mir in dieser Schwierigkeit das Wort eines Gegners. Der ebengenannte Commentator, G. v. Löper, stellt (ebenda Th. 2, Einl. S. XXXV. XXXVI.) zuerst den Satz auf, was ich und Andere im zweiten Theil Faust für Allegorieen halten, seien vielmehr Geister und es sei doch zugegeben, daß solche im Faust auftreten dürfen; der Stoff fordere eine gewisse Entfaltung des Wunderbaren und der Geisterfictionen, Mephistopheles dürfe doch der Menschenwelt gegenüber nicht allein stehen, was demgemäß neben ihm oder als sein Gegensatz sich weiter Geisterhaftes entwickle, sei deßhalb noch nicht Allegorie, sondern Personification. Er setzt dann hinzu, die Personification sei theils schon gegebenen Fictionen des Volksglaubens entnommen, theils eigene Fiction; im letzteren Falle müsse die Kunst des Dichters uns die Personen glaubhaft erscheinen lassen, während er im ersteren ohne Weiteres Glauben erwarten dürfe. Dieß streift an eine Bemerkung, die ich oben

gemacht habe, als nachzuweisen war, wie leicht der classische
Idealismus den modernen Dichter auf den Weg der Allegorie
führe. Der Unterschied zwischen den Sätzen, die ich dort auf=
gestellt habe, und zwischen den Löperschen erscheint klein und
greift doch tief. Gegebene Fictionen des Volksglaubens sind ohne
Weiteres noch nicht poetisch glaubhaft, sondern nur geläufig.
Mythische Motive aus dem Glauben des Mittelalters liegen uns
näher, als Motive aus dem griechischen, sind uns theilweise ge=
läufiger als diese; nur theilweise, z. B. der Teufel, nicht aber
die sämmtlichen Heiligen des Mittelalters, nicht magna peccatrix,
nicht pater profundus und dergleichen, die Götter des alten
Olymps sind uns durch Kunst und Poesie geläufiger, als der
obscurere Theil des christlichen. Wie geläufig uns nun aber
solche Phantasiewesen sein mögen, so ist doch Geläufigkeit noch
nicht poetisches Leben, das Illusion, Phantasieglauben erzeugt.
Wir müssen, wie oben geschehen, hinzunehmen, daß unserer Zeit
der Glaube an diese Wesen im gewöhnlichen Sinne des Wortes
fehlt; übrigens auch dieser erspart dem Dichter nicht Neubelebung,
er unterstützt ihn nur noch mehr, als bloße Geläufigkeit, d. h.
bloße Bekanntheit mit der Vorstellung. Der Act der Neubelebung,
den diese Vorstellungen fordern, ist nur graduell von dem ver=
schieden, den eigene Fictionen bedürfen, er gelingt leichter, weil
der Dichter sich mehr getragen fühlt. So war Göthe getragen
durch die Mischung des Finstern und Komischen in der Volks=
vorstellung vom Teufel, aber ihn so für uns zu beleben, wie
Mephistopheles lebt, das forderte dennoch die ganze Zauberkunst
des Dichters. Löper wendet nun seinen Satz zunächst auf zwei
Wesen an, deren eines aus der griechischen Heldensage, das

andere aus den phantastischen Vorstellungen der Alchemie entnommen ist, auf Helena und den Homunculus. Die erstere nicht nur zu entlehnen, sondern auch zu beleben, hat Göthe allerdings einen Anlauf genommen; es käme darauf an, zu zeigen, wie weit ihm dieß gelungen ist, vorzubringen für ihn, was etwa vorgebracht werden kann, gegen diejenigen, welche meinen, der Anlauf sistire sich nach wenigen Schritten und Helena werde zur hohlen allegorischen Hülse. Der Homunculus aber lebt ja doch offenbar gar nicht, sondern thut nichts als bedeuten, wer weiß, was? Der Vertheidiger des Dichters müßte versuchen, nachzuweisen, daß er allerdings lebe. Nun aber darf sich ja Löper den einen wie den andern Beweis schenken, weil nach seinem eben besprochenen Satz der Umstand allein, daß diese Figuren aus nicht geglaubten Fictionen entnommen sind, ihnen schon Leben verleihen soll. Will er sich mit dem nun folgenden Ausspruch wirklich auf diesen Satz stützen oder enthält derselbe einen neuen Satz? Löper sagt: „in wessen Phantasie dieselben" (nämlich eben zunächst Helena und Homunculus) „kein Dasein mehr gewinnen, dem ist nicht zu helfen und das „„peinliche Dunkel,"" welches er in diesem und „„andern Allegorieen"" findet, ihm nicht zu erhellen." Das kann doch nicht als bloße Berufung auf den obigen Satz gemeint sein; Löper glaubt offenbar, Göthe habe die Figuren nicht nur entlehnt, sondern neubelebt und der Beweis hiefür sei ihm aus einem anderen Grunde erlassen, und der andere Grund kann nur sein, daß man das Gefühl der Schönheit des poetischen Lebens Niemand andemonstriren könne; es tritt also wirklich ein neuer Satz auf, der bekannte Satz vom Geschmacksurtheil. Ich komme sogleich darauf zurück und bemerke nur erst noch, daß Löper, was er von Helena und Homunculus sagt, nachher auf alle weiteren, nicht dem bekannten Menschen- und Naturleben angehörigen Figuren und Motive in diesem zweiten Theil ausdehnt; man soll z. B. so wenig fragen, was Mephistopheles als Phorkyas bedeute, als danach, was er als Pudel bedeutet hat. Und also nicht nur keine Allegorieen sollen es sein, sondern ächte Poesie; sagt er doch selbst von einem Stück, wie die classische Walpurgisnacht: hier ist nichts Allegorie und Alles poetisches Leben. Ich füge hinzu, daß er ausdrücklich auch die Sprache rühmt, daß er Göthe gerade auch in Rücksicht auf dieß Alterswerk einen Regenerator der deutschen Sprache nennt, namentlich unter Anderem die absoluten Superlative (die Superlative mit unbestimmtem oder ohne Artikel) als eine Bereicherung derselben ansieht, und beeile mich nun, für die Zuthat des zweiten zum ersten jener Sätze meinen aufrichtigen Dank auszusprechen.

Ja, ihr habt Recht: mir ist nicht zu helfen! Es muß in der Natur sitzen und die läßt nichts mit sich anfangen. In Wahrheit, es handelt sich um ein Geschmacksurtheil, brauchen wir nur statt Diagnose das gute alte Wort. Ihr sagt: du hast keinen Geschmack! So darf ich sagen: ihr habt keinen Geschmack! Der Gründe sind genug gewechselt, Keiner bekehrt den Andern und ich, der Unverbesserliche bleibe einfach dabei: dieser zweite Theil Faust nimmt da und dort bedeutende poetische Anläufe, läßt da und dort den ächten Geist Göthes durchblicken, ist aber im Ganzen eine Reihe lederner, abstruser Allegorieen und verläuft nicht nur durch sie, sondern namentlich

auch durch seine senilen Sprachschnörkel auf Schritt und Tritt
ins Absurde.

Was meiner alten Behauptung fehlte und den Gegnern
einen Schein von Recht gab, ist außer dem oben Zugestandenen
noch eine Einschränkung, die ich nun nachhole. Es läßt sich
nicht läugnen, es ist erkennbar, daß ein Theil der Allegoricen
von Göthe formell schön geschaut ist; der Helena, dem Knaben
Lenker, der Galatea, dem trabenden Chiron fühlt man sein
künstlerisches, an den großen italienischen Meistern, auch an
Karstens gebildetes Auge an und stellt sich die Gestalten gerne vor,
wie von solchem Griffel skizzirt; ebenso fühlt man große, stylvoll
geschaute Landschaftscenerieen durch. Diese Spuren haben Köstlin
bestimmt, auszusprechen, man müsse den zweiten Theil sehen,
nicht lesen, und haben wirklich zu theatralischen Aufführungen
verleitet. Die Einschränkung ist nun aber auch schlechterdings
nichts als eine Einschränkung. Denn erstens wird alle Freude
an diesen Zügen dadurch aufgehoben, daß andere und nicht
wenige Bilder, die uns vorgeführt werden, eben auch formell,
dem inneren Auge vorgestellt, widerwärtig komisch sind, während
sie nach des Dichters Meinung ernst schön sein sollen. „Faust
nimmt eine entschieden gebietende Attitüde mit dem Schlüssel!"
wer kann das Lachen halten? Der auf= und niederspringende
Euphorion, wer ums Himmels willen kann denn läugnen, daß
das eine abgeschmackte Vorstellung ist? „Selige Knaben, in
Kreisbewegung sich nähernd" — warum nicht lieber in Spiral=
bewegung? Oder in Bewegung einer Pentagrammfigur? Wäre
das nicht bedeutsamer? Der Pater ecstaticus schwebt auf und
ab — da kann man doch auch nicht ernst bleiben; der Pater

seraphicus „nimmt die seligen Knaben in sich," daß sie aus ihm heraussehen, — der Sinn: mit den Augen eines Andern sehen hübsch buchstäblich in Allegorie übersetzt —; müßte etwas schwierig auf dem Theater zu geben sein; ob er die Jungen auch wieder aus sich herauszieht, ist nicht gesagt. Der Homunculus in seiner Flasche scheint nicht angeführt werden zu dürfen, weil er vom Dichter selbst komisch gemeint ist; ja, wenn er nur komisch behandelt wäre! aber er ist es ja erst nicht und so wird der Dichter (objectiv) komisch. Sinnliche Läuterung oder Läuterungsbedürftigkeit als Bild für innere zu gebrauchen ist herkömmlich und nur ganz natürlich; da ist aber eine feine Grenze: man muß sich sehr hüten, auch nur mit einer Sylbe es dahin zu treiben, daß wir den zu entfernenden Schmutz uns vorstellen müssen, sonst wird am Ende gar die Geruchsvorstellung in Mitleidenschaft gezogen. Da singen nun die Engel, die Fausts Unsterbliches tragen:

> „Uns bleibt ein Erdenrest
> Zu tragen peinlich,
> Und wär' er von Asbest,
> Er ist nicht reinlich."

Und gleich darauf erscheint Doctor Marianus „in der höchsten, reinlichsten Zelle," worüber ich schon in den N. Krit. Gängen gesagt habe, dieß nöthige, die niedriger liegenden Zellen sich stufenweise schmutziger zu denken. Wie unappetitlich! Löper sagt: es ist eben ein Purgatorium. Es wird zur Waschanstalt. — Zweitens: eine formell schöne Anschauung, bei der ich nicht weiß, was ich zu denken habe, hört auf, schön zu sein. Im Schönen muß doch das Denken ungetrennt im Schauen auf-

gehen; sehe ich aber schöne Formen, Bewegungen, die in jedem
Zuge mir sagen: ich trage meine Bedeutung nicht als meine
Seele in mir, ich weise nur auf sie hinüber und lege dir auf,
sie zu suchen, so trennt sich das Denken vom Schauen, man
muß grübeln und die Freude des Schauens ist verderbt. Man
hat neuerdings wieder gelesen, der zweite Theil Faust sei in
Leipzig mit ungemeiner Wirkung aufgeführt worden. Ich will's
schon glauben; die Leute sind längst gewohnt, das Theater zu
meiden, wenn Stücke zu sehen sind, die im gesunden poetischen
Sinne zu denken geben, und in prunkende Schaustücke und Opern
zu laufen, die nichts zu denken geben. Der zweite Theil Faust
gibt freilich zu denken, aber da das Denken, das er dem Zu=
schauer auflegt, verzweifelt schwer, beunruhigend und großen=
theils vergeblich ist, so entschlägt sich die Menge, wie wir sie
kennen, einfach des Denkens ganz und gafft den Prunk an, der
dem Auge geboten wird. Aber auch des Fühlens entschlägt sie
sich gern, auch dieß ist ihr zu bemühend. Dieser Arbeit enthelt
sie ein Drama, für dessen Personen sich nichts fühlen läßt, weil
sie nicht leben, sondern nur bedeuten. Ein solches Werk mit
seinem unnatürlichen Mißverhältniß zwischen Sinn und An=
schauung aufführen heißt daher nichts Anderes, als unser Pu=
blikum noch mehr in ein gedankenloses Gaffer=Publikum ver=
derben, als es darein schon verdorben ist. Shakespeares Hamlet
ist dunkel; in die Fragen, die er in seiner Tiefe birgt, dringt
nur ein, wer im Denken anders geübt ist, als die Menge, aber
nicht so ist er dunkel, daß die Personen im Stück nicht lebten
und litten, sondern Leben und Leiden ist nur so tief verwickelt,
daß das Senkblei des Denkens kaum ausreicht, und so warm

und wahr ist dieß Leben und Leiden, daß die Aufführung Alle hinreißt; Gelehrte und Ungelehrte, sie alle packt der Sturm und Drang der Handlung, Jeden rührt das innere Unglück des Helden, mag er auch seine Quelle nur ahnen, Jeder leidet mit, zürnt, bangt, erschrickt, weil er Menschen menschlich athmen, handeln, fehlen, erliegen sieht, und der Geist des Ermordeten selbst: Shakespeare sorgt dafür, daß er uns nicht ein fremdes Wunder bleibt, sondern zum mitleidswerthen fühlenden Wesen wird. Löper nennt Geister, was wir Allegorieen nennen; er halte den Maaßstab an sie, den ihm dieser Hamletgeist, den ihm der erscheinende, verschwindende, grausig nickende Geist des Banquo, den ihm die halb menschlichen, halb geisterhaften Hexen im Macbeth an die Hand geben, oder er sehe die Geister im ersten Theil Faust noch einmal an: ich will jetzt nicht einmal von Mephistopheles sprechen; der böse Geist, der Gretchen in der Kirche die entsetzlichen Worte zuraunt, ist nur eine momentane, skizzirte Erscheinung, aber wie ist durch sein heiseres teuflisches Flüstern die einfach aus dem Teufelglauben gegriffene Personification des Seelenvorgangs in Gretchen mit Einem Schlage zu einem poetisch glaubwürdigen Bilde belebt! Im Sinne des fühlenden Weibs war die aus der griechischen Heldensage phantasmagorisch auferweckte Helena zu charakterisiren, zu beleben; daß Göthe einen Anlauf dazu nimmt, haben wir gerne zugegeben, aber wem vergeht das Mitgefühl nicht, wenn sie durch vermummte Zwerge geschlachtet werden soll, über die man sogleich grübeln muß, was sie bedeuten (— ich vermuthe, es seien die Romantiker gemeint, —), und wenn sie nachher eine Brautnacht feiert, aus welcher mit so unklinischer Plötzlichkeit das Purzelmännchen Euphorion hervorgeht! Geisterhaft, nicht allegorisch, könnte Löper sagen, sind die „Mütter;" sie sind aus dem alten Glauben der Naturreligionen an weibliche Urgottheiten geschöpft und genießen also den Vortheil, von dem er behauptet, er verschaffe allein schon einem Gebilde poetisches Leben. Wo ist aber hier eine Spur von Geisterhauch, Geisterschauer? Glaubt Löper, dieses Problem für Kopfzerbrechen werde dadurch stimmungsvoll, daß Faust ausruft: „die Mütter! Mütter! — 's klingt so wunderlich!"? Ist das nicht zum Lachen statt zum Schauern? Und klopft denn irgend einem der andern Schattenwesen ein menschliches Herz in der Brust, mit welchem, für welches das unsere klopfen könnte? Fragt alle die Unbefangenen, die kein Untersuchungsreiz treibt, noch zu studiren, wo sie nicht einfach menschlich mehr fühlen, bewundern können, — fragt sie, ob sie die Geduld haben, diesen zweiten Theil Faust durchzubringen, ob sie nicht ärgerlich das Buch zuschlagen! Nun aber glauben sie doch und wissen, daß Göthe ein großer Dichter ist, und nun wird ihnen zugemuthet, seine Größe eben auch und gerade recht in diesen Strohpuppen zu finden, zu bewundern, — dieß ist der richtige Weg, ihnen den ganzen Göthe zu entleiden! Daher thut die wahre Pietät dem Dichter einen Dienst, wenn sie die Armen aus diesem Elend erlöst, indem sie ihnen sagt: laßt's ruhig liegen, da findet ihr nicht den wahren Göthe!

Und wem die Sprache natürlich und poetisch vorkommt, dem ist auch nicht zu helfen! Begreife ein Anderer als ich, wie man die Sprache im ersten Theile bewundern kann und die Sprache im zweiten noch genießen, noch verdauen! Ich kämpfe im Namen des Naturgefühls der Sprache, im Namen des

Naturgefühls, das in Göthe, wo er er selbst ist, so wunderbar und einzig lebt, gegen die Naturlosigkeit, ja Naturwidrigkeit in seinem Altersstyl. Nicht zur Bereicherung, sondern zum Verderbniß unserer Sprache sehe ich ihn wirken. Ich muß noch einmal auf den Mißbrauch des Superlativ zurückkommen, den ich schon früher (A. Krit. Gänge B. 2, S. 60) angegriffen habe. Wer einmal sich gewöhnt, dem deutschen Sprachgeist zuwider den Superlativ mit unbestimmtem oder ohne Artikel zu gebrauchen, der wird sich bald gewöhnen, ihn auch unnöthig, auch mit bestimmtem Artikel unnöthig zu gebrauchen; alle überflüssige Steigerung ist aber Unnatur, Versalzung, Ueberwürzung, Manier. „Und sollt' ich nicht sehnsüchtigster Gewalt ins Leben ziehn die einzigste Gestalt?" Hier ist Alles beisammen (von dem undeutschen Genitiv, den Löper auch belobt, abgesehen); der erste Superlativ ist undeutsch, weil ohne Artikel, überflüssig, da „sehnsüchtig" genügt; der zweite, „einzigst" kommt öfters vor, z. B. „durchgrüble nicht das einzigste Geschick": das Wort einzig enthält ja aber in sich schon den Begriff des Superlativ. Göthe sagt auch: der letzteste. Die Sprache nimmt sich allerdings die Freiheit, auch das nicht mehr zu Steigernde zu steigern und zu sagen: der allererste, der allerletzte, aber sie hütet sich wohl, dieses Wagniß gegen die Logik in der grammatischen Bildung selbst auszudrücken, denn da lautet es abgeschmackt; allererster geht, aber ersteter ist lächerlich; man könnte nach Göthe auch sagen: höchstester und oberstester. Bei jenen Superlativen ohne (oder mit unbestimmtem) Artikel ist die Meinung, es dürfe aus dem Griechischen und Lateinischen der Gebrauch herübergenommen werden, mit dem Superlativ nicht den höchsten, sondern nur einen sehr hohen Grad auszudrücken. Dieß ist und bleibt undeutsch; deutsch ist nicht: es wird sich ein Gräulichstes ereignen, sondern: etwas höchst Gräuliches oder einfach: höchst Gräuliches. Seit diese Superlativ-Affectation aufgekommen, wimmelt es in unserer Literatur von lebendigsten Blicken, braunsten und weißesten Haaren, eröffnet sich überall dem Blick Bedeutsamstes und Fördersamstes. In unsern Romanen kommt ein schönster Graf mit blondesten Locken zur Thür herein und seine Reden sind interessantest. Nun zu Wortbildungen! Dichter dürfen darin viel wagen, aber Sprache und Geschmack setzen Grenzen. Unter die Stellen, wo man den ursprünglichen Göthe vernimmt, gehören die ersten unter den Lied-Strophen des Elfenchors im Anfang des ersten Acts, aber in der dritten stößt man auf: „Thäler grünen, Hügel schwellen, buschen sich zu Schattenruh" — darf man dieß, dann darf man auch sagen: die Fläche grast sich, der Berg baumt sich, der Tisch tucht sich, das Tischtuch löffelt sich. Ich stoße bei dem Durchblättern wieder auf Kostbarkeiten wie: echoen, jungholdeste Schaar, seelisch heitres Fest, — golden-golden, — mauerbräunlich, — lieber Kömmling. Wir wollen annehmen, Göthe habe gewußt, daß Chomeling althochdeutsch (äußerst selten) vorkommt; dann hätte er sich sagen müssen, daß die Form mit Recht abgestorben ist, weil sie auf die curiose Consequenz führt, auch zu sagen: Gehling oder Scheidling *).

---

*) Es mag hier noch ein Beispiel stehen davon, wie man meine Ausstellungen im Lager der Verehrer auffaßt und wie man mit ihnen umgeht. Ich habe (in den A. Krit. Gängen) gesagt: wie geckenhaft ist der Zusatz, da im Mummenschanz die Pulcinelle auftreten: „täppisch, fast läppisch."

Nicht weiter! Vielleicht schon zu viel der Beispiele, wo Eines genügt! Ach, das ist ja Alles nicht frisch, nicht jugendlich keck, sondern schnörkelhaftest, sonderbarlichst, greisenhaftest! In der Prosa begann frühe dieser Altersstyl mit einer gewissen Mischung von Vornehmheit und bequemlich rundender Behäbigkeit, für die ich kein Wort weiß; Heines Vergleichung mit einer Rokoko-Staatskutsche drückt mehr den ersteren, als den zweiten Zug aus, der sich speziell, oder sagen wir stylgemäß einziglichst in der Liebe zu dem behaglichen: und so denn — und so fortan gefällt — ein falsches Bild der classischen Ruhe, das denn auch ebenfalls förderjamst so fortan reichlichste Nachahmung in unserer Schriftstellerwelt gefunden hat und „fern und so weiter fern" finden wird.

Der Vers zeigt in den früher entstandenen Theilen noch manche Schönheiten, namentlich wo sein Rhythmus Ausdruck einer bedeutenden inneren Anschauung ist. In den Reden der

---

Herr von Löper meint nun, meine Bemerkung gelte der Zweiheit der Prädicate und ihrem Gleichklang, führt zur Vertheidigung Georgs Lied aus dem Götz an („der freut sich traun so läppisch und grief hinein so täppisch"), nennt es das Lied vom dummen Buben und sagt dann: „weßhalb sollen die Bezeichnungen weniger auf die italienischen Pulcinelle, als auf den dummen deutschen Buben passen?" Zunächst ist zu sagen, daß mir die Wiederholung des „dummen Buben" auffallen wollte. Ich habe jedoch schnelle erwogen, daß mir die Achtung vor der Persönlichkeit meines Gegners, wie sie in seinen Leistungen sich kundgibt, verbiete, einen Argwohn aufkommen zu lassen. Was aber die Sache betrifft, so sollte man doch meinen, es sei klar, daß meine Bemerkung lediglich dem zwischeneingefügten „fast" gilt. Dieses „fast" ist possirlich preziös, weil es scheint, als sei die Kühnheit einer Steigerung zu entschuldigen, die doch schlechthin nicht Statt findet.

Helena treten einzeln und in Gruppen styl= und klangvolle Trimeter auf, aber keineswegs von allen kann man sagen, daß sie schöne Bewegung haben. Im Chorgesang der trojanischen Jungfrauen beim Anblick der Phorkyas ist die erste, zweite und vierte Strophe großartig zu nennen, die folgenden fallen ab, werden zum Theil hart, unflüssig. In Reimzeilen und Reimstrophen finden sich mancher Orten noch Spuren der alten musikalischen Kraft, des alten organischen Zusammenfühlens von Sinn, Accent und Klang; z. B. in der Stelle, wo Helena mit Faust Reime wechselt. Ueberall aber treten nach einigen Schritten wieder Stockungen, Verhärtungen, störende Bequemlichkeiten, Manirirt= heiten ein, die nun freilich von der Seltsamkeit der Sprache als solcher gar nicht zu trennen sind. Sie häufen sich in den späteren Bestandtheilen. Ich habe einen Vers aus der Schluß= Scene bei Gelegenheit der Pandora angeführt. Ein ganz ähn= licher mag hier noch stehen. Die rosenstreuenden Engel singen:

>     Blüthen, die seligen,
>     Flammen, die fröhlichen,
>     Liebe verbreiten sie,
>     Wonne bereiten sie,
>     Herz, wie es mag.
>     Worte, die wahren,
>     Aether im Klaren,
>     Ewigen Schaaren
>     Ueberall Tag!

So geht es fort. Wie Göthe einmal in diesen Versstyl hineingekommen war, hat das einmal in Bewegung gesetzte Rädchen so in ihm fortgesurrt; man kann sich ganz hineinver= setzen, ja man wird förmlich angesteckt. Wer diesen zweiten

Theil in Vorlesungen behandeln, bei diesen Dingen verweilen muß, wird erfahren, daß es Wochenlang in ihm umsummt, ja er wird in demselben Ton parodisch weiterdichten müssen, mit dem Zwang eines Mechanismus wird es in ihm so forträdeln. Die vielen falschen Reime dagegen (— so reimt Göthe z. B. auch erbötig auf gnädig —) sollen uns wenig Beschwer machen; an solchen fehlt es auch im ersten Theile nicht, davon zu sprechen wird sich noch Gelegenheit finden.

Es wird passend sein, an dieser Stelle, ehe ich zu andern Gegnern übergehe, die Begriffe: Symbol und Allegorie genauer als bisher ins Auge zu fassen; es wird uns auf diesen weiteren Schritten zu gute kommen. Löper nämlich sieht im zweiten Theil Faust ein „Ideen-Drama," ein „Tendenzstück," er rühmt die „höchste Geschichtlichkeit" von ihm und versteht dieß letztere Wort so, daß es dasselbe bedeutet, wie das erste, denn es sind Ideen im Sinne großer Factoren in der Culturgeschichte gemeint. So bedeutet z. B. auch ihm die unvermeidliche Helena den Humanismus, die Renaissance. Mit sich selbst tritt er dadurch in keinen Widerspruch; mit der Behauptung, daß die Figuren unseres zweiten Theils poetisches Leben haben, läßt sich die andere, daß weite Gedanken in sie gelegt sind, ja sehr wohl vereinigen. Es fragt sich um die Art des Bandes zwischen Sinn und Bild. Sie ist nach Löper in den transcendenten Motiven des zweiten Theils Faust nicht allegorisch, sondern symbolisch. Er versteht also, wie aus dem Ganzen seiner Auffassungen hervorgeht, unter symbolisch ein Gebilde der Phantasie und Kunst, das eine allgemeine Idee so ausdrückt, daß dadurch poetisches Leben desselben nicht ausgeschlossen ist, wir wollen es immanent nennen: immanente allgemeine Bedeutung eines concreten lebendigen Bildes; unter Allegorie dagegen ein Gebilde, dem die allgemeine Bedeutung so innewohnt, daß dadurch Anschauungswerth, ästhetisches Leben ausgeschlossen ist oder wenigstens nach Abzug der Bedeutung nur leerer Schein von Schönheit — im besten Falle — übrig bleibt. Dieser Gebrauch der vieldeutigen Worte ist nicht anzufechten, er darf als üblich gelten. Die da und dort aufgestellte Einschränkung des Begriffs der Allegorie auf eine successive Reihe von Symbolen, die sich zu einer Handlung verbinden, läßt sich nicht halten; ich habe mich schon in den A. Krit. Gängen (B. II, S. 101) dagegen ausgesprochen und nur zugegeben, daß das allegorische Verfahren zu solchem Ausspinnen neigt. Die vier alten Weiber, die sich Faust nähern, und die Göthe selbst Mangel, Schuld, Sorge, Noth titulirt, treten nur momentan auf, ihre Rolle ist kurz; Niemand wird darum bezweifeln, daß dieß Allegorieen sind, vielleicht selbst Löper, obwohl im Uebrigen anders denkend, wird es zugeben. Den Begriff des Symbolischen habe ich an manchen Stellen meiner Schriften besprochen; früher (Aesth. §. 426) schränkte ich ihn dem Object nach auf ein unpersönliches Bild, dem Modus des Verfahrens nach auf ein dunkles Confundiren von Idee und Bild ein und zwar in dem bestimmten engen Sinn, wie es den Naturreligionen eigen ist; so blieb dem Worte nur historische Bedeutung. Später veränderte ich meine Ansicht dahin, daß unter dem Begriff des Symbolischen alle Formen zu befassen seien, worin das Verhältniß zwischen Sinn und Bild das indirecte der bloßen Bedeutung ist. Aber gerade an dieser Grundbestimmung ist eine Veränderung vorzunehmen; sie muß durch einen Zusatz gelockert, layer gemacht werden; sagen wir einmal: oder worin das Verhältniß der Bedeutung zum Bilde das eines fühlbaren Plus ist. Es wird sich erklären, warum ich zu einem so unbestimmten Ausdruck greife. Schon das, was ich in den N. Krit. Gängen B. II, H. 5 nun unter den Begriff Symbol subsumirte, setzte eigentlich eine läßlichere Bestimmung voraus; ich befaßte nämlich darunter alle folgenden Gestaltungen dieses Verhältnisses: dunkle Verwechslung eines unpersönlichen Gegenstandes mit der ihm geliehenen Bedeutung in den Naturreligionen (also eben die Form, worauf ich den Begriff früher einschränkte); ferner: die geglaubten Personificationen, wie sie der Mythus aller Religionen enthält; dieß sind die dunkeln unfreien Arten des Verbindens von Idee und Bild; diesen parallel folgen ästhetisch freie Arten desselben Verfahrens: die eine derselben bezieht sich wie das, was ich früher allein Symbol genannt hatte, auf Erscheinungen der unpersönlichen Natur, es wird ihnen Seele, Stimmung untergelegt, dieser Prozeß ist ebenfalls ein dunkler, was streng genommen bloßes Vergleichen wäre, wird ein inniges Hineinlegen, Unterlegen, Leihen, dennoch ist das Verfahren ästhetisch freies Spiel und auf ihm ruht das ästhetische Gefühl der Landschaft, auf ihm ruhen auch die Künste, die keine concrete Erscheinung der Natur darstellen, sondern in abstracten Formen sich bewegen; mit dieser Art des Verhaltens habe ich mich an mehreren Stellen der N. Krit. Gänge im Streit gegen die Formalisten beschäftigt und den eigenthümlichen Act näher erörtert (B. II, H. 5, S. 140 ff. H. 6, S. 7 ff.); endlich dem unfrei geglaubten Mythus parallel steht der ästhetisch freie Gebrauch früher geglaubter Mythen und die freie, aus eigener Erfindung hervor=

gehende Personification und Führung der so erdichteten Wesen durch eine Reihe von Momenten in bewegter Handlung; dieß Verfahren ist nun entweder poetisch lebendig oder es fehlt ihr das poetische Leben, und im letzteren Fall entsteht Allegorie. Diese nun habe ich (ebenda H. 5, S. 148) auch noch unter den Allgemeinbegriff Symbol gestellt; daraus aber entsteht Unklarheit, diese Subsumtion muß aufgegeben werden; wie ungenau immer im gewöhnlichen Sprachgebrauch verfahren werden mag, in der Wissenschaft bringt es Verwirrung, wenn der Begriff des Allegorischen dem des Symbolischen subordinirt wird. Es bleibt also dabei: symbolisch heißt in diesem ganzen Gebiete, was poetisches Leben hat und allegorisch, was unlebendiges Product der Phantasie im Dienste der Reflexion ist.

Nun ist aber noch ein Punct in meinen früheren Versuchen, diese Begriffe klar zu bestimmen, der einer Berichtigung bedarf. Wie steht es denn mit allen jenen Gebilden, denen wir einfach ästhetischen Werth beilegen, mit allen wahrhaft gelungenen Gestalten, die uns ein Künstler, ein Dichter vorführt? Wenn doch symbolisch heißen soll, was poetisch lebt, und wenn doch jede lebendige Schöpfung Tiefe der Bedeutung hat, warum nennen wir nicht jede symbolisch? Es ist noch einmal zu unterscheiden. Eine ganz concrete Schöpfung, die ihre Bedeutung einfach als ihre Seele in sich trägt, die ganz direct bedeutet, nennen wir nicht symbolisch, wenn diese Seele nicht so weit und groß ist, daß das poetische Wesen, dem sie gehört, uns von selbst zum Repräsentanten einer ganzen inhaltvollen Lebenssphäre, einer allgemein menschlichen gewichtigen Wahrheit wird. Valentin z. B. symbolisch zu nennen, wäre unpassend, obwohl er recht ein

Typus des derben frischen Landsknechts ist; Faust aber, obwohl ganz concretes Individuum, können wir allerdings symbolisch nennen, weil die Stärke und Tiefe seines ungeduldigen Strebens ihn uns ungesucht zum Repräsentanten alles sich überstürzenden Idealismus macht. Dieß habe ich in jener früheren Erörterung nicht erkannt und daher gerade den Faust als Beispiel von nicht Symbolischem angeführt (N. Krit. Gänge B. II, H. 5, S. 138); und diese Erweiterung des Begriffs ist es nun vor Allem, welche die größere Laxheit in seiner Grundbestimmung verlangt, die ich ihr oben durch den Zusatz zu geben suchte: oder worin das Verhältniß der Bedeutung zum Bilde das eines fühlbaren Plus ist. Dieß gilt nun natürlich von Scenen, Handlungen, wie von einzelnen Personen. Göthe nennt z. B. den Auftritt in Shakespeares Heinrich IV., wo dem todtkranken schlummernden König der Sohn und Nachfolger die Krone wegnimmt und aufsetzt, symbolisch, er gebraucht das Wort auch sonst gern in der hier aufgeführten Bedeutung, so daß er denn alle fühlbar hochbedeutungsvolle Poesie symbolisch nennt. Ich führe als Beispiele noch König Lear und Macbeth an. In der ersteren Tragödie leuchtet das Tragische an sich, die Wahrheit der Verzehrung alles Endlichen, so mit Flammenschrift hervor, daß man sie, namentlich in den Hauptmomenten, mitten in der durchaus concreten Handlung doch nur symbolisch nennen kann. Ich weise namentlich auf die Stelle Act 3, Sc. 6, wo Gloster beim Anblick des wahnsinnigen Lear ausruft: „o du zertrümmert Bauwerk der Natur! so nutzt das große Weltall einst sich ab zu nichts;" am Schluß auf die Worte Kents, wie Lear die todte Kordelia in seinen Armen auf die Bühne trägt: „ist dieses das verkündete Weltende? ein Vorbild jener Schrecken?" wozu Albanien fügt: „des allgemeinen Untergangs?" Daß Shakespeare in dieser Tragödie und im Hamlet am Schluß so viele Leichen auf der Bühne versammelt, ist nicht unnöthige Häufung des Schauderhaften, sondern hat dieselbe symbolische Absicht. Macbeth ist in allen Hauptmomenten hoch symbolisch in der ungemeinen Durchsichtigkeit, womit die Natur des Gewissens und die Gravitation des Bösen hervortritt. Im gewöhnlicheren, engeren Sinne des Worts ist das Erscheinen des Geistes Banquo's und sind die Hexen symbolisch; beide sind nichts weniger, als Allegorieen, sie haben wirkliches Leben, jener das Leben, welches der Gespensterglauben seinen gefürchteten Wesen leiht, diese halb menschliches, halb dämonisches, und doch ist jener ganz Schreckensvision des Gewissens, sind diese ganz ein Bild des dunkeln Knäuels, des Gewürms der bösen Gedanken und der thörichten Sicherheit im Grunde der Menschenseele. Man vergleiche damit die papiernen vier alten Weiber, Mangel, Schuld, Noth, Sorge, die im letzten Acte des zweiten Theils Faust auftreten! Die Scene in Richard III., wo dieser dem Richmond gegenüber auf der Bühne schläft und beiden die Geister erscheinen, sei aus Shakespeare noch angeführt als sehr starkes und klares Bild symbolischer Darstellung. Ohne transcendentes Motiv symbolisch und höchst meisterhaft gerade in diesem Sinn behandelt ist die Erschießung des Geßler in Schillers Wilh. Tell. Schon daß er zu Roß ist, fühlt sich ungesucht symbolisch, man sagt sprichwörtlich: der Stolz hoch zu Roß; mitten in einem Satze voll trotzigen, planvollen Herrscherhochmuths bricht er, da ihn der Pfeil trifft, mit den Worten ab: „Gott sei mir gnädig!" — ein höchst ergreifendes Schicksalsbild, und Schiller stellt die darin liegende Wahrheit heraus in dem Gesang der barmherzigen Brüder: „rasch tritt der Tod den Menschen an" u. s. w.

Wir haben unter diesen Beispielen solche angeführt, wo zwei Formen sich vereinigen, neben Menschen Geister oder geisterhafte Wesen auftreten, und die letztere symbolisch im gewöhnlichen engeren Sinne des Wortes genannt. Dieser Sprachgebrauch, der bei dem Symbolischen an Darstellungen zu denken pflegt, welche irgendwie über das Naturgesetz hinausgehen, Wunderbares, Außermenschliches, Uebermenschliches vorführen, Mythen verwenden oder dem Mythus Analoges erfinden, kann uns nun aber also nicht hindern, auch Kunstschöpfungen, deren Bilder sich ganz im Naturgemäßen halten, symbolisch zu nennen, wenn sie den Charakter tragen, der nach diesen Beispielen keiner weiteren Erklärung bedarf. Die erstere Form, die, welche übernatürliche Motive gebraucht, wollen wir — immer also ächt poetische Lebendigkeit vorausgesetzt — zur leichteren Unterscheidung die eminent symbolische nennen. Natürlich hat man es im Faust mit dem eminent Symbolischen fast so viel wie mit jener Form zu thun, welche symbolisch zu nennen ist, obwohl sie sich in den Grenzen des Naturgemäßen bewegt; wir werden auf diesen Punct also wieder zu sprechen kommen, namentlich beim Prolog im Himmel; für jetzt führt er uns in unsern Zusammenhang zurück.

Es ist also ganz zugegeben, daß Löper sich logisch nicht widerspricht, wenn er die in Rede stehenden Motive symbolisch genannt wissen will und ihnen ächt poetisches Leben zuerkennt; ebendieß hat uns auf unsere Auseinandersetzung geführt. Nennt er Helena, die Mütter, den Homunculus u. dgl. Geister, so will er damit sagen, daß sie keine todten Schemen, keine Allegorieen seien. Ebenso kann er nach den Bestimmungen des Symbolischen, wie wir sie aufgestellt haben, ohne jeden Widerspruch im Helden selbst ein Bild der strebenden Menschheit und doch zugleich ein athmendes, lebenswahres Individuum sehen. Es kommt eben nur darauf an, ob er dieß wirklich und ob auch jenen Wesen fictives Leben wirklich vom Dichter eingehaucht ist. Wo stehen wir also nun? Einfach da, wo wir standen. „Lebensvolle Poesie" sagt Löper, „ledervolle" sage ich; die poetischen Wesen des zweiten Theils bedeuten und athmen, sagt er, sie bedeuten nur und athmen nicht, sind also nur Allegorieen, sage ich; die Frage ist, wie wir längst gesehen, Sache der Diagnose, Sache der Anwendung festgestellter ästhetischer Begriffe auf ein gegebenes Object, mit Einem Wort: Geschmacksstreit. Wo Gründe versagen, appellirt man gern, und zwar an die Mehrheit. Nun bin ich fest überzeugt, daß die Mehrheit für mich stimmt, und zwar unter Mehrheit nicht plebs, sondern denkende und gebildete Menschen verstanden, allein ich kann es nicht nachweisen, denn die große Mehrheit dieser Mehrheit nimmt sich nicht die Mühe, zu schreiben, was sie über diesen zweiten Theil denkt, weil sie meint, er verstehe sich zu sehr von selbst, als daß ein gesunder Kopf daran zweifeln könne, daß hier eine Welt von abstrusem Dunkel und Ungeschmack vorliege. So kommt es, daß ich in diesem Streit so vereinzelt stehe.

Uebrigens ist Löper in der Anwendung seines logisch consequenten Satzes nicht consequent und dieß ist nicht uninteressant, denn es beweist, daß es eben mit der Anwendung nicht besonders wohlbestellt sein muß. Vom Homunculus heißt es zuerst, er sei symbolisch, also: lebensvoll dargestellt und doch zugleich einen

Gedanken ausdrückend, nachher aber: er bedeute nichts und müsse uns als der Sage nachgebildete Fiction genügen, da „dieses Wesen individualisirt sei wie nur irgend eine Person des Dramas!" Die Helena betreffend, habe ich einen Anlauf, ihr Leben und Gefühl zu leihen, wiederholt eingeräumt; hier aber mag noch ein Beispiel von den Geschmacklosigkeiten stehen, in die er ausläuft: ihr ist das menschliche Gefühl der Muttersorge beigelegt, da Euphorion seine Purzelsprünge macht, aber wie? Sie ruft einmal: „o denk', o denke, wem du gehörst!"; man meint, ein Kindsmädchen und ein Söhnchen aus gutem Hause vor sich zu haben. Uebrigens was anders als bloße Allegoricen sind es, in welche jener Anlauf umschnappt? Als solche ist schon oben die Plötzlichkeit der Entstehung des Euphorion angeführt, ebendahin gehört das Verschwinden Helenas, die Auflösung ihres Gewandes in Wolken. Wir streiten nicht weiter dafür, daß dieß Hinweisungen auf Begriffe, nicht lebensvolle Bilder sind, denn wir vergleichen jetzt Löpers Urtheile mit seinen eigenen Vordersätzen und erwähnen hierzu noch den Euphorion. Löper verlangt, man solle nur an Lord Byron denken, aber auch an ihn nur nebenher, es solle an ihn und an die Befreiung Griechenlands nur erinnert werden, der ganze Euphorion sei lediglich eine schnell vorübergehende Nebenfigur, die eigentliche Frucht der Verbindung mit Helena sei der thätige Humanismus (Fausts). Dieß widerspricht ganz dem verweilenden Nachdruck, womit Euphorion behandelt ist; Löper könnte ohne jede Inconsequenz zugeben, daß diese Figur zugleich etwas Allgemeines bedeuten müsse, nämlich durch das wechselnde Auffliegen und Niedersinken den Umsprung der modernen Poesie zwischen Idealismus und Realis=

nus, und es käme nur darauf an, ob er nachzuweisen vermöchte, daß die Scene außerdem auch mit ächt poetischem Leben ausgestattet sei. Wir aber, weil diese Sprünge als Anschauungsbild, abgesehen von der Abgeschmacktheit, keinen Sinn geben, erklären sie als Allegorie und so den ganzen Burschen, der freilich nebenher auch an Byron erinnern soll. Uebrigens bleibt die Allegorie, außerdem, daß sie als Bild absurd ist, in ihrer Bedeutung schief, denn solch dualistischer Ursprung war nicht das Resultat der Verschmelzung antik idealistischen und modern realistischen Kunstgeistes, sondern gehörte zum Charakter des Kampfes gegen den ersteren in der Sturm und Drangperiode; eine Frucht der Verschmelzung beider läßt sich übrigens in Byron erst recht nicht erkennen.

Noch ein Wort vom Helden zu sagen, so könnte Löper unseren Satz, daß ein wahres Empfindungsleben ihm nicht geliehen sei oder daß die Empfindungsansätze, die da und dort auftauchen, keinen tenor haben, immerhin bestreiten und sich doch wenigstens gegen einzelne Momente, wie sie der Dichter behandelt hat, ein freies kritisches Urtheil vorbehalten. Da will ich denn noch anführen, was er gegen meine alte und auch oben wieder ausgesprochene Behauptung vorbringt, daß die Gemüthsheilung Fausts durch Elfengesang ein schwerer Fehlgriff sei, ein Schönmachen, wo ethisches Leben gefordert ist. Er sagt, Fausts Krankheit, wie sie der erste Theil schildere, sei ganz in das intellectuelle Gebiet verlegt, wir interessiren uns für ihn nur wegen des Heroismus seines Geistes und diesem würde es nicht entsprechen, in Empfindungen hinzuschmelzen. Nun, ich meine, Faust sei doch im Verhältniß zu Gretchen ein fühlender Mensch und habe seine Geisteskämpfe zunächst zurückgestellt, als fühlender Mensch aber habe er etwas erlebt, worüber ihn keine Opern-Arien von Elfen trösten können. Es ist doch schwer begreiflich, wie man das verkennen, wie mit so ganz künstlicher Auskunft versuchen kann, den Dichter zu rechtfertigen. Aus der Art, wie Göthe die Elfen verwendet, ist übrigens zugleich belehrendes Licht über die Frage: Geister oder Allegorieen? zu entnehmen. Hier sind Geister, aus altem Volksglauben geschöpft; nach diesem haben sie wohl oft mit freundlicher Hülfe für Unglückliche, aber nichts mit Heilung tiefer Seelenschmerzen zu thun. Also ist ihnen eine fremde Bedeutung eingeschoben und so sind sie zu Allegorieen geworden, wie die ganze Scene allegorisch ist.

Löper bringt gegen mich, wie gegen Andere, noch vor, daß es unrichtig sei, des Dichters eigene Lebensgeschichte, eigenen Entwicklungsgang im Faust dargestellt zu finden. Es ist dieß ein Punct, der uns anderwärts beschäftigen wird, wo denn leicht zu zeigen ist, wie gut allgemein menschliche und persönliche Bedeutung bei einem Gedichte wie der Faust und bei einem Dichter wie Göthe ineinander gehen. Für jetzt erinnere ich nur, was den ersten Theil des Dramas betrifft, an die so oft in der Faustliteratur angeführte Aeußerung Göthes in der Anzeige der französischen Uebersetzung von Stapfer mit den Zeichnungen von Delacroix: „den Beifall, den das Werk nah und fern gefunden, mag es wohl der seltenen Eigenschaft schuldig sein, daß es für immer die Entwicklungsperiode eines Menschengeistes festhält, der von Allem, was die Menschheit peinigt, auch gequält, von Allem, was sie beunruhigt, auch ergriffen, in dem, was sie verabscheut, gleichfalls befangen, und durch das, was sie wünscht, auch beseligt worden." Das gilt also dem ersten Theil; Göthe fährt fort: „sehr entfernt liegen solche Zustände gegenwärtig dem Dichter," und dieß Wort ist ein weiterer Beleg für unsern Satz von der Hauptursache der Verschleppung des Faust; als er ihn aber endlich vollendete, da hat er gerade nur zu sehr seine eigene Persönlichkeit hineingelegt, nämlich als durch und durch humanistische; daher kommt es, daß er sich bis in den vierten Act des zweiten Theils immer und immer nur mit dem Humanismus beschäftigt.

Unter den abweichenden Standpuncten glaube ich zwei hier noch in Kürze berücksichtigen zu müssen. H. Düntzer (Würdigung des Götheschen Faust, seiner neuesten Kritiker und Erklärer) stellt den zweiten Theil unter den Begriff des Mährchens („dramatisches Mährchen"). Es wäre zu fragen, ob dieß überhaupt zulässig ist. Im Mährchen herrscht doch der Standpunct des Gutes in solcher Stärke, daß sich Bedenken erheben, ob ein ernstes Drama, dessen innerste Idee das Streben ist, so benannt werden darf. Allerdings ist das Mährchen nicht ohne ethische Beziehung, also Beziehung zwischen dem Gut und dem Guten; es hilft gern mit Wundermotiven der Natur nach, um das Gute, namentlich die mißhandelte Unschuld, mit Gütern zu belohnen, das Böse mit Uebeln zu strafen; seine Grundstimmung ist Erleichterung, zunächst in dem Sinne, daß die Naturschranken zu dem ebengenannten Zwecke gelüftet werden, dann aber in solchem Uebergewicht, daß es doch mit dem Guten nicht so genau genommen und auch der heitere Lump in den Himmel oder das Schlaraffenland eingeführt wird. Man kann den Inhalt des Götheschen Faust wohl auch so auffassen, daß man die Idee des

Gutes in den Vordergrund stellt, man kann sagen, die Handlung bewege sich um die Idee des höchsten Gutes, indem ihre Grundfrage lautet: darf oder kann ein großes Streben, wenn auch schuldvoll, mit Beseligung schließen? und, da aus dem einzelnen Fall die allgemeine Bedeutung von selbst hervorspringt: ist die strebende, handelnde Menschheit in ihren Kämpfen und Verwirrungen stets gerettet oder verdammt, selig oder unselig? Allein man sieht, wie sich hier der Begriff des Glücks oder Guts an den gewichtvoll ernst ethischen des Strebens mit solcher Strenge kettet, daß der Name Mährchen nicht mehr passen will. — Der Stoff unseres Drama erlaubt, bringt vielmehr ganz von selbst mit sich phantastische Motive, der Name mährchenhaft ist aber zu kindlich dafür. Doch der Name thut ja so viel nicht. Löper sagt, was ich für Allegorieen erkläre, seien Geister; es ist in der Sache, um die es sich handelt, gleich, ob man den Ausdruck: geisterhaft, sagenhaft oder mährchenhaft vorzieht. Die meisten transcendenten Motive auch im zweiten Theile sind wirklich aus der Sage entnommen, nicht willkürlich erfunden, was Löper mit Recht betont und durchführt; doch nicht alle sind es, der Euphorion z. B. hat nichts als den Namen vom Sohne des Achilles. Es ist aber an sich ja gar kein Vorwurf, daß ein Theil dieser Motive frei erfunden ist; wenn nur die einen wie die andern in Göthes Behandlung poetisch lebendig, vom Hauche der Phantasie umweht wären, so wäre es ja gut und wir würden gemäß dem Sinne des Worts, wie wir ihn festgestellt, alle diese Parthieen eben einfach als symbolisch bezeichnen. Nun weicht aber Düntzer von Löper darin ab, daß er dennoch Allegorieen zugibt, so ist ja auch fast sein ganzes Geschäft im umfangreichen Faust-Commentar

Allegorieendeutung, und hiemit verläuft die Sache in einen Wort=
streit. Was poetisch lebt, nenne ich (und nennt Löper) nicht
Allegorie; ich wiederhole aber: mit Recht, denn man braucht
scharfe terminologische Unterscheidungen und daher ein bestimmtes
Wort für alles Sinnbildliche, das nicht lebenswarm behandelt
ist, nicht athmet. Aeußerst schwierig verwickelt sich die Frage,
wenn man etwa Dante anführt und sagt, in ihm finden sich
sehr viele Motive, die doch sichtbar nur mit dem Kopfe com=
binirt, also allegorisch, und doch durch die Behandlung in traum=
haft poetische Stimmung getaucht seien. Es ist so; will man
aber nicht alle Terminologie verwirren, so muß man diese Er=
scheinung so bestimmen: Motive allegorischen Ursprungs sind
durch die Behandlung doch noch in symbolisches Leben umgesetzt
worden. Etwas von diesem seltenen, eigenthümlichen psychischen
Proceß verspürt man auch bei Göthe; seine erklügelten Gespinnste
müssen für ihn sich mit einer Art von zitterndem Traumhauch
umwoben haben; man merkt, daß er meint, es sei ihm ge=
lungen, diese seine Stimmung als inneres Leben auf seine
Gebilde objectiv überzutragen, aber wo bleibt die mystische Gluth,
die Dante so vielen seiner scholastisch ausgesonnenen Gebilde im
Fortgange seiner Behandlung noch einzugießen weiß?

Nun, und dieß Alles führt schließlich auf den Punct zurück,
wo wir mit Löper standen. Auch Dünzer vernimmt poetisches
Wehen, Rauschen, wo ich keines vernehme, und mir ist nicht zu
helfen.

Ich habe in meinen früheren Publicationen gesagt, Göthes
Allegorieen=Geheimnisse seien auch peinlich dunkel, man wisse
nie, ob man recht gerathen habe. Dieß hat mir Dünzer be=

sonders übel genommen, er ist der Deutungs-Monopolist des Göthe'schen Faust und ein Angriff auf seine Autorität natürlich keine Kleinigkeit. Ich muß auch hier zugeben, daß mir nicht zu helfen ist; was z. B. im Mummenschanze des ersten Acts der Pan, der Brand, das Löschen eigentlich will, was der Homunculus im zweiten, was im dritten Mephistopheles als Phorkyas, ich gestehe, es trotz Düntzers Auslegungen nicht zu wissen. Und wie die Allegorie, wenn man sie einmal beliebt, ins Räthselaufgeben geräth, so enthält sie auch rein keine Bürgschaft in sich, ob sie im Bilde schön sei oder unschön, albern, häßlich, ja das häßliche Bild kann dem beabsichtigten Sinn besser dienen, als das schöne: auch diesen meinen alten Satz finde ich keinen Grund zurückzunehmen; Beispiele von absurden Anschauungsbildern habe ich oben gegeben und will sie nicht vermehren.

Von Düntzers Geist in der Deutungskunst mag hier noch ein Beispiel stehen. Wie alle Bewunderer des zweiten Theils findet er einen organischen Fortschritt, der den Helden wohlvorbereitet von Phase zu Phase führt. In der Verbindung mit Helena ist Faust, so meint er, Künstler geworden. Angenommen, es sei so und Göthe wolle nicht blos zu verstehen geben, es sei eben nun ein humanistisch gebildeter Mensch geworden, und abgesehen davon, daß unser Dichter doch auch gar keine Anstalten macht, irgendwie zur Darstellung zu bringen, daß Faust nun als Künstler oder Poet wirke, — was ist nun von da der Fortschritt? „Auch die Kunst kann Faust keine dauernde Befriedigung gewähren, weil sie immer auf einen selbstsüchtigen Genuß gerichtet ist, da der wahre Künstler doch nur zunächst in seinem Werke lebt", darum muß nun Faust zu einer großartigen realen Thätigkeit übergehen und so ist nun der Fortgang zu Act 4 und 5 ja herrlich motivirt. Ich überlasse dieß Stück Erklärung dem Urtheil der Unbefangenen.

Natürlich findet Dünzer mein Mißfallen an der Sprache des zweiten Theils so ketzerisch, als Löper. Ihm habe ich bei diesem Puncte nur zu sagen, daß er mir freilich nicht beistimmen kann, weil er selbst ein warnendes Beispiel von dem schädlichen Einflusse des Göthe'schen Altersstyl ist. „Lebendigste Vergegenwärtigung," „erwünschteste Vereinigung" das sind ja glücklichste Nachahmungen von Göthes superlativsten Sprachschätzen.

Später, bei Besprechung des Prologs im Himmel wird man finden, daß sich meine Stellung gegen Dünzer eigenthümlich verändert. Während ihn das Allegoricen-Errathen im zweiten Theil beglückt, will er mir nicht erlauben, im ersten allgemeine Ideen zu finden.

Habe ich mich einmal soweit auf abweichende Ansichten eingelassen, so darf ich Sengler (Göthes Faust, erster und zweiter Theil 1873) nicht ganz mit Schweigen übergehen. Ein philosophischer Geist von höchst beweglicher Gedanken-Association kann sich hier kaum genug thun im Auffinden einer unendlichen Ideen-Fülle; der erste und zweite Theil des Gedichts wird unter seiner Hand eigentlich zu einer Philosophie der Geschichte und Geschichte der Philosophie. Dieser Ideenzug führt nothwendig ins Schweifen, wenn man so fast ganz, wie Sengler, die Frage nach dem Band übersieht; man wird dann glauben, die Menge der Ideen bestimme den Werth eines Gedichts und keine Grenze der Beziehungen auf alles Mögliche finden. Und so spielen denn bei Sengler ganze Reihen von Ideen-Batterieen,

er ist ein Dreidecker, der uns Lagen mit der ganzen Breitseite
gibt, oder, wenn man will, er wird zur Ideen=Mitrailleuse.
„Band," so wollen wir in Kürze das Verhältniß zwischen
Idee und Bild benennen. Wie ist diese incommensurable
Summe von Ideen im Gedicht enthalten? Auf ächt poetische
Weise oder nicht? Ich werde in einem andern Zusammenhang
suchen, die Stellen im ersten Theil, welche unabsehlich viel zu
denken geben, ohne irgend aus den Grenzen der Poesie zu
gehen, von denen zu unterscheiden, welche Denk=Aufgaben auf
Kosten der Poesie stellen, ich werde bei jenen sehr viel zu sagen
haben und es kann dann scheinen, als dürfe mir Sengler den
heiteren Vorwurf, den ich bei aller Achtung vor dem gewichtigen
Ernste seines Buchs ausspreche, mit gutem Recht heimgeben. Allein
ich werde bestrebt sein, analytisch zu verfahren, den Gedanken
aus der geschlossenen Form sachte zu entbinden, herauszuwickeln,
während er ihn bald hineinliest, ohne genau zuzusehen, wie denn
nachzuweisen sei, daß all diese Ideen=Menge im Gedicht stehe,
bald zufrieden, einen bedeutenden, der wirklich vorliegt, gefunden
zu haben, die Frage vergißt, ob er auf ästhetische Weise hinein=
gelegt sei oder nicht. Daher mein Vergleich, der einen Eindruck
bezeichnet, als werde man beschossen. Ein Beispiel vom ersteren
Fall, dem Hineinlesen! Helena ist ja, um es abermals zu sagen,
gewiß eine Allegorie der classischen Schönheit; sie weist auf
den großen Culturgang aus dem Mittelalter durch Erweckung
des Alterthums zur humanen Bildung, dann wieder aus der
Sturm= und Drangperiode des deutschen Genius zur Durch=
dringung mit griechischem Maaße, griechischem Geist der Harmonie
und auch mit dem gesunden Realismus der Alten. Schon dieß

ist allerdings nur mit behutsamem Vorbehalt zuzugeben; man darf doch nicht vergessen, daß die Helena eine sehr leichtsinnige Person gewesen ist; sie kann zunächst durchaus nur bedeuten, daß Faust die classische Schönheit in sich aufnimmt, das Weitere schwebt eben in Perspective. Sengler aber steigert sie zu einem Inbegriff der Wahrheit, Sittlichkeit, Religion; durch die Verbindung mit ihr läutert sich nach seiner Auffassung Faust aus kranker Innerlichkeit, subjectiver Leidenschaftlichkeit zur wahrhaft sittlichen Versöhnung mit dem Leben und zur wahren Religion des Pantheismus, des objectiven Idealismus. Ich bitte ihn nun, aus seiner Flughöhe auf das Gedicht selbst zu blicken, und zwar nur auf jene Stelle, wo nach dem schönen Reim-Austausch die beiden, Faust und Helena, einen wohlgepolsterten Thron bestiegen haben und der Chor uns sagt, was sie da treiben: sie sitzen aneinander gelehnt, Schulter an Schulter, Knie an Knie, wiegen sich Hand in Hand und versagen sich nicht „heimlicher Freuden vor den Augen des Volks übermüthiges Offenbarsein." Näheres Licht, sofern es nöthig, geben hiezu die Worte des Mephistopheles:

> Buchstabirt in Liebesfibeln,
> Tändelnd liebelt fort im Grübeln —

heißt das sich mit der ächten Sittlichkeit und Religion durchdringen? Ich habe schon früher (Krit. Gänge. N. F. B. II, H. 4) gegen diese Stelle den Vorwurf grober Verletzung des Schamgefühls erhoben, wie es gerade der ächt antiken Kunst eigen ist, die ja mit strenger Keuschheit unterscheidet, in welchem Zusammenhang das Sinnliche sich frei bewegen darf, in welchem es von der Würde gebunden sein muß. Ein Spötter sagte neulich, jene Titillationen werden wohl allegorisch zu nehmen sein und die Reibungen bedeuten, welche der Durchdringung des Geistes der neueren Völker mit dem antiken Formengeiste vorangehen mußten. Man lachte und gab ihm übrigens zu, er meine es nicht schlimm mit dem Dichter, denn wenn das Motiv allegorisch „bedeutsam" sein solle, so sei es doch wenigstens nicht blos unanständig. Dann wurde die Frage aufgeworfen, ob ein gewisses anderes Motiv, nämlich in der vorletzten Scene gewisse Gedanken, die dem Mephistopheles beim Anblick der Rückseite der Engel aufsteigen, dadurch leidlicher werde, daß es zur Charakteristik des Teufels diene? Man kam überein, daß es wenigstens gewissen Stellen in der Blocksbergscene sehr entspreche. — Jedenfalls kann nun doch wohl kein Zweifel sein, daß Tugend und Religion von Helena eben nicht zu lernen ist. — Wir haben vom Hineinlesen ein richtiges, jedoch die ästhetische Frage übersehendes Finden unterschieden. Ich erinnere mich nicht, ob Sengler die pädagogische Stelle in der Schluß-Scene belobt; nach seinem Standpunct muß sie ihm um des bloßen Inhalts willen höchst werthvoll erscheinen. Die seligen Knaben singen beim Anblick von Fausts wachsender Geistergestalt:

> Wir wurden früh entfernt
> Von Lebechören;
> Doch dieser hat gelernt,
> Er wird uns lehren.

Nun ist es gewiß ein schöner Zug von Göthe, daß ihn der Gedanke der Erziehung so viel und ernst beschäftigte, und es ist an sich nur rührend, daß er meint, er müsse ihn auch hier vorbringen. Aber es kommt in der Kunst doch immer auf das Wie an! Und ich frage, ob die Vorstellung Fausts als himmlischen Knabenlehrers, bei der man hier unvermeidlich anlangen muß, nicht eine komische ist? Ja, ob es möglich ist, dieß nicht zu parodiren? Scheffel in einem poetischen Gruß an die Hebelgesellschaft sieht den liebenswürdigen alemannischen Dichter in einem Traum als himmlischen Kinderschullehrer; allerliebst, weil es gemüthlich humoristisch, dazu noch im Dialekt behandelt ist; das ist etwas Anderes, als wenn man dieselbe Vorstellung in einem Oratorium bringt, das durchaus erhaben sein soll. Gleich nachher bittet umgekehrt Gretchen, den Faust belehren zu dürfen. Gretchen didaktisch! Auch dieß noch! — Im besten Sinn kann man den ganzen Faust ein Erziehungs-Schauspiel nennen, um so weniger war es gegeben, die pädagogische Idee am Schluß noch speciell einzuführen. Muß es im Himmel noch einmal angehen?

Sengler läßt das „Band," wie ich es bezeichnet, nicht ganz unbesprochen. Er sagt von der Hauptparthie, der Vermählung des Faust mit der Helena, sie sei weder symbolisch, noch allegorisch, sondern mythengeschichtlich, und wiederholt mehrfach den Satz, die Motive, welche wir als allegorisch angreifen, seien Reproduction von Phantasie-Erzeugnissen der Volksreligion. Bei allem Unterschied und trotz Senglers Verwahrung läuft dieß auf dasselbe hinaus, wie Löpers „Geister" und Dünzers „Mährchen;" das Gemeinsame ist, daß behauptet wird, Göthes transcendente Gestalten und Handlungen haben das Leben, das geglaubten Erdichtungen der Volksphantasie zukommt. Es wird ihnen Natur zugeschrieben, Entstehung aus jener Region des Geistes, wo der Geist selbst wie Natur wirkt und welche daher Gebilde schafft,

welche Naturhauch, Naturton haben. Nur großartiger nimmt
es Sengler, da er an die weltbedeutungsvollen, monumentalen
Gebilde der götterschaffenden Religion und Heldensage denkt.
Den Begriff des Symbolischen hätte er dabei nicht abzuwehren
gebraucht. Ich berufe mich hier auf die obige Auseinandersetzung
zurück. Sengler versteht unter Symbolisch nur die hellen Er=
findungen des einzelnen, speciell des modernen Dichters, die
eine Idee durch ein irgendwie das Naturgesetz übersteigendes
(transcendentes) Bild ausdrücken, und da es Wenigen gelingt,
solchen Productionen Leben einzuhauchen, so schwebt ihm bei dem
Wort Symbolisch immer das Allegorische vor. Wir haben ge=
sehen, daß der allgemeine Sprachgebrauch für uns ist, wenn wir
unter Symbolisch ächt poetische Gebilde jeder Art verstehen, die
in ausnehmendem Sinne bedeutungsvoll sind, allerdings besonders
solche, die es dadurch sind, daß sie einen Gedanken durch ein
transcendentes Bild versinnlichen. Es ist nichts im Wege,
darunter die Vorstellungen uralten Völkerglaubens zu befassen,
es ist üblich geworden, nach Belieben unter Symbol auch das
Mythische zu verstehen; man macht gewöhnlich nur den Unter=
schied, daß man bei Symbolisch mehr an einzelne Figuren,
Gruppen, auch Scenen, bei Mythus mehr an ganze Reihen be=
wegter Handlungen denkt: eine unbestimmte Unterscheidung, von
der wir hier absehen können. Der Dichter genießt nun freilich,
wie wir gesehen, einen großen Vortheil, wenn er nicht frei er=
findet, sondern altgeglaubte Symbole oder Mythen verwendet,
aber es hilft ihm nichts, wenn er sie nicht aus eigener Seele
neu zu beleben vermag. Und so kommen wir auch hier einfach
auf die Geschmacksfrage zurück. Ich finde hier von jenem Natur=

hauche, der Mährchenwesen, Geister umgibt, nichts und von dem, der Götter, Dämonen, Genien und Helden oder Heldenweiber umgibt, erst recht nichts. Nehmen wir doch unter diesem Standpunct noch einmal die Vermählung mit Helena vor! Das Zusammenwirken der Weltkräfte haben sich alle Naturreligionen unter dem Bilde der Liebe und Ehe vorgestellt. Das ist eine Naivetät, die etwas Großartiges hat und aus welcher sich eine reiche Fülle von bedeutenden und schönen Anschauungen entwickelte. Heißt es nun in diesem Geist des antiken Mythus dichten, wenn man die Wechseldurchdringung von zwei Kunst- oder Bildungsprincipien in das Bild von Liebe und Ehe als ihre Bedeutung hineinsteckt? Verkehrt sich nicht, was schön und groß naiv war, wenn man diesen Inhalt hineinschiebt, zur komischen Gliederpuppe? Kuß und Brautnacht als Sinnbild moderner Culturprocesse — ist das geschmackvoll?

Uebrigens fehlt es bei Sengler auch im Begriffe an logischer Consequenz: er gibt dennoch Allegorieen zu und verwechselt das Allegorische mit dem (Symbolischen oder) Mythischen. „Auch die allegorische Form des zweiten Theils wird sich aus dem metaphysisch religiösen Inhalte der Volksmythologie in einem ganz anderen Lichte darstellen und sich weniger anstößig erweisen" (S. 32), und in demselben Zuge sagt er: Prolog, Osterfest, Hexenküche, Blocksberg im ersten Theil ruhen ja auch auf Volksmythologie. Das heißt nun doch unterscheidungslos! Davon handelt es sich ja eben, meine Behauptung ist ja: gerade an der Frische gemessen, womit jene Motive des ersten Theils aus Volksglauben und Volksphantasie geholt und neu belebt sind und welche selbst den stimmungsvollen Parthieen der so unorganisch eingeflickten Brockenbesteigung zukommt, sinken die in Rede stehenden Motive des zweiten, obwohl auch aus altem und uraltem Volksglauben, Mythus und Sage geschöpft, durch die Art der Verwendung und Behandlung zu traurigen Schemen herunter; gibt Sengler dieß nicht zu, so muß er auch nicht zugeben, daß es Allegorieen sind. Nun macht ihn aber seine magnetische Ideen-Association erst recht zum Allegorieen-Sucher und Entdecker. Ich führe nur an, wie er gleich bei der ersten Scene des zweiten Theils die aufgehende Sonne nicht blos als Bild der unerkennbaren Wahrheit an sich, sondern auch einer neuen Lebensbahn fassend, dieß auf den Ostermorgen im ersten Theil zurückbezieht und zu Fausts Worten beim Sonnenuntergang: „dort eilt sie hin und fördert neues Leben," bemerkt: „sie geht hier unter, um an einem andern Welttheil wieder aufzugehen, wie sie auch für Faust im Anfang des zweiten Theiles wieder aufgeht". Ich hüte mich, diese Deutungen weiter zu verfolgen, es würde mich selbst zu Erklärungsversuchen der wimmelnden Allegorieen verführen, ich habe mich aber nicht verpflichtet, in diesen Blättern einen Commentar des zweiten Theils Faust zu geben; ich werde mich also nicht auf „die ideale" Entstehung der Helena in Fausts Studirstube, nicht auf die „reale" Entstehung der Helena in der classischen Walpurgisnacht und Aehnliches einlassen; ich verweile nur noch kurz bei folgenden Puncten.

Sengler kommt mehrmals auf Göthes Aeußerung gegen Eckermann zurück, der erste Faust sei subjectiv, der zweite objectiv. Eine Stelle aus einem Brief an Schiller hat uns schon früher veranlaßt, uns mit dem ersten Prädicate in Anwendung auf den ersten Theil des Drama's zu beschäftigen, die Gegenüberstellung von subjectiv und objectiv in Anwendung auf beide Theile verlangt nun eine entsprechende, vergleichende Erörterung dieser Begriffe. Der erste Theil stellt subjective Kämpfe dar und mit fühlbarem Antheil des Dichters selbst, der zweite den Geist, der aus sich herausgeht, sich mit der Welt vermittelt und in ihr thätig wird, und diese Darstellung ist, will Göthe sagen, mit der gegenständlichen Ruhe des Künstlers vollendet. Allein in Wahrheit dreht sich die Sache so um, daß die zwei Bedeutungen der zwei Prädicate auf die zwei Theile des Gedichts angewandt sich über's Kreuz verbinden, d. h. der subjective Faust des ersten Theils ist trotz dem starken pathologischen Antheil des Dichters in den von aller Welt bewunderten Hauptparthieen ungleich objectiver dargestellt, als der objective Faust des zweiten Theils. Den Mann, der krank ist an Durst zur Wahrheit, stellt der Dichter, der ebenso krank ist an diesem edlen Durste, so treu und gegenständlich dar, wie nur je ein Gesunder einen Kranken schildert, dem feurigen Bilde der Liebes=Leidenschaft, in welcher doch mehr als Eine eigene Erfahrung des Dichters zusammenlief, gesellt sich ein Geist der Erfahrung und Ironie, als hätte ein Jüngling und ein erfahrungsreicher Alter zusammen gedichtet, — ich fahre nicht fort, denn ich habe mir vorbehalten, zur Erfrischung nach diesen schweren Gängen noch zu dieser kerngesunden Bilder=Reihe zurückzukehren, und sage nur noch: man muß doch zugeben, daß hier Seelenleben, das dargestellt werden soll, auch dargestellt ist; wenn aber im zweiten Theil Faust humanistisch gebildet werden soll und wir eigentlich von den Processen, Krisen nichts erfahren, die bei einer Wandlung aller ästhetischen Gefühle, aller Formvorstellungen in einem vorher mittelalterlich fühlenden Menschen vor sich gehen, wenn dafür die Vermählung mit Helena vicarirt, so scheint dieß objectiv, ist es aber nicht. Ferner müßte das Objective in der Kunst der Composition liegen, es müßte organischer Fortgang wahrzunehmen sein; wie es damit bestellt ist, darauf werden wir anderswo noch genauer eingehen und sagen vorerst nur: hat man die Lücken im ersten Theil subjectiv zu nennen, so muß der zweite, lückenhaft allüberall, in seinen Compositionssprüngen erst recht subjectiv heißen.

Sengler erhebt den Vorwurf gegen mich, daß ich im Faust nicht das Bild der Principien-Kämpfe des achtzehnten und neunzehnten Jahrhunderts, der Aufklärungs-Zeit und der Zeit des nach Versöhnung mit der Realität strebenden Geistes als durchgehenden Inhalt erkenne. Auf diese Vorstellung ist er gekommen, weil ich in jenem Bild eines andern zweiten Theils, das ich als eine Art von positiver Kritik einst allen voraussichtlichen Angriffen preis zu geben mich entschloß (N. Krit. Gänge B. 1, H. 3), die Ereignisse der Zeit, in welchen die Sage spielt, besser benützt sehen wünschte, als Göthe gethan. Sonderbar! Als ob die Bewegungen des sechzehnten Jahrhunderts nicht eben die beste Maske wären, durch welche ein Dichter ohne jede Gewaltsamkeit die des achtzehnten und neunzehnten könnte blicken lassen! Als ob Göthe nicht selbst danach gehandelt hätte und nur im zweiten Theil nicht genug! Wenn der Angelpunct dieser Bewegungen doch die Aufklärung und die Revolution, wenn die Aufklärung der Fortschritt zur humanistischen Bildung war, konnte dann dem Dichter, da er sie ja in eine andere Zeit zurückverlegen mußte, ein hiezu geeigneterer Stoff sich darbieten, als Reformation, Bauernkrieg, Eintritt der Renaissance-

Bildung im sechzehnten Jahrhundert? Uebrigens bitte ich H. Sengler, meine A. Krit. Gänge B. II, S. 114 nachzuschlagen, und wenn er die dortige Hinweisung auf die geistigen Kämpfe der Zeit, in welcher der Faust entstand, nicht genügend findet, so kann er im Vorwort S. XXXVIII deutlicher ausgesprochen finden, was er vermißt. Wie konnte ich jemals verkennen, daß in jenen Selbstgesprächen und dem Dialog mit Wagner der ganze Feuerdrang des achtzehnten Jahrhunderts nach einer Neuschöpfung der Erkenntniß aus dem Centrum der Wahrheit braust und lodert? Es hat nur bis jetzt der jemalige Zusammenhang es noch nicht mit sich gebracht, daß ich diesen Punct einläßlicher behandelte. Dießmal wird sich Gelegenheit finden.

Endlich ist noch etwas von dem Verhalten zu denjenigen Motiven zu sagen, die Göthe aus Mythus und Cultus des Christenthums schöpft. Sengler meint mit seiner überfließenden philosophischen Gedankenfülle den dogmatischen Glauben vereinen zu können; Mythen wie die Auferstehung Christi sind ihm, wie schon früher bei der Osterscene erwähnt ist, innere Wahrheiten und zugleich Thatsachen. So macht ihm das, was ich Durchkreuzung des Rationellen und Mythischen im Faust nenne und womit ich mich namentlich in Betrachtung des Prologs beschäftigen werde, freilich keine Bemühung und so kann er auch den Schluß des zweiten Theils, da er gegen das Wesentliche des kirchlichen Apparats keine Bedenken hat, ohne Skrupel preisen und rühmen; er erkennt die Vorstellungen von Himmel und Hölle als sinnbildlich, hält aber eine persönliche Fortdauer in einem Jenseits mit steter Thätigkeit, von welcher doch Kampf und Schmerz ausgeschlossen ist, für so denkbar, daß er sich von da aus leicht in die

Stimmung setzen kann, über das Absurde hinwegzusehen, das wir gerade an dieser Stelle besonders gehäuft finden.

Ich schließe hier den ersten Abschnitt dieser Beleuchtung der Ursachen, aus welchen die Vollendung des Faust sich durch sechzig Jahre hinauszog. Keine Liebe und Bewunderung durfte mich abhalten, an manchen Stellen ein herbes Urtheil auszusprechen. Darum habe ich nicht vergessen, daß der größere Theil der Schuld auf die Zeit fällt. So kann man gegen die Flecken an Shakespeare heftig reden und doch sehr wohl eingedenk sein, daß sie mehr Flecken seiner Zeit und ihrer Culturzustände sind, als seine eigenen. Es ist begreiflich, daß der Classicismus unserer deutschen Dichter im Kampfe mit dem nächsten Gegner, dem Geiste der platten Natürlichkeit, der namentlich die Bühne beherrschte, sich steigerte und steigerte, bis er vergaß, daß es noch eine andere Natürlichkeit gibt, als die platte. Auch mag zu einiger Versöhnung derjenigen, welche meinen, Pietät müsse das Urtheil binden, und denen ich daher wehe thue, noch gesagt sein, was sich allerdings eigentlich von selbst versteht: daß der Gesammt-Eindruck ganz anders ausfallen würde, wenn wir den ganzen Göthe, ich meine: auch den alternden ganz, vor uns hätten. Da müßte auch von der lyrischen Muse auf ihrem eigenen Gebiete die Rede sein, die ihm so viel länger, als die dramatische und epische, treu blieb, und von jener Nebenform, dem Epigramm, worin er am längsten gezeigt hat, wie der Weise in ihm aufstieg, während der Dichter niederging, und worin der derbe Hieb des Zorns gegen unbescheidene Thorheit, Hohlheit und Niedrigkeit mit so köstlichem Selbstbelächeln und Weltbelächeln wechselt und ineinander blitzt;

da müßte von Göthe dem Naturforscher und dem Denker über jedes Menschliche die Rede sein. Doch es liegt auf unsrem eigenen Wege nun eine Betrachtung, deren Ergebnisse ebenfalls manchen Verdruß lindern werden, den wir sanfteren Gemüthern bereiten mußten.

### Die zweite Ursache: die philosophische Schwierigkeit.

Der Sinn dieser Ueberschrift wird sich ergeben, das Folgende ist seine Auseinandersetzung und enthält zugleich die Entschuldigung für ihre Unzulänglichkeit; es will sich kein passendes Wort finden lassen, in Kürze anzuzeigen, wovon hier die Rede ist.

Es ist jetzt ein lang zurückgeschobener Theil der Stelle aus dem Briefwechsel mit Schiller aufzunehmen, wovon andere Theile im Obigen längst berücksichtigt worden sind. Göthe spricht, wie man sich erinnert, im Juni 1797 dem Freunde seine Absicht aus, an den Faust zu gehen und ihn, wo nicht zu vollenden, doch wenigstens um ein gutes Theil weiter zu bringen. „Nun wünschte ich, daß Sie die Güte hätten, die Sache einmal in schlafloser Nacht durchzudenken, mir die Forderungen, die Sie an das Ganze machen würden, vorzulegen und so mir meine eigenen Träume, als ein wahrer Prophet, zu erzählen und zu deuten."

Schiller findet es nicht leicht, dieser Aufforderung zu genügen, doch will er den Faden aufzufinden suchen und dann folgen die Worte: „so viel bemerke ich hier nur, daß der Faust, das Stück nämlich, bei aller seiner dichterischen Individualität die Forderung einer symbolischen Bedeutsamkeit nicht ganz von sich abweisen kann, wie auch wahrscheinlich Ihre Idee ist. Die Duplicität der menschlichen Natur und das verunglückte Streben, das Göttliche und das Physische im Menschen zu vereinigen, verliert man nicht aus den Augen, und weil die Fabel ins Grelle und Formlose gehen muß, so will man nicht bei dem Gegenstand stille stehen, sondern von ihm zu Ideen geleitet werden. Kurz, die Anforderungen an den Faust sind zugleich philosophisch und poetisch und Sie mögen sich wenden, wie Sie wollen, so wird Ihnen die Natur des Gegenstands eine philosophische Behandlung auflegen und die Einbildungskraft wird sich zum Dienst einer Vernunft-Idee bequemen müssen. — Aber ich sage Ihnen damit schwerlich etwas Neues, denn Sie haben diese Forderung in dem, was bereits da ist, schon in hohem Grad zu befriedigen angefangen."

Hierauf gibt Göthe eine sehr wenig eingehende Antwort: „wir werden wohl in der Ansicht dieses Werkes nicht variiren, doch gibt es gleich einen ganz andern Muth zur Arbeit, wenn man seine Gedanken und Vorsätze auch von außen bezeichnet sieht, und Ihre Theilnahme ist in mehr als einem Sinne fruchtbar." Es sieht aus, als sei der Muth nicht so groß gewesen, wie er glaubte, da er sich auf den Inhalt von Schillers Mittheilung gar nicht einläßt. Ohne daß Schiller im nächsten Briefe den Gegenstand wieder berührt hätte, kommt Göthe nun in seiner

Beantwortung des letzteren noch einmal auf jene Aeußerung Schillers zurück mit den Worten: „Ihre Bemerkungen waren mir sehr erfreulich, sie treffen, wie es natürlich war, mit meinen Vorsätzen und Plänen recht gut zusammen", allein während man nun erwartet, daß er eingehe, folgt vielmehr eben jetzt die Stelle von der „barbarischen Composition," die ich oben besprochen habe, die aber auch in unserem jetzigen Zusammenhang äußerst belehrend ist und daher wieder angeführt werden muß: „nur daß ich mirs bei dieser barbarischen Composition bequemer mache und die höchsten Forderungen mehr zu berühren, als zu erfüllen gedenke." Es wird zu fragen sein, wie weit er dann mit den folgenden Worten doch auch den Inhalt berührt: „so werden wohl Verstand und Vernunft wie zwei Klopffechter sich grimmig herumschlagen, um Abends zusammen freundschaftlich auszuruhen." Folgt noch die Aeußerung, er werde sorgen, daß die Theile anmuthig und unterhaltend seien und etwas denken lassen u. s. w., die uns ebenfalls früher beschäftigt hat.

Im nächsten Briefe nimmt Schiller den Faden wieder auf: „den Faust habe ich nun wieder gelesen und mir schwindelt ordentlich vor der Auflösung. Dieß ist indeß sehr natürlich, denn die Sache beruht auf einer Anschauung, und so lange man die nicht hat, muß ein selbst nicht so reicher Stoff den Verstand in Verlegenheit setzen. Was mich daran ängstigt, ist, daß mir der Faust seiner Anlage nach auch eine Totalität der Materie nach zu erfordern scheint, wenn am Ende die Idee ausgeführt erscheinen soll, und für eine so hoch aufquellende Masse finde ich keinen poetischen Reif, der sie zusammenhält. Nun, Sie werden sich schon zu helfen wissen." Die folgenden Aeußerungen,

welche bestimmter den Inhalt betreffen, wollen wir vorerst aus=
lassen; ich nehme aus diesem Brief hier nur noch die Worte
auf: „ich bin überhaupt sehr erwartend, wie die Volksfabel sich
dem philosophischen Theil des Ganzen anschmiegen wird." Diese
tief eingreifenden Bemerkungen werden von Göthe nicht mehr
beantwortet und im zweitnächsten Briefe heißt es nun: „meinen
Faust habe ich, in Absicht auf Schema und Uebersicht, in der
Geschwindigkeit recht vorgeschoben, doch hat die deutliche Baukunst
die Luftphantome bald wieder verscheucht. Es käme jetzt nur
auf einen ruhigen Monat an, so sollte das Werk zu männig=
licher Verwunderung und Entsetzen wie eine große Schwamm=
familie aus der Erde wachsen." Folgt die schon früher besprochene
Stelle von den „Possen"; dann noch: „ich lasse jetzt das Ge=
druckte wieder abschreiben, und zwar in seine Theile getrennt,
da denn das Neue desto besser mit dem Alten zusammenwachsen
kann" und — der Faust schläft wieder ein, wie wir im vorigen
Abschnitt gesehen haben.

Aus dieser höchst merkwürdigen Correspondenz wollen wir
zunächst die Stellen gesondert betrachten, welche vom psycho=
logischen Modus der Entstehung des Gedichtes handeln; sie
sind zwar nicht ganz von denjenigen zu trennen, welche sich mit
dem Inhalt beschäftigen und welche ich noch nicht sämmtlich
wiedergegeben habe; doch ist die Trennung nothwendig.

Wie schön und hoch naiv ist es, daß Göthe den Freund
bittet, ihm seine Träume zu deuten! Er hat also all das Wunder=
tiefe, das wir mit unserem Denken zu erschöpfen uns abmühen,
ganz als ächter Poet nur durch ahnenden Instinct gedichtet.
Nun aber will der Instinct nicht mehr ausreichen, ihm den

Weg zu zeigen, auf dem er vorwärts gehen soll, oder, hat ihm durch denselben Instinct der Weg einst vorgeschwebt, so kann er diese Ahnungen nicht mehr finden und haschen, sie sind ihm entschwunden; mit dem Denken wird er es inzwischen schon oft versucht gehabt haben, sie zu ersetzen, auf seine Weise freilich, d. h. nicht mit Philosophiren, sondern mit Reflexionen, die sich immer hart an der Anschauung, am Körper der Sage und seiner Dichtung hielten, und mit diesem Denken hatte es nicht gelingen wollen; er ist sich, so habe ich es sonst schon ausgedrückt, mit dem Instincte vorausgesprungen und kann sich mit dem Denken nicht mehr einholen. Doch wie viel besser ist sein eigener Ausdruck: „Träume!" Er hat ja auch das grundwahre Wort gesprochen, das Genie sei ein wacher Schlafwandler.

Und diesen Nachtwandler hat Schillers Antwort geweckt; er ist erschrocken, hat gestutzt und vorerst nun gerade recht nicht weiter gewußt! Dieß ist der Satz, der nun näherer Ausführung bedarf.

Schiller hat mit jener Antwort Recht und Unrecht. Es ist wahr, daß die Anforderungen des Gedichts zugleich philosophisch und poetisch sind. Danach hätte das Gedicht philosophisch fortgeführt werden und doch zugleich ganz bleiben müssen, was es ist, nämlich eben Poesie. Was war hiemit verlangt? Daß Göthe zugleich ganz Dichter und ganz Philosoph sei. Dieß gibt es nicht. Beide Kräfte, jede als ganz und ungetheilt gedacht, schließen sich aus. Die Menschen-Natur kann das nicht in sich vereinigen, daß Ein Mann wahrer Dichter und Philosoph sei, denn die Philosophie zersetzt den Schein, der Dichter braucht den ganzen Schein und lebt in ihm. Er kann durch die Ahnung im festen Körper dieses Scheins eine Welt von philosophischen Wahrheiten zusammenballen und durch deren Tiefe und Tragweite die Philosophie beschämen, aber wo ihm die Ahnung ausgeht, ist er Fisch am Boden. In seinem Elemente philosophirt er, ohne zu philosophiren, richtiger —, da das Zeitwort doch ein specifisches Thun bezeichnet: er dichtet philosophisch, bereichert die Philosophie, ohne zu philosophiren. Schiller hat also im Recht Unrecht, weil er zwar eine wahre Forderung aufstellt, aber vergißt, daß es nicht menschenmöglich ist, ihr zu genügen. Dabei sind nun seine verschiedenen Wendungen äußerst interessant. Er sagt einerseits, das Stück könne eine symbolische Bedeutsamkeit nicht ganz abweisen. Versteht Schiller hier unter diesem Wort ebendasselbe, was wir, so ist der Ausdruck: symbolisch ganz Wasser auf unsere Mühle, denn symbolisch nennen wir ja nach unserer obigen Feststellung, was eine Fülle von Ideen ausstrahlt und doch ganz poetisch lebendig bleibt, also im hellen Schlafwandel gedichtet ist. Unzweifelhaft allerdings in unserem Sinne stimmt Schiller, wenn er nachher sagt, es sei natürlich, daß ihm vor der Auflösung schwindle, denn die Sache ruhe auf einer Anschauung, und so lange man die nicht habe, müsse selbst ein nicht so reicher Stoff den Verstand in Verlegenheit setzen; er erkennt hiemit, daß der Verstand, das eigentliche reine Denken nicht im Stande sei, die Anschauung, die in ihren Bildern tiefe Wahrheiten ahnend ergreift, zu ersetzen und in ihre Lücken zu treten; wenn er demnach die Anschauung als die führende Kraft betrachtet und doch symbolische Tiefe fordert, so muß er eine divinatorische, also wirklich poetische Verbindung von Sinn und Bild im Auge haben. Weiß er doch auch sonst in diesem Briefwechsel sehr wohl, daß der Dichter „mit dem Bewußtlosen anfängt," daß er sich glücklich zu schätzen hat, „wenn er durch das klarste Bewußtsein seiner Operationen nur so weit kommt, um die erste dunkle Total=Idee seines Werks in der vollendeten Arbeit ungeschwächt wiederzufinden." Aber ein andermal versteht er unter dem Wort symbolisch ein äußerliches Verknüpfen von Bild und Gedanke; so, wenn er von sich selbst sagt, sein Geist wirke eigentlich symbolisch, und so schwebe er als eine Zwitterart zwischen dem Begriff und der Anschauung. Aus dieser Zwitterart ist z. B. der schwarze Ritter in der Jungfrau von Orleans entstanden; er hat kein Geisterleben, nach unserem Sprachgebrauch müssen wir ihn allegorisch nennen; dagegen ist die Erscheinung des Parricida im Tell, obwohl merklich erdacht, um den Helden durch die Gegenüberstellung zu rechtfertigen, dennoch so stimmungsvoll, so wirksam unheimlich und geisterhaft behandelt, daß sie das Prädicat symbolisch in unserem Sinn verdient; dem Nachsinnen muß hier sehr schnell das Glück des Einfalls und die freiwillige Gunst der Phantasie zu Hülfe gekommen sein. Wie aber also meint nun Schiller das Wort symbolisch in der gegenwärtigen Stelle? Er sagt, die Natur des Gegenstandes lege eine philosophische Behandlung auf, und setzt hinzu, die Einbildungskraft müsse sich zum Dienste einer Vernunft=Idee bequemen. Dieß führt eben auf zwitterartiges Verbinden von Begriff und Anschauung, das in dem Sinne symbolisch wäre, wie er in jener Aeußerung über das Dualistische in seinem Talent das Wort gebraucht. In diesem Sinne symbolisch verfahren, das konnte nun aber Göthe, das ganze ungetheilte Dichtergenie, in der guten Zeit seiner vollen

Kraft eben nicht, seine Einbildungskraft konnte nicht dienen, denn „alle seine denkenden Kräfte hatten auf die Einbildungs= kraft als ihre gemeinsame Repräsentantin compromittirt" und wie er durch begriffmäßiges Denken sich „von sich selbst scheiden" mochte, so „vereinigte sich seine Natur doch immer wieder leicht und schnell wie getrennte Quecksilberkugeln." Erst im Alter be= quemte sich seine Einbildungskraft zum Dienste und dichtete er „symbolisch" in der Bedeutung des Worts, die wir in Kürze dualistisch nennen wollen, die nach unserem Sprachgebrauch eigent= lich allegorisch heißt, und so denn namentlich im — zweiten Theil Faust, einige Blitze ausgenommen, die aus der Zeit der lebendigen Einheit seiner Kräfte darin nachzucken.

Was sagt nun Göthe im Briefwechsel dazu? Von dem Puncte, um den es hier sich handelt, sagt er überhaupt gar nichts. Höchstens indirect läßt sich etwas herauslesen aus jenen Aeußerungen, die wir zu nochmaliger Betrachtung herbeigezogen haben, weil sie nun noch ein besonderes psycho= logisches Interesse gewinnen: „barbarische Composition" — „dafür sorgen, daß wenigstens die Theile anmuthig seien und etwas denken lassen" — „die höchsten Anforderungen mehr be= rühren als erfüllen." Ich habe gesagt, er müsse erschrocken sein; eigentlich wird er in einem helldunkeln Zustande zwischen Respect und Gefühl der Ablehnung geschwebt haben: Respect vor der Philosophie auf der einen, Gefühl, daß es so nicht zu= gehen, daß er so nicht schaffen könne, auf der andern Seite, und da dieser Zustand ein sehr unbehaglicher war, so suchte die ge= störte Ganzheit seiner Natur Zuflucht bei der Bequemlichkeit. Alles dieß verbindet sich zu einem halbkomischen Zuge leichter

Ironie, der in diesem Ausweichen sich durchfühlt. Inzwischen muß der Respect in ihm sitzen geblieben sein. Ich werde eine höchst interessante Briefstelle, die darauf weist, nachher beibringen.

Der Inhalt dieser Briefe beschäftigt uns hier eigentlich nur soweit er psychologisch ist, d. h. den Modus, das Verfahren bei der Fortführung des Gedichtes betrifft. Die Stellen, die von der Idee des Gedichts handeln, bleiben einem andern Zusammenhang vorbehalten und gehen uns hier nur so weit an, als sie sich mit der formellen, psychologischen Frage berühren. Daher mag über Schillers Aeußerung, der Kern des Gedichtes sei die Duplicität der menschlichen Natur und das verunglückte Streben, das Göttliche und das Physische im Menschen zu vereinigen, hier vorerst nur gesagt werden, daß dieß ein rasch gegriffener Ausdruck ist, der nicht in die Tiefe geht; die scheinbar flachen Allgemeinheiten: Idealismus und Realismus hätten in der nöthigen Kürze besser ausgeholfen; wir werden über die Factoren, die sich hier bekämpfen, und die Verwicklung ihres Kampfes noch schwierige Untersuchungen zu führen haben. Dagegen geht die Unterscheidung: Verstand und Vernunft, die Göthe unmittelbar an sein Wort von der barbarischen Composition und vom sich's bequem Machen knüpft, allerdings zunächst auf die Behandlung; so nimmt sie Schiller im ersten Satze der betreffenden Antwort: „in Rücksicht auf die Behandlung finde ich die große Schwierigkeit, zwischen dem Ernst und Spaß glücklich durchzukommen," allein gleich im nächsten Satze, aus dem hervorgeht, daß eben die zwei Ausdrücke: Ernst und Spaß sich auf die von Göthe gebrauchten: Verstand und Vernunft beziehen, gibt Schiller den letzteren zugleich eine objective Bedeutung, indem er sagt: Verstand und Vernunft scheinen mir in diesem Stoff auf Tod und Leben miteinander zu kämpfen. Und in diesem doppelten Sinn, subjectiv und objectiv, hat sie natürlich auch Göthe verstanden. Im letzteren ergänzen sie wesentlich Schillers ungenügende Kategorie: (das Göttliche und) das Physische. Mephistopheles repräsentirt ja nicht nur das Physische, sondern die Welt und so auch den Weltverstand, die Erkenntniß des Bedingten gegen Fausts Streben ins Grenzen= lose und Sehnsucht nach einem unbedingten Ganzen. Die Rolle des Verständigen gegen den Ueberschwenglichen ergibt den Hu= mor, wie die des letzteren gegen den ersteren den Ernst; soll der Dichter die Handlung in diesem Doppelgeiste führen, so müssen sich beide Stimmungen natürlich in ihm selbst ablösen und auch durchdringen: dieß ist die subjective Bedeutung der beiden Begriffe, und nun versteht man Göthes erste Aeußerung, von der wir ausgegangen sind: da das Wechselspiel von Ver= stand und Vernunft in der Handlung den Humor bedingt, so will er sich gönnen, den Humor auch auf die Composition überzutragen, welche ja doch einmal barbarisch ist, und sich die Sache bequem machen.

Statt Vernunft setzt Schiller in der zuletzt angeführten Briefstelle nachher: Herz; „der Teufel behält durch seinen Realis= mus vor dem Verstand, Faust vor dem Herzen Recht. Zuweilen aber scheinen sie die Rollen zu tauschen und der Teufel nimmt die Vernunft gegen den Faust in Schutz." Dieß bietet natür= lich keine Schwierigkeit; bei „Herz" denkt Schiller an das Ver= hältniß zu Margarete, dann, in allgemeinerer Beziehung, gebraucht er wieder den tieferen und umfassenderen Ausdruck: Vernunft. Höchst eigenthümlich ist der nun folgende Satz: „eine Schwierig=

keit finde ich darin, daß der Teufel durch seinen Charakter, der realistisch ist, seine Existenz, die idealistisch ist, aufhebt. Die Vernunft nur kann ihn so, wie er da ist, gelten lassen und begreifen." Auch diese Stelle ist hier noch nicht näher zu erörtern, sondern erst aufzunehmen, wenn die ganze Genialität in der Behandlung des Mephistopheles zur Sprache kommt.

Nun wäre noch auf die Stelle einzugehen, wo Schiller von der für jeden poetischen Reif zu hoch aufquellenden Masse spricht. Es mag aber genügen, hier zu wiederholen, was ich in der mehr erwähnten kurzen Abhandlung (Krit. Bem. u. s. w.) über dieß Bedenken gesagt habe: „Ein Held, der die strebende Menschheit, wie sie den Geist der Unendlichkeit und den Geist der Erfahrung durch Kampf, Schuld, Leiden soll vereinigen lernen, in sich darstellt, scheint durch alle wesentlichen Verhältnisse und Schicksale des Menschenlebens hindurchgeführt werden zu müssen; es bietet sich nicht so schnell der Einsicht dar, was allerdings Göthe später erkannt und nur unzulänglich geleistet hat: daß doch in der That einige Hauptformen des Lebens genügen, um für die unendliche Mannigfaltigkeit seiner Kreise stellvertretend zu dienen. Wenn Faust als Staatsmann und Hofmann auftrat, wenn er gleichzeitig im Elemente der Kunst, der feinsten Humanität und der ausgesuchten Genüsse eines poetischen Luxus sich bewegte, wenn er nach einer tragischen Katastrophe hierauf Mann des Volkes wurde,\*) so hatte er die bedeutendsten Lebensgebiete ausreichend durchmessen. Die einzelne Form aber läßt sich da-

---

\*) Zur Abwehr von Mißverständniß dieses oft mißbrauchten Ausdrucks vergl. R. Krit. Gänge H. 3, S. 160.

bei doch in engerem Rahmen abthun, als Schiller meinte". Uebrigens führt dieß wieder auf die unendliche Fortsetzbarkeit des Faust, die man, wie ich schon gezeigt habe, sehr wohl behaupten kann, ohne die Möglichkeit eines Schlusses zu bestreiten. Beide Sätze widersprächen sich nur, wenn man sagte, der Faust müßte ins Unendliche fortgesetzt werden.

Der helle Träumer, der wache Schlafwandler ist von Schiller aufgeweckt worden, so habe ich gesagt, und ist erschrocken, da ihm die Ansprüche zum Bewußtsein gebracht wurden, welche die Philosophie an seinen Faust machte. Er erfuhr jetzt erst, was er im wachen Traum eigentlich geleistet hatte, und sollte nun in traumlosem Wachen den Erwartungen genügen, die er hervorgerufen. Wir springen im Briefwechsel wieder um vier Jahre vorwärts und finden da eine Stelle, die wieder im besten Sinn hoch naiv ist. „Keinen eigentlichen Stillstand an Faust habe ich noch nicht gemacht, aber mitunter nur schwache Fortschritte. Da die Philosophen auf diese Arbeit neugierig sind, habe ich mich freilich zusammenzunehmen." Also doch großer Respect und etwas Examens-Angst, während ganz unbewußt der Ausdruck „neugierig" trotzdem zugleich die Ironie der Ueberlegenheit verräth, die den Dichter in seinem Elemente weit über die Philosophen stellt. Aber wie es ihm gehen mußte, wenn er es in ihrem Element versuchte, es ihnen recht zu machen, von einem gedachten Begriff aus sein Gedicht zu bereichern und fortzuführen, das ergibt sich mit köstlicher Klarheit aus dem Worte zu Eckermann: „Da kommen sie und fragen, welche Idee ich in meinem Faust verkörpert habe; als ob ich das selber wüßte!" Es ist nur ganz in der Ordnung, daß der geniale Dichter sein eigenes Werk nicht mit dem Senkblei der Reflexion ergründen kann; darf die Philosophie selbst sich nicht rühmen, anders als mit Anstrengung aller ihrer Mittel ihm in seine Tiefe folgen zu können, um die verwickelten Gedanken-Summen aus ihm zu ziehen, ja wird sie mit diesem Geschäfte niemals fertig, wie soll der Dichter, der mit ganz andern Organen operirt, damit fertig werden, wie also von der, philosophisch verstandnen, Idee aus weiter operiren? Nun aber ist dieses Gedicht darin einzig, daß es in Tiefen geht, wo doch immer wieder die Organe des Dichters nicht ausreichen wollen, und so kommen wir einfach auf unsern Satz zurück, daß die Unvollkommenheit des Faust ihren letzten Grund in einer unüberwindlichen Grenze der menschlichen Natur hat. Das Komische in Göthes Respect vor den Philosophen wird zum Tragischen der menschlichen Begrenztheit, dem nun das Abquälen der Philosophen um seine ahnungsvolle Tiefe ebenso komisch und tragisch gegenübersteht.

Hiemit haben wir denn eine Ursache des Stokens, für welche der Dichter im Grunde nicht verantwortlich gemacht werden kann. Hier gilt es nicht, eine Einseitigkeit der Stylrichtung im Hinblick auf die Zeit, auf die Stellung im Kampfe relativ zu entschuldigen, sondern hier fällt die Schuld vor einer innern Schranke, die alle Zeit besteht. Wer wollte auch nur einen kleinen Stein aufheben gegen den Genius, der aus der Unbefangenheit herausgeschüttelt war und mit dem Besinnen nicht vorwärts kam? Nicht das Stoken ist es, worüber man sich zu wundern hat, sondern die Kraft, womit die Dichternatur eben in der nächsten langen Periode des Stokens (1797—1803) sich in einzelnen gewaltigen Rufen wieder als Ganzes aus der

eingetretenen Scheidung zusammennahm, die getrennten Queck=
silberkugeln sich wieder vereinigten. In andern Momenten aller=
dings mußte die Absicht und die Ueberlegung sich mühen, zu
leisten, was die Einheit der ganzen Dichternatur verweigerte.
Davon wird der zweite Abschnitt dieser Arbeit handeln, auf
den ich schon bei der Besprechung Senglers hingewiesen habe;
er wird es versuchen, den ganzen Reichthum des Inhalts zu
heben und in Gedankenform zu fassen, welchen diejenigen Stellen
des ersten Theils in sich schließen, die wir im Allgemeinen
philosophische nennen dürfen. Philosophisch: das ist nun, wie
aus allem Bisherigen folgt, ein Wort, das wir nur der Kürze
wegen brauchen, um eine Classe zu bezeichnen, die allerdings sehr
verschiedene Arten enthält. Wir werden nämlich die Parthieen
zu unterscheiden suchen, welche ächt poetisch und doch voll
philosophischer Tiefe sind, sagen wir in Kürze: philosophisch durch
dichterische Divination, und diejenigen, welche sichtbar aus der
Bemühung hervorgegangen sind, den Philosophen zu genügen,
also Producte jener Scheidung, von der uns scheint, daß sie
durch Schillers Wort in Göthes naive Kraft eingedrungen sei,
jener Weckung des Nachtwandlers, wie wir es nennen. Dabei
werden wir des Näheren sehen, welche Welt von schweren Fragen
unsern Dichter beschäftigt haben, in welches Labyrinth er hinein=
gesehen haben muß in den Stunden und Tagen, wo er das so
lang zurückgelegte Gewebe wieder aufnahm, und Alles zusammen
wird uns zur vollen Nachsicht gegen jeden ungelösten Knoten,
jede gefallene Masche, und zur doppelten Bewunderung für jede
geniale Lösung stimmen.

## Die dritte Ursache: die Schwierigkeit der politischen Aufgabe für Göthe.

Erst in die dritte Linie stelle ich nun diejenige Ursache der Verschleppung und des Stockens, welche ich früher als die einzige angesehen habe: die Schwierigkeit der Ueberführung in das politische Gebiet, welche subjectiv im Dichter lag. Es handelt sich von der bekannten Grenze in Göthes Natur, seiner Scheue vor dem Lärm, Gedränge und Stoß, vor der ganzen Härte und Herbheit der Realität im politischen Leben. Sie war ja freilich auch seine Kraft, sie gab ihm die volle Stärke im rein menschlich Schönen, der wir eine Iphigenie verdanken; aber als Schwäche mußte sie erscheinen, wenn ein Stoff, von diesem Dichter einmal ergriffen, den entschlossenen Vorschritt auf den Schauplatz forderte, wo „um der Menschheit große Gegenstände, um Herrschaft und um Freiheit wird gestritten." Nicht immer, nicht durchaus hat der rauhe Stoff ihn abgestoßen, er bot ihm gewisse Seiten, an denen er ihn gern und leicht erfaßte. Im Göz gelangen die treibenden Fragen und Conflicte der Zeit nur sehr schwach zur poetischen Verarbeitung, der Held ist ein ächt Göthe'scher Naturheld, aber die Bauernscenen sind von Shakespearischer Lebenswahrheit. Wer Göthe versteht, für den bedarf es keiner Erklärung, wie in seinem Genie ein besonderes Talent für die Volksscene gegeben war; die einfachste Antwort lautet: weil sie naiv ist. Dieß kam nun noch ganz anders seinem Egmont zu gut; hier ließ sich das Wesentliche des politischen

Zustands durch dieses Motiv exponiren und wie prächtig das ausgefallen ist, haben wir schon in der Besprechung des Stylwechsels berührt. Auch wo ein politisches Princip mit ausnehmender eherner Ungetheiltheit in einem Manne sich zusammenfaßt wie in einem Alba, da findet seine Art von Organ noch eine Handhabe, doch muß man auch so bewundern, wie der weiche Göthe sich selbst übertroffen hat, als er diesen Fels von Unerbittlichkeit hinstellte, er hat nie wieder einen Menschen gezeichnet, der so ganz Mann ist, und nie einen politisch dramatischen Moment wie den, wo er am Fenster steht und Egmont absteigen sieht, und den, wo er ihn verhaftet. Wie schwer ihm das politische Gespräch im vierten Act wurde, wissen wir aus seinen eigenen Geständnissen, um so höher ist die Leistung anzuerkennen. Was aber den Helden betrifft, so liegt die Kluft vor Augen, worein das Drama sich spaltet: als Ganzes eine politische Tragödie, im Helden eine Tragödie der schönen Gemüthsfreiheit fällt sie in heterogene Theile auseinander. Es führt dieß freilich zu der Frage, ob Egmont überhaupt zum Stoff einer Tragödie taugt, worauf hier nicht eingegangen werden kann. Von der natürlichen Tochter ist ebenfalls schon früher die Rede gewesen und nur hinzuzusetzen: es ist die Stimmungsseite, wonach das Politische allerdings zu ganzer dichterischer Wirkung gelangt; ich meine die Stimmung der allgemeinen Schwüle; aber wo es auf die Hauptsache, auf die vergegenwärtigende Heraushebung aus diesem Grunde ankommt, bleibt durch die schon bezeichneten Mängel Alles in einem Flore wie halb leserliche, feine Bleistiftschrift. Diese Hinweisungen werden uns bei der vorliegenden Frage nicht ohne Nutzen sein.

Es ist mir bestritten worden, daß Göthe seinen Faust auf das politische Gebiet überführen wollte; wäre diese Bestreitung begründet, so käme es immer noch darauf an, ob er es nicht sollte. Ich muß mich nur sogleich gegen jeden Schein des superklugen Vorschreibens verwahren, der in diesem Worte gesucht werden könnte: „sollen" bedeutet einfach eine Forderung, die nachweislich in den Prämissen der Handlung liegt.

Also zuerst: wollte er? Ich habe bei der Aushebung der Hauptstellen des Briefwechsels mit Schiller die Aeußerung des letzteren: es gehörte sich, daß Faust in das handelnde Leben geführt würde, noch ausgelassen, um sie hier einzuführen. Göthe antwortet darauf nicht und so kommt für Schiller kein Anlaß, zu sagen, welche Form des handelnden Lebens er im Auge hat. Im Gedichte selbst sagt Mephistopheles: „doch so ist's nicht gemeint, dich unter das Pack zu stoßen," und noch deutlicher nachher: „wir seh'n die kleine, dann die große Welt." Dem entspricht einfach die: „Emporführung in höhere Regionen, würdigere Verhältnisse," in der bekannten Stelle von Kunst und Alterthum. Wollte man darunter nur die humanistische Bildungssphäre verstehen, so widerspricht die in der Faustliteratur oft citirte Aeußerung Göthes in dem Brief an K. E. Schubarth (1820), die ich jetzt ganz gebe, nachdem ich in früherem Zusammenhang nur den Ausdruck „gemeiner erster Theil" ausgehoben: „daß man sich dem Ideellen nähern und zuletzt darin gefallen werde, haben Sie ganz richtig gefühlt; allein meine Behandlung mußte ihren einzelnen Weg gehen, und es gibt noch manche herrliche reale und phantastische Irrthümer auf Erden, in welche der arme Mensch sich edler, würdiger, höher, als im erften, gemeinen Theile geschieht, verlieren dürfte. Durch diese sollte sich unser Freund auch durchwürgen. In der Einsamkeit der Jugend hätte ich's aus Ahnung geleistet, am hellen Tage der Welt säh' es wie ein Pasquill aus." Es ist kaum begreiflich, wie Dünzer (Würdigung des Götheschen Faust u. s. w. S. 11) behaupten mag, dabei müssen dem Dichter verkehrte Richtungen in der Kunst vorgeschwebt haben, da ja dieß Bewegungen im ideellen Gebiete sind, welchem Göthe gerade hier das Reale entgegensetzt. Sehr passend, sich selbst zu widerlegen, citirt Dünzer hier eine Stelle eines Briefes aus Rom von 1787, wo Göthe schreibt, es werden jetzt in Brüssel Scenen gespielt, gerade wie er sie vor zwölf Jahren in seinem Egmont niedergeschrieben, man werde Vieles jetzt für ein Pasquill halten. Man sieht doch aus dieser Aeußerung, daß Göthe das Wort Pasquill auf das Politische bezieht. Er will sagen, man werde eine objective Darstellung geschichtlicher politischer Verhältnisse jetzt fälschlich als Satyre auf Ereignisse, Verhältnisse und Personen der Gegenwart auslegen; es ist doch evident, daß er also in der Stelle des Briefes an Schubarth ebendieß befürchtet für den Fall, daß er thäte, wozu er Grund hätte, d. h. seinen Faust auf den politischen Schauplatz führte. Dünzer sucht diese Argumentation durch eine merkwürdige Logik abzuwenden: es handle sich ja nur von einer Auslegung als Spott auf bestimmte wirkliche Verhältnisse, die er also (im Egmont) in der That nicht habe treffen wollen. Folgt denn aber, wenn Göthe gewisse politische Verhältnisse (empirische, gegenwärtige) nicht treffen wollte, daß er keine treffen wollte? — Es ist höchst wahrscheinlich, daß Göthe bei den „realen und phantastischen Irrthümern" das Bild des Lebens an einem Hofe vorschwebte, wobei er aus seinen eigenen Erfahrungen in den ersten Zeiten zu Weimar, seinen ersten Versuchen, wie ihm „die Weltrolle zu Gesichte stehe," also seinen jugendlichen Proben als Staatsmann, seinen Lehrjahren als Hofmann, zugleich aus dem Wildfangleben und dem Durcheinander von Sammlung und Zersplitterung die bezeichnenden Grundzüge herauszuheben gedachte, aber ganz begreiflichermaßen besorgen konnte, man klaube ihm lauter Anspielungen auf die empirischen Personen und Verhältnisse heraus. Es läßt sich dieß ganz wohl schließen aus dem, was er im ersten Acte des zweiten Theils wirklich gegeben hat, nur freilich war seine ursprüngliche Intention gewiß eine lebendigere; nach dieser sollte sich Faust gewiß nicht als unsichtbarer Mummenschanz=Director hinter allegorischen Masken verbergen, sollte nicht das Handeln dem Mephistopheles überlassen und dieses Handeln sollte gewiß in etwas Anderem, als Papiergeldmachen bestehen. Also Staatsmann und Hofmann. Nun, und der fünfte Act? Faust als werkthätiger Herrscher eines tüchtigen Volkes? Das bestätigt ja doch wohl genügend, daß Göthe selbst unter den höheren Verhältnissen auch und namentlich politische verstanden hat. Zwei Rollen also haben wir, die auf diesem Boden spielen; daß Göthe ihn betreten wollte, darüber ist kein Zweifel mehr. Was bleibt nun von dem sollte zurück? Ich habe (A. Krit. G. Vorwort. N. Krit. Gänge Heft 3) behauptet, Faust müßte auch als Revolutionär auftreten, zugleich die Meinung ausgesprochen, als höchst willkommener Stoff für diese Rolle biete die Zeit, worin die Sage spielt, den Bauernkrieg dar, ich habe Köstlins Einwendung hiegegen beantwortet; zugleich habe ich gesagt, Faust müsse auch die Armuth kosten und in dem bereits erwähnten, sehr unmaßgeblichen, gegen übeln Schein von Anmaßung mit einer Armatur von Gründen versehenen und doch so viel beschrieenen Entwurf zu einem andern zweiten Theile gezeigt, wie leicht sich diese Motive verknüpfen ließen. Ich behaupte heute noch, daß dieß nur richtige Schlüsse aus gegebenen Prämissen sind. Soll Faust ins handelnde Leben und soll auch hier der wilde Idealismus, der ja sein Grundzug ist, Schulgeld zahlen, so ruft, so schreit eine ganze Welt von Gründen: er muß sich auf die Idee der Freiheit, auf die Idee einer neuen Staatsordnung werfen, muß diese Idee fassen, wie Rousseau, wie die französische Revolution sie gefaßt hat, wie heute der politische Idealist sie faßt und jederzeit fassen wird, d. h. abstract, ohne Rücksicht auf die Wirklichkeit, er muß diese unpraktisch gefaßte Idee aus ihrer Abstraction in das Leben überzutragen einen vorschnellen Anlauf nehmen, muß erfahren, daß ihm die Reinheit seiner Idee getrübt, beschmutzt wird, Mephistopheles dient dazu wie gerufen, Faust sieht sein Werk scheitern, und schaut in hoher Ahnung eine Zukunft vor sich, wo erreicht und von Schlacken gereinigt sein wird, was sein Ueberstvrz nicht erreichen konnte. Kein Wort weiter verliere ich darüber, wie leicht und natürlich dieß an die Geschichte der Zeit, in der die Sage spielt, sich anknüpfen ließ. Welche ganz andere Anachronismen hat Göthe wirklich gewagt! Für meine Behauptung, Faust müsse auch erfahren, was Armuth ist, für das Recht ihrer Ableitung aus den Stellen: „das bin ich nicht gewohnt, den Spaten in die Hand zu nehmen" und: „der Menschheit Wohl und Weh auf meinen Busen häufen" kann ich ohne pure Wiederholung früher ge=

gebener Gründe kein Wort weiter hinzuzusetzen. Lassen wir aber, wenn es sein soll, die Armuth und behalten die Revolution, so kommt man gegen diese so einfache Folgerung aus der Aufgabe immer mit dem Humanismus. Faust soll eine zu geistige, zu ideale Natur sein, um in eine wilde politische Bewegung geworfen zu werden. Düntzer z. B. (a. a. O. S. 9) sagt, der durch den Kreis der idealen Schönheit durchgegangene Faust könne nicht von Umwälzungen, sondern nur von einer allmählichen ruhigen Entwicklung das Heil erwarten, in den Kampf der Parteien sich zu mischen, sei ihm unmöglich u. s. w. Hat ein Hutten darum, weil er Humanist war, weniger für die Idee eines Kampfes geglüht, der sein Vaterland von Rom befreien und politisch einigen sollte? Und wenn Hutten nur ein unvollkommener Humanist, wenn ihm das Ganze der classischen Schönheit noch nicht aufgegangen war, warum soll ein Mann, dem sie aufgegangen ist, nicht dennoch wie er für große politische Ziele erglühen können? Ja, wenn man es so matt ausdrückt: „sich in den Kampf der Parteien mischen," dann hat man sich's freilich schon verdorben. Was Parteien! Wen ein heiliges Feuer treibt, der läßt sich durch das Unreine, was allen Parteien anhängt, nicht abkühlen. Ein solches Feuer hatte Göthe darzustellen, und wenn er selbst sich sehr klar bewußt war, daß das Parteileben die großen Ziele zu beschmutzen pflegt, so entsprach dieß ja eben seiner Aufgabe, denn er mußte, wie gesagt, seinen Helden durch die Wildheit seines zwar edlen Feuers straucheln, mußte seinen reinen Zweck gegen seinen Willen durch seine Partei beflecken lassen, um ihn dann zur Klarheit zu führen. Das Hinderniß lag also nur im Dichter selbst, er wagte sich nicht in diese Sphäre, weil in ihm der Humanismus mit jener Sensibilität verbunden war, welche vor der Berührung mit dem rauhen Boden der Thaten die Fühlfäden einzog. Auch die Reformation war ihm ja, weil sie grob und derb vorging, zuwider, wie einst dem feinen Erasmus. Er wußte sehr wohl, was wir dieser großen ethischen Krisis des sechzehnten Jahrhunderts verdanten, er wünscht Shakespeare Glück, daß er als Protestant geboren und erzogen war, er verspottet im ersten und zweiten Theil des Faust die Habsucht und Wahnpflege der katholischen Kirche, er mußte sich fragen, wo sein ganzer Faust geblieben wäre, wenn es keine protestantische Bildung gäbe, und konnte um die Antwort darauf nicht verlegen sein, aber jene Scheue seiner Natur vor allem Ungestümmen, Groben und Knöchernen, Unschönen wirft ihn in den Widerspruch mit sich selbst, Princip und Geist der Reformation mit dem Beschränkten, das in Luthers Charakter neben dem Großen war, mit dem Kunst- und Schönheitsfeindlichen in ihren geschichtlichen Kämpfen und mit ihrer späteren Verhärtung zu einem dumpfen Kirchen- und Dogmensystem zu verwechseln, und in dieser Laune beschuldigt er das „Lutherthum," daß es „ruhige Bildung zurückdränge," in diesen Stunden meint er, man hätte die ästhetische Bildung des sechzehnten Jahrhunderts nur ungestört fortschreiten lassen sollen, und sie hätte uns auch, ja wohl besser zum Ziele geführt. Das Verkommen des italienischen Volkes in seiner blos ästhetischen Bildung, bis es nach Jahrhunderten sich aufraffte, hätte ihn belehren können, was aus den Völkern geworden wäre, wenn der große, grobe Riß durch Luthers rauhe Hand nicht dazwischen gefahren wäre. Und da die Reformation es war, an welche die ersten Bewegungen für die Menschenrechte im Bauernkrieg und die erste Regung der Idee eines deutschen Staates im gebildeten Adel sich knüpfte, so scheut er sich denn davor, das eine wie das andere dieser Motive, das die Zeit der Entstehung der Faustsage so willkommen ihm darbot, frischweg zu benützen. Göthe hat in dieser Einseitigkeit des Humanismus etwas Romanisches; die große Mehrheit der Gebildeten in Frankreich und Italien lebt ja nicht in der geringsten Täuschung über die katholische Kirche, aber es ist kein Ernst, kein Wille da, sie in ihrem Kern zu bekämpfen, es fehlt an dem ethischen Haß, ohne den kein großes Uebel hinweggeschafft wird. Von dieser Schneide braucht aber etwas auch der Dichter, wiewohl sie zunächst nur Gesinnung ist; sein Talent wird schon dafür sorgen, daß sie in die künstlerische Gestaltung übergeht. Man mag vor Leid kaum daran denken, was aus dem Faust geworden wäre, wenn in Göthes schöpferischen Formgeist etwas vom Feuer eines Hutten eingeströmt wäre.

Nun soll aber, wie namentlich Sengler ausführt, der Humanismus zugleich die wahre Vorbereitung sein für das große politische Wirken des Helden im fünften Act. Seit wann ist ästhetische Durchbildung der Persönlichkeit (sei sie zugleich auch so sehr eine sittliche, wie solche Faust nach Sengler der Helena verdanken soll) die einzige rechte Vorschule für einen Herrscher? Lassen wir die großen Vortheile, die es böte, wenn man Faust in einem Kampfe um große Güter der Menschheit und des Vaterlands fallen ließe, einfach bei Seite, lassen wir ihn lebend daraus hervorgehen und halten uns an Göthes Schluß: da wären doch die grausamen Erfahrungen, die Faust als Führer in einem Freiheitskampf machen müßte, wahrlich ein besseres Lehrgeld für den künftigen Herrscher! Man bekäme einen inneren Fortgang von der tiefsten Wahrheit, einen Fortgang von überstürzter That zum stetigen, vernünftigen und maaßvollen Wirken: ein Unterschied der Willens-Activität, der uns in den späteren Erörterungen sehr wird beschäftigen müssen. Das Wahre aber ist, daß Göthe im fünften Acte seine Helena-Geschichten einfach vergessen hat. Wäre ihm irgend daran gelegen, zu zeigen, daß daraus ein Ertrag hervorgehe, der dem Faust als Herrscher zu gute kommt, so müßte doch irgendwie (was poetisch ganz thunlich war) eine Thätigkeit sichtbar werden für die Cultur-Anstalten in seinem Staate; es ist aber keine Spur davon; das Ringen, um dem Meer Land abzukämpfen und zu behaupten, muß freilich als Sinnbild fungiren für viele und für höhere Formen großer fürst= licher Thätigkeit, aber was hilft dieß? Ist die erziehende nicht hervorgestellt, so erfahren wir auch nicht, ob Göthe sie unter dem Sinnbild errathen lassen will.

Dieß führt auf die Frage nach einem organischen Fortgang, einem natürlichen Fortschreiten von Stufe zu Stufe. Wir haben sie an zwei Stellen schon berührt, namentlich als davon die Rede war, ob dieser zweite Theil objectiv genannt werden könne, wenn dieses Wort denn doch auch künstlerische Composition be= deuten soll. Dabei muß lax verfahren werden; wir dürfen von einer genialen Skizze nicht verlangen, was von einem geschlos= senen Drama verlangt wird; aber irgendwie muß doch der Maaß= stab eines Entwicklungsgangs angewandt werden, und mit ihm natürlich immer zugleich die Frage nach Schuld und Lernen aus Schuld und aus Folgen der Schuld. Erster Act: Heilung des zerrissenen Gemüths durch Opernmotiv — schon besprochen. Dann

Faust mit Mephistopheles an einem Hofe. Durfte dieß unmotivirt bleiben? Im Puppenspiel motivirt es sich von selbst, Faust will Genüsse. Aber hier? — Faust ist zuerst nicht sichtbar, während Mephistopheles dem Kaiser Aussicht auf verborgne Schätze eröffnet. Nachher, da sich die Schätze als Papiergeld entpuppen, ist er da und spricht dazu ein flach allgemein pathetisches Wort. Inzwischen der Mummenschanz, Bild des Lebens in einem Maskenzug, der ganz in Allegorieen übergeht, bei denen wir uns nicht aufhalten; zu brüten, was z. B. der Schluß bedeutet, wo des Kaisers Bart anbrennt, dadurch Feuer ausbricht, von Plutus gelöscht wird, das überlassen wir denen, die gern über des Kaisers Bart streiten. Uns geht hier die Frage an, ob denn eine unsichtbare Mitwirkung Fausts bei dieser Mummerei anzunehmen ist. Er scheint hinter dem „Knaben Lenker" zu stecken; mehrere Stellen deuten hier sichtbar auf Göthe selbst als geistreichen Meister der Feste am Hofe zu Weimar, dann auf seine Zurückziehung in die Stille und innere Sammlung; der Inhalt wäre: Faust in den Zerstreuungen eines Hofes, dieselben durch seinen Geist belebend und schmückend; dieß wäre aber nicht dargestellt, sondern wir hätten nur (dunkle) Darstellung der Darstellung. Doch es ist ja die folgende Heraufbeschwörung der Helena, wo Faust als höherer Hoffestmeister auftritt, demnach wird er bei dem Mummenschanz in dieser Rolle wohl nicht betheiligt sein? Non liquet. Folgt das Hinabsteigen zu den Müttern, worüber schon genug und übergenug; Erscheinung der Helena und des Paris, leidenschaftliches Entzücken Fausts — ich hole nach, daß in seinem Ausruf: „Hab' ich noch Augen? — Wahnsinn zolle" eine der späten Spuren alter Kraft in Darstellung der Leidenschaft aufflimmert, —; Versuch, sie an sich zu reißen, Explosion, Ohnmacht. Es scheint, dieß solle eine ähnliche Bedeutung haben, wie die Beschwörung des Erd= geists und die Demüthigung durch denselben im ersten Theil: hier ein leidenschaftlich überstürzter Versuch, sich den Geist der classischen Schönheit anzueignen, wie dort ein Versuch, gewaltsam, ohne die Mittel der Wissenschaft sich der Wahrheit zu bemäch= tigen. In dieser Ungeduld, dieser Leidenschaft läge nun etwas, das ungefähr einer Schuld ähnlich ist, und diese Schuld bestrafte sich durch ein geistiges Rücksinken und Erstarren, das in der Explosion und Fausts Ohnmacht ausgedrückt scheint. Allein dieser Schatten von Schuld, was hat er zu thun mit solcher wirklicher Schuld und ihren Folgen, wie sie das Drama als Lehrgeld Fausts verlangt, nachdem er ins Leben übergetreten ist? Wir haben längst gezeigt, wie ein organischer Fortgang es ge= fordert hätte, das Motiv der Helena so zu verwenden, daß das Humanistische an eine Lebenslage mit wirklichen Versuchungen geknüpft worden wäre. — Folgt der unleidlich abstruse zweite Act, im ersten Theil allerdings zwei reizende humoristische Parthieen enthaltend: das Fabriciren des Homunculus ist aller= liebst, schade nur, daß man nachher nicht herausbringt, was der Knirps bedeutet, der Spaß wird halb Ernst, statt daß er toll komisch verfolgt wäre, mag nun an den Halbwerth der blos philologischen Gelehrsamkeit oder (wie es nach dem Zerschellen an Galatea's Muschelwagen scheint) auch an den Vulcanismus zu denken sein; ganz köstlich aber ist der Baccalaureus als über= hirniger Idealist und des Mephistopheles gemüthliche Antwort auf seine Grobheit, namentlich: „Ihr wißt wohl nicht, wie grob ihr seid?" Vom zweiten Theile dieses zweiten Actes an — der classischen Walpurgisnacht — durch den ganzen dritten hindurch bleiben wir nun stets im Humanistischen (nebenher zugleich Naturwissenschaftlichen: Vulcanismus und Neptunismus und dergleichen); und zwar immer ohne jede ethische Beziehung, wie das Drama sie verlangt. Soll das Suchen der Helena unter den auf dem thessalischen Schlachtfelde versammelten Fratzen eine solche haben, d. h. bedeuten, daß Faust nun auf dem Wege sich selbst überwindenden geduldigen Eindringens zur wahren Aneignung der antiken Schönheit strebe: in einer so dünnen, fadenscheinigen Spur einer Art von Verdienst wird doch keine Seele einen dramatischen Schritt Vorwärts erkennen; das Herumgrübeln und Lesen eines mythologischen Collegiums aber an dem krausen Material, das Göthe hier zusammengestoppelt hat, überlassen wir billig denen, die glauben, ein modernes Dichtwerk sei dazu da, Mythologie zu studiren. Denkt man an die Werdung des schönen mythischen Ideals aus den Unformen der Naturreligion, wie Seugler, dann ist übrigens des Zeugs noch zu wenig, dann durften die alten Kuh=, Hunds=, Sperber=, Eulenköpfe und dergleichen nicht fehlen. Nun sagen die absoluten Verehrer, das wirkliche Erscheinen der Helena im dritten Acte sei organische Frucht vom rechten Suchen im zweiten. Das ist nun doch Göthe gewiß nicht eingefallen; er konnte eben die Helena nicht los werden, bringt sie daher, nachdem die „Phantasmagorie," die dann der dritte Act wurde, längst gedichtet ist, noch einmal, wie sie von Faust heraufbeschworen wird, er kann dem Einfall nicht widerstehen, ein Gegenstück zur nordischen Walpurgisnacht auszuspinnen, läßt sie hier durch Faust suchen, weist diesen an die Persephone, vergißt dabei, daß er mit dem Hinabsteigen zu den Müttern eigentlich dasselbe schon gesagt hat, und bringt so diesen Schemen, wenn man jenes Gesuchtwerden mitrechnet, dreimal. Im dritten Act ist nun Faust auf einmal Ritter, fränkischer Heerführer im Peloponnes, der sich gut auf Taktik versteht und seine Schaaren ordnet, Helena gegen Menelaos zu schützen. Wie ist Faust, der aus einem Gelehrten ein Weltmann wurde, kurze Zeit Hofmann war, nun ein Kriegsherr geworden? Oder ist das eine phantasielose Frage? Beruft ihr euch auf das Recht des Dichters zu mährchen= haften Sprüngen? Gut, aber von organischen Uebergängen, Fortschritten sollt ihr nicht reden, wenn die Sprünge so ganz verwegen ausfallen! Und nicht von Consequenz, denn wenn Faust hier ein Heer führen kann, warum lehnt er es ab im vierten Act, oder umgekehrt, wenn es in der Ordnung ist, daß er sich hiezu nicht tauglich weiß, warum taugt er dort dazu? Daß hinter der Principien=Heirath mit Helena und hinter den Purzelungen Euphorions nichts stecken kann, was in unserem jetzigen Zusammenhang uns anginge, ist zu klar, um diesen Spuk noch einmal aufzunehmen. Nach der Hochzeit zwischen Romantik und Classik was soll Faust nun im vierten Act an= fangen? Nun, vorderhand aus einem allegorischen Schemen wieder Mensch werden. Dann, was treiben? Nach einem geologischen Gespräch im Hochgebirg nimmt endlich der Poet einen Anlauf zu einer Versuchung. Mephistopheles möchte Faust durch Bilder eines glänzenden Genußlebens födern, bekanntlich deutet die Stelle auf Versailles und den Hirschpark, knüpft sich übrigens sehr gut an jenes Wort im ersten Theil: „wenn ich sechs Hengste zahlen kann" u. s. w. Faust weist die Versuchung zurück und spricht hier die schönen Mannesworte: „ich fühle Kraft zu kühnem Fleiß — die That ist Alles, nichts der Ruhm." Er will Herrschaft gewinnen, Eigenthum, er will Land dem Meer abzwingen, und nachdem ihm Mephistopheles vom Kampfe zwischen Kaiser und Gegenkaiser gesagt und wie jener in der Vorstellung aufgewachsen sei, man könne regieren und zugleich genießen, so legt ihm Göthe noch die gehaltvolle Rede in den Mund: „Ein großer Irrthum; wer befehlen soll, muß im Befehlen Seligkeit empfinden — — Genießen macht gemein." Aber eine Versuchung, die blos durch Rede wirkt, ist doch wahrhaftig eine schwache, es handelt sich hier gerade von dem Motiv, das viel früher und im Zusammenhang mit dem Humanistischen, und zwar eben drastisch, durch starke sichtbare Reize in Wirkung gesetzt sein sollte. Und Faust? Ist das nun irgend vorbereitet und vermittelt, daß er jetzt an großes männliches Wirken denkt? Ja, wenn die Aneignung des Antiken vorher so zur Darstellung gebracht wäre, daß wir zugesehen hätten, wie nicht nur die Schönheit, sondern auch die Lebenstüchtigkeit, Mannhaftigkeit und Thatkraft der Alten in seinen Geist überging! Wo ist auch nur eine Spur davon vorgekommen? Gebrütet hat er mit der Helena, sonst gar nichts. Und könnte Jemand behaupten, das sei nachgeholt in dem Worte des Mephistopheles: „man merkt's, du kommst von Heroinen?" — Seltsam ist es, wenn man es dann als verdienstvolle Reaction gegen die Versuchung zur Ruhmbegierde auslegen will, daß er die ihm von Mephistopheles angetragene Rolle eines Obergenerals im Kriege zwischen Kaiser und Gegenkaiser ablehnt. Faust weiß eben — um vom vorhin genannten Widerspruch mit seiner Führerschaft als Frankenfürst abzusehen —, daß er sich auf Kriegsbefehl nicht versteht: „das wäre mir die rechte Höhe, da zu befehlen, wo ich nichts verstehe." So sieht er denn unthätig zu, wie Mephistopheles durch seine Zauberkünste und „allegorischen Lumpen" (so sagt ja Göthe selbst) Raufebold, Habebald, Eilebeute dem Kaiser zum Siege verhilft, und hat nichts zu thun, als das dem Meer eigentlich erst abzuringende Land als Lehen einzustreichen. Die nachfolgende Zeichnung der Pfaffen-Herrschsucht und Habsucht gehört unter die glücklichen komischen Motive. Es ist nur sehr richtig im Sinn des Tragischen und der Faustfabel gedacht, daß dann im fünften Acte, wo sich der Dichter nun zur schönen Idee eines großen Herrscher-Wirkens erhebt, eine doppelte Schuld eingeführt wird, wodurch dieß edle Walten sich befleckt, aber kann man sagen, daß dieser richtige Gedanke auch poetisch exponirt sei? Mephistopheles treibt Seeräuberei, sie fällt auf die Verantwortung Fausts, aber mit dem „widrigen Gesicht," das er bei der Mittheilung dieses Verbrechens macht, ist doch der Schmerz, den er fühlen müßte, nicht dargestellt und von Gegenwirkung ist keine Rede; ungeduldiger Eigenwille des Gewalthabers verleitet ihn, Philemon und Baucis aus ihrem Besitzthum wegtragen zu lassen, ihr Tod aus Schrecken, obzwar nicht beabsichtigte Folge, fällt doch als Schuld auf sein Gewissen; der Schmerz auch darüber ist nur schwach entwickelt. Dann sehen wir Faust noch von Schuldbewußtsein darüber gedrückt, daß er sich vom Zauber nicht lossagen kann: ein sehr dunkler Punct. Bis dahin ist die Benützung der Zauberhülfe des Mephistopheles nicht an sich schon Schuld gewesen, sondern Schuld lag nur in den Thaten, die Faust in den Situationen beging, wie sie durch diese Hülfe vermittelt waren. Doch man kann etwa sagen, der Bund mit

Mephistopheles, der Entschluß, sich der Zauberkünste der Hölle zu bedienen, sei ja als Ausdruck eines Willens, der durch die Welt stürzen will, ohne sich an Pflichten zu binden, an sich schon Verbrechen; man kann dieß sagen, wiewohl immer unerklärt bleibt, warum Faust nicht die w i r k l i c h e Schuld der That, die an den alten Leuten verübt worden ist, wenigstens auch und noch mehr verwünscht. Nun aber, wenn Faust als Herrscher das Beste durch diesen Zauber bewirkt, wie steht es um den Werth seines Wirkens, der doch als wahrhaft sittlicher hingestellt sein soll? Man bedenke, daß wir gleich in der zweiten Scene von Baucis erfahren, Damm und Kanal sei nicht durch den Fleiß der Arbeiter, sondern durch unheimlichen Zauber, ja Menschenopfer zu Stande gekommen. Und eben diese Arbeit, das Land gegen das Meer zu halten und zu erweitern, soll ja, wie wir gesehen, das Sinnbild sein für alle menschlich gesunde gemeinnützige Thätigkeit, zu der Faust nun hindurchgedrungen ist! Wie reimt sich das? — Folgt der Auftritt mit den vier alten Weibern, den allegorischen Bälgen Mangel, Schuld, Noth, Sorge. Warum findet die Schuld keinen Eingang? Weil Monarchen unverantwortlich sind? Aber hier handelt es sich doch wahrhaftig von innerem Schuldgefühl, und davon soll doch Faust nicht befreit sein? Noch ein hübsches Erklärungsstückchen sei hier erwähnt: „Schuld ist nicht im sittlichen Sinne zu verstehen, sondern es ist der drückende Zustand der von Gläubigern gepeinigten Armen gemeint" Düntzer. — Was will nun das Erblinden durch den Anhauch der Sorge? Ihren inneren Einfluß hat Faust in der Trotzrede gegen das Blinzen nach Jenseits, einer der wenigen ächten Kraftstellen dieses Theils, abgewiesen;

es scheint also die Blindheit buchstäblich gemeint, eben als eine physische Strafe für die letzten Verschuldungen. Aber was können wir bei einer solchen physischen Strafe denken? Soll sie als Motiv dienen, um zu zeigen, daß Faust sich durch kein Uebel niederschlagen läßt, da er gleich darauf wieder mannhaft seine Thätigkeit aufnimmt? Allein es ist ja doch die Sorge, durch deren Anhauch Faust erblindet; soll es vielleicht heißen, Faust erblinde zwar nicht durch tiefere Sorge um das künftige Heil seiner Seele, aber durch ein Leben voll praktischer Sorgen? Können aber diese so groß sein, da ihm in all seinem Thun der Zauber beigestanden ist? So führte dieß auf den fatalen Punct zurück, daß er sich über die Fessel der Magie, an die er noch gekettet, zwar beklagt, aber diese Fessel nicht bricht und daß hiedurch sein Wirken allen ethischen Werth verliert. Allerdings sagt Faust bei dem Andringen der Sorge für sich: „nimm dich in Acht und sprich kein Zauberwort;" künftig also will er doch auf Zauber verzichten, also Sorgen übernehmen wie ein anderer Mensch, aber von künftigen Sorgen wird man nicht blind. Kurz, ein ganzes Nest von Verwirrung.

Dieß ist denn Alles nicht eigentlich Dichtung, sondern es sind nicht zur Klarheit gediehene Denk=Operationen. In der letzten, großartigen Rede Fausts: „ein Sumpf zieht am Gebirge hin — Augenblick", da ist wieder Poesie und philosophische Tiefe vereinigt, die wir in einem andern Zusammenhang zu heben suchen; man vergißt, so lange man sie liest, daß die Thätig= keit, in deren Fortführung und Erweiterung nach den höchsten Zielen Faust ein so reines Glück genießt, so unzulänglich dargestellt, so schwierigen Zweifeln ausgesetzt worden ist. Aber das legen=

darische Schluß-Oratorium, welches folgt, nachdem Mephistopheles um seine Beute gebracht ist, rührt das Gefühl jener Unzulänglichkeit und die Zweifel erst recht wieder auf. Eigentlich tritt eine Wechselaufhebung ein. Die ethische Kraft der letzten Reden Fausts, namentlich des energischen, freien Wortes gegen das Jenseits, schlägt den ästhetischen Glauben an diese Goldgrundbilder todt, wir wollten sie nicht mehr, auch wenn sie so rührend gemalt wären wie die eines Fiesole; der Athem will frei sein und duldet nicht mehr den mit Kuttengeruch vermischten Weihrauch-Geruch; doch nicht von dieser Seite ist hier zu sprechen, sondern von der umgekehrten Wirkung, nämlich eben von dem Anreiz zu Zweifeln in rückwärtsgehender Richtung: man hat durch das vorhergehende Bild von Fausts Thätigkeit zu wenig Inhalt gewonnen für die an sich so herrlichen Worte der Engel: „wer immer strebend sich bemüht, den können wir erlösen."

Und dieß nun, dieses Bedenken wirft sich weiter zurück und dehnt sich auf den ganzen zweiten Theil aus: Faust hat nicht wahrhaft gestrebt, menschlich gefehlt, aus Schuld sich erhoben, ist nicht bereichert aus Verirrungen hervorgegangen, und ich muß bei meiner alten Behauptung (N. Krit. Gänge B. 1, H. 3, 153) stehen bleiben, daß der Einwurf frommer Gemüther, die das Kirchliche im Schluß für baare Münze nehmen und im Ganzen dieses zweiten Theils die eigentlichen Intentionen des Dichters nicht von der schwachen Ausführung zu unterscheiden vermögen, der Einwurf, Faust werde zu leichten Kaufs erlöst, einen Schein von Recht erhält. Man erinnere sich nun also, daß drei Acte hindurch das humanistische Streben, und zwar unlebendig dargestellt, sich fortschleppt; daran aber hat Göthe fort und fortgesponnen weil er, wie er einmal war, nicht an die eigentliche Aufgabe hinwollte, das Handeln. Daß er es zuletzt seinem Widerstreben noch abgerungen hat, mit dem großen Herrscher-Motiv zu schließen, sei noch einmal und abermals höchlich anerkannt, allein so schön das Facit, die Colonnen der Rechnung wimmeln von Lücken; es ist umgekehrt wie im Wilhelm Meister, wo Göthe nach eigenem Geständniß „aus einem realistischen Tik" es unterließ, aus der Fülle seiner Factoren die Summe zu ziehen.

### Die vierte Ursache: die rein subjective Schwierigkeit.

Als letzter Grund der langen Wehen, welche die Geburt des Faust hinhielten, ist die Intimität des Verhältnisses zwischen Dichter und Gedicht aufzuführen. Warum nicht als erster, da vom Ich des Poeten doch Alles ausgeht? Nur deswegen nicht, weil wir nach dem Grade des Erschwerungsgewichts angeordnet haben; da mußte voranstehen, was einer rüstigen Fortarbeit mit einem gewissen Schwergewicht der Objectivität entgegen= trat. Der Stylwechsel war freilich auch etwas Subjectives, allein waren die Räder von Göthes Dichterwagen einmal im Geleise des Classicismus eingefahren, so war nur mit einem so gewaltsamen Ruck herauszukommen, wie man es täglich sehen kann, wenn ein Wagen in Pferdebahnschienen gerathen ist; auch die philosophische Schwierigkeit war subjectiv, aber ein Gesetz nennen wir objectiv, auch wenn es in der subjectiven Welt herrscht, ein psychisches Gesetz aber spricht, daß Niemand zugleich ganz Philosoph und ganz Dichter sein kann; die politische Schwierigkeit endlich ruhte für Göthe auf einer Naturschranke seines Geistes, die jenseits seiner Willkür lag. Hier nun aber ist vom Subjectivsten des Subjectiven die Rede. Der Faust ist, wie man längst weiß, mit des Dichters eigenem Herzblute geschrieben, dem Herzblut seines Geistes und seiner Seele. Man kennt Göthes Wort, seine Gedichte seien eine fortlaufende Beichte; im Faust hat er sein Geheimstes gebeichtet. Ich trete nicht weiter auf das Bekannte ein: — die erste Liebe Göthes, die Margareten ihren Namen gegeben hat, die Gewissensleiden nach der Trennung von Friederike; in welchem Sinn einer der ältesten Freunde Göthes, Merck, gewisse Züge zum Mephistopheles leihen mußte, wird gleich zum Prolog besprochen werden müssen, obwohl man mit der Notiz selbst Niemand etwas Neues sagt; wichtiger als alles dieß ist das Bild der selbsterlebten Geistesstürme, wie es den Anfangsmonologen zu Grunde liegt, es ist schon berührt und muß weiterhin einläßlicher zur Sprache kommen; wie der dunkle Drang nach Erkenntniß den jugendlichen Dichter selbst zur Mystik und Alchemie trieb, weiß man aus „Wahrheit und Dichtung"; das Umfassenwollen eines All der Menschheit, wie es Göthe dann im eigenen Busen erlebt hat, die Mühen der Arbeit, sich zur Resignation durchzuringen, auch dieß bedarf besonderer Erörterung an gegebener Stelle und ist hier nur für die gegenwärtige Beleuchtung anzudeuten; man nehme hiezu den langen, tiefen, schweren Proceß der Aneignung des Antiken, die bis zur Krankheit gesteigerte Sehnsucht nach Italien, diese eigene heiße

Leidenschaft für Helena, und man vergesse, daß dieser Zug poetisch nicht mehr zu frischer Gestaltung hat gelangen können: genug, Göthe muß ein Gefühl gehabt haben, als stelle er sein geheimstes Inneres nackt vor die Augen der Welt. Eine Scham, eine Scheu, ein Bangen, ein Schauern — man nehme es zusammen mit der Angst vor der Tiefe der geahnten Weltgeheimnisse und man versteht das Wort: „mein Lied ertönt der unbekannten Menge, ihr Beifall selbst macht meinem Busen bang"; allerdings hat man Grund, diesem Worte noch andere Beziehungen zu geben, nämlich auf alles bisher Besprochene; der Beifall macht dem Dichter bang, weil er inzwischen seinen Styl umgebildet hat, weil er nun den Philosophen genügen und weil er das politische Feld betreten soll. Und so verhält es sich mit dem Ganzen der Zueignungsstrophen, man versteht es nur, wenn man sich die Intimität vergegenwärtigt, wovon wir sprechen. Daher auch das Verpacken, Versiegeln, Verbergen, das widerstrebende Wiederöffnen des Manuscripts, überhaupt also das schwere Losgehen vom Innern als die geheimste, letzte, dem Drucke ihrer Wirkung nach nicht stärkste, aber darum wahrlich nicht schwache Ursache des langen Zögerns.

Dieß rein persönliche Gefühl verband sich nun mit dem Gefühl der alten Sage und ihres Zauberhauchs, der Sage, die nach Widmanns Worten in seinem Faustbuch „wunderlich daherrauscht." Alles dieß spricht sich höchst merkwürdig in der Briefstelle von Rom 1788 aus, die wir längst angeführt haben, die aber für diesen Zusammenhang so besondere Bedeutung hat, daß wir sie jetzt nach ihrem ganzen Wortlaut hersetzen: „das alte Manuscript macht mir manchmal zu denken, wenn ich es vor mir sehe. Es ist noch das erste, ja in den Hauptscenen gleich so ohne Concept hingeschrieben, nun ist es so gelb von der Zeit, so vergriffen, so mürbe und an den Rändern zerstoßen, daß es mir wirklich wie das Fragment eines alten Codex aussieht, so daß ich, wie ich damals in eine frühere Welt mich mit Sinnen und Ahnen versetzte, mich jetzt in eine selbstgelebte Vorzeit versetzen muß." So fließt ihm die eigene Vergangenheit mit der vergangenen Sage ineinander, und so — im Großen — ist das tiefste innere Leben eines modernen Dichters mit einer dunkeln, gespenstischen Sage aus alten Tagen seines Volks ineinandergeflossen.

Die deutsche Heldensage hat nicht das Glück genossen wie die griechische. Wohl hat eine Art von selbst noch naiver Kunstpoesie den Stoff in die Hand genommen, aber sie war weder als Kunst so hell, noch als naive Kunst so naturvoll wie die homerische; hier ist nicht Homers Auge, noch der Strom seines Verses, die Naivetät ist zu sehr auch Armuth und Ungeschicklichkeit, um den Stoff, dessen Urgestein mit heterogenen späteren Culturschichten durchschossen ist, von innen heraus zu einer Einheit zu durchdringen und neu zu beleben; große und stimmungsvolle Anschauungen fühlt man im Nibelungenliede durch, ohne daß man sie ans volle Licht gebracht fände. Dieß Glück aber ist der deutschen Literatur geworden, daß spät, nach langem Versinken in die Unnatur, langer Entfremdung vom eigenen Genius und langem Herausringen aus diesem Elend ein Dichter erstand, ein Kind der freien und wachen Bildung der neuen Zeit, und doch geheimnißvoll aus dem Schooße des eigenen Volksgeistes geboren mit Sinnen, die noch etwas vom Brausen des alten

Wodan vernahmen, und doch zugleich mit Augen so klar wie die
des Homer, ein ganz gelöster, ganz hellblickender Geist und doch
ein Kind im Sinne der hohen Kindheit jener wenigen Erlesenen,
die als eine zweite Art höherer Naturwesen unter den Menschen
wandeln. Die Heldensage aus dem Zauberschlaf zu wecken, dazu
war es zu spät, ihr konnte ein Seelenleben, das mit dem
Geist des neuen freien Völkerlebens getränkt war, nicht mehr
eingegossen werden. Aber eine Sage bot sich dar, viel älter in
ihrem Ursprung als in der consistenten Bildung, in der sie
überliefert ist, noch umwittert vom Zauberhauch des Heidenthums,
in ihrer bestimmten Gestalt finster christlich, ja theologisch gefärbt,
eine Sage von fürchterlichem Abfall von Gott, Bund mit dem
Teufel und entsetzlichem Ende. Abfall von Gott und Allem, was
den Menschen heilig bindet: ahnungsvoll ergreift der junge
Dichter dieß Motiv und der wilde, freche, dumpftrotzige Abfall
der Sage wird zum Bilde des ungeheuern Strebens der er=
wachten Menschheit, frei von sich selbst aus zur Wahrheit und
zum wirklich Guten und zum wahren Gute durchzudringen.
Man hat die Sage blind überschätzt. Die Nachklänge alter
Mythologie, das Geisterhafte ihrer Stimmung: dieß ist etwas
ganz Anderes als die Art von Tiefe, welche moderne Erklärer
in ihr suchen. Eine Vertiefung ist ihr widerfahren, die in allen
Puncten eine radicale Umwandlung ist. Faust, der Teufel, der
Pakt, das Ende sind von Grund aus andere geworden. Das
Wunderbare ist, daß dennoch zugleich der dunkle, bange Stimmungs=
hauch erhalten blieb, getragen durch die tiefen Zusammenhänge
mit dem geheimnißvoll Selbsterlebten im Dichter. Göthe spielt
mit der Sage, er geht ganz frei weltmännisch mit ihr um und

der Faust, der über den Teufel, wie er endlich erscheint, gar nicht erschrickt, sondern nachläßig und bequem mit ihm plaudert, ist ja er selbst, der klare Weltmann, der an den Teufel gar nicht glaubt. Wir werden des Näheren sehen, mit welchen ironischen Lichtern das Rationelle überall durch das Mythische scheint, die Illusion aufgehoben und wiederhergestellt wird. So ist auch Alles mit Humor durchleuchtet, grobem und feinem, der sich anschaulich in der Handlung niederschlägt. Ein Contrastleben, so scharf, so keck, so springend, wie es der gräcisirte Göthe nicht wieder und der allzuspät zu seinem Faust zurückgekehrte mit schwachem Erfolg wieder wagte, hebt mit blitzenden Schlaglichtern und scharfen Schlagschatten Gruppe von Gruppe, Gedanke von Gedanke, die doch Alle wieder ineinander hinüber und herüber dämmern, flimmern und glitzern. Hier ist Alles in starke Theile, kantige Massen gesondert und doch verschweben im Weiten und in den Ecken und Winkeln des Raumes die stechenden Scheine ungewiß in Dämmerungen, wo das Auge nichts mehr sieht und der Sinn um so mehr Unbekanntes ahnt. Lücken, Sprünge, zerworfene Formen beleidigen den Blick, der zusammenfassen möchte, aber das Geisterlicht beschäftigt alle Nerven und alle Gehirnschwingungen so, daß das Urtheil über die Kunstmängel entwaffnet wird.

Und doch ist auch dieß nur wieder ein Theil der Betrachtung, wir müssen auf die Vergleichung mit Homer zurücktreten. Göthe schreibt über ihn 1787 aus Neapel an Herder, frisch aus den Eindrücken Siciliens, von denen er soeben herkommt: „Was den Homer betrifft, so ist mir wie eine Decke von den Augen gefallen. Die Beschreibungen, die Gleichnisse u. s. w. kommen uns poetisch vor und sind doch unsäglich natürlich, aber freilich mit einer Reinheit und Innigkeit gezeichnet, vor der man erschrickt. Selbst die sonderbarsten, erlogenen Begebenheiten haben eine Natürlichkeit, die ich nie so gefühlt habe, als in der Nähe der beschriebenen Gegenstände". Es scheint ein Abstand unendlicher Weite, der den rasch hinwerfenden, geistreich skizzirenden, magisch beleuchtenden modernen Dramatiker von dem behaglich verweilenden, ruhig nachzeichnenden epischen Dichter uralter kindlicher Zeiten trennt, und doch — da Dichter Dichter bleibt — wer muß nicht an Homer denken, wenn er aus jenen geisterhaften Dämmerungen, phantastischen Bildern und gekreuzten Reflexen im Vordergrund die einzelnen Gestalten ganz taghell sich in einer Klarheit abheben sieht, daß er sie glaubt greifen zu können, während sie doch, wenn er sie greifen will, zurückweisend sprechen: wir sind nicht von dieser Welt! Und Alles mit ein paar Pinselzügen, wie Rottmanns Erd- und Bergbildungen! Wir hören es tausendmal wiederholen, der Künstler müsse nur das Wesentliche geben, das Unwesentliche tilgen, so werde er das Reale ins Ideale verwandeln: nun, hier ist es einmal geleistet; wenn man fragt: was bedeutet realistischer Styl, der doch ganz idealistisch ist? — hier hat man die Antwort. So auch die komischen Figuren. Wir wollen noch nicht weiter auf den tieferen Humor eingehen, der muß im Zusammenhang mit der Bedeutung des Mephistopheles besprochen werden, sondern uns nur gönnen, in Auerbachs Keller einzukehren. Die Entbehrlichkeit der Scene haben wir zugegeben, als sie uns bei gewissen Parthieen in Romeo und Julia einfiel; Faust kennt dieß Studententreiben und hat nicht hier zu lernen, wie leicht sich's leben läßt, er langweilt sich, es ist eine Episode, für die man vom Standpunct der Composition aus nur das Wenige sagen kann, sie erweitere das Bild des akademischen Lebens, helfe dem Drama Stimmung, Ton, Charakter der alten Zaubersage mit ihren lustigen Streichen sichern und gebe ein derbes Vorspiel der feineren Listen des Mephistopheles, — wer fragt lang nach ihrer Müßigkeit, wenn er die platten Bursche so im Vollsaft der bestialischen Naivetät sich baden sieht, ganze, runde Kerle, eine Art umgekehrter Götter, freilich Schweine von Göttern, wie jene zwei seligen brüllende Strolche in der Dresdener Galerie, von Adrian Bouwer mit wunderbarer Genialität auf die Leinwand |geschleudert, |oder wie das umgekehrte Ideal eines edeln Ritters von Shakespeares Zauberhand, der Falstaff! Und welche Skala der Komik darin, da unter den Platten der Platteste sagt:| „wie sich die platten Bursche freuen!" und über Alle wieder der höllische Erzschelm lacht, weil sie ihm Alle gleich platt sind!

Denkt man sich einen Künstler |von so großem Genie und so sicherer Technik, daß er fähig ist, eine Figur, wie sie der Zusammenhang einer Gruppe fordert, mit ganz wenigen Strichen und Puncten wie mit Einem Zug so hinzustellen, daß jede Linie, jeder Tupf zum beabsichtigten Ausdruck und Charakter genau eben recht geführt ist und sitzt, so hat man sich der Vorstellung von dem Bilde Margaretens genähert. Eine Nachhülfe für das Verständniß einer solchen Leistung, die mit so wenig so viel gibt, wird es sein, wenn man sieht, wie der Künstler den Eindruck mitwirken läßt, den die Erscheinung auf die andern Figuren in der Gruppe hervorbringt; ich erinnere nur an das erste Auftreten: wir sehen Margareten sogleich mit Fausts

Augen und Seele: „beim Himmel, dieses Kind ist schön — Entzücken gar;" man rufe sich namentlich die Wirkung des einen unter den Prädicaten ins Bewußtsein: „wie sie die Augen niederschlägt, hat tief sich in mein Herz geprägt" (chinava a terra il bel guardo gentil. Petrarca). Die Vergleichung mit dem Zeichner ist ja natürlich auch wieder ganz unzulänglich, der Dichter legt mit schlechthin sicherer Berührung durch das elektrische Wort ganz leise Reize, einen um den andern, an unsere Phantasie, daß sie sich vorstellen muß, und zwar gleich bei dieser ersten Begegung nicht nur ein schönes Weib, sondern ein Weib, dem Sitte, Scham, Frömmigkeit im alten Volksstyl inwohnt. Schon sind wir gestimmt, eine Seele zu finden, die ganz unverfälscht ist, ganz einfach, wir möchten sagen: wie ein blauer Himmel, wenn der Ausdruck nicht so leidig verbraucht wäre —, einer Seele, deren Einfalt nicht salzlos ist, — da wir sogleich sehen, daß ihr die Waffe des Weibes gegen Frechheit, das rasch abweisende Wort, nicht mangelt, — die aber gegen einen Angriff, der im Tone der Herzlichkeit ergeht, wahrscheinlich wehrlos sein wird. Wenn man die rührendsten Frauenbilder dramatischer Dichter zusammenstellt, wird man finden, daß sie das Höchste an Reiz hervorbringen, wo sie, nachdem dafür gesorgt ist, daß wir uns die Erscheinung anmuthig vorstellen, die Anmuth mit der Lauterkeit und Güte verbinden. So ist Ophelia, so ist Desdemona. Der letzteren muß man auch bei dem Zuge gedenken, den Göthe wirken läßt, da er Gretchen zum zweiten Male einführt; jene plaudert unter dem Auskleiden mit Emilien, Gretchen mit sich, während sie die Zöpfe flicht; das nebenherlaufende zufällige Thun drückt der

Situation den ganzen Stempel der Unbelauschtheit auf und
Alles rückt ins Licht der reinen Naivetät. Göthe leiht nun
seinem Geschöpf eine weibliche Schwäche und eine Schwäche der
Volkseinfalt, die sich aus dem bescheiden Geschlossenen ihres Zu=
standes hinaufsehnt nach dem, was für dieses Glück zerstörend ist,
die dem Reiz von Geschenken und dem Reiz der überlegenen
Bildung nicht widerstehen kann, er leiht ihr eine Blindheit um
die andere; Gretchen hat z. B. so wenig unterscheidendes Urtheil,
daß sie mit einem so gemeinen Weib umgehen kann, wie Frau
Schwertlein; es ist nur immer vorgebaut, daß diese Blindheit
nie so mißverstanden werde, als könnte jemals Unreines sie
beflecken; die Einführung der Frau Marthe wirkt weit mehr
noch als lichthebender Contrast wie als zweites, die Verführungs=
gefahr steigerndes Moment neben Mephistopheles. Die Garten=
Scene gehört unter das Wirksamste, was je ein Dichter erfunden
hat. Nachdem Göthe einmal zwei Paare hatte, eines die Ironie
des andern, das gemeine durch das reine doppelt komisch, das
reine durch das gemeine und durch Faust's Gewissensschwäche auf
die Folie des Unheimlichen gesetzt, so fiel ihm ein, er wolle sie
abwechselnd nebeneinander am Zuschauer vorübergehen und in
dieser Situation, auf solchem dunkeln, höllisch komisch dämmern=
dem Grunde die Rosenknospe der Liebe rührend und erschreckend
sich öffnen lassen. — Wenn wir in der Betrachtung der Stellen,
die von besonderer philosophischer Tiefe sind, das Religions=
gespräch aufnehmen, wird zu zeigen sein, wie der Dichter es
meint, wenn er an dieses reine Motiv die Zusage knüpft, die
Gretchens Untergang herbeiführt. Von da an sieht man finsterer
die dunkle Wolke über ihr schweben. Das Gespräch am Brunnen

ist wieder ein Meisterzug; die Scene kündigt ganz herb realistisch und doch höchst stimmungsvoll bang, schwül, den nahen Blitz und Donner an; Gretchen subsumirt sich selbst unter die Unbarmherzigkeit des Volksgerichts, das ihr droht, denn sie selbst hat immer ebenso gerichtet und theilt auch die wahre Triebfeder seiner Grausamkeit, die Lischen klar genug verräth; zugleich aber wie reinigt sie der Dichter, wie sichert er ihr unser Mitleid durch ihre Hoffnung auf Treue des Geliebten und durch die rührend herzlichen zwei letzten Zeilen! Nun hat er uns zu sagen, daß das Schicksal da ist und daß die Vertrauende auch bereits ahnt, sie werde es als Verlassene hilflos ertragen müssen. Wie thut er es? Nichts wird auseinandergesetzt, nichts entwickelt; Alles in das Gebet vor dem Madonnenbilde, diesen stammelnden, aus den Tiefen des Jammers hervorgeholten Seufzer zusammengepreßt: Zittern, Beben, Durchwühltsein bis auf's Mark, Todesangstschweiß im fürchterlichen Alleinsein — dem Hörer ist überlassen, alle besonderen Umstände sich vorzustellen und er durchfliegt diese Vorstellungen in Einem Augenblick mit einem Grauen und Mitleid, das vom Geisterhauch entsetzlicher Träume durchschauert ist. Valentin: wer führt Göthe den breiten, saftig derben Zug der Hand nach, womit diese Landsknechtfigur aus Kernholz geschnitten ist? Gleich der Monolog: wie lebt die Anschauung, das Gefühl des früheren Stolzes auf die Schwester, der jetzigen Scham, wie wird es ganz Gegenwart! Dann der Anfall, der Kampf, Alles blitzschnell und in dieser Blitzesschnelle dem Faust durch Parade und Zuruf des Mephistopheles ein Mord nur so geschwind auf dem Teller präsentirt und aufgegriffen, — der bequeme Hohn: nun ist der Lümmel zahm! — und endlich der wilde Fluch des

braven und rohen Ehrenretters, der die Schwester erst ganz ent=
ehrt, wie sprudelt Alles, wie knistern elektrische Höllenfunken hin=
durch und mit welchem Donnerschlag entlädt sich das Schicksal!
Greift man in das Ganze dieser Scene, eines Kunstwerks für
sich, hinein, wo man will, und nimmt nur ein paar Verse
heraus, so sind sie classisch; so die Zeilen, worin Faust bei
seinem Auftreten den dumpfen Depressionszustand, Mephistopheles
dagegen seine Wohligkeit ausdrückt: „und mir ist's wie dem
Kätzlein schmächtig, das an den Feuerleitern schleicht" u. s. w.;
es macht Mancher schöne Verse und hat nie eine zufällige Er=
scheinung, kleine Beobachtung so mit einer Stimmung zusammen=
gefühlt wie Göthe in den wenigen letzten Worten. — Nun
ist vorzubereiten, zu erklären, wie die Unglückliche zur Kinds=
mörderin wird, es wäre die Reihe der Zustände zu verfolgen:
Qualen des von der Phantasie, welche die Schuld übertreibt,
irre geführten Gewissens und Schauer vor dem entsetzlichen Gott
des Mittelalters, tödtliche Bangigkeit aus den dunkeln Tiefen des
leiblichen Daseins aufschwärend — Hülf= und Rathlosigkeit: kein
Freund, kein entlastendes Geständniß gegen Andere möglich —
statt all dieser Ausführung stellt der Dichter die Verlorene unter
die Gewölbe eines Domes in die Mitte des Volks, das ihr
der Repräsentant des unbarmherzigen Urtheils über ihre Schuld
ist, und unter die Schreckensbilder des jüngsten Gerichts, die
ihr aus dem Requiem mit Posaunenton entgegenwettern, und
was eigentlich die innere Stimme jenes irrenden Gewissens
spricht, raunt ihr von außen mit heiserem Flüstern, in kurzen,
gestoßenen, athemloses Bangen erpressenden Versen ein Höllen=
geist ins Ohr: einer der bewundernswerth raschen, durch und

durch unmittelbaren und spontanen Phantasie-Acte des Dichters. — Die Scene: Trüber Tag, Feld besprechen wir anderswo, da sie an philosophischem Gedankengehalt so tief, als stark und wild durch Leidenschaft, schneidend durch teuflische Kälte, durchaus furchtbar stimmungsvoll ist. — Jetzt soll uns angekündigt werden, daß Gretchen zum Tod verurtheilt sei, die Ursache ahnen wir von selbst. Statt aller Auseinandersetzung nun dieses Vorüberbrausen des Faust und Mephistopheles auf schwarzen Pferden am Rabenstein, den Geister unter seltsamem Neigen und Beugen zu einem dunkeln Werke zubereiten und weihen: es ist wie im Wahnsinn, im Fieber geträumt und doch ganz klar, der Dichter weiß ganz wach, was er eminent symbolisch sagen will. Das einzige wie in einem magischen Schattenspiel vorüberhuschende Bild stellt ihm das Dichterzeugniß aus, wenn es anders wahr bleibt, daß der Dichter ein heller Nachtwandler ist, und es gibt der Psychologie des Schönen Recht, wenn sie zur Erklärung des künstlerischen Schaffens es für nöthig hält, sich mit der Natur des Traumes zu beschäftigen.

Darf man mit Aristoteles die Wirkung der Tragödie in die Erweckung und Reinigung der Affecte des Mitleids und der Furcht setzen und ist unter diesen Namen die gesammte Welt der sympathetischen Seelenbewegungen zu verstehen, so muß man sagen, daß die ganze Geschichte des Drama keine Scene aufzuweisen hat, welche umfassender der Bestimmung des Tragischen genügt, als die Schluß-Scene des ersten Theils; denn es wird keine zu finden sein, welche mit rührender bewegten Gestalten, tieferen Herztönen, markerschütterndem Grauen die ganze Seele aufwühlt und heißere Thränen auspreßt, die im Einzelschicksal das ganze Menschenloos beweinen. Jedes leere Rührungs-Elend wird schon durch die Anfangsworte Fausts abgeschnitten: „der Menschheit ganzer Jammer faßt mich an," — der ganzen Scene ist durch diese Worte allein schon die hochsymbolische Bedeutung gesichert. Hat der Dichter dadurch vorgebaut, daß die Gewalt der Stürme und Stöße auf die Seele keine rohstoffartige bleibe, so wird die Reinigung noch tiefer von innen heraus vollzogen durch Margaretens Erhebung aus Schuld, Schmach, Verzweiflung, Verrückung zur sittlichen Klarheit, durch ihr freies Scheiden von Faust und ihr freies Gehen in den Tod, der nun aufhört, ein blos von äußerer Gewalt aufgelegtes Schicksal zu sein. Diese Klarheit ist nicht völlige Helle des Bewußtseins, ganz tritt die Arme nicht aus dem Irrereden heraus, in der Form spricht auch dieser sittliche Act sich traumhaft aus, aber nur um so sicherer, unbestechlicher, weil darin das Sittengesetz mit der Nothwendigkeit eines Naturgesetzes auftritt, als unbeirrter Instinct, als unverrückbarer Compaß erscheint. Dieß ist die Krone des Naturtons, der sich so einzig mit der geistigen Höhe und Großheit der furchtbaren Scene einigt. Hier ist Alles naiv, volksmäßig, ein Bild des Realstyls, wie es die Welt reiner nie gesehen hat, noch sehen wird. „Da sitzt meine Mutter auf einem Stein und wackelt mit dem Kopfe": — der classicirende Göthe hätte es nicht zu sagen gewagt und welche Schauer hauchen aus dem komisch platten Worte! — Es erschöpft nicht die Bedeutung unserer großen Dichter, aber ein wichtiger Theil derselben wird ausgesprochen, wenn man sagt, sie seien in den Kern des Wesens der Nation eingedrungen und haben ihn in Kunstform gehoben. Gretchen ist eine reine Volksgestalt, aber wir sagen nicht umsonst:

Nation; Faust spricht eine andere Sprache, als sie, er gehört der freien und hellen Geistessphäre an, doch ist er in jedem Tone ebensosehr ein Mann von deutscher Art, wie ein Mensch, ein Bild der Menschheit in ihrem „übereilten Streben"; beiher gesagt: auch dieß ein Beweis, daß es möglich war, ihn in höhere Verhältnisse zu führen und doch dem lebenswahren Style treu zu bleiben. — Hier breche ich ab, um nicht noch einmal in die Frage hineinzugerathen, was der zweite Theil aus diesem lebendigen Menschen gemacht habe.

Es sind dieß unzulängliche Andeutungen, in Wahrheit nur Ansätze zu einer rein ästhetischen Würdigung des Faust, einer Arbeit, die unserer Literatur ebensosehr noch fehlt, als eine genügende Hebung all des tiefen Sinnes, der in ihm verborgen liegt. Zu letzterer beizutragen, ist die Aufgabe des zweiten Abschnittes dieser Schrift; er wird natürlich den poetischen Werth der zu behandelnden Stellen auch als solchen wieder berühren; auch der erste Abschnitt hat uns nur indirect darauf geführt, diese Winke zur ästhetischen Schätzung zu geben; eine erschöpfende Behandlung des Ganzen hätte natürlich den Gehalt- und Formwerth ungetrennt, und Schritt für Schritt dem Drama folgend zu umfassen, dazu aber bedarf es, wie mir scheint, noch mehr als Einer Vorarbeit. Auf was ich mich gar nicht näher einlassen kann, weil es mich viel zu weit führte, dieß ist der Vers; nur ein paar Worte kann ich mir nicht versagen. Wer aufmerksam liest, wird im Faust eine große Menge falscher Reime finden (Höhe auf Nähe, reicht auf steigt u. dgl., gleiche Wörter z. B. auf — auf), zum Theil sind es Frankfurtismen, doch auch ein arger Schwabismus kommt vor (dämmert auf flimmert).

Aber auch nur wer die Aufmerksamkeit auf diese Seite isolirt, wird die Verstöße entdecken: eine schlagende Probe dafür, daß Correctheit nicht den Dichter macht. Man hat einfach keine Zeit, diese Fehler zu spüren, und dabei denke ich nicht etwa an stoffartiges Hingerissensein, auch nicht an gesonderte Beschäftigung mit der Tiefe des Sinns, sondern eben recht an die Form: d. h. die Schönheiten im Gebiete des Verses und der Sprache selbst sind so reich, so groß, daß man darüber die Unebenheiten in demselben Gebiete rein übersieht; die Vollkommenheiten der Form selbst absolviren den Dichter für ihre Unvollkommenheiten. Doch dieß sind flache Bezeichnungen; er steht in einem Geheimbund mit dem Geiste des Rhythmus, des Reims und der Sprache. Die Aufgabe wäre, das ganze Gedicht darauf anzusehen und dem geheimnißvollen Tasten des inneren Gehörs zu folgen, wodurch dieser Magier Klang, Gang und Accent mit dem Sinn zusammenfühlt.

> Hier lag das Kind, mit warmem Leben
> Den zarten Busen angefüllt,
> Und hier mit heilig reinem Weben
> Entwirkte sich das Götterbild.

Der Vers flüstert wie ein leises Reden im Schlaf, die Worte perlen, daß man die zarte verborgene Geschäftigkeit der treibenden Säfte zu vernehmen glaubt, und dann betrachte man sich das Wort: entwirken; — solch ein Wort finden, das heißt aus dem Urquell schöpfend die Sprache bereichern. Nun nehme man die Worte aber auch nach der ethischen Bedeutung; Fausts hastige Leidenschaft veredelt sich in diesem Auftritt zur Liebe, beim Anblick des reinlichen Bürgerstübchens lebt das Herz, die bessere Seele auf und nun erwachen bei der Oeffnung des Bettvorhangs — nicht Wollustgedanken, sondern ein reines Künstlergefühl, vielmehr Gefühl der Natur als heiliger Künstlerin und so im Zusammenhang versteht man erst ganz das tempelartig Stille im sanften Laut und leisen Gang der naturandächtigen Worte. — Nun wäre auch von allen Freiheiten zu sprechen, wodurch Göthe der schlicht Hanssachsischen Reimform das wunderbare, nach Sinn und Stimmung wechselnde Leben gibt: Kürzung, Dehnung der Zeile, Vermehrung der Reime oder Begnügen mit zweien, Reimlosigkeit, Wahl des klingenden Reimes, Kreuzung oder entferntere Verschiebung der Reime, verschiedene Zahl der Hebungen und Senkungen, wodurch (wenn für deutsche Accentverhältnisse Bezeichnungen der quantitirenden Metren gebraucht werden dürfen) zwischen Jambus und Trochäus Anapäst, Amphibrachys, Daktylus anklingt; hiefür sei nur Ein Beispiel herausgehoben, die Stelle in der Schlußscene: „o laß uns knien — liebenden Ton"; man höre hier genau hin, wie zuerst in den kurzen Zeilen Angst und Grauen den Athem hemmt, man fühle das plötzliche Aufhorchen in den folgenden, dann das Entbundene, Kräftige in dem „Ich bin frei! mir soll Niemand wehren," und hierauf, wie in den sechs letzten Zeilen Jubel der Seele, die auf einen Augenblick den ganzen Jammer der Gegenwart vergißt, in jauchzendem Rhythmus emporspringt und aus den dunkeln, schneidenden, knarrenden Klängen, welche den rings anbringenden Hohn der Hölle symbolisiren, zuletzt die weichen Klangfarben hervorquellen: „erkannt' ich den süßen, den liebenden Ton".

So bis hinaus in die feinsten Enden der Form ist also hier ein altes, wohl auch an sich stimmungsvolles, doch dumpfes und schweres Gebilde der Sage vom modernen Dichter verklärt worden. Man halte nun an all diese Taghelle auf magisch helldunklem Grunde, all diesen Feuergeist, dieß Mark des Lebens und diese Seele, bis in die Klang=, Accent= und Dehnungs=Ver= hältnisse der Sprache ergossen, noch einmal den zweiten Theil und man wird es begreifen, wenn ich nicht glauben kann, daß beide Theile einem und demselben Mann gefallen können! Nein, mich wird Niemand, dem der zweite gefällt, überzeugen können, daß er den ersten Theil in seinem Werth kenne und fühle. Oft fällt mir bei jenem die Unbehaglichkeit ein, in der man sich befindet, wenn man nicht unterscheiden kann, ob es Wolken oder Berge sind, die man in einer Landschaftferne sieht. Doch es ist richtiger, das Bild vom Lesensollen einer halbverwischten Blei= stiftschrift, das ich — aus anderem Grund — auch von der Natürlichen Tochter gebraucht habe, angewandt auf den zweiten Theil Faust und verstärkt durch eine bekannte Traum=Erfahrung festzuhalten. Das Alpdrücken kleidet sich oft in die Vorstellung, man solle nothwendig etwas lesen und könne die Augen nicht aufbringen; Jedermann weiß, was wir in solchen Traumqualen ausstehen: so und nicht anders ist doch wohl nicht mir allein zu Muthe, wenn ich mit dem zweiten Theil Faust mich abmühen muß.

— —

Indem ich hier den ersten Abschnitt schließe, muß ich noch einer Frage entgegenkommen, die dem Leser wohl längst auf der Zunge liegt. Warum ist unter den Entlastungszeugen für die

Schuld des langen Verschleppens in unserer bisherigen Prozeß=
führung die Universalität Göthe's nicht vorgeführt? Hierüber
ein ausdrückliches Wort zu sagen, habe ich absichtlich zunächst
für diesen Ruhepunct aufgespart. Es ist nun freilich leidiger,
daß er seinen Faust nicht zur rechten Zeit vollendet, als daß
er so manches Andere nur in Bruchstücken hinterlassen hat, aber
Alles zusammengenommen und im Großen betrachtet muß man
ja gewiß eingedenk sein, daß Göthe nicht blos Dichter war, son=
dern ein Mensch von einer Allseitigkeit, die uns berechtigt, zu
sagen, nicht wohl werde ein Individuum je gelebt haben, das
sich so sehr zur Gattung erweiterte, dessen ganzes Leben eine
so ungemeine Arbeit nach diesem Ziele war. Wer so immer
strebend sich bemüht, dem muß die Kritik auch seine Sünden er=
lassen, wiewohl sie sie beim rechten Namen nennt. Doch damit
ist noch wenig gesagt; ich verweise auf den zweiten Abschnitt,
der auf diese große Eigenschaft in concretem Zusammenhang ein=
gehen wird.

Zum Entschuldigenden wären auch noch die vielen äußern
Unterbrechungen in einem vielbewegten geselligen Leben zu zählen.
Göthe hat einmal an Schiller geschrieben, man sollte ihn wie
Luther auf der Wartburg einsperren, damit er an der Arbeit
bleiben könne. Draußen in der zerstreuenden Welt hat dieser
eine unserer großen Reformatoren doch ein Werk zu Stande
gebracht, das eine Bibel in seiner Art ist: das beispiellose Bild
eines ganzen Menschen.

# Zweiter Abschnitt.
## Die inhaltschweren Stellen des Gedichts.

Es ist nicht möglich, in der Kürze, die eine Ueberschrift fordert, auszudrücken, was dieser Abschnitt enthalten soll. Es wird, wie am Schlusse der Erörterung über die „philosophische Schwierigkeit" angekündigt ist, die Rede sein von den Stellen des Gedichts, die besonders viel zu denken geben, so viel, daß man ohne Philosophie nicht auskommt, wenn es den Versuch gilt, sich über den ganzen Umfang der Gedankensumme Rechenschaft zu geben, die der Dichter mit seinem ahnungsvollen Blick umspannt; ebenso aber auch von denjenigen Stellen, die aus Gründen, welche auseinandergesetzt sind, eine Denkmühe nicht so fruchtbarer und erquicklicher Art auflegen. Es könnte, so scheint es, als Ueberschrift gewählt werden: die philosophischen Stellen des Gedichts; doch wird es nicht ebenso zulässig sein, diese Bezeichnung nun objectiv zu gebrauchen, wie sie bei jener Erörterung subjectiv gebraucht ist. Es gieng noch an, unter „philosophische Schwierigkeit" zu verstehen die innere Schwierigkeit, die für den Dichter entstand, als ihm Schiller — mit Recht und Unrecht wie wir sahen, — zumuthete, seine Kräfte zu scheiden, die Einbildungskraft in den Dienst der philosophisch gedachten Idee zu stellen, — die Schwierigkeit, seine Kräfte dennoch ungeschieden in Wirkung zu setzen, die Gefahr, ein andermal in solcher dua=

listischen Weise zu operiren; es könnte aber zu leicht mißverstanden werden, wenn nun gegenständlich die beiderlei Stellen, die den bezeichneten Charakter tragen, als philosophische bezeichnet würden, denn es könnte scheinen, als meinte man, der Dichter habe auch da wirklich philosophirt, wo er nur philosophisch ahnungsreich gedichtet hat. Durch das Hauptwort „Schwierigkeit" war in der früheren Anwendung dieß Mißverständniß verhütet. Vergeblich sucht man nach einem andern, einleuchtenden Namen für die wichtige Unterscheidung, die uns in diesem Abschnitt beschäftigen soll; es findet sich kein zusammenfassendes Wort für die Begriffe: Stellen, welche in dem Sinn philosophisch sind, daß sie doch nicht aufhören, ächt poetisch zu sein, und Stellen, welche es in dem Sinn sind, daß die Poesie damit nicht ungeschädigt zusammenbestehen kann; man kann nicht überschriftlich sagen: ächt poetisch philosophische und unächt poetisch philosophische Stellen. Für die ersteren habe ich in jenem früheren Zusammenhang den Ausdruck gebraucht: philosophisch durch dichterische Divination; es wird nicht gelingen, die anderen, in denen der philosophische Gedanke fühlbar durch Reflexion erbracht und nur äußerlich in Bild eingekleidet ist, ebenfalls nur mit vier Worten zu bezeichnen. Kurz, man lasse sich die ungenügende Ueberschrift gefallen! Das „schwer" im Wort inhaltschwer soll nun eben besagen sowohl: gewichtig durch Fülle des Gedankengehalts, als auch: schwierig, und zwar in doppeltem Sinne: theils durch dankbare, theils durch undankbare Mühe, welche aus diesen verschiedenartigen Stellen erwächst.

Vom zweiten Theile werde ich nur den Schluß beiziehen, mit dem Uebrigen haben wir uns mehr als genug beschäftigt.

Von einem Theile dieses Schlusses kann man sagen, es tauche hier wieder etwas auf von jener Einheit der Gedankentiefe und Anschauungskraft, welche die mächtigsten Stellen, die Grund=
parthieen des ersten auszeichnet; sein Ursprung muß offenbar in früheren, kräftigeren Zeiten von Göthes Phantasieleben gesucht werden, weit zurückliegen hinter der Periode, wo die allegorischen Zuthaten, die auch hier wieder die große Intention abschwächen, und das legendarische, oratorische Finale entstanden sind. Die Beiziehung dieses Theils ist natürlich schon dadurch gegeben, daß der Prolog und die Schlagworte des Vertrags mit dem Teufel in gerader Linie auf ihn hinausweisen.

Man sucht immer nach Bildern, wenn der wunderbare Charakter jener inhaltsvollsten Parthieen ausgedrückt werden soll, für die sich eine wissenschaftliche Bezeichnung so schwer findet. Wenn die Sonne auf feuchtes Holz oder Erdreich scheint, so sieht man die Luft darüber in wellenförmigen Bewegungen zittern. So wallt in diesem Gedichte die geistige Luft über den Linien. Ganze Bündel, ganze Garben von Gedankenstrahlen quillen auf, man sucht sie zu unterscheiden, zu ordnen, und glaubt man, es sei gelungen, so fühlt man doch immer, daß man nicht alle Lichtwellen erfaßt hat und daß die erfaßten weiter in unbekannte Fernen verschweben. Ich habe das Geschäft des Analytikers auch schon mit dem Ausziehen von Fäden aus einem verschlunge=
nen Ganzen verglichen; man kann mit Grund sagen, Göthes Faust sei ein von Geisterhand wohlgewickelter Knäuel von Ge=
dankenfäden. Die Kritik muß suchen, ihn abzurollen, findet, daß der Fäden kein Ende ist, hat die äußerste Noth, die gefun=
denen in vollständiger Klarheit auseinanderzuhalten, und muß

verstummen, wenn sie nur entfernt daran denkt, wie das Ab=
gerollte wieder aufzurollen wäre. — Ein anderes Bild für diese
Natur des Gedichts wäre das der farbigen Durchsichtigkeit; das
durchscheinende Licht erhellt und vertieft zugleich die Farbe so, daß
ein Gefühl des Unergründlichen entsteht. Wieder ein anderer
Ausdruck, der kürzeste, von mir und Andern längst gebrauchte,
ist: Unendlichkeit der Perspective. Eine Folge dieser Eigenschaft
ist die mehrfach schon berührte, daß die ästhetisch kritische Be=
handlung des Faust vor lauter Erklären kaum noch Zeit zu
ihrem eigentlichen Geschäfte findet, der Prüfung am Maßstabe
des Schönen, des Dichterischen, des Kunstwerks, — sehr tadelns=
werth, wenn sie ohne Bewußtsein ihrer wahren Aufgabe, also
ihres Namens eigentlich verlustig, in diese Schuld geräth, wenn
sie insbesondere am zweiten Theil so recht in den pedantischen
Ergötzungen der Deutungslust wühlt und die Frage nach der
poetischen Schätzung oder nach dem Rechtsgrund ihrer Hoch=
schätzung darüber fast vergißt; sehr entschuldbar, wenn sie die
Schuld und nur zugleich die ganze Schwierigkeit der gleich=
zeitigen Erfüllung beider Aufgaben erkennt. Der Schluß des
ersten Abschnittes hat wenigstens ein Stück dieser Schuld abzu=
tragen gesucht, hiebei aber die Parthieen des ersten Theils, die
nun zu behandeln sind, noch vorbehalten; der Rückstand ist un=
vergessen, aber gerade hier das Geschäft der Inhalts=Analyse so
weitschichtig, daß ich verzichten muß, mit gleich eindringendem
Blicke immer auch nach der Form zu schauen.

## Der Prolog im Himmel.

Als einen herrlichen, ächt poetisch philosophischen Fund und Wurf, als einen Beweis, wie die „Quecksilberkugeln" sich immer wieder vereinigten, auch nachdem Schillers Aufforderung, die Phantasie in den Dienst des Denkens zu stellen, mit scheidender Hand sie auseinandergetrieben hatte, als eine wahre Oase in den sieben Jahren des Stockens von 1790 bis 1807 habe ich längst den Prolog im Himmel gepriesen, und wir nehmen nun, dem Gedicht auf seinen Schritten folgend, diese späte Zuthat zuerst in Betrachtung.

Der Gesang der Erzengel gehört zum Größten, was Göthes lyrische Poesie in hymnischer Form hervorgebracht hat. Das ganze Staunen jugendlicher Völker vor dem Feuerball, welcher der Erde das Licht sendet, ihre kindliche Vorstellung, daß er unsern Planeten umwandle — sie ist aufgenommen in den Worten „vorgeschrieb'ne Reise" —, faßt der Dichter mit dem modernen Wissen von der Umdrehung der Erde in Eine ungeheure Anschauung zusammen. Die Anschauung wird mit dem ersten Schritt zu einem ebenso großartigen Bilde auch für das innere Gehör, da er sie mit der erhabenen Vorstellung der Sphärenharmonie verbindet. Der Contrast von Licht und Nacht, die furchtbare Gewalt, womit die Erde und alles Gewicht, alle feste und wildfluthende Masse ihrer Oberfläche in der Drehung umgerissen wird, die Wuth des Sturmes, der Blitz und Donner des Gewitters taucht in einem rapiden Schlaglicht auf, das Ohr wird bei diesen Kraft- und Machtbildern mit einer Reihe von Accenten, hell schallenden und dunkel murrenden Vocalen, zischenden, stoßenden, krachenden, prasselnden, hallenden Consonanten getroffen, die den stumpfsten Nerv wecken, schrecken, erfrischen, beschwingen müssen, und wunderbar mild werden dann die hoch aufgeregten Geister durch das Bild der ewigen Ordnung und der sanften Wirkungen des Lichts beruhigt: ein feierliches Calmo, ein andächtiges Beugen und Neigen vor dem ewig Einen in diesem majestätischen Bewegungsleben.

Stünde der Gesang der Erzengel als ein Hymnus für sich unter Göthes Gedichten, so wäre er eine poetische Verherrlichung des Sonnensystems und nichts weiter. Er ist aber Theil einer dramatischen Scene, die ewige Einheit im Vielen ist als „der Herr" personificirt gegenwärtig, die Erzengel singen vor ihm ihren Lobgesang, die Scene spielt im Himmel fort und sogleich nach seinem Schluß tritt ein Diener Gottes auf, von dem wir alsbald erfahren, daß er sich mit der moralischen Welt befaßt, daß er sie für schlecht hält und daß es seine Lust ist, sie wo möglich noch schlechter zu machen, zu vernichten, wenn er könnte, zunächst durch Verführung, Zerrüttung eines ausgezeichneten Geistes. Der Herr läßt sich mit ihm ein und schließt mit ihm darüber eine „Wette"; dabei kommen, geknüpft an den individuellen Fall, Sätze von unzweifelhafter, unbestreitbarer Allgemeinheit der Bedeutung zu Tage. Die Verhältnißstellung zu diesem weiteren Theile der Scene ist es, was gebieterisch verlangt, in diesem Hymnus mehr zu sehen, als eine Verherrlichung der astronomisch kosmischen Natur. Im Contraste gegen das Chaos, das die moralische Welt dem Blicke des Mephistopheles darbietet, muß diesem Gesang schlechterdings die Bedeutung beigelegt werden, daß es die unverrückbar gesetzliche Ordnung der Natur überhaupt ist, die er feiert. In ihr ist unter allen Wechseln und Stürmen ewige, wunderbare Harmonie, die sittliche Welt ist auf den ersten Blick eine Welt der Disharmonie: dieser allgemeine Sinn springt sonnenklar in die Augen und nur die Frage läßt sich erheben, warum der Hymnus diesen Inhalt nicht zu vollerem Ausdruck dadurch bringe, daß er seinen Preis über die Herrlichkeit der organischen Natur, ihr wunderbares Bilden und Erhalten ausdehne. Allein durch diese Ausdehnung hätte sich der Dichter auf eine Bahn begeben, die ihn der Menschenwelt zu nahe gebracht hätte, welche nach dem Zwecke des Prologs als Territorium des Mephistopheles zu der Naturwelt in die, zunächst unvermittelte, Stellung des Gegenüber gesetzt werden mußte. Und übrigens: warum soll das Wunder der gesetzmäßigen Bewegung der Himmelskörper nicht ein Bild sein können für die gesammte wunderbare Ordnung der Natur? Kann man die mechanischen Gesetze des Universums von den dynamischen trennen? Durfte Göthe nicht darauf rechnen, daß der Leser fühle: in einem Kosmos, wo es mit den Gestirnen so bestellt ist, müsse auch das organische Leben unter geheimnißvoll unergründlichen Geistergesetzen wohl geborgen stehen und im Wechsel beharren?

Den Einwand eines Ungenannten in einer Broschüre:

Ueber den Prolog zu Göthes Faust (Berlin 1850) habe ich früher (Krit. Bem. über d. erst. Th. v. Göthes Faust, namentl. d. Prolog im Himmel S. 15) falsch angegeben. Nicht diese Ausdehnung des Hymnus (über das organische Leben) vermißt er, sondern irgend einen Gedanken, „aus welchem uns über das folgende Schauspiel eine Beruhigung oder Erhebung aufgehen konnte." Die moralische Welt, habe ich gesagt, mußte in diesem Prolog zu der physischen in einen „zunächst" unvermittelten Gegensatz gestellt werden. Das „Zunächst" will andeuten, daß die Sache in ein anderes Licht tritt, wenn man die ganze Scene gelesen hat und überblickt. Dann versteht man, daß der Dichter durch die Worte: „doch deine Boten, Herr, verehren das sanfte Wandeln deines Tags" eine Stimmung hervorrufen will, welche vorausahnt, daß die mild stetigen Wirkungen des Lichts ihr Gegenbild auch in der sittlichen Welt finden, daß den in Lebensstürmen und Finsternissen schuldvoll gewordnen Menschen ein Goldhimmel des Friedens und der Versöhnung sich öffnen werde. Hätte der Anonymus diesen ungesucht nahe gelegten Sinn darin finden können, so hätte er nicht dem schönen Hymnus Dürftigkeit vorgeworfen; der Vorwurf ist übrigens stumpf genug, auch wenn man nichts in diesem Gesange findet, als einfach den Preis der Naturordnung.

Ich habe mich nun gegen eine Auffassung zu wenden, welche die Allgemeinheit der Bedeutung, die ich im Prologe finde, mir bestreitet, und ehe ich mich in's Einzelne einlasse, ist der Grundbegriff festzustellen, um den die Frage sich dreht. Köstlin und, darin seinem sonstigen Gegner in Faust beistimmend, Dünzer meinen, jene Weite des Sinnes, die ich annehme, und die Individualität, die concrete Natur des Falles, der Charaktere, der Handlung, wie sie der Dichter fingirt und mit poetischem Leben ausgestattet hat, schließen einander aus. Hiemit befinden wir uns einfach wieder da, wo wir uns bei der Untersuchung über die Begriffe des Symbols und der Allegorie befanden, es kommt uns zu gut, daß sie geführt ist, daß wir die Begriffe bestimmt haben, und es wäre rein überflüssig, die Erörterung noch einmal aufzunehmen. Man wird sich also erinnern, daß wir symbolisch Gebilde der Poesie nennen, die durchaus anschaulich, concret, lebendig, stimmungsvoll sind, von denen aber Strahlen allgemeiner Bedeutung ausgehen, welchen wir ungesucht eine ganz besondere Intensität und Tragweite zuerkennen müssen; daß wir Darstellungen, welche das Naturgesetz überschreiten, mag sie der Dichter aus der Vorstellungswelt des Glaubens aufgenommen oder selbst erfunden haben, durch das Wort eminent symbolisch bezeichnen wollen, vorausgesetzt immer auch hier, daß ihnen wahres poetisches Leben geliehen sei, was freilich im zweiten Fall schwerer ist, als im ersten, denn jene bringen schon ein gewisses Leben mit, Erfindungen bedürfen mehr Zuschuß aus dem Innern des Dichters. Die Terminologie in dieser Sache, wo es sich um poetische Beseelungsgrade handelt, ist nicht leicht; man mag sich den Ausdruck eminent symbolisch gefallen lassen wie den andern, den wir gewählt haben, wo es sich um Gebilde handelt, die innerhalb der Naturgesetze sich bewegen, aber sichtbar von ungewöhnlich weitgreifender Bedeutung sind, nämlich prägnant symbolisch. Statt eminent symbolisch können wir promiscue mythisch sagen, ohne Widerspruch zu befürchten, nachdem der Begriff des Symbolischen in der früheren Erörte=

rung auch über handelnde Gruppen ausgedehnt worden ist; es bedarf also keines Wortes weiter, daß man nach unserem Sprachgebrauch den Prolog im Himmel nicht mythisch nennen und ihm doch die Allgemeinheit und Weite der Bedeutung absprechen darf. — Wesen aus der Menschenwelt treten im Prolog nicht gegenwärtig auf, es wird nur über den abwesenden Faust verhandelt, indirect aber haben wir, da wir bereits erfahren, daß er eine höchst bedeutende Menschennatur ist, jene beiden Formen des Symbolischen hier beisammen, und nun kann also nach dieser Feststellung der Begriffe Niemand mehr glauben, ich wolle beiden Bestandtheilen ihr poetisches Leben ausziehen, wenn ich sie hoch symbolisch fasse, wir gehen also auf festem Boden vor und nur die nähere Prüfung des Einzelnen kann entscheiden, ob wir nicht zu weit gehen.

Wir wollen mit Faust beginnen und nur gleich sagen: um ein Individuum blos als Individuum bemüht ein Dichter im Ernste nicht den lieben Gott und seine Heerschaaren, den Teufel miteinbegriffen, am allerwenigsten ein moderner, der den mythischen Personificationen entwachsen ist und den nur das poetische Gefühl eines Bedürfnisses, ungleich mehr zu sagen, als man sonst mit Einer oder wenigen Figuren sagt, zu ihrer Verwendung bestimmen kann. Wenn ich nun in Faust das Bild der strebenden, im Ueberstutz des Strebens sich verirrenden, aus dem Fall erstehenden, mit ihrem Urquell sich versöhnenden Menschheit sehe, so sagt Köstlin: nein, nur um einen Charakter, einen durch seine Individualität und Schicksale interessanten Menschen, um ein concretes Lebensbild ist es dem Dichter zu thun (Göthes Faust, seine Kritiker und Ausleger S. 151 ff.). Es grenzt doch schon an Selbstwiderlegung, wenn er ihn dann mit mehreren beredten Wendungen als den vollen, ganzen, für alles Menschliche offenen Menschen schildert und zu dem Satze gelangt, daß es sich „um die Frage nach dem ächt und rein Menschlichen, um Thaten und Leiden, Freuden und Schmerzen der nach voller, menschheitgemäßer Befriedigung strebenden Menschenbrust handle." Zunächst hat nun Göthe, wie wir es längst ausgesprochen, wie Jeder erkennt und auch Köstlin nicht in Abrede stellt, an seine eigenen Geistes- und Lebensstürme und Klippen gedacht. Dieser Faust, der Alles oder Nichts, Alles auf einmal will, dieser Faust, in dem das Feuer des Geistes und das der Sinne flammend überschlägt, ist ja klar der stürmende, nach Wahrheit und Natur brennende Göthe und besonders der Göthe in den wilden Jahren seiner ersten Zeit zu Weimar, auf welchen der in die Klarheit gelangte Göthe mit dem Gefühle zurückblickt, daß man damals bange um ihn sein konnte, wenn man nicht so helle sah, wie hier der Herr sieht; es ist der Göthe, der ein All von Erkenntniß, Thätigkeit und Genuß titanisch in sich umfassen wollte. Man lese in Göthes Gedichten die Strophe: Hoffnung (Schluß: „jetzt nur Stangen, diese Bäume geben einst noch Frucht und Schatten"), das ausgeführte Bild: die Seefahrt (ebenfalls namentlich den Schluß). Die wohlbekannte Thatsache, daß der Dichter außer dem Bilde seines verworrenen Strebens auch einzelne theure und schwere Erinnerungen aus seinem Leben in die Handlung des Drama niedergelegt hat, ist im vorigen Abschnitt berührt. Nun aber ist doch auch längst und allgemein erkannt, daß seine Natur in Wahrheit eine universale, daß er ein Mensch war in prototypischem Sinne des Worts; ein solcher

Mann schiebt sich nicht mit subjectiver Eitelkeit und Willkür seinem Helden unter, sondern darf sich in ihm als Repräsentanten der kühn und gefährlich ins Unendliche strebenden Menschheit hinstellen. Versteht sich, daß es einem wahren Dichter darum nicht einfallen wird, uns eine Copie seines Lebens aufzudrängen. Göthe, diese ganz humanistische Natur, hat zwar über seine Grenzen so weit gegriffen, daß er neben Wissenschaft, Kunst, Poesie und der Rolle des Meisters und Lenkers, die er bei den Vergnügungen des Hofes spielte, noch hohe, schwere, klippenreiche Staatsämter übernahm, aber er hat ja natürlich nie geträumt, auch noch Fürst zu werden, wie sein Faust am Schluß; da dieser sein Held aus der idealen Sphäre, in die ihn doch der zweite Theil zurückführt, um ihn drei Acte hindurch im Humanismus festzuhalten, so weit herausspringt, daß er endlich den Gipfel des praktischen Lebens, einen Thron ersteigt, so vereinigt er aber ja eben durch diese Abweichung von dem Bilde der Lebensbahn des Dichters nur um so sichtbarer mehr in sich, als ein Individuum eigentlich kann, und wird namentlich auch dadurch eine prägnant symbolische Figur. Hätte Göthe diesen zweiten Theil bei besserem Kraftstand seiner Phantasie geschrieben, so hätte er Faust, wie wir gezeigt, noch durch andre Formen politisch praktischer Thätigkeit, wildere, stürmischere geführt und es wäre noch deutlicher geworden, wie sehr hier die Grenzen der Individualität durch Umfassung disparater Sphären zu allgemeiner Bedeutung erweitert sind. — Zu den bestimmten einzelnen Erinnerungen, aus denen der Dichter Züge benützt hat, gehört, wie man weiß, die Persönlichkeit und der Einfluß seines Freundes Merck auf ihn. Diesen wichtigen Punct nehmen wir an anderer Stelle auf.

Es muß, ehe wir weiter gehen, noch von einem Nebenzwecke des Prologs die Rede werden. Köstlin, da er die Allgemeinheit seiner Bedeutung bestreitet, sieht diesen Nebenzweck als den Hauptzweck an. Es handelt sich um den aufgegebenen alten Plan, der schon zu Anfang unseres ersten Abschnitts zur Sprache gebracht ist; nach ihm bestand, wie sich der Leser erinnert, ein enger Zusammenhang zwischen dem Erdgeist und Mephistopheles; in seinem Auftrag sollte sich dieser an Faust machen. Wie sollte nun nach Aufgebung dieses Plans die Verbindung zwischen Faust und Mephistopheles eingeleitet werden, da dieser nicht mehr als Sendling des Erdgeistes ohne Weiteres eintreten durfte? Durch eine Beschwörung, wie es in der Sage geschieht? Dieß gieng nicht, denn an die Stelle der Teufelsbeschwörung war ja die Beschwörung des Erdgeistes getreten, der doch ganz etwas Anderes ist, als der Satan. Ein zweiter Beschwörungs-Act durfte wohl eingeführt werden, wie es ja Göthe auch thut, aber Faust sollte zu diesem veranlaßt, von außen angereizt sein, eben durch den Bösen selbst. Man könnte fragen, ob es eine besondere Motivirung davon, daß er den Faust umschleicht und es (durch sein Knurren) dahin bringt, daß dieser ihn beschwört, denn wirklich bedurfte, ob es nicht genügte, eben anzunehmen, der Teufel mache sich in irgend einer Gestalt zuerst verkappt an Faust, einfach weil er nach Seelen gierig ist. Allein dieß wollte nicht genügen, weil ein Bund besonderer Art mit einem Individuum besonderer Art einzuleiten war. Es gilt, einen ausgezeichneten Mann zu fangen, die Annäherung des Mephistopheles muß in einen bestimmten, höheren Zusammenhang gebracht werden. So kommt denn Göthe zunächst von diesem Punct aus, wie es Köstlin gewiß mit Recht annimmt, auf den Gedanken, an die Stelle der Verbindung mit dem Erdgeist eine Verbindung mit dem Herrn zu setzen, und dieser Gedanke muß ganz in Einen Moment gefallen sein mit der genialen Idee, die Anfangs-Scene des Buchs Hiob zu benützen und umzubilden; die Auskunft war also gefunden: es ist der Herr selbst, der den Faust Mephistopheles überläßt und eine Art Wette mit ihm über seine Seele eingeht. An ihm soll eine Probe gemacht werden, weil er ein ungewöhnlich hoher, aber auch an schwindelndem Abgrund strebender Charakter ist. Ganz ähnlich wie in der Anfangsscene von Friedrich Müllers Faust klagt nun Mephistopheles, das Menschengeschlecht sei so heruntergekommen, daß es nicht der Mühe werth sei, es zu plagen (geschweige denn zu verführen), der Herr selbst macht ihn auf einen Mann aufmerksam, dessen hoher Geist die Mühe gar wohl verlohne, während bei Friedrich Müller Mephistopheles einen solchen erst suchen muß, da Lucifer verlangt, er solle ihm „einen einzigen festen, ausgebackenen Kerl" beischaffen, „von dem man sagen könnt': fix und fertig ist der." Aber an dieses mysterienhafte Eröffnungsmotiv schießt nun im Geiste Göthes alsbald die weite und tiefe Idee der allgemeinen Frage über die Macht des Bösen in der Menschheit an und diese wird zum Hauptzweck der ganzen Scene. Nach Köstlin dagegen wäre umgekehrt das, was ich als bloßen Ausgangspunct ansehe, der zum Nebenzweck wird, der Hauptzweck. Da ist es nun Zeit, den Text näher anzusehen.

Wir steuern im Interesse dieser Grundfrage sogleich auf die Worte des Herrn los:

> „Du darfst auch da nur frei erscheinen;
> Ich habe deinesgleichen nie gehaßt.
> Von allen Geistern, die verneinen,
> Ist mir der Schalk am wenigsten zur Last."

Mephistopheles ist also nur einer unter vielen Teufeln, nicht der Teufel; schon damit wird alles speciell, so scheint es, also auch der Held: ist Mephistopheles nur ein Teufel, so ist auch Faust nur ein Mensch und kann nicht zugleich den Menschen bedeuten. Allein wie verfährt der Poet mit dieser Fiction im Fortgang des Gedichts?

> „Sinn und Verstand verlier' ich schier,
> Seh' ich den Junker Satan hier"

sagt die Hexe, und:

> „Den Bösen sind sie los,
> Die Bösen sind geblieben"

sagt Mephistopheles und auf dem Blocksberg ruft er:

> „Platz, Junker Voland kommt,
> Platz, süßer Pöbel, Platz!"

Man sieht auch hier, wie der Dichter mit den Motiven spielt, die er aus der Dunstwelt der superstitiösen Phantasie schöpft; er läßt sie gelten und hebt sie auch wieder auf. Hebt sich aber ein Teufel in den Teufel auf, so hebt sich ja natürlich auch der Böse in das Böse auf. Wir werden doch wohl nicht am Ende gar noch an Teufel oder an den Teufel glauben sollen? Kurz, die Worte:

> „Von allen Geistern, die verneinen,
> Ist mir der Schalk am wenigsten zur Last"

können uns in unserer universalen Auffassung nicht irre machen. Eine Schwierigkeit wird allerdings noch „der Schalk" bereiten; darüber nachher. Wir folgen dem Text weiter.

Der Satz, der nach diesen Worten steht: „des Menschen Thätigkeit kann allzuleicht erschlaffen," scheint durch die Allgemeinheit des Ausdrucks unmittelbar uns Recht zu geben in der Behauptung, daß hier durchaus nicht blos an den einzelnen Fall zu denken sei; „des Menschen": dieß geht ja doch nicht blos auf Faust. Freilich nicht so ohne Weiteres dürfen wir die Stelle für uns anführen. Man spricht oft einen allgemeinen Satz nicht mit der Absicht aus, bei dem Allgemeinen zu verweilen, sondern nur, um durch alsbaldige Anwendung zu begründen, was im bestimmten vorliegenden Falle eben begründet werden soll. Doch ein andermal knüpft man allerdings eine allgemeine Betrachtung an einen vorliegenden concreten Fall mit der Absicht, ganzen Nachdruck auf sie zu legen. Mit Einem Worte: entweder soll ein Ausspruch allgemeinen Inhalts nur dienen, etwas Einzelnes zu erhärten, oder dieses Einzelne soll (als Gelegenheit) dienen, etwas Allgemeines auszusprechen, wobei dann der Zweck, das Besondere, um das es sich handelt, zu begründen, zwar nicht wegfällt, aber untergeordnet bleibt. Läßt nun Göthe den Herrn die genannten Worte in diesem oder in jenem Sinn sprechen? Es kann ja kein Zweifel sein: in diesem. Dafür entscheidet das „gern" in der nächstfolgenden Zeile: „drum geb' ich gern ihm den Gesellen zu" u. s. w. Dieß Wort kann doch nicht blos sagen wollen: dem Faust; das „ihm" geht ja auf das Subject des Satzes, den Menschen, und so ist es eine höchst wichtige Ergänzung des Ausdrucks: du darfst auch da nur frei erscheinen, denn dieser enthält zunächst blos den Sinn einer Zulassung, „gern" aber drückt mehr als Zulassung aus. Das Böse als eine Zulassung Gottes anzusehen, ist ein oberflächlicher Begriff; es ist im göttlichen Weltplane mitgeordnet, aber freilich nicht als Böses, nicht getrennt von dem, was es im Ganzen und Großen bewirkt, vom Fortschritt der Menschheit. Dazu gehört ja auch das Verbum: beigeben. Das Böse ist als Geselle dem Menschen von Gott gern beigegeben: dieß erkennt sich nun leicht als ein poetisch concreter Ausdruck, den wir uns durch einen andern klar machen können: das Böse ist der Intritant im Drama der Menschengeschichte, ohne den dasselbe stille stünde, ohne den eine Handlung, Vorwärtsbewegung nicht wäre. Auch die Bilder: Ferment, Sauerteig mögen dienen, den Begriff: Entwicklungsreiz zu veranschaulichen. Wir kommen am Schluß der Besprechung des Prologs auf diesen in die Theodicee greifenden Punct zurück.

Ist somit die Allgemeinheit der Bedeutung in dieser entscheidenden Stelle nachgewiesen, so fragt sich, ob jene und die einzelnen Vorstellungen mit ihrem sprachlichen Ausdruck bei dem Dichter ganz miteinander im Einklang sind, ob sie sich genügend decken oder nicht. Fragen wird man doch dürfen, es wird ja nicht polizeilich verboten sein. Die Worte des Dichters sollen auf den allgemeinen Sinn und auf den besonderen fingirten Fall gleich gut passen: dieß ist also die Forderung. Nun wollen wir zuerst die Worte in's Auge fassen: „der reizt und wirkt und muß, als Teufel, schaffen", und dann auf die vorhergehenden: „von allen Geistern, die verneinen — — — Ruh" zurücksehen.

„Reizt und wirkt" paßt ohne Frage gleich gut auf das Einzelne und das Allgemeine. Mephistopheles reizt Faust auf die Welt bei dem ersten Besuch durch den Geistergesang, bei dem zweiten durch die verschiedenen Bemerkungen, worin er ihm einleuchtend zu machen sucht, daß die Freuden, die sie gibt, schmackhafter und sättigender seien, als sie seinem überspringenden Geist erscheinen, er reizt ihn durch den Hexentrank, er reizt ihn zwar nicht speciell auf Gretchen, es ist nicht nöthig, denn Faust „sieht mit diesem Trank im Leibe bald Helenen in jedem Weibe", er reizt ihn aber, dießmal teuflischer als je, aus seiner Einsamkeit in Wald und Höhle, seinen hohen Betrachtungen zu Gretchen zurück: „Schlange, Schlange!" „„Gelt, daß ich dich fange!"", er reizt ihn zur Ermordung Valentins, reizt ihn zur Fahrt auf den Blocksberg, und hätte der Dichter seinen Helden, wie er sollte, im zweiten Theil auf den Boden klar vorgeführter sittlicher, statt dunkel allegorisch dargestellter ästhetischer und naturwissenschaftlicher Fragen gestellt, so hätten wir noch ganz andere Stücke von Verführung gesehen. Angewandt auf die Menschheit überhaupt, so bedarf es keines Wortes weiter, daß in Mephistopheles die jedes Menschenkind umgebenden Reize zur Leidenschaft personificirt sind, mögen sie von selbst je in einer Lage gegeben sein oder von verführerischen Menschen ausgehen, und daß sich davon die jedem inwohnende Begierde nicht trennen läßt, ergibt sich von selbst. Soweit gewiß brauchte von einem besonderen Teufel unter vielen nicht die Rede zu sein im Widerspruch mit anderen Stellen des Gedichts, nach denen es nur Einen Teufel gibt. — Ich verfolge hier noch nicht die in vorläufiger Kürze und Allgemeinheit schon hervor-

gestellte affirmative Seite dieses Punctes, nämlich den Satz, daß
das Böse durch diese Aufreizung mittelbar Gutes schafft. Es
genügt, was Faust betrifft, vorerst hinzuzusetzen, daß sein Leben
brach liegen bliebe, der Umfang seiner Kräfte sich gar nicht ent=
faltete, sich in sich verzehrte, wenn er nicht in die Welt, in das
Leben der Leidenschaft geworfen würde; dieser Punct wird im
Großen seine Beleuchtung finden, wenn wir den Satz auf die
Menschheit anwenden.

Nun aber operirt Mephistopheles im Drama noch in ganz
anderer Weise auf Faust. Er dämpft, er kühlt, und zwar
in mehr als Einer Form. Die eine besteht darin, daß er der
Leidenschaft Hindernisse bereitet, daß er retardirt, um sie desto
mehr zu schüren. So verfährt er ja gleich in den ersten Scenen,
nachdem Faust Gretchen auf der Straße erblickt und angeredet,
dann, nachdem er ihr Zimmer besucht hat; er hält dem un=
geduldigen Faust entgegen, daß es so schnell nicht geht, er macht
Schwierigkeiten im Herbeischaffen von Geschenken. „Bedenkt,
was geh'n und stehen mag" u. s. w. Gerade dieß Wort ist
vom Dichter ausgezeichnet glücklich gegriffen und leitet sogleich
weiter auf eine noch ganz andere Art des Dämpfens und Kühlens,
die eine viel allgemeinere Bedeutung hat. Mephistopheles mahnt
Faust an die Schranken der Welt, an die Bedingtheit des Lebens,
er ist nicht nur der Reiz zur Leidenschaft, zum Bösen, sondern
er ist auch die Erfahrung. Ueber diesen Begriff noch hinaus bis
zu der Wahrheit der allgemeinen Schranke des Daseins gehen
seine Worte im ersten Gespräch: „Bescheid'ne Wahrheit sprech'
ich dir: wenn sich der Mensch, die kleine Narrenwelt, gewöhnlich
für ein Ganzes hält, ich bin ein Theil des Theils" u. s. w.

Im zweiten Gespräch kommen wieder schlagende Stellen, worin er dem Geiste, der über alle Grenzen wegstürzen will, die Wahrheit von Maaß und Schranke entgegenhält. „Euch ist kein Maaß und Ziel gesetzt" — „O glaube mir, der manche tausend Jahre an dieser harten Speise kaut" (— die ganze Welt fertig bringen, verzehren möchte —) „daß von der Wiege bis zur Bahre kein Mensch den alten Sauerteig verdaut! Glaub' unser Einem, dieses Ganze ist nur für einen Gott gemacht! Er findet sich in einem ew'gen Glanze, uns hat er in die Finsterniß gebracht und euch taugt einzig Tag und Nacht." Dieser Haupt- und Urstelle, dem Mittelpunct, aus welchem das belehrendste Licht über die Bedeutung des Mephistopheles und des — ganzen Drama's ausgeht, folgt der vielsagende ironische Passus in der nächsten Rede; Faust hat eigensinnig gerufen: allein ich will (das Ganze der Leiden und Freuden der Menschheit in mir vereinigen)! und Mephistopheles räth ihm, sich zu diesem Behuf mit einem Poeten zu associiren, der alle unvereinbaren Qualitäten der höchsten Menschheitskräfte auf seinen Scheitel häufe. Lauter Lehren, die so wahr sind und so gut, wenn man vergißt, daß Mephistopheles die falsche und böse Consequenz daraus zieht, Faust solle sich, statt vernünftig, gemein und niedrig beschränken — ein teuflischer Prediger der Einsicht in die menschlichen Schranken und des sich Fügens in die Bedingtheit der Erfahrungswelt! Auf Weg und Steg entfallen ihm nun Worte derselben tiefen Bedeutung, ich führe nur noch die Antworten an, die er auf die wüthenden Vorwürfe Fausts gibt in dem Auftritt: „Trüber Tag, Feld." Sie sind teuflisch durch die zu Grund liegende Absicht, Fausts Gewissen abzustumpfen, zieht man aber diese ab, so hat man die nackte, grausame, unerbittliche Wahrheit vor Augen. „Es ist die erste nicht;" es ist schon oft so gegangen, wenn man es gemacht hat, wie du, es ist die natürliche Folge deiner Untreue. „Drangen wir uns dir auf oder du dich uns? — Wer war's, der sie ins Verderben stürzte? Ich oder du?" — „Greifst du nach dem Donner? Wohl, daß er auch elenden Sterblichen nicht gegeben ward! Den unschuldig Entgegnenden zu zerschmettern, das ist so Tyrannen=Art, sich in Verlegenheit Luft zu machen!" Dieß ist ja die helle Vernunftpredigt als kaltes Wasser auf die Hitze der Selbsttäuschung und unmächtig nach dem Schwerte der göttlichen Gerechtigkeit greifenden Rach=wuth. Genug, Mephistopheles begleitet also die Folgen von Fausts Verirrung und Verschuldung mit beißenden, schneidenden Reden; ja, tiefer genommen: man kann sagen, er ist diese Folgen und die in ihnen enthaltene Lehre.

Erweitern wir nun auch diese Seite der Rolle des Teufels in's Allgemeine, wenden wir sie auf die Menschheit an, so er=gibt sich folgende Gedankenreihe. Mephistopheles war uns nach seiner ersten Bedeutung, sofern er „reizt und wirkt," der in uns liegende und um uns verbreitete Reiz zur Leidenschaft. Nun müssen wir tiefer gehen. Die Leidenschaft kann sich mit dem Willen des Guten verbinden und ein Mittel, ein Vollstreckungs=werkzeug für ihn werden; diese Seite ist hier nicht zu verfolgen, sondern nur zu erwägen, daß, wenn sie dem Guten dienen soll, doch ihr erster Naturdrang gebrochen, umgelenkt sein muß; die Leidenschaft an sich ist Entzündung des Egoismus, die sich jeder=zeit zur Empörung gegen Alles, was recht ist, was unsern Willen binden soll, gegen die Vernunft und Gesetze der ewigen sittlichen Ordnung, zum Verbrechen, zum Bösen steigern kann. Der Hang zum Egoismus ist allgemein. Er ruht schließlich darauf, daß wir Individuen sind. Dieß führt auf die Betrachtung, daß Alles, was ist und lebt, beschränkt und begrenzt ist. An den Egoismus Anderer und an diese allgemeine Begrenztheit aller Dinge, an die Kanten und Ecken aller Existenzen, wie sie sich gegenseitig einengen, prallen wir an, wenn unser die Schranken überspringendes Wollen, unser erhitzter Egoismus uns fortreißt. So hängen die Begriffe des Bösen und der unerbittlichen Realität zusammen. Schranke ist Negation. Man kann, was Mephistopheles ist und bedeutet, unmöglich genauer betrachten, ohne auf das Welt- und Grund-Moment der Negativität im Allgemeinen geführt zu werden als des Princips aller Scheidung, Individualisirung, Theilung des Einen in das Viele. Dieß hat schon frühe der Hegelisch scholastische Erklärer des Faust, Göschel erkannt und habe ich in d. A. Krit. Gängen (B. II. S. 134 ff. 158 ff.) längst nachgewiesen. Man kann es nicht, weil man sonst nicht begreift, wie es kommt, daß Mephistopheles zugleich das Böse und zugleich die Erfahrung, den Realismus, die im Anprall gegen die Erfahrung liegende Komik, die Ironie im Weltlauf vorstellt. Mephistopheles stäubt nun in unendliche Mephistopheles auseinander; er ist da, wo immer Jemand lacht über den Stoß der Leidenschaft auf die Schranken und Felsen der Wirklichkeit, woran ihre Träume, ihr falscher Idealismus, ihr Uebermuth, ihr blinder Zorn zerschellen; wäre aber auch im Stück, nämlich im Weltlauf Keiner da, der lacht, wir, die Zuschauer bei dieser universalen Fausttragödie, glauben bei diesem Anprall jedesmal ein Gelächter in der Luft zu hören; es ist der Geist des Mephistopheles, der in der Welt umgeht und lacht. Wir glauben freilich auch eine Stimme zu hören, die uns zuruft: lerne daraus! Wäre dieß die Stimme des Mephistopheles, so würde sie hinzusetzen: ein andermal gemein klug sein! aber eine himmlische Stimme ruft: vernünftig und gut sein!

Warum sollte es sonderbar sein, wenn ich Leser, die gut sehen und hören, einlade, ein Stück neuerer Geschichte zu überblicken, zu behorchen und wahrzunehmen, wie Mephistopheles sowohl reizt und wirkt, als dämpft und niederschlägt, beidemal aber wider Willen Gutes schafft — bis auf Weiteres nur — natürlich. — Napoleon I. hatte keinen Bocksfuß, doch war seine Herrsch- und Eroberungssucht eben nicht vom Himmel. Er hat unser deutsches Reich heilsam aufgerüttelt, in Bewegung und Fluß gebracht, die lächerliche Zahl unserer Staaten reducirt und uns endlich zum ersten großen gemeinsamen Acte, den Befreiungskriegen aufgetrommelt. Da zausten wir seinen Uebermuth wie er zuvor unsere selbstzufriedene Ruhe, man konnte also Mephistopheles lachen hören hüben und drüben. Aecht Faustisch war Preußens Erfahrung 1806. Es war erschlafft in der „unbedingten Ruhe" auf seinen alten Lorbeeren, im Schlummer der Selbstgefälligkeit, des Stolzes auf sein Heerwesen, das in den Traditionen Friedrichs d. Gr. feststehend für unüberwindlich galt. Mit mephistophelischer Ironie sah die Weltgeschichte zu, wie es bei Jena zusammenbrach, aber es hat sich gute Lehre aus dem teuflischen Spiel entnommen. Napoleon III. hat sicher mephistophelisch in sich hineingelächelt, als er auf den Schultern der Demokratie, einer Caricatur von Fausts Idealismus, wenn man ihn praktisch gewendet denkt, zum Kaiser emporstieg und so den Fröschen den gewünschten Storch zum König gab, dann als er die Losung sprach: das Kaiserreich ist der Friede! Rußland war ein Faust, der Alles wollte, vorerst die Türkei; es wurde lahm gelegt auf ein gutes Weilchen; Oestreich glaubte Italien fest unter seiner Sohle zu haben und gefiel sich in seinen Radezky=Siegen, Mephistopheles wirkte und reizte es heraus zum Einbruch in Sardinien und konnte lachen, als er Stand und Führung seines Heers in ihrer Morschheit und Blöße herausstellte und ihm den Fuß in Italien abschlug. Beide Staaten haben aus dieser Erfahrung gelernt, sie hat nach innen immerhin eine gewisse Summe guter Folgen getragen. Jene Procedur, durch welche Oestreich zum Mitwirken gegen Schleswig=Holstein, dann mit dem übrigen Deutschland zum Krieg gegen Preußen 1866 herausgereizt wurde, wird Mancher heute noch mephistophelisch nennen, der die Schuld als wahrhaft gesühnt ansieht und dem, was nun geworden, aufrichtig anhängt; man konnte wieder ein ironisches Lachen in den Lüften vernehmen, als die ganze Unmacht unserer ausgelebten Bundesverfassung mit so grobem Stoße blos gelegt wurde. Episoden unvergleichlichen Werths, Komödien wie von Mephistopheles selbst componirt, waren die Schicksale Hannovers und Kurhessens, vorzüglich des ersteren. „Das Haus Hannover wird bestehen bis an's Ende der Tage," oft und noch kurz vorher noch hatte es so geheißen und dann ein Ruck und — ab, herunter vom hohen Roß der Hybris, welche so ganz vergessen hatte, daß man das θεῖον φθονερόν nicht herausfordern soll. Gewiß, wenn es Grund hat, was der alte Napoleon sagte: das Schicksal sei die Politik, so hat es auch Grund, zu sagen: die Politik ist Mephistopheles. Aber wie schön wirft sich seine Rolle manchmal herüber und hinüber in der Geschichte! Er hatte sich also in Napoleon III. gesteckt und ihn angewiesen, die alten stolzen Kaiserstaaten durch Reizen und Wirken dahin zu bringen, daß ihr Uebermuth und Obenhinauswollen eine tüchtige Abkühlung erfuhr. Dann kommt die Zeit, wo er, dießmal Mephistopheles gegen den, in dem er steckt, in ihm selbst reizt und wirkt, daß er Deutschland reize und in ihm Einigkeit wirke, und wie es geschehen, fährt er aus ihm und lockt den vorigen Träger seiner Maske, als Geist über Leichenfeldern lachend, nach Sedan, wo der Kaiser, der sich recht befestigen wollte, stürzt und dem König, den er stürzen wollte, den Kaiserthron zimmert. „Und muß, als Teufel, schaffen" —: das deutsche Reich gründen. Man kann, wenn man große Zeiträume überblickt, gerade an der deutschen Geschichte recht einsehen lernen, daß es die Kürze unseres gewöhnlichen Sehwinkels ist, die uns hindert, zu erkennen, wie das Böse Gutes wirkt. Wer zur Zeit der Mordbrennerkriege Ludwigs XIV. lebte, konnte nicht ahnen, daß durch die späten Enkel, in denen auch die Erinnerung dieser alten Greuel vererbt ist, die Nemesis auch hiefür werde vollzogen werden. — Ein Auge, das Alles überblickte, würde keine unbezahlte Schuld und keinen Zufall sehen.

Ehe ich von diesen Betrachtungen, die sich so natürlich an den „Schalk" knüpfen, mich zu den Textworten zurückwende, ist jene Persönlichkeit, jener Freund Göthes nun genauer in's Auge zu fassen, der, wie wir vom Dichter selbst wissen, zum Bilde des Mephistopheles gewisse Züge hat leihen müssen. Bei dem Einflusse Merck's auf Göthe kann von einem Reizen im Sinne des Verführens natürlich nicht die Rede sein. Ermuthigt hat er ihn, wie bekannt, die Herausgabe seines Göz zu wagen; oft mag er ihn aus der vorübergehenden Läßigkeit aufgerüttelt haben, in welche geniale Naturen zwischenhinein zu verfallen pflegen. Weit öfter hat er ihn mit seiner täuschungs- und schonungslosen Verständigkeit gekühlt und gedämpft; Göthe erzählt, wie er ihm über seine Leidenschaft zu Lotte das Urtheil zurechtzurücken suchte, wie der Geist des abwesenden Freundes ihn am Kragen zupfte, als er sich von der Tollheit der Grafen von Stolberg in ihre Strudel reißen ließ. Wir wissen offenbar lange nicht genug, um die sichtliche Ungerechtigkeit, womit er diesen Merck schildert, als solche ganz zu erkennen; wie oft mag er ihm seine trunkene Sentimentalität, seine jugendliche Selbstgefälligkeit, Leidenschaftlichkeit, den Uebermuth, die Ungeduld, die Exaltation und Excentricität, das zu viel Wollen, kurz die geistige Maaßlosigkeit, wozu lebhafte Jugend immer neigt, mit dem äzenden Geiste seiner unbeirrten Verstandsschärfe, seines Spottes betupft haben! Davon blieb in dem sanguinischen Göthe eine Bitterkeit zurück; sein Bild reflectirte sich in ihm zu negativ. Doch muß er anerkennen, daß Merck (freilich setzt er die Einschränkung „von Natur" hinzu) ein braver und zuverläßiger Mann war; wir werden ungleich mehr annehmen müssen: bei diesem Merck werden alle herben, stoptischen Eingriffe in Göthes jugendlich fluthendes und ebbendes Wesen auf dem Grunde des Wohlwollens, eines pädagogischen Wohlwollens geruht haben: ein· guter Mephistopheles. Nimmt man diesen Grund hinweg und setzt dafür die böse Endabsicht, so hat man den Mephistopheles im Faust: einen Teufel, der durch seinen täuschungslosen Verstand, seine Ironie zugleich der Realismus, der Geist der Erfahrung, der Grenze ist und dadurch Fauſt erzieht, während er ihn verderben will, und zwar erzieht zur Einheit des Idealismus und Realismus.

Wir haben durch die Hinzunahme dieſes perſönlichen Moments aus Göthes Leben gewonnen, daß ein verſtärktes Licht auf die eine Seite der Thätigkeit fällt, die der Teufel als Schalk ausübt: das Dämpfen, das Kühlen. Was uns beſchäftigt, iſt die Frage, ob der Dichter das, was er ausdrücken will, auch ganz ausdrückt. Wir haben, denke ich, der Beweiſe genug beiſammen, um ſicher zu erkennen, daß er dieß Dämpfen und Kühlen ausdrücken will. Nun fragt ſich zuerſt, ob der Ausdruck: „des Menſchen Thätigkeit kann allzuleicht erſchlaffen, er liebt ſich bald die unbedingte Ruh" das Object dieſes Dämpfens, Kühlens, überhaupt Hemmens, und ob der Ausdruck: „reizt und wirkt" das Hemmen genügend ausdrückt. Kann „unbedingte Ruh" auch für die Selbſtzufriedenheit, die Ueberhebung, die leidenſchaftliche Ueberſchätzung der Kräfte, die hohe Meinung ſtehen, womit — um ein ſpäteres Wort im Drama heraufzunehmen — der Geiſt ſich ſelbſt umfängt? Und kann „reizt und wirkt" zugleich den Sinn vertreten: und hemmt oder: und dämpft und kühlt? Das iſt doch wohl zu bezweifeln; man kann z u r N o t h ſagen, die Selbſtüberſchätzung und Ueberhebung ſei auch eine Art von Stillſtand, von unbedingter Ruhe, man kann in dem Reizen und Wirken auch den äzenden, ſchneidenden, bohrenden Reiz der negativen Eingriffe des Hemmens enthalten finden, man kann geltend machen, das Kühlen und Niederſchlagen ſei mittelbar auch ein Bewegen, indirect auch ein Reiz, aber es will mir gezwungen erſcheinen, ich komme immer darauf zurück, daß hier ein paar Lichter mehr mit sicherem Pinsel aufgesetzt sein sollten; einem Göthe wäre es möglich gewesen ohne Schaden der bündigen Kürze, welche schlechtweg erhalten bleiben muß, unser Einer scheitert im Versuche, sich vorzustellen, welche Verse er wohl hinzugesetzt hätte, wenn ihm die Lücke zum Bewußtsein gekommen wäre.

Blicken wir nun von hier noch einmal zurück auf die Worte: „von allen Geistern, die verneinen, ist mir der Schalk am wenigsten zur Last," so entsteht allerdings ein Widerspruch zwischen Fiction und Sinn; zu klar hat sich dieser zu einer Einheit zusammengefaßt, zu klar ist an den Teufel, das Böse zu denken, als daß die Phantasie die Vorstellung von vielen Teufeln, unter denen der Schalk ein einzelner wäre, noch festhalten könnte. Diesen Widerspruch habe ich früher (Krit. Bem. ꝛc. S. 16 ff.) dem Dichter zum Vorwurf gemacht, bekenne aber jetzt gern, daß man es der Poesie gegenüber mit der Logik nicht so genau zu nehmen braucht. Man muß dem Dichter seine Freiheit, ja seinen gewissen Leichtsinn lassen. Göthe dachte eben: für meinen concreten poetischen Fall nehme ich viele Teufel und darunter einen an, der ein Schalk ist; zieht ihr daraus die Anwendung auf's Allgemeine, dann lasset eben die Fiction fallen, dann gibt es freilich nur Einen Teufel, nur Ein Böses, und ist seine Wirkung immer eine ironische. Ich gebe jetzt gern meinen früheren (doch immerhin mit einem „etwa" sich bescheidenden, s. a. a. O. S. 18) Vorschlag, zu sagen: „mag auch der Böse immerdar verneinen, er ist, als Schalk, mir nimmermehr zur Last," dem Mephistopheles selbst zum Lachen preis; es war mehr redliche logische Bemühung, als Geschmack darin.

„Und muß, als Teufel, schaffen." Ist das Wort „schaffen" hier stark affirmativ gemeint, im Sinne von: hervorbringen, schöpferisch thätig sein? Wenn dieß, dann sind die Worte „als Teufel" mit einem vollen Accent auf „als" zu lesen und bedeuten: trotzdem, daß er Teufel ist. Dafür scheint das „muß" zu sprechen: er muß mir, obwohl er als Teufel nicht will, das Gute hervorbringen helfen. Es wäre genau derselbe Sinn wie in den späteren Worten des Mephistopheles: ich bin die Kraft, die stets das Böse will und stets das Gute schafft. Mir scheint nun aber dennoch, daß dieser nachdrückliche Sinn den einzelnen Worten nicht beizulegen ist, es nimmt ihnen die Leichtigkeit des Marsches, hängt ihnen zu viel Gewicht an die Füße. Zunächst ist die Bedeutung nur einfach: „und muß, weil er einmal nicht ruhen kann, thätig sein auf die Art, wie eben ein Teufel thätig ist." Dabei liegt dann der erstere Sinn allerdings ganz nahe; wenn der Leser nachdenkend verweilt, so muß ihm einfallen: und dieß Thätigsein wird gegen des Teufels Willen am göttlichen Weltplan mitarbeiten; aber nur mittelbar ergibt sich dieser Sinn, er knüpft sich nur daran, ist nur Perspective.

Wir haben, um das Gespräch vor Allem auf der Stelle zu fassen, wo sein bedeutendster, allgemeinster Sinn zu Tage tritt, die Worte der Wette übersprungen. Wette heißt die Verabredung über Faust freilich nur uneigentlich. In einer Wette bekommt, wer Recht behält, seinen Gewinnst. Hier dagegen ist das Rechtbehalten selbst schon der Gewinnst und das Unrechtbehalten das Zahlenmüssen; wer Recht behält mit seiner Behauptung, der hat eine Seele gewonnen; wer Unrecht, hat eine verloren. Und aufs Allgemeine angewandt: es kommt eben darauf an, ob die Menschheit Gottes ist oder des Teufels.

Und wie lautet nun die "Wette"? Um durch die ungemeinen Schwierigkeiten leichter durchzukommen, ersuche ich den Leser, er möge sich die Stelle zunächst so ansehen, daß er sich die Worte: "So lang er auf der Erde lebt" bis: "Katze mit der Maus" hinwegdenkt. Er wird finden, daß sie dann verständlich ist ohne Kopfzerbrechen. Es soll dem Mephistopheles überlassen sein, an Faust zu operiren, wie er mag und kann, er wird am Ende doch sein Spiel verloren geben müssen: dieß ist einfach die Aussicht, die uns eröffnet wird. Welche nähere Form des Schlusses dem Dichter damals vorschwebte, mit dieser Frage macht man sich, wenn man so liest, wenig zu schaffen. Es wird eben dem Mephistopheles die Beschämung bereitet werden, sehen zu müssen, daß Faust trotz allen Mühen und auch einzelnen Erfolgen des Versuchers den rechten Weg gefunden habe. Vielleicht sollte Alles noch einmal auf eine recht gefährliche Versuchung ankommen, deren Mißlingen Fausts Befestigung im Guten erproben würde. Man stellt sich dann ungenau eben irgend eine Scene vor, worin etwa eine Stimme vom Himmel den Sieg Fausts oder eigentlich des Herrn bestätigte und Mephistopheles mit Schanden abführe. Man läßt sich in der einfachen Lösung auch nicht durch die Worte des Mephistopheles irre machen: "schon gut, nur dauert es nicht lange." Irre nämlich könnten sie machen, wenn man aus ihnen schlöße, er werde, wie sichtbar auch sein Spiel gegen Faust verloren wäre, doch nie beschämt stehen, nie bekennen, daß ein guter Mensch in seinem dunkeln Drange sich des rechten Weges wohl bewußt sei, er werde viel=

mehr nach jedem Aufschwung Fausts einen neuen Rückfall hoffen und sich dafür auf manche frühere berufen. Diese Gedankenlinie nimmt man aber nicht auf und verfolgt sie nicht, so lange man sich die Stelle durch die Weglassung der genannten Rede und Gegenrede vereinfacht. Mephistopheles denkt, so sagt man sich, ganz evident zu siegen, so daß er sich auf frühere einzelne Rückfälle nicht erst werde zu berufen brauchen; er glaubt, Fausts Zustand werde gar keinen Zweifel übrig lassen, daß er gewonnen habe, Staub werde er fressen, und mit Lust! und an Stoff zum Triumph aus voller Brust werde es also nicht fehlen. Darin wird er sich aber, so sagt man sich weiter, gewaltig geirrt haben und dessen also irgendwie überführt werden.

Diese Klarheit schwindet und an ihre Stelle tritt ein ganzer Knäuel schwer zu entwirrender Gedanken, wenn man jene Stelle nicht hinwegdenkt, sondern sie sich nun näher ansieht. Also nun die Worte des Herrn:

> So lang er auf der Erde lebt,
> So lange sei dir's nicht verboten;
> Es irrt der Mensch, so lang er strebt.

Gewiß, das versteht sich, das weiß man. Und es folgt daraus, daß es in der Zeit niemals einen Moment geben kann, wo der Sieg des Guten so gewiß erscheint, daß ein Geist wie der des Mephistopheles es zugeben würde. Hiemit sind wir genöthigt, aus der mythischen Vorstellung wie sie der Dichter braucht und handhabt, heraus und in die rein rationelle Auffassung überzugehen. In allen Räumen und in aller Zeit hat die Auffassung, welche die Menschheit für gut hält, Recht und diejenige, die ihr ganzes Leben nur für einen öden Wechsel von Aufschwung und Rückfall ansieht, stützt sich auf den bloßen Schein. Es ist ein Streit, der sich vor dem Forum der Philosophie entscheidet, vor dem es kein Diesseits und kein Jenseits, keinen Herrn und keinen Mephistopheles gibt. Nun aber wird gleichzeitig die mythische Vorstellung vom Dichter nicht nur festgehalten, sondern noch eine Erweiterung in Aussicht gestellt, so entsteht eine Durchkreuzung des Rationellen und Mythischen und diese Durchkreuzung eben ist es, welche die Stelle so schwer macht. Der rationelle Sinn müßte, wenn die Dinge glatt und eben lägen, einfach im mythischen Bild enthalten sein, nun aber stellt er sich daneben, das Nebeneinander erzeugt einen Widerspruch und dieß ist das Kreuz. Die Fäden dieser Verwicklung sind nun so deutlich als möglich bloßzulegen.

Daß der Mensch irrt, so lang er strebt, versteht sich also von selbst. Warum muß es der Herr dennoch sagen? Nun, natürlich um eines dem gegenüber zu denkenden Satzes willen, den er verschweiget. Und dieser Satz kann kein anderer sein, als: im Himmel darfst du nicht mehr an ihn, denn da ist kein Streben und Irren mehr. Faust wird also trotz vielem Irren auf Erden zuletzt in den Himmel aufgenommen werden. Es bleibt nun nicht mehr unbestimmt, wie der Dichter die Tragödie zu schließen gedachte, sondern es ist hiemit klar, daß er, als er diese Stelle des Prologs schrieb, schon den Gedanken gefaßt gehabt haben muß, dieß zu thun mit einer dem Prolog symmetrisch entsprechenden Scene, einer Aufnahme Fausts in den Himmel (die er übrigens gewiß damals einfacher zu halten gedachte, als er später that). Dieß ist es, was ich vorhin eine Erweiterung des Mythischen genannt habe. Die Worte: „nun gut, es sei dir überlassen" können nun nicht mehr blos bedeuten: du wirst eben doch einsehen und bekennen müssen, daß sich Faust im Guten unverrückbar befestigt hat, denn es ist ja ausgesprochen, daß eine ganz zuverlässige, absolute Befestigung im Guten bei einem Lebenden nicht eintreten kann, sondern sie müssen bedeuten: du wirst schon sehen, wie ich weiterem Streit ein Ende mache, — eben nämlich durch eine Aufnahme Fausts in den Himmel, sobald er gestorben sein wird.

Ist dieß dann aber etwas Anderes, als ein Willkühr=Act? Könnte da Mephistopheles nicht sagen: das ist keine Kunst, den Knoten so zu durchhauen? Es dient zur Orientirung, wenn wir drei mögliche Fälle unterscheiden und dabei der Uebersicht wegen zwei mitzählen, deren erster unmöglich, deren zweiter bereits abgewiesen ist.

Ein Fall wäre, daß Fausts Tod einträte, nachdem ihn Mephistopheles dahin gebracht hätte, daß er Staub frißt und mit Lust. Diese Vorstellung hebt sich von selbst auf; die Himmelfahrt verlöre ja allen Sinn und es kann ja gar keine Rede davon sein, daß der Dichter seinen Helden, selbst wenn er nicht die Menschheit in ihrer ewigen kämpfenden Geistesbewegung verträte, im Sumpfe des moralischen Bankerotts je konnte endigen lassen wollen. Auch schließt ja der Wortlaut selbst diesen Fall aus. „So lang er auf der Erde lebt": zu diesen Worten stehen ja parallel die anderen: es irrt der Mensch, so lang er strebt; Faust wird also, so lang er lebt, nie aufhören, zu streben. Nun setzen wir — für unsern augenblicklichen Zweck — den schlechthin entgegengesetzten Fall, Faust stünde zur Zeit seines Todes auf einer sittlichen, überhaupt geistigen Höhe, von welcher gar kein

Rückfall in Verirrung zu besorgen wäre. Dann wäre es freilich evident gerecht, seine Seele in den Himmel aufzunehmen. Dieß ist aber eben die Vorstellung, die wir bereits ausschließen mußten, sie läßt sich kaum einen Augenblick festhalten, denn Gut sein ist Streben, aber „es irrt der Mensch, so lang er strebt," es gibt keine in ruhender Vollkommenheit beschlossene Tugend, ein vollkommenes Individuum ist kein Individuum. So kommen wir zu einem dritten Fall, und dieser ist es ja natürlich, welcher eintreten wird. Faust hat auf seinem Erfahrungsgange durch die wichtigsten Lebensformen stets gestrebt, im Streben auf jeder dieser Stufen sich schwer verirrt, in Leidenschaft verstrickt, die ihn in Schuld stürzte: eine Reihe von Rückfällen und neuen Aufschwüngen; es werden aber die Verirrungen immer seltener, die Befestigung im Guten und Wahren wird endlich so augenscheinlich geworden sein, daß nur ein Geist, der das Gute nicht sehen will, es läugnen kann. Allein Mephistopheles ist ein Geist, der das Gute nicht sehen will. Jetzt, da wir die Stelle: „So lang er" bis „Katze mit der Maus" nicht mehr bei Seite lassen, sondern fest im Auge behalten, können wir nicht mehr wie dort uns an der unbestimmten Vorstellung genügen lassen, er werde eben beschämt stehen und wenigstens schweigend bekennen: „ein guter Mensch in seinem dunkeln Drange ist sich des rechten Weges wohl bewußt." Es ist gesagt, es ist herausgestellt und betont, daß der Mensch irrt, so lang er strebt. Mephistopheles wird sich darauf berufen, sein: „schon gut, nur dauert es nicht lange" wird er wieder vorbringen, auch wenn nicht der Fall, den er hofft, nämlich der eines völligen sittlichen Verkommens, bei Faust eingetreten ist, denn auf stets neue Rückfälle hofft er immer, und auch an die Cicade wird er wieder erinnern, die immer fliegt und fliegend springt und gleich im Gras ihr altes Liedchen singt.

„Wird sich berufen." Da stellen wir uns also ein Gespräch mit dem Herrn vor. Davon sogleich mehr! Wir müssen nun vorerst die Schlag=Worte des Vertrags zwischen Faust und Mephistopheles heraufnehmen:

> Werd' ich beruhigt je mich auf ein Faulbett legen — —
> Kannst du mich mit Genuß betrügen — —
> Werd' ich zum Augenblicke sagen:
> Verweile doch! du bist so schön!
> Dann magst du mich in Fesseln schlagen,
> Dann will ich gern zu Grunde geh'n —
> — — — — — — —
> Wie ich beharre, bin ich Knecht —

Sehr schwerlich zwar wird Göthe, als er diese Worte schrieb, schon ein klares Bild davon gehabt haben, was er am Schluß des Drama's mit ihnen beginnen solle, aber etwas dem Aehnliches, was später, als er den Prolog schrieb, schon in deutlicherem Umriß vor ihm aufgetaucht sein muß und was er endlich im besten Theil seines wirklichen Schlusses so genial fixirt hat, wird ihm doch schon vorgeschwebt — er wird sich gesagt haben: diesen Fall, daß Faust sich beruhigt, glücklich fühlt im Augenblick, beharrt u. s. w., muß ich in gewissem Sinne eintreten lassen, so daß es scheint, Mephistopheles habe gewonnen, ich muß ihn in diesem Augenblick sterben und Mephistopheles die Hand auf ihn decken lassen; aber der Schein muß sich aufheben und Mephistopheles Unrecht bekommen; beharren muß Faust in einem Sinne, der selbst wieder ein Streben enthält, er muß ganz glücklich, muß zufrieden sein mit einem Zustande, der vielmehr nicht bloß Zustand, sondern die edelste Thätigkeit ist und eine Thätigkeit, die das Glück Vieler begründet. Der Gedanke, auf den Göthe später kam, ist auch dadurch ein herrlicher, daß er den Standpunct der Zukunft hinzunimmt, daß er seinen Faust in eine Zeitferne schauen läßt, wo seine gegenwärtige Thätigkeit noch reicher und großartiger sein wird, daß also jeder Begriff eines trägen Beharrens überdieß noch durch diese Spannung nach vorwärts ausgeschlossen ist: das Bild einer solchen Zukunft wird wie gegenwärtig angeschaut, auf diesem Bilde ruht Faust aus, so und nur so beharrt er. Uebrigens, wie schon gesagt, ist dabei natürlich vorausgesetzt, daß Faust bis dahin von Stufe zu Stufe **bereichert** fortgeschritten sei, aus seinen Verirrungen gelernt habe und daß die Verirrungen immer seltener und leichter geworden seien. Und nun kommen wir auf die Zähigkeit des mephistophelischen Unglaubens zurück, nun, da der Fall, der eintreten wird, durch Beiziehung dieser Puncte deutlich vorliegt, wird man sogleich erkennen, wie es die Einsicht fördert, wenn man versucht, sich ein Gespräch vorzustellen, in welchem die Frage, ob Faust nun verloren sei oder gerettet, durch Gründe und Gegengründe erledigt würde. Der Herr würde aussprechen, was wir nun prosaisch uns gesagt haben, und so Fausts Seele für sich in Anspruch nehmen, Mephistopheles aber würde antworten, was wir schon wissen, was nach dem Gespräch im Prolog zu erwarten ist, würde geltend machen, in der Reihe von Aufschwüngen und Rückfällen, durch welche Faust gewandelt, seien das Wahre die Rückfälle, auch die letzte Thätigkeit desselben sei doch nicht rein von Schlacken, nicht frei von Schranken gewesen und das Zukunftsbild, auf dem er ausgeruht, sei doch eben auch nur ein Bild menschlich beschränkten Zustands. Man sieht, daß dieß das unendliche Lied wäre, und sollte ihm ein Ende gesetzt werden, so müßte der Herr — sich auf den Boden der philosophischen Wahrheit begeben. Man bedenke nun, daß Faust ja eigentlich immer auf der Erde lebt, da er die strebende Menschheit repräsentirt; wir treten aus der Zeitform in Wahrheit heraus in ein Nie und Nirgends und Immer und Ueberall; es kann niemals einen Zeitmoment geben, wo man sagen kann, die Idee habe in der Geschichte schlechthin gesiegt, ihr ewiger Sieg ist ewiger Kampf, der Gang der Menschheit ein zeitlich nie endigender Weg durch immer neue Mühe, Verirrung, Blindheit, Schuld und Uebel zu immer neuem, durch diese Erfahrungen bereicherten Aufschwung; in diesem ewigen Kampfe erscheint das Böse (den Irrthum dazu genommen und alle schlimmen Folgen) für die Betrachtung, die nicht in die Tiefe blickt, um der größeren Breite seiner Herrschaft willen mächtiger, als das Gute, als der Geist, der wahre Blick aber, der in die Tiefe geht, erkennt, daß dem Geist und seinem guten Wirken die Unverwüstlichkeit der wahrhaft intensiven Macht inwohnt. Diese zwei Standpuncte sind es, die sich über den Menschen streiten, oft genug gestritten haben — man denke nur an den neueren Pessimismus — und stets aufs Neue streiten werden. Also einen philosophirenden Herrn und einen philosophirenden Mephistopheles haben wir fingirt! Die ganze Wendung wäre nun aber ja gründlich abgeschmackt, poetisch unmöglich, eigentlich ein aberwitziger Widerspruch zwischen einem Stück Poesie und der Prosa der Philosophie. Die poetischen Figuren des Herrn und Mephistopheles hätten wir behalten

und einen Kampf mit philosophischen Gründen, worin der Herr
sein Recht demonstrirt, haben wir hinzugenommen, und hiemit
die Disputanten, die ihn führen, also die Subjecte des Kampfes
aufgehoben. Es ist also Zeit, uns wieder zu erinnern, daß wir
in der Poesie sind, aber es war uns dienlich, einige Schritte
aus ihr herauszuthun, denn nun erst ist ganz klar geworden:
statt eines solchen Gesprächs und Gründe=Kriegs greift der
Dichter, der die Gedanken=Wege, durch die wir nun an diesem
Punct angelangt sind, in seinem Geist nicht discursiv durch=
wandelt, sondern ahnend durchfliegt, nach einem mythischen
Motiv und dieß ist einfach die Aufnahme Fausts in den Himmel.
Die Thatsache dieser Erhebung wird statt der Auseinandersetzung
der philosophischen Wahrheit dienen. Es ist hiedurch in zwei
Räume und Zeiten auseinandergezogen, was auf dem Einen
Raum und im steten Verlauf der Zeit auf ihm wahr ist: im
Diesseits scheint ewig das Böse zu herrschen und siegt ewig das
Gute, dieß ist mythisch übersetzt in die Form: im Diesseits hat
Mephistopheles Recht, im Jenseits der Herr. Nun erkennen wir
aber auch, warum die ganze Stelle, von der die Rede ist, so
viel und schwer zu denken gibt. Eigentlich, d. h. nicht im nun
entwickelten Sinn als stellvertretend für eine Idee genommen,
wäre ja die Aufnahme Fausts in den Himmel nach vielen und
schweren Verirrungen und bei mathematisch nicht gewisser Aus=
sicht, daß kein Rückfall mehr erfolge, ein Unrecht, ein Willkür=Act
des Herrn: davon sind wir ausgegangen; sie ist aber, wie nun
klar liegt, kein Unrecht, weil sie ein mythischer Compens für die
philosophische Beweisführung ist; auf die philosophischen Ge=
dankenwege weist aber den Leser doch das Wort: es irrt der

Mensch, so lang er strebt, es nimmt ihm die Illusion des Mythischen, und gleichzeitig soll er sie festhalten. Es ist ein Durchschneiden angekündigt: mit einem mythisch symbolischen Acte wird der Herr ein unfruchtbares Gespräch im Beginn durchbrechen; mit dieser Ankündigung schneidet aber der Dichter zugleich einen Faden in unserem Denken durch, einen Denkproceß, den er selbst in uns angeregt hat. Irrt der Mensch, so lang er strebt, so ist Himmel und Hölle durcheinander auf Erden und gibt es keinen Zeitpunct, wo Hölle schweigt und Himmel eintritt oder aufgeht, oder vielmehr einfach: es gibt keinen Himmel und keine Hölle. Eine demonstratio ad oculos ist angekündigt und die Augen sind uns doch so geöffnet, daß sie dem mythischen Scheine dieser demonstratio nicht mehr recht glauben können, und so will sich an die Stelle des zu durchsichtig gewordenen mythischen Scheins doch immer wieder der Schein eines Unrechts, d. h. einer herrischen Durchhauung des Knotens schieben. Eben zu diesem Scheine von Unrecht verhalten sich die paar Worte, womit der Herr das Gespräch abbricht, wie ein langer Gedankenstrich). „Nun gut, es sei dir überlassen:" was liegt nun Alles in der kleinen Sylbenzahl! Es liegt darin: du wirst schon merken, daß ich am Ende einfach mit einer Himmelfahrt Fausts durchschneide, und wirst dich doch nicht über Unrecht beklagen können, denn — dieser Act wird für den philosophischen Beweis dienen! Das heißt (nebenbei zur Beruhigung Herrn Düntzers sei es gesagt, der die Würde des Herrn gegen meine Erklärung in Schutz nehmen zu müssen glaubt): der Dichter springt mit dieser Andeutung dessen, was zu subintelligiren ist, aus dem poetischen Schein heraus und gibt dem Leser anheim, sich dessen Sinn zu denken, er legt die Unver=

meidlichkeit eines mythischen Schlusses dem Herrn in den Mund als einen gleichzeitigen Wink, daß er uneigentlich zu verstehen sein wird. Wir können es eine Art von Parabase nennen; darunter versteht man sonst, daß sich der Chor in der Komödie direct an die Zuschauer wendet; hier bedeutet das Wort: eine der fingirten Personen im Stück wendet sich an die andere mit Worten, die man nur richtig faßt, wenn man herausfindet, daß durch sie der Dichter sich an den Leser wendet und ihm sagen will: verstehe die Himmelfahrt, mit der ich), wie du siehst, schließen muß, recht, sonst entsteht die Vorstellung eines Willkür= Acts, wodurch der Herr gewaltthätig gewinnt! Der Herr muthet dem Mephistopheles zu, sich in den vernünftigen Leser zu ver= wandeln, der merkt, wie es gemeint ist.

Diese Durcheinanderschiebung von Illusion und Sinn, Bild und Gedanke ist gewiß keine Geschmacksverletzung, wie sie vor= läge, wenn den beiden Figuren das philosophische Gespräch, das wir einen Augenblick fingiren mußten, in den Mund gelegt würde, aber ob ein Dichter, der ebenso ganz Philosoph wie Dichter, und beides ganz ungetrennt wäre, und den es nicht gibt, ob dieser nicht doch, wenn es ihn gäbe, einen leichteren Ausweg gefunden hätte, dieß ist eine andere Frage. So wie die Dinge nun liegen, müssen wir das vom Dichter selbst in Gang gesetzte Denken allemal in dem Moment schnell pariren, wo es die neben ihm bestehende Illusion des Mythischen sprengen will. Wir dürfen uns das erhabene Bild des Herrn und der Erz= engel, das dämonisch komische des Mephistopheles, das drastische einer Wette nicht zersetzen lassen, also namentlich auch nicht das eines zweiten, seligen Lebens, das den Helden einst im Himmel erwartet. Die letztere Vorstellung bricht ja mit in Stücke, sobald wir die Consequenz aus den Worten: „es irrt der Mensch, so lang er strebt," in ihrer Strenge ziehen. Im Jenseits ist entweder wiederum Streben und somit auch Irren, und dann fängt ja der Streit zwischen Mephistopheles und dem Herrn dort von vorn an, damit aber ist die Vorstellung eines Jenseits aufgehoben, denn es ist nur ein fortgesetztes Diesseits; oder es ist Vollkommenheit und Seligkeit, damit aber hebt sie sich ebenfalls auf, denn ein mangelloses und schmerzloses Individuum ist keines mehr. Das Jenseits, auf das der Herr hindeutet, ist ja nur die innere Wahrheit des Diesseits. Diese ganze Dialektik ist es, die wir also — pariren müssen, habe ich gesagt, man mag es auch ein Unterbinden nennen, wir müssen bei dem in Aussicht gestellten Bild einer Auffahrt in den Himmel stehen bleiben und, so wenig wir noch fragen, ob die Aufnahme in den Himmel kein Unrecht wäre, ebensowenig uns Gedanken darüber machen, was Faust denn dort oben thun wird (am wenigsten uns gar vorstellen, er werde dort Lehrer werden, wie uns die Stellen im Schluß des Schlusses andeuten, die ich bei der Geschmacksfrage erwähnt habe). Das Schöne im Bilde des in Aussicht gestellten Aufschwebens muß uns so beschäftigen, daß wir die Vernunft unter den poetischen Glauben gefangennehmen. Das ist allerdings leichter bei einem kurzen lyrischen Bilde, welches keinen Anstoß zu illusionsfeindlichen Gedanken gibt; da mag uns der Dichter, frei, wie er ist, an die Pforte des muhamedanischen Paradieses führen, und es fällt uns nicht ein, uns mit der queeren Frage zu plagen, ob ihn nicht lange Weile erwarte, wenn er eingelassen werde. Ich führe das Beispiel gern an, weil uns für den inneren Sinn unserer mythischen Stellen, mit dem wir uns so lang beschäftigt haben, die Worte wie gerufen kommen, die der Poet im westöstlichen Divan der Huri zuruft:

> Nicht so vieles Federlesen!
> Laß mich immer nur herein,
> Denn ich bin ein Mensch gewesen
> Und das heißt, ein Kämpfer sein.

Hier besteht denn der poetische Schein ganz ungefährdet: es ist aber auch ein freies Nebeneinander des Scheins und der Wahrheit dem Dichter natürlich nicht unbedingt zu verargen, spielt ja doch selbst im gewöhnlichen Leben das gemüthliche Gespräch gern tact zwischen beiden her und hin. Wenn ein Freund in vertrautem Gespräch mit einem Freunde sein Leben überschaut, mancherlei Schuld gesteht, aber auch gute That und gutes Wirken aufzählt, dessen er sich betrösten darf, wenn er dann etwa hinzusetzt, er hoffe, daß am jüngsten Gericht ihm der liebe Gott so Ein's in's Andere rechnen werde, so wird sich der Freund das Bild in gutem Humor gern gefallen lassen, mögen auch beide über die Vorstellung von einem jüngsten Gerichte längst hinaus sein. Durch all unser Denken und Reden in Spaß und Ernst ziehen sich ja noch massenhaft die Bilder der christlichen Mythologie. Die Frage wäre nur, ob sie sich mit dem hellen Denken auch dann noch vertragen, wenn dieses durch Worte schwarz auf weiß so entschieden und ernst herausgefordert ist, wie in unserem Prolog.

Es kann nicht stören, nur nützen, wenn wir hier nach einer Stelle mitten in der Handlung vorwärts blicken, die das

Mythische und Rationelle, das Bild und das Bildlose gerade
ebenso zwischeneinander schiebt, wie die besprochne des Prologs.
In der Scene, wo zwischen Faust und Mephistopheles der Pact
geschlossen wird, sagt dieser:

> Ich will mich hier zu deinem Dienst bequemen,
> Auf deinen Wink nicht rasten und nicht ruh'n;
> Wenn wir uns drüben wieder finden,
> So wirst du mir dasselbe thun.

Wer sich nun keine Rechenschaft davon zu geben vermag,
wie ein Dichter mit der Illusion spielen, sie aufheben und zu=
gleich fortbehaupten kann, den muß schon die nächstfolgende Rede
Fausts ganz confus machen: „das Drüben kann mich wenig
kümmern" u. s. w. Faust läugnet hier nicht buchstäblich die
Möglichkeit eines Jenseits, er will nur nichts davon hören, weil
er sich kein Bild davon machen kann. Dennoch braucht es wenig
Scharfsinn, um zu erkennen, daß der Dichter mit diesen Worten
die ganze Vorstellung von Diesseits und Jenseits im Grund auf=
hebt; man sehe nur die weiteren Zeilen näher an:

> Schlägst du erst diese Welt zu Trümmern,
> Die andre mag danach entsteh'n!
> Auf dieser Erden quillen meine Freuden
> Und diese Sonne scheinet meinen Leiden;·
> Kann ich nicht erst von ihnen scheiden,
> Dann mag was will und kann gescheh'n!
> Davon will ich nichts weiter hören,
> Ob man auch künftig haßt und liebt
> Und ob es auch in jenen Sphären
> Ein Oben oder Unten gibt.

Faust spricht heftig und im Style der Anschauung, nicht
dialektisch, aber objectiv liest man sehr leicht zwischen den

Zeiten die Gedankenreihe: wir wissen nur von dieser Welt, diesem Planeten, auf dem wir unter diesen Bedingungen leben; so bin ich auch Ich nur in diesem Körper, der dieß Naturell, Temperament als Basis meines Ich begründet; wer der ist, der da fortlebt, wenn man mir sagt, ich werde mit einem andern Organ, unter ganz andern Naturbedingungen nach dem Tode fortleben, weiß ich nicht, ich kenne ihn nicht, ich bin er nicht.

Mephistopheles antwortet:

„In diesem Sinne kannst du's wagen."

Ein harmloses Gemüth, dem etwa kaum von fern aufdämmerte, was hinter Faust's Worten steckt, wird diese Stelle beruhigt so verstehen, als wolle Mephistopheles den Faust in seiner kühnen Hinwegsetzung nur mit dem Hintergedanken bestärken, er werde es schon anders erfahren, wenn er nach dem Tod in jene Sphären verbracht werde, so daß es also die Meinung des Dichters wäre, hiemit die gewöhnlichen Vorstellungen vom Jenseits zu bestätigen. Die Worte besagen nun freilich, daß Faust etwas, das nicht leicht zu nehmen ist, freventlich zu leicht genommen hat, und sie nöthigen freilich, ein: „du wirst's schon anders erfahren" zu suppliren. Aber dieß „anders erfahren," das Mephistopheles verschweigend andeutet, kann nicht so zu verstehen sein: du wirst schon erfahren, wie im Jenseits deine Schuld bestraft wird, sondern: wirf immer den Gedanken eines Jenseits weg, du wirst schon erfahren, wie im Dießseits die Hölle brennt; ewige Höllenstrafe mag dir immer ein Mährchen sein, du wirst schon sehen, daß in diesem Mährchen die Wahrheit liegt: Gewissenshölle ist intensiv unendliches Leiden. Wer erinnert sich hier nicht, wie Macbeth in dem Monologe, worin er sich alle Bedenken des Gewissens und der Vernunft gegen die schon beschlossene Ermordung Dunkans vorhält, doch vom Jenseits nichts wissen will? „Das Jenseits schlüg' ich in die Schanze." Und der Dichter zeigt uns im fürchterlichen Verlauf der Handlung, daß Macbeth immerhin das Jenseits des Volksglaubens in die Schanze schlagen mochte, aber das wahre Jenseits als eine namenlose Hölle von Qualen im Diesseits über ihn kommt. — Sollte noch Jemand zweifeln, daß unsere Stelle so gemeint ist, wie wir sagen, so darf er nur weiter lesen:

> Wie ich beharre, bin ich Knecht,
> Ob dein, was frag' ich, oder wessen?

Wer wäre so blind, nicht einzusehen, daß damit die Vorstellung von Teufel und Hölle einstürzt? Genau denselben zersetzenden Sinn haben die späteren Worte des Mephistopheles:

> Und hätt' er sich auch nicht dem Teufel übergeben,
> Er müßte doch zu Grunde geh'n,

und die andern, schon citirten, die er in der Hexenküche sagt:

> Den Bösen sind sie los, die Bösen sind geblieben.

Wir haben den reinen Widerspruch: der Teufel spricht Dinge, welche die Vorstellung der Existenz des Sprechenden aufheben, das Schlagwort seines Contracts mit Faust enthält eine Bestimmung, die sich in Schein auflöst, und Mephistopheles lebt doch vor unsern Augen fort, das Diesseits und Jenseits bleiben zwei bestehende Welten und das Drama schließt mit einer Himmelfahrt.

Sieht man sich die beiden Stellen, die vorliegende im Prolog und diese in der Contractscene genauer an, so wird man übrigens finden, daß das kühne Spiel des Dichters mit den zwei Bällen: tieferer Sinn und poetischer Schein in der letzteren weniger Schwierigkeit bereitet, als in der ersteren. Dieß kann nur daher rühren, daß in der Contractscene durch Fausts energisches Pathos der Widerspruch schlagender, kühner hingestellt ist, während im Prolog der Satz: „So lang er — strebt" sich wie ein Keil einschiebt, der mit stetem, nachwirkendem Druck die Illusion auseinander treibt. Dort bekämpft der Held offen die mythische Vorstellung, hier bestätigt sie der Herr und hebt sie doch auf.

Um den Angelpunct des Prologs in ununterbrochenem Zusammenhang zu behandeln, habe ich die Worte, womit Mephistopheles acceptirt:

> Da dank' ich euch! denn mit den Todten
> Hab' ich mich niemals gern befangen.
> Am meisten lieb' ich mir die frischen vollen Wangen,
> Für einen Leichnam bin ich nicht zu Haus;
> Mir geht es wie der Katze mit der Maus.

bis hieher noch zurückgestellt.

Hält man hier im Lesen inne nach den ersten vier Worten, so meint man, sie ironisch gesprochen denken zu müssen, wie wir zu sagen pflegen: da dank' ich schön! Und dieser Sinn scheint als Antwort auf die letzte Rede des Herrn, mit der wir uns so lange mühen mußten, nur passend und natürlich; Mephistopheles will also, meint man, sagen: „wie weit ich Faust auf Erden immer herunterbringen mag, Ihr versetzt ihn nachher eben doch in den Himmel und damit basta! Für diese Parthie danke ich." So-

wie man aber weiter liest, erkennt man, daß diese Auffassung
falsch wäre; Mephistopheles acceptirt im Ernst, ist wirklich dank=
bar. Wie kann er aber dankbar sein, da er, mag Faust unter
den Verirrungen, in die er ihn stürzen wird, noch so sichtbar
immer im Guten gewachsen sein, niemals an die Kraft des
Guten glauben, also niemals gewonnen Spiel geben wird?
Nun dient uns aber unsere bisherige Auseinandersetzung, darauf
die Antwort zu finden. Hinter Mephistopheles steht wieder der
die mythischen Personen und Acte vorführende und die Illusion
auch wieder auflösende Dichter und sagt uns zwischen den Zeilen:
Mephistopheles versteht, daß der Herr mit einer Aufnahme Fausts
in den Himmel nach einem Streben voll Verirrungen doch keinen
Willkür=Act zu vollführen gedenkt, weil nach seiner idealen
Schätzung des Menschen das Gute in Faust doch evident gesiegt
haben wird; er hofft aber fest, es dahin zu bringen, daß der
Herr die so gemeinte (eigentlich von mir, dem Dichter, so
gemeinte) Himmelfahrt, wenn er irgend gerecht sein will, nicht
eintreten lassen kann, denn er traut sich zu, Faust ganz un=
zweifelhaft in den Pfuhl der Nichtigkeit herabzuziehen, und so
gedenkt er eben an ihm zu operiren, so lang er kann, d. h.
so lang Faust lebt. Dieß ist also, während die ersten Worte
(„da dank' ich euch") nicht ironisch sind, der ironische Sinn, der
zwischen den weiteren Zeilen dieser fünf Verse schwebt. Findet
man diesen Sinn nicht darin, so sagen sie etwas, was sich doch
zu sehr von selbst versteht. Wer könnte meinen, daß dem Mephi=
stopheles einfiele, an Todten zu operiren? Aber auch wenn man
diesen hindurchschimmernden Sinn, wie man muß, zu Hülfe nimmt,
erscheinen die drei letzten dieser Verse als überflüssig: einen Satz,

welcher so sehr auf der Hand liegt, daß man ihn nur um eines
Hintergedankens willen ausspricht, den man verschweigt, braucht
man nicht auszumalen, wie Mephistopheles mit den Worten
thut: am meisten lieb' ich mir die vollen frischen Wangen u. s. w.
Zur Rechtfertigung dieses Zusatzes ist aber zu sagen, daß er als
Pinselzug zum Colorit des Mephistopheles dient. An sich ge=
nügte es, den negativen Satz auszusprechen, den die zwei ersten
Verse enthalten, aber er verspürt nun einen Reiz, bei dem
positiven Gegensatz des Negirten zu verweilen, d. h. bei dem
saftigen Bilde des Lebens, das ihm Vergnügen macht, wie dem
Jäger das Wild; der Verführer ist lüstern auf seine Beute.

Ich weiß nicht, ob alle Leser noch einen wesentlichen Punct,
der bei dieser Wette zu beachten ist, sich klar genug aus dem
Text entnehmen. Mephistopheles dankt für eine besondere
Liberalität des Herrn. Es wird ihm vorgegeben wie beim
Billardspiel; es ist ihm „überlassen," zu wirken, wie er immer
kann, d. h. es soll der Hölle erlaubt sein, alle ihre Zauberkünste
zur Verführung Fausts in Bewegung zu setzen, während der
Himmel keinerlei besondere Anstalt zu seiner Rettung trifft, keinen
mahnenden Engel, keine warnenden Zeichen schickt (wie das
Homo fuge! das im Puppenspiel in Fausts Hand erscheint, da
er sich anschickt, den Contract zu unterzeichnen). Auch hier drängt
sich denn eine Theilung des Mythischen und Rationellen auf.
Gibt es Himmel und Hölle und treten beide in Kampf um eine
Seele, so müßten eigentlich beide Theile ihre Wundermittel auf=
bieten wie die Götter Homers zur Verfolgung und Rettung sei=
ner Helden. Welchen andern Sinn kann nun diese Ungleichheit in
der poetischen Logik haben, als den: das Böse hat scheinbar mehr

Mittel, als das Gute; die Reize des Guten sind still, zart und tief, die Reize des Bösen so keck als fein und schleichend, so laut als tückisch, durch die weite Welt als unzählige Pfeile schwirrend. Man denke z. B. an alle Verführungsmittel, an alle Formen der Versuchung, um Charaktere zu verderben, über die eine schlechte Regierung oder der Jesuiten-Orden mit seiner Propaganda verfügt, und erwäge, wie arm dagegen die einfache Macht des Geistes erscheint. „Zieh' diesen Geist von seinem Urquell ab und führ' ihn, kannst du ihn erfassen, auf deinem Wege mit herab." Kannst du ihn erfassen in dem Kerne seines Wesens, in welchem er mit seinem Urquell verbunden ist, kannst du ihn in diesem Centrum erschüttern, so zieh' ihn hinab. Einfach darauf baut der Herr, daß die Menschheit ihrem Wesen, ihrem Lebensgrunde zu entfremden nicht möglich ist; die Menschheit ist gut, ihre Wurzel der gute Geist und nicht zu durchschneiden.

Und hiemit wären wir im Freien, das Uebrige bietet keine Schwierigkeiten, nur klare Schönheiten dar. Ich muß nur den Leser vorher etwas bei Seite führen vor ein kleines Theater, wie Göthe auf dem Blocksberg thut. Hier tritt ein Gegner auf, welcher der vorstehenden Analyse, wie ich sie, weniger entwickelt, schon in der genannten kleinen Abhandlung (Krit. Bem. u. s. w.) gegeben, „unerhörte Willkür", „gründliche Nichtigkeit ungeheuerlicher Erklärung" vorwirft. Es ist H. Dünzer. Er selbst hat entdeckt, daß die Worte: „So lang' er — Katze mit der Maus" Schwierigkeit bereiten, und sagt (Würdigung des Göthe'schen Faust u. s. w. S. 22): „man könnte leicht auf die Vermuthung kommen, die ganze Stelle von den Worten:

„„So lang er"" bis „„wie der Katze mit der Maus"" sei kurz vor der Veröffentlichung eingeschoben worden, ja man könnte meinen, das: „„Nun gut, es sei dir überlassen"" schlöße sich dann viel besser an, wo es sich auf das unmittelbar vorhergehende „„ihn meine Straße sacht zu führen"" beziehen würde, während es jetzt gar zu beziehungslos steht." Er wittert etwas Unbequemes darin, es flirrt ihm etwas vor den Augen, er macht sich aber kein weiteres Kopfzerbrechen, sondern erledigt die Sache mit folgender Bemerkung: „ihre Erklärung findet diese im Zusammenhang völlig unnöthige, ja auffallende Beschränkung nur darin, daß der Dichter hier andeuten wollte, sein Mephistopheles sei nicht der Volksteufel, welcher alle List darauf verwende, die Menschen zu verführen, um sie für das höllische Feuer zu gewinnen, und sein Gott Vater lasse keineswegs zu, daß die Seelen ewiger Verdammniß anheimfallen, er lasse sie auf Erden sich in freier Selbständigkeit entwickeln, er wisse ihre Vergehungen nachsichtig zu betrachten und werde sich ihrer im Jenseits annehmen." Die rührende Verzichtleistung auf Weiterdenken, die aus diesen bescheiden schönen Worten spricht, läßt begreifen, daß die ganze Durchkreuzung rationeller Gedanken mit mythischer Fiction, wodurch uns jene Stelle so viel Noth gemacht hat, ihm gar keine macht, daher auch ganz begreifen, daß er mich, dem sie diese Noth machen und der ich daher dem Leser die Noth mache, mir in meine Noth zu folgen, mit solchen Complimenten beschenkt. Von Anfang an freilich gefällt es ihm, wie schon im Eingang zur Betrachtung des Prologs erwähnt ist, nicht, daß ich meine, das Drama gehe in die Tiefe und Weite der Idee und es sei daher natürlich, daß der Dichter den großen Inhalt auch

in Form der ausgesprochenen Allgemeinheit auf seine Eingangs=
pforte schreibe. Er belehrt mich, daß das dichterische Kunstwerk
seine Erklärung in sich selbst finden müsse. Was kann ich sagen,
als daß ich ihm das Glück seiner Weisheit und seiner Denk=
Bescheidung herzlich gönnte, wenn es nur etwas stiller wäre!
Famulus Wagner sollte etwas harmloser auftreten, wenn er
über Faust, seinen Herrn, schreibt; Niemand läugnet seine Ver=
dienste und für die Regenwürmer, die er zierlich gräbt und beut,
wäre man noch weit dankbarer, wenn er sie weniger laut für
Schätze ausgeben möchte.*)

Ich habe den Prolog zu den Stellen gezählt, worin Göthe
mit dem ganzen, nicht mit dem getheilten Geist operirt, worin
er Tiefen der philosophischen Wahrheit nicht metaphysisch denkt,
sondern divinatorisch schaut. Es ist ein eigenthümlicher Geistes=
Act, woraus diese Eingangsscene entsprang. Ein Act des Be=
wußtwerdens. Der Dichter hatte ahnend gefühlt, wo er mit
seinem Faust hinauswolle; mit der Conception des Prologs
wird diese Ahnung zum Bewußtsein, er erhebt sich über sich,
sieht sein Gedicht von oben und findet den Grundbegriff, unter
den er es zu stellen hat. Aber das Wunderbare ist, daß auch

---

*) Man vergl. auch Herrigs Archiv für n. Sprachw. XXXIV: „Der
Aesthetiker Fr. Vischer und Göthes zweiter Theil des Faust." Nachdem
H. Düntzer hier eine Neckerei so niedlich parirt hat, warum denn darauf
gar so fürchterlich grob? „Tropf" — (das legt er dichterisch Göthe über
mich in den Mund nebst: „der mein Werk nach Harpyienart besudelt")
„Anmaßung — sinnlose Beschuldigung — dreiste Vornehmheit — wie ein
unaufmerksamer Junge — Plattheit und Gemeinheit — Armseligkeit" u. dgl.
Aber Wagner, Wagner! sonst so wohlgezogen! Ei!

dieses Bewußtwerden selbst noch den poetischen Charakter der Ahnung behält. Sie wird nur viel heller, es ist ein Wetterleuchten in ihrem Helldunkel, das mit einem Schlage das Ganze beleuchtet. Nur die Stelle, die uns so sehr bemüht hat, ist ein momentanes Hinüberschwanken aus der Ahnung in eine Art von Bewußtheit, die ihr Bildleben mit Zersetzung bedroht. Im Uebrigen ist die Bildlichkeit schon dadurch streng bewahrt, daß Alles sich an die bestimmte Gestalt des Faust knüpft, daß an ihm die Alles erhellende Idee zum Ausdruck kommt, daß es die Frage seines Schicksals ist, von der wir auf die Weltfrage des Schicksals der Menschheit ausschauen. Es ist der Begriff der Entwicklung, unter den beide gestellt sind. Diese ist das große Expediens für Fausts Leben und für das Menschheitsleben.

Ein in schweren Wirren und Widersprüchen befangener, am Ideal tragisch kranker Held wird uns in der Ferne gezeigt und sogleich der Klang und Fluß wie der Inhalt der Verse, die der Herr über seinen Zustand spricht, gibt dem Gehör wie dem Geist das Gefühl der reinen Entlastung, welche die im edelsten Sinn pantheistische Auffassung aller schweren Verwicklung im Menschenleben mit sich führt.

> Wenn er mir jetzt auch nur verworren dient,
> So werd' ich ihn bald in die Klarheit führen.
> Weiß doch der Gärtner, wenn das Bäumchen grünt,
> Daß Blüth und Frucht die künft'gen Jahre zieren.

Wie weich und entschieden zugleich, mit welcher Kraft in der Anmuth und Anmuth in der Kraft bewegen sich diese Verse! Man vernimmt es schon mit dem Nerv, daß hier ein Geist spricht, für den es kein Stocken gibt. „Wenn er mir jetzt auch nur verworren dient"; so gewiß sieht der Herr in den dunkeln Conflicten einer Seele, die groß und stark genug ist, als Bild aller innern Geisteskämpfe menschlicher Bildung zu gelten, die künftige Auswicklung, daß er diese Conflicte selbst als Gottes= dienst bezeichnet. Alles von ihm, in ihm, zu ihm! Das Leben ein Garten und wo wir verworrene Blätterknoten sehen, sieht der Gärtner schon die künftige Blume und Frucht. Denn ihm ver= engt nicht das hölzerne Richtscheit Zeit wie unsern Augen den Sehwinkel! Diese Idee hat uns im Zusammenhang der obigen schweren Untersuchungen mittelbar beschäftigt, jetzt verweilen wir mit ungetheiltem Genuß dabei, daß sie so klar und schön dem personificirten Weltgeist in den Mund gelegt ist. Wer universell, wer zeitlos blickt — heißt es ohne Bild und als Aufforderung an unser Denken ausgedrückt —, der muß, wenn er auch das Wie? nicht erforschen kann, sein Denken dahin ausweiten können, daß er am Geist der Welten nicht verzweifelt, wie hoffnungs= und trostlos die Dinge auf unserem Planeten aussehen mögen, denn Spuren der überzeugendsten Art begründen ihm den Glauben, daß Alles einem großen Entwicklungsgesetze dienen muß. Mephi= stopheles hat eine andere Art von Blick; seine Worte müssen wir nun näher als bisher betrachten.

> Der kleine Gott der Welt bleibt stets von gleichem Schlag,
> Und ist so wunderlich als wie am ersten Tag,
> Ein wenig besser würd' er leben,
> Hätst du ihm nicht den Schein des Himmelslichts gegeben;
> Er nennts Vernunft und brauchts allein,
> Nur thierischer als jedes Thier zu sein.

> Er scheint mir, mit Verlaub von Euer Gnaden,
> Wie eine der langbeinigen Cicaden,
> Die immer fliegt und fliegend springt
> Und gleich im Gras ihr altes Liedchen singt;
> Und läg' er nur noch immer in dem Grase!
> In jeden Quark begräbt er seine Nase.

„Nur thierischer als jedes Thier zu sein;" keine Bestie kann ihre Triebe raffiniren und sublimiren, wie der Mensch; die unbewußte Natur, so wollüstig, gefräßig und grausam sie ist, trägt ihr Maaß in sich. Vorher hat Mephistopheles gesagt: „ich sehe nur, wie sich die Menschen plagen," d. h. nicht: sich selbst plagen (placken, abmühen), sondern: einander plagen; wenn Faust im Monolog nach Wagners Abgang sagt: „daß überall die Menschen sich gequält," so ist es ebenso gemeint. Wie scharf Göthe dieß sah und wie es ihm oft sein Urtheil verbitterte, werden wir in anderem Zusammenhang belegen. Da spricht er dann als Pessimist, hier nicht, denn er bleibt bei dieser Betrachtung nicht stehen. Man muß es werden, wenn man sich darein verbeißt und nicht weiter, nicht höher hinauf sehen will. Und man muß es, muß Pessimist werden, wenn man den Blick nur auf den starken Schein der bloßen Wiederholung fixirt, den die Cultur- und Staaten-Geschichte darbietet. Im Wechsel der philosophischen Systeme z. B. wird man dann nichts sehen als Gellerts Geschichte vom Hute. Für den Schein einer bloßen Kreisbewegung im politischen Leben dient als wahres Musterbild der Wechsel zwischen Revolution und Reaction in der neueren Geschichte Frankreichs, der nach menschlichem Ermessen nicht darnach aussieht, als werde er je zu einem fruchtbaren Abschluß gelangen. Und nun erinnere man sich, was unsere neueren

Pessimisten, was Schopenhauer und Ed. v. Hartmann in der Geschichte sehen: eine Posse, worin dieselben stehenden Masken nur mit einigem Wechsel des Kostüms und der Fabel ewig Ein und dasselbe Thema abspielen, eine tautologische Fratze, ein „wahnwitziges Carnevalspiel." Wer anders sieht, der gilt den Jüngern dieser Schule, die sich zum Unglück der deutschen Jugend ausbreitet, als ein Philister des Optimismus, der zahm und blind an den Abgründen des Lebens vorbeigeht und in geist= loser Zufriedenheit sich gefällt. Göthe hat noch ganz anders in die Abgründe geblickt, als diese grämlichen Rechner, die in ganzen Colonnen dem Weltall seine Schnitzer aufzählen, ihm dieß und dieß, auch dieß noch aufmutzen, er kennt noch ganz anders die schreckliche Komik in der grauenhaften Tragik des Lebens. Aber er hat sich nicht darin verrannt, nicht verbohrt. Das überläßt er seinem Mephistopheles. Göthes Faust ist auch darin ein un= erschöpflich inhaltvolles Werk, daß er diesen Streit der Welt= ansichten vorbildet. Er zeigt den Pessimismus im ganzen Um= fang seines scheinbaren Rechtes und ist hoch optimistisch. —

> Und sich beschämt, wenn du bekennen mußt:
> Ein guter Mensch in seinem dunkeln Drange
> Ist sich des rechten Weges wohl bewußt.

Warum sagt der Herr nichts von der hellbewußten Willens= freiheit, nichts von energischen Acten, wodurch sie sich vom Bösen losreißt, das Böse bekämpft? Weil die Wurzel gut sein muß, wenn die Freiheit der Selbstbestimmung und ihre Acte zum Guten führen sollen; die Wurzel, d. h. die Natur, das Wesen der menschlichen Seele. Und ist es gut, so muß es sich vor und außer den bewußten Acten als Zug zum Guten, als Instinkt, helldunkel, halbbewußt äußern. Wie schön ist der logische Widerspruch zwischen: „dunkeln Drange" und „wohl bewußt!" Dem Menschen ist sein Compaß mit unverrückbarer Nadel eingesetzt. „Ganz leise spricht ein Gott in unsrer Brust, ganz leise, ganz vernehmlich, zeigt uns an, was zu ergreifen ist und was zu flieh'n." Es ist das Daimonion in unsrer Brust.

Nun sehe man nach dem Gesang der Erzengel zurück. In der Natur herrscht trotz allem Anschein, als müßten die furchtbaren Wechsel und Stürme, die zerstörenden Gewalten sie aus Rand und Band reißen, das ewig gleiche Gesetz und die Majestät der Ordnung. Kann Mephistopheles den Faust in den Staub herabziehen, so hat er Recht mit seiner Ansicht, daß die moralische Welt das reine Widerspiel davon, daß sie ein Chaos sei. Die Wirren, in welchen Fausts Geist krank liegt, die Verirrungen, in die ihn Mephistopheles allerdings stürzen wird, und alle schweren Erkrankungen, wilden Leidenschaften und Verstrickungen der Menschheit, deren Bild wir in Faust sehen, sie sind in der sittlichen Welt dasselbe, was in der physischen die breiten Flüsse, die am tiefen Grund der Felsen aufrauschen, die Stürme, die wüthend vom Meer aufs Land, vom Land aufs Meer brausen, das blitzende Verheeren, das dem Pfade des Donnerschlags vorflammt. Die Frage ist, ob das ewige Gesetz in noch höherer Ordnung der Dinge auch über diesen Aufruhr in der sittlichen Welt übergreift, und ob auch hier, was „in schwankender Erscheinung schwebt," mit „dauernden Gedanken befestigt ist." Und der Herr hat dieß bejaht mit den Worten, die diesen vorangehen und mit denen wir uns beschäftigt haben.

Man sieht, daß der Prolog sich durchaus mit den Fragen der Theodicee berührt. Unsere Reflexionen haben uns hineingeführt, doch hoffentlich nicht so, daß man spotten könnte, das heiße an Göthe dociren oder gar den Dichter selbst als Docenten hinstellen. Man gebraucht am besten auch hier den Ausdruck Perspective, der Dichter läßt uns eine affirmative Beleuchtung der Fragen der Theodicee als Fernsicht aufgehen, eine Sonne am Horizont, deren Licht die Güte der Weltordnung bejaht. Auch Göthe hat ja seine Stunden finsterer Weltbetrachtung gehabt und wir werden, wie schon gesagt, auf solche zu sprechen kommen. Wer könnte ein Dichter, wer gar ein dramatischer Dichter sein, der sie nicht gehabt hätte! Die Dornenlese pessimistischer Dichter-Aussprüche, die Schopenhauer angelegt hat, ließe sich leicht vermehren. Aber wer ist ein wahrer Dichter geworden, der in dieser Verneinung stehen geblieben ist! Die großen Dichter sind wie das Weltall selbst. Man kann auf ihren schwarzen Schattenstellen verweilen und bitteren Weltschmerz herauslesen; dann vergißt man ihr Wohinaus, reißt die Stellen aus dem Zusammenhang und verschleiert sich das Bild der tiefen Versöhnung der tiefsten Schmerzen. Der Pessimismus als Princip müßte die ganze Stimmung zum Dichten ertödten, selbst ein Leopardi kann aus dem Gefühle des Nichts heraus nur dichten, weil ihm die Wehmuth seiner Klagen ein Sein, ein schönes Seiendes ist. Ich muß dem Anreiz widerstehen, der hochbejahenden Lichtstellen aus Göthe auch nur einige zu sammeln. Nur das freundlich schöne Wort aus der Iphigenie mag hier stehen: „Der Menschen weitverbreitete gute Geschlechter" und ein humoristisches daran gereiht werden: das Xenion „Hypochonder."

> Der Teufel hol' das Menschengeschlecht!
> Man möchte rasend werden!
> Da nehm' ich mir so eifrig vor:
> Will Niemand weiter sehen,
> Will all das Volk Gott und sich selbst
> Und dem Teufel überlassen!
> Und kaum seh ich ein Menschengesicht,
> So hab' ich's wieder lieb.

Dieß gute Wort bringt uns gerade rechtzeitig auf das capitalste aller Mittel gegen die pessimistische Obstruction, den Humor. Der Pessimismus ist vollständig humorlos, wenn man unter Humor, wie billig, nicht den Galgenhumor versteht; nicht nur ihm selbst fehlt dieses edle lösende Fluidum, sondern er übersieht auch völlig, es unter den Potenzen, mit denen er rechnet, aufzuführen und es, wenn er die Summe der Güter und Uebel, wenn er das Sollen und Haben überschlägt, auf die Zahlen-Colonne des „Haben" zu setzen. — Göthe hat den groß genialen Gedanken gehabt, einen humoristischen Teufel zu dichten. Ich verfolge noch nicht die Durchführung dieses einzigen Bildes; hier haben wir es mit dem Prolog zu thun. An ihm könnte man geradezu Wesen und Bedeutung des Humors im tiefsten Sinne des Worts deduciren.

> Von Zeit zu Zeit seh' ich den Alten gern
> Und hüte mich, mit ihm zu brechen.
> Es ist gar hübsch von einem hohen Herrn,
> So menschlich mit dem Teufel selbst zu sprechen.

Daran mag sich stoßen, wer nicht begreift, wie aller Humor schließlich auf dem Bewußtsein ruht, daß das Unendliche sich überall im Endlichen bricht und in dieser Brechung sich doch erhält, daß also das Endliche und Unendliche komisch ineinander=

scheinen. Der Humor weiß und besagt, daß die Welt trotz alledem nicht des Teufels ist, er weiß es lange vor den Bemühungen der Philosophie. Ein Pessimist, wenn er die Scene liest, muß denken, Mephistopheles sollte eigentlich statt des Herrn auf dem Throne sitzen, und da gäbe es ja nichts mehr zu lachen. — Anders natürlich der religiös Aengstliche: er nimmt Aergerniß an der Kühnheit des Dichters, weil er einfach den Sinn nicht faßt. In den unendlichen Fällen, wo immer nur das Ideale über sein Gegentheil, das Bagatell, die rohe Körperwelt, die Schwächen und Schlechtigkeiten der Menschen strauchelt, scheint es verloren, scheint die Weltordnung zu taumeln wie ein Betrunkener, im Humor spricht sich das Bewußtsein aus: es thut nichts, es ist arg, sehr arg, aber es thut doch nichts, denn es kann die ewigen Gesetze nicht aus den Fugen bringen. Der Stufen des Humors sind freilich manche und sehr verschiedene. Stoff des Komischen sind zunächst nur die Uebel, die sich leicht als unschädlich erkennen lassen; über die großen Uebel, Schuld und Verbrechen, furchtbare Hemmungen in der Entwicklung der Menschheit kann und darf nur ein Gemüth lachen, das den ganzen Schmerz, die ganze innerste Empörung über das Böse und Gemeine in der Welt gründlich durchlebt und doch mit großer Ahnung vorgreifend die Wahrheit erfaßt hat, daß auch diese dunkeln und großen Risse dem Bestand und der Ordnung der moralischen Welt nichts anhaben können, und auch dieses Gemüth kann und darf lachen nicht mitten in den Kämpfen des Lebens, wohl aber in der Stunde hoher, freier und weiter Betrachtung. In einer solchen hat Göthe seinen Prolog gedichtet, wo der Teufel einen so humanen Empfang bei dem lieben Herrgott findet. Ich sprach einmal, nachdem ich ihn in der Vorlesung behandelt, mit einem denkenden Zuhörer darüber und er sagte: warum sollte der Teufel nicht so von ihm empfangen werden? Ihn kann er ja nicht holen.

*C.f. Kosmos +*

### Die Anfangs-Scenen, die Exposition.

Dem Faust der Sage gießt der Dichter die eigene Seele ein mit ihrer ganzen Sehnsucht nach einer neuen Wissenschaft: dieß ist der erste große Wurf des noch jugendlichen, ungestörten Nachtwandlers. Schon im ersten Abschnitt, als wir die Prä= dicate subjectiv und objectiv an beide Theile hielten, haben wir die Kraft der Selbstobjectivirung in diesen ersten Scenen ange= deutet. Sie hat sich ähnlich in Werthers Leiden bewährt, als der Dichter eine Leidenschaft, in der er selbst noch befangen war, so ganz im Bilde aus sich herauszustellen vermochte, aber Fausts Leiden ist tieferer Natur und das Bild ist dramatisch, die Los= lösung vom Innern war also schwerer und das Gelingen ist noch mehr zu bewundern. So tief war dieser Act und so ahnungsvoll der Zustand, der sich herausrang und im Bild niederlegte, daß wir heute erst beginnen, ihn zu verstehen, ja daß der Dichter selbst erst sich sagen konnte, daß er sich verstehe, als die deutsche + Philosophie, die Naturwissenschaft, sein eigenes Forschen die großen neuen Wege betreten hatte. Wonach dieser Faust schmachtet, brennt, dürstet, lechzt, das ist Erkenntniß der Einheit des Weltalls, die zugleich der reine Genuß der Wesens-Gleichheit des Erkennenden mit dem Erkannten wäre. Nicht umsonst begrüßt Schelling in der oft citirten Stelle das Gedicht als einen ewig frischen Quell der Begeisterung, der zureichend war, den Hauch eines neuen Lebens über die Wissenschaft zu verbreiten; Göthes Faust ist ja der klare Vorläufer seines und des Hegelschen Pantheismus, — mehr natürlich des ersteren, als des zweiten, denn jener ist in seinen Mängeln und seinem Vorzuge dem Geiste dieses Drama verwandter; in seinen Mängeln, denn die Verachtung, womit Faust alle Methode, alle Formen der wissenschaftlichen Vermittlung wegstößt, sein Verzweiflungs-Versuch, die Wahrheit zu erstürmen durch Beschwörung des Erdgeistes, erinnert sogleich an den Genialitäts- und Gewalt-Act der Eroberung des Absoluten durch die intellectuelle Anschauung; in seinem Vorzuge, denn bei Schelling gibt es eine Natur, bei Hegel eigentlich keine; der Vorzug ist freilich zu leicht erkauft und heute noch steht die Philosophie vor der Aufgabe, der Natur ihr ganzes Recht zu geben, dem Geiste sein ganzes zu lassen und doch Monismus zu sein, so unverrichteter Dinge, wie von jeher. Wenn die Natur doch der volle Gegenschlag des Geistes, nicht blos sein „Außersichsein" ist, wie kommt es, daß sie ihn gebiert? Und wenn er doch irgendwie vorher in ihr sein muß, weil sie ihn sonst nicht gebären könnte, wie kommt es, daß er dieß sein Gegentheil sich voranschickt, um als Hysteronproteron aus ihm hervorzugehen? Doch nicht diese ewige Urfrage ist hier zu verfolgen, sondern zu sagen, was nach der Philosophie die moderne Naturwissenschaft zum Verständniß des Faust Willkommenes errungen hat. Die Reihe von Reductionen, durch welche die Physik und Chemie, was besonderer Stoff, besondere Kraft schien, eines auf das andere zurückgeführt hat, die Entdeckung der Stoffgleichheit der Weltkörper durch die Spectral-Analyse im Dienste der Astronomie, endlich und vor Allem die Theorie der Entwicklung im Gebiete des organischen Lebens: alle diese gewaltigen Schritte sind ebensoviele Bestätigungen für die Wahrheit des Kerns im Sehnen Fausts nach Erkenntniß einer wahren Identität aller Wesen. Was dem gereisten Dichter in seiner Naturforschung noch erst als eine Einheit des Schema in den Formen des organischen Lebens erschien, strebt die Wissenschaft nun als wirkliche, stufenförmige Entwicklung von Gattung aus Gattung, Form aus Form zu erkennen und Ernst wird daraus gemacht, daß der Erdgeist den Faust seine Brüder im stillen Busch, in Luft und Wasser kennen lehrt. In das Nähere der jetzigen Streitfragen ist hier nicht der Ort einzugehen; ich habe nur in Kürze hinzuzusetzen, daß mir diejenige Ansicht, die alle Formenwerdung blos causal erklärt, den Namen Entwicklungs-Theorie nicht für sich ansprechen zu dürfen und daß mir aus Göthes Anschauungsweise zu folgen scheint, er hätte denjenigen beigestimmt, welche für einen wahren Begriff der Entwicklung zwei Factoren verlangen: unbewußten, immanent zweckmäßig bauenden Geist in der Natur und die Causalität nur als Vermittlungsform seines Wirkens. Was uns hier angeht, ist die Seelenlage Fausts, eigentlich des Dichters zur Zeit, als der Faust entstand, gegenüber solchen späten Erfolgen der Wissenschaft. Diese ist auf dem Geduldwege der Forschung dazu gelangt; Faust ahnt sie dunkel, ganz dunkel von ferne, verachtet aber die Geduldwege und will nun durch Magie errathen, wozu doch nur diese führen können. Darin mischt sich Schuld und Unglück; der Dichter, der aus dem Faust spricht, stellt den verzweifelten Schritt als vermessen, als schuldhaft dar, aber wir fühlen zugleich durch, daß diesen Schritt der Stand der Wissenschaft zur Zeit Fausts (eigentlich Göthes) zugleich entschuldigt, denn sie eröffnete ihm auch nicht eine entfernte Aussicht zu dem tiefen Einblick in die Lebens=Einheit, den sie jetzt gefunden hat; daß aber Faust der geahnten Einheit des Alllebens gleich zu sein sich vermißt, ist bestimmtere Schuld titanischer Ueberhebung, die der Dichter mit hellerer Ahnung ihm leiht, um ihn auf den Erziehungsweg zur Beschränkung zu führen. Die Beschämung durch den Erdgeist habe ich früher (in den A. Krit. Gängen) vom Standpuncte des Hegelschen absoluten Wissens sehr ungenügend erklärt, indem ich nur an den Zustand der Blendung dachte, der zurückbleibt von gewaltsam errafften, durch keine Vermittlung des Denkens begründeten und zerlegten Ideen. Faust fehlt nicht nur durch diese Gewaltsamkeit momentanen Erschauens, sondern er frevelt in doppelter Weise: er glaubt die Schranken des Wissens über= springen zu können, die immer bleiben, auch wenn wir aller= dings die tiefsten Blicke in das Centrum alles Lebens zu werfen vermögen, und er verwechselt die Wesensgleichheit zwischen sich und dem Erdgeist, deren er sich allerdings rühmen darf, mit einem Gleichgroßsein, — als ob wir je den Lebensgrund, die Natur in die Hand bekämen, auch wenn wir sie ganz zu erkennen vermöchten, und als ob je der Einzelne, der winzige Theil, dem Ganzen gleich wäre. Dabei erinnere ich mich nicht, daß irgendwo in der Faust=Literatur schon ausdrücklich ins Auge gefaßt wäre, wie höchst genial der Gedanke war, aus dem Teufel, der im Volks=

buch dem Fauſt nach ſeiner düſteren Beſchwörung erſcheint, den Erdgeiſt, den perſonificirten Inbegriff des Naturlebens auf unſerem Planeten zu machen. Es war dieß unmittelbar gegeben mit der andern Vergeiſtigung, wodurch die rohe Triebfeder des Fauſt der Sage, Genußſucht und Uebermuth, zu reinem Wiſſenstrieb vertieft wurde. Ich habe bei der erſten Erwähnung des alten, aufgegebenen Planes die Anſicht beſtritten, daß der Erdgeiſt zugleich das Menſchenleben, die Welt der Leidenſchaften und Thaten bedeuten ſolle, daß alſo der „Thatenſturm" nicht blos auf die ſtärkſten Naturwirkungen zu beziehen ſei, und daß wir in der Erregung Fauſts bei dem Gefühl der Nähe des Geiſtes ſchon das Erwachen ſeines Welt= und Thatendrangs zu erkennen haben; wäre dieſe Anſicht auch begründet, ſo bliebe doch auch ſo das Weſentliche und Erſte in der Bedeutung des Erdgeiſtes, daß er die Naturkraft vorſtellt, und im Zuſtande Fauſts der reine Wiſſensdurſt, jene beiden Beziehungen auf das heiße praktiſche Leben aber das Zweite, was auch bei dem älteren Plan nur beiherſpielte, wiewohl ſtärker, als dieß nun, nachdem jener Plan aufgegeben, des Dichters ſichtbare Meinung iſt. Wenn dieß Köſtlin (Göthes Fauſt, ſeine Kritiker und Ausleger) umgekehrt anſieht, ſo kommt es daher, daß ihn das Myſtiſche in Fauſts Erkenntnißtrieb täuſcht; für Fauſt iſt das Erkennen ein eſſentielles Sichineinsſetzen, ein Identiſchwerden, dieß gibt dem reinen Erkenntnißdrang ſeine Gluth und dieſe Gluth verwechſelt Köſtlin mit einem ſchon jetzt in ganzer Stärke vorwaltenden, nicht nur erſt noch mitſpielenden Weltdrang. — Die lang und prächtig ausklingenden zwei Schlußzeilen in den herrlichen Verſen, worin der Erdgeiſt ſein wogendes Leben ausſpricht, bekunden übrigens klar die Reinheit, worin der Dichter schon bei dem ersten Plane den Erdgeist von aller Wildheit des Menschenlebens wollte gehalten wissen. Ebendieß zeigen auch die Worte: „du gleichst dem Geist, den du begreifst, nicht mir"; der Erdgeist wehrt das Gleichsein ab aus dem Grunde des Nichtbegreifens: begreife mich erst, dann maße dir an, mir gleich zu sein; der nächste Accent liegt auf dem „gleichst," aber der stärkere auf dem „begreifst"; das Begreifen ist die Voraussetzung und in Faust das Motiv, wovon Alles ausgeht, er glaubt zu gleichen, weil er zu begreifen glaubt, das Erste ist und bleibt also der Erkenntnißdrang. Uebrigens schließt dieß Wort wieder eine Welt von schwer auseinanderzulegenden Gedanken in sich. Unsere Bemerkungen haben bereits daran gestreift, wir müssen aber nun genauer zusehen. Ist der alte griechische Philosophensatz wahr, daß Gleiches nur von Gleichem erkannt wird, so müssen wir dem Wesen nach den Erdgeist begreifen können, weil wir ihm gleichen, und ihm gleichen, weil wir ihn begreifen können, denn das Kind ist doch gleichen Fleisches und Blutes mit dem Erzeuger. Allein dieser Erzeuger ist so unendlich größer, als jedes einzelne seiner unzähligen Kinder, daß die Wesensgleichheit vor der Quantitäts-Ungleichheit sich sehr zu bescheiden hat. Faust hat Recht, das Erkennen als ein qualitatives Gleichsetzen zu nehmen, darin ist seine Mystik nur wahre Tiefe; in Wahrheit ergreift ja im Erkennen nur die Gleichheit des Wesens sich selbst, denn es gibt überhaupt nur Ein Wesen; Faust hat aber sehr Unrecht, den unendlichen Abstand in Umfang und Macht überspringen zu wollen, welcher die einzelnen Wesen von dem Wesen der Wesen trennt. Derselbe Abstand ist zugleich aber nun Ursache, daß wir das an sich qualitativ Gleiche auch nie ganz begreifen, also die Wesensgleichheit auch im Denken nie ganz herstellen können; so wird der Quantitäts-Unterschied trotz der Gleichheit der Qualität doch auch zu einem Qualitäts-Abstand. Das Wesen, das ich nach seinem Umfang nicht zu erkennen und nie zu erreichen vermag, kann ich doch auch in seiner Qualität, in seiner Tiefe nicht ganz erkennen. Es entsteht also ein Widerspruch, den man sich ganz klar machen kann, wenn man erwägt, daß wir auch zur völligen Selbsterkenntniß niemals gelangen. Wir sind doch wir selbst, also, scheint es, müssen wir uns auch ganz zu erkennen vermögen; wir holen aber uns selbst mit unserer Selbsterkenntniß, wie jeder weiß, nie ganz ein. Ebenso und ebendarum bezwingen wir uns nie ganz, bekommen uns selbst nie ganz in unsere Gewalt: ein wandelnder Widerspruch und dieser wandelnde Widerspruch ist der Mensch. Dieß ist nun aber nicht blos ein Beispiel, sondern dieser Widerspruch, daß wir uns selbst zugleich erfassen und nicht erfassen, ist derselbe mit dem andern, daß wir uns des Grundwesens der Welt nicht erkennend, nicht wollend und handelnd bemächtigen können; wir tragen dieses ja in uns, aber als ein an so Viele zertheiltes, daß wir seiner habhaft und nicht habhaft sind, und ebendaher sind wir auch uns selbst dunkel; der — Theil, wenn man mit Göthe das Individuum so nennen kann — theilt mit dem Ganzen das Wesen und ist von demselben Wesen toto coelo entfernt; er ist also das Wesen des Ganzen und ist es nicht. Dieser Theil bleibt sich dunkel, weil ihm das Ganze dunkel bleibt und das Ganze bleibt ihm dunkel, weil er sich dunkel bleibt.

Was nun, logisch so zerlegt, abstracter Begriffsgang ist,

das ist in Faust brennende Pein, lohende Leidenschaft. Nicht genug kann man die Zaubergewalt der Dichtung bewundern, die den dialektischen Inhalt dieser metaphysischen Fragen ahnend packt und in Gefühl, in eine Welt von Qualen verwandelt. Es ist ein heiliger Schmerz, worin dieser Faust so einsam unter dem oberflächlichen Menschengeschlechte wandelt, und hier ruht denn auch das Geheimniß des poetischen Hauchs, der durch die Spaziergang-Scene weht. Niemand meine, Göthes Faust zu verstehen, der dieß Tragische, dieß sein heiliges Unglück nicht versteht. Es ist ein stolzes Unglück und doch ist Faust kein hochmüthiger Menschenverächter, sondern gegen seinen Wagner und gegen das Volk menschlich gut und freundlich.

Wie oft ist nun dieser Wagner besprochen und die unvergleichliche Contrastwirkung, die Göthe gewinnt, da er den selbstzufriedenen Wissens-Philister, der Kenntnisse für Erkenntniß hält, den Kleinzweifler in Einzelheiten und Autoritätsverehrer im Großen dem nach Erkenntniß lechzenden stolzen Unzufriednen gegenübersteht und so eines jener unsterblichen Paare schafft, welche durch die Meisterwerke aller Zeiten gehen; Don Quixote und Sancho Pansa, Don Juan und Leporello sind solche Paare, aber wie viel, unerschöpflich viel tiefer und genialer, als jene doch auch classischen inseparables, ist die Wechselhebung durch Contrast nicht nur in Faust und Mephistopheles, sondern auch in Faust und Wagner! Ich selbst habe diese Dinge längst besprochen, aber eine Seite ist weder von mir, noch meines Erinnerns von Andern genug hervorgehoben: nämlich wie liebenswürdig Göthe doch seine Philister zeichnet. Es ist das Naive in der Beschränktheit, was ihm so herzlichen Spaß macht, und als Dichter verwandelt er diesen

seinen Spaß in Genuß für uns. „Zwar weiß ich viel, doch möcht' ich Alles wissen": kann man den Schmerz des Nichts=
wissens mit hellerem, köstlicherem Schlaglicht des Gegensatzes be=
leuchten! — Natürlich muß Wagner eine gute Haut sein, sonst
könnten wir nicht lachen, und das ist er auch trotz seiner Eitel=
keit und Pedanterie. Und was sind es für Verse! Man be=
merke doch die zierlich zopfige Menuetbewegung in den Versen:
„der Vater zeigt dich seinem Knaben" u. s. w., dann: „dem
Hunde, wenn er wohlgezogen" u. s. w. — Ebenso reizend, so
durchaus gemüthlich beglückend ist das Bild des Philisterbehagens
in den zwei Bürgern (Spaziergang vor dem Thor).

Das erste Gespräch mit Wagner muß mit Ausnahme des
eigenthümlich abfallenden Schlusses sehr früh entstanden sein;
es gehört sicher zu den ältesten Bestandtheilen, denn auf den
ersten Blick erkennt man das Natur=Evangelium der Sturm=
und Drangperiode. Faust hat mit seiner unbedingten Werth=
schätzung des Ursprünglichen gegen das Künstliche nicht Recht;
die Rede ist zunächst von der Rhetorik; ein Komödiant könnte
ja allerdings gar manchen Pfarrer lehren, der da meint, wenn das
Herz voll sei, dürfe man nur den Mund aufmachen und es
werde gut sein, das: pectus facit dissertos ist ja nur halb=
wahr; die Wahrheit schwebt zwischen und über beiden Sprechen=
den, und sie heißt: Einheit von Natur und Bildung, Begeiste=
rung und Mühe, Wesen und Form. Aber es ist das höhere, das
qualitativ erste Glied in diesem Paare, für welches Faust als An=
walt spricht, und er thut es mit einer Frische, die das Ohr durch
Wohllaut des Tonfalls, wie das Herz durch den Nachdruck des
Ernstes, den Geist durch die Schneide des Spotts erquickt. Man

lese sich die Verse vor: „Wenn ihr's nicht fühlt — Herzen geht," dann: „Such' er den redlichen Gewinn — Worten nach= zujagen" und man wird etwas empfinden, als horchte man einem hervorrauschenden Waldquell zu; dagegen das Bild der leer formalen Beredtsamkeit am Schluß: „ja eure Reden — säuselt" gibt sich durchaus wie ein armseliges, kraftloses, strobernes Rascheln zu vernehmen. — Wagner geht von der Redekunst zum Wissen und Erkennen der Wahrheit über, und es folgt die Antwort Fausts: „Das Pergament — Seele quillt." Natürlich stehen sich zwei Standpuncte gegenüber, die nicht blos der Rhetorik gelten, sondern jedem Thun und Verhalten des Geistes, vor Allem aber des Geistes in seinem Forschen nach Wahrheit, und die sonoren Kraftworte Fausts wiederholen nun gegen Wagner, was wir aus seinen Monologen schon wissen: daß er alle Vermittlung im Forschen verachtet. Daß dem Dichter, so sehr er Faust selbst ist, und trotz seiner Jugend in entfernter Ahnung hier und dort das höhere wahre Dritte vorgeschwebt haben muß, ist schon gesagt und ergibt sich aus dem Gang der ganzen Handlung; Faust soll ja erzogen werden, sein theoretischer wie sein praktischer Idealismus soll in die Bedingungen sich fügen lernen, unter denen allein das Vorschreiten möglich ist. Dieß Gefühl des Unrechts, das Faust in seinem Rechte doch haben muß, bleibt aber so sehr nur ge= ahnter Hintergrund im Bewußtsein des Dichters, daß er seinen Helden doch mit der ganzen Frische und Kraft eines vollen, fröhlichen Irrthums sprechen lassen kann.

Von dieser Frische, diesem Jugendfeuer sticht nun der Schluß des Gesprächs auf unerfreuliche Weise ab und verräth sehr merklich die spätere Hand. Mit den Worten: „Verzeiht, es ist ein groß Ergetzen" springt der Dialog, nicht sogleich sichtbar, von Beredtsamkeit und Wissen überhaupt auf die Geschichte über und Faust spricht nun die ganze Geringschätzung, das ganze Mißtrauen, den ganzen Unglauben gegen Geschichts-Forschung, Geschichts-Erkenntniß aus, die wir am Dichter kennen, wie er in seinen reifen Mannesjahren geworden ist. Man muß darüber vergleichen: „Rückblicke in mein Leben. Aus dem Nachlaß von Luden". Dort sagt Göthe u. A.: „die Geschichte eines Volks? das Leben eines Volks? Wie wenig enthält auch die ausführlichste Geschichte gegen das Leben eines Volks gehalten? Und von dem Wahren — ist irgend etwas über den Zweifel hinaus? Bleibt nicht vielmehr Alles ungewiß, das Kleinste wie das Geringste?" Dieß ist einfach der Inhalt der Rede Fausts: „O ja, bis an die Sterne weit — im Munde ziemen!" Nimmt man dann aus dem folgenden Monolog die Worte heraus: „Daß überall die Menschen sich gequält, daß hie und da ein Glücklicher gewesen", so enthält das Gespräch mit Luden wiederum den richtigen Commentar: „Und wenn Sie nun auch alle Quellen zu klären und zu durchforschen vermöchten, was würden Sie finden? Nichts Anderes, als eine große Wahrheit, die längst entdeckt ist und deren Bestätigung man nicht weit zu suchen braucht, die Wahrheit nämlich, daß es zu aller Zeit und in allen Ländern miserabel gewesen ist; die Menschen haben sich stets geängstigt und geplagt, sie haben sich und Andern das bischen Leben sauer gemacht und die Schönheit der Welt und die Süßigkeit des Daseins weder zu achten, noch zu genießen vermocht. Nur Wenigen ist es bequem und erfreulich geworden. Das ist nun einmal das Loos des

Menschen. Was brauchen wir weiter Zeugniß?" Göthes Standpunct zur Geschichte enthält also: erstens, man bringt die Wahrheit nie heraus und zwar, weil die Quellen nicht ausreichen, weil sie unzuverläßig sind und weil die Schöpfenden nicht unterlassen können, ihr subjectives Urtheil einzumischen ("der Herren eigner Geist"), zweitens: was man aber herausbringt, ist, was man ohnedieß weiß, daß die Menschen in ihrer Mehrheit immer und überall Bestien gewesen sind. Göthe war immer geneigt, das Gute und Menschliche nur im stillen Kreise zu finden, "wo Lieb' und Freundschaft unsers Herzens Segen mit Götterhand erschaffen und erpflegen." Wir haben, als im ersten Abschnitt von der politischen Schwierigkeit die Rede war, seine Abkehr vor der Rauhheit des geschichtlichen Lebens besprechen müssen, seine Scheue vor dem Brausen des "großen Menschen-Oceans" wie Schiller, so grundverschieden fühlend, beim Heranwogen der französischen Revolution den Schauplatz nennt, worauf Völkerschicksale sich vollziehen. Man weiß, wie Göthe durch diese große Begebenheit so erschreckt wurde, daß er geradezu besorgte, die ganze Weltordnung gehe aus Rand und Band. Durfte er seinem Faust diese seine persönliche Stimmung leihen? Nein! Nimmermehr! Der Faust, der mit Wagner bis an jene Stelle gesprochen hat, was Göthe ihn sprechen läßt, ist eine Feuerseele, in deren Mund eine solche Ansicht als blasirt erscheint; dieser Faust könnte nur klagen, daß die Geschichtsforschung und Geschichtschreibung nicht aus dem Vollen und Ganzen schöpfe, nicht in das bewegende Gesetz der Erscheinungen eindringe; er müßte spotten auf die Oberflächlichkeit, die an der Schale herumtastet nicht dürfte er für unmöglich halten, zum Kerne zu gelangen;

Faust setzt ja voraus: es gibt eine Wahrheit, er verachtet alle gegebene Wissenschaft nur, weil sie, wie er sie kennt, nicht zu ihr, nicht zum Wesen vordringt; die Consequenz wäre, daß er, wo von der Geschichte die Rede ist, ebenfalls einen schlechthin werthvollen Kern annähme, der sich finden lassen müßte, nach dem aber die Geschichtsforschung nicht frage, weil sie an der Oberfläche hängen bleibe. Seine Worte lauten aber dahin, daß sich ein Kern, d. h. die geschichtliche Wahrheit überhaupt nicht finden lasse. Nimmt man nun das oben weiter Angeführte hinzu, so lautet Göthes Meinung also, wie wir gesehen, weiter: wenn sich ein Kern finden ließe, so wäre es ein schlechter, ein fauler. Das steht nun zwar nicht auch in Fausts Gespräch mit Wagner, aber folgern läßt es sich leicht. — Durch Wagners Worte „allein die Welt — erkennen" wendet sich nun das Gespräch auf die reformatorischen Geister, die großen Volkslehrer in der Geschichte. Und was sagt Faust von ihnen? Daß man sie von je gekreuzigt und verbrannt habe, weil sie „thöricht gnug ihr volles Herz nicht wahrten, dem Pöbel ihr Gefühl, ihr Schauen offenbarten." Nun, wären Sokrates, Jesus, Huß, Luther nicht solche Thoren gewesen, wo stünden wir? Der jugendliche oder noch jugendlich fühlende Göthe hätte statt „thöricht gnug" sicher geschrieben: „kühn genug." Die pessimistische Ansicht über alle Geschichte ergibt sich nun aber klar genug aus dieser ganzen Stelle: geht die Menschheit so mit ihren großen Lehrern um, so wird ihr Gesammtleben eben ein Bestienleben sein. Aber diese mißhandelten Geister haben, so meinen Andere, doch etwas bewirkt und alle hat man doch nicht gekreuzigt und verbrannt. Es entsteht nun durch diesen letzten Theil des Gesprächs ein schreiender Widerspruch mit dem Inhalte des Prologs; dieser befaßt die moralische Welt trotz ihren Wirren unter das waltende Gesetz der Ordnung und Entwicklung wie die physische, dieser blickt nicht trostlos, nicht menschenverachtend wie Faust im Momente so trüber Selbstvergessenheit. Wir haben schon zum Prolog auf solche Stellen hingewiesen, da wir von pessimistischen Stunden der großen Dichter sprachen. Sie sind eben Schatten im Lichte des klaren Optimismus, in welches eben durch den Prolog das ganze Gedicht schon vornherein gestellt ist.

Der Monolog Fausts nach Wagners Abgang ist im ersten Abschnitt besprochen und die nöthige Anschwellung gegen den Moment hin vermißt, wo der Gedanke des Selbstmords aufzuckt. Was es ist, das ihn über die Todesangst emporhebt, die sonst der Ausführung eines so furchtbaren Entschlusses vorangeht, habe ich längst (A. Krit. G. B. II. S. 203) in den Begriff zu fassen gesucht, der Selbstmord habe für Faust dieselbe Bedeutung wie die Magie, die Beschwörung des Erdgeistes: beidemal ist die Absicht, die Spannung der Subjectivität gegen das unerkannte Object aufzuheben, mit dem Unterschiede, daß die Magie das Object nöthigen will, sich zu offenbaren, der Selbstmord das Subject in das Object hingibt, um in ihm zu sein, es zu durchschauen und essentiell in es überzugehen, dem Empedokles gleich, der sich in den Krater des Aetna, dem Aristoteles der Sage gleich, der sich in den Euripus stürzt, da er seine Fluth und Ebbe nicht begreifen kann. Glaubte Faust bei der Erscheinung des Erdgeists schon „in die Adern der Natur zu fließen und schaffend Götterleben zu genießen," stieß ihn aber der Erdgeist zurück, so hofft er nun, durch den freiwilligen Tod es zu erreichen, daß er „auf neuer Bahn den Aether durchdringt zu neuen Sphären reiner Thätigkeit." Doch zu dieser mystischen Anschauung, die man auf logische Denkbarkeit nicht ansehen darf, weil sie eben mystisch ist und sein soll, kommt noch etwas Anderes, was den stolz Entschlossenen über die Todesangst weghebt, und dieß ist eine ganz klare Erkenntniß. Sie ist ausgesprochen in den Worten:

> Vor jener dunkeln Höhle nicht zu beben,
> In der sich Phantasie zu eigner Qual verdammt,
> Nach jenem Durchgang hinzustreben,
> Um dessen engen Mund die ganze Hölle flammt.

Faust weiß, daß der Tod kein Uebel ist; er wird das griechische Wort kennen: „warum soll ich den Tod fürchten? Entweder ist er, dann bin ich nicht, oder bin ich, dann ist er nicht." Nur die Phantasie macht den Tod zum Uebel, indem sie durch eine fast unüberwindliche Illusion uns bestimmt, uns lebend in den Tod hineinzudenken, als empfänden wir mit einer Hölle von Qualen, daß wir todt sind. Man erzählt von Soldaten, die sich vor der Schlacht aus Angst vor dem Tod erschoßen; es war nicht Angst vor dem Tod, wie sie meinten, sondern Angst vor der Todesangst; sie handelten logisch richtig, indem sie die sehr abgekürzte Todesangst, die einem Selbstmord vorangeht, der langen vor und in einer Schlacht vorzogen.

Wie manches Schwierige die Scene: Glockenklang, Ostergesang bei all ihrer theatralischen Schönheit zu denken gibt, habe ich zu zeigen gesucht, als von den vielen Opernmotiven in unsrem Gedicht die Rede war. — Gerne möchte ich bei der epischen Schönheit des Lebensbildes verweilen, das der Spaziergang vor dem Thore bietet; der gegenwärtige Gang fordert aber, daß wir uns auf das Wesentlichste des Inhalts beschränken. Dieß ist Fausts Stimmung; daß der Wunsch, zu fliegen, in leidenschaftlicherer Form hervorbrechen sollte ist im ersten Abschnitt an jener Stelle gezeigt, wo eine gewisse, in diesen späteren Zusätzen sichtbare Abnahme der Kraft in Darstellung der Leidenschaft zur Sprache kam. Wie dieser Wunsch durch den Anblick der untergehenden Sonne erregt wird, ist lyrisch wunderschön gegeben; dann spricht Faust die berühmten Schmerzensworte von den zwei Seelen in seiner Brust, wonach es scheint, es bekämpfe sich in ihm einfach der Idealdrang und der sinnliche Weltdrang. Der Dichter kann und will aber in diesem lyrischen Momente nicht das Ganze der Verstrickung zum Ausdruck bringen, worin sich Faust befindet. Nicht nur diese zwei Seelen liegen ja miteinander im Conflict, sondern jede von beiden befindet sich in einer tragischen Hemmung: der Idealtrieb als Erkenntnißtrieb kann den Eingang zur Wahrheit nicht finden, weil er jede Brücke verachtet, und der sinnliche Welttrieb den Eingang zur Welt nicht, und zwar aus demselben Grunde. Wir haben es schon im ersten Abschnitt als einen nur rasch gegriffenen Ausdruck bezeichnet, wenn Schiller den Kern des Gedichts in dem verunglückten Streben findet, das „Göttliche und Physische im Menschen zu vereinigen"; auf diesen wesentlichen Punct muß in späterem Zusammenhang tiefer eingegangen und gezeigt werden, wohin ein Geist mit der Losung: Alles oder Nichts! gelangen muß.

## Monolog im Studirzimmer, erste Scene zwischen Faust und Mephistopheles.

Die Probe von Bibel-Exegese in dem Auftritt nach dem Spaziergang bleibt ein seltsames Stück. Ich kann sie nicht zu denen zählen, die dem unbefangenen Dichter ihr Dasein verdanken, die zum philosophischen Denken auffordern und doch poetisch geschaut sind. Daß es ein Verstoß gegen die Consequenz der ersten Scenen ist, wenn Faust die Wahrheit bei der Offenbarung im positiv christlichen Sinne des Wortes sucht, dieß hat die Kritik längst nicht übersehen; es ist durch das Bedürfniß, sich zu sammeln, wohl motivirt, daß er trotz der Beschämung durch den Erdgeist noch einmal zu seiner alten Liebe, zum Forschen nach der Wahrheit, zurückkehrt, es ist aber durch die Prämissen nicht motivirt, daß er nach der Bibel greift, sondern sie sind dagegen. Doch er wählt ja den Anfang des Evangeliums Johannis, er hat es hier mit neuplatonischer Philosophie zu thun und man kann sagen, hiemit lenke der Dichter in die unterbrochene Linie seiner Charakterzeichnung doch richtig wieder ein; die alte Annahme Göschels, er wolle sagen, Faust befasse sich mit unfruchtbarem Begriffspalten, bedarf keiner Widerlegung mehr. Aber was Göthe nun bringt, ist doch sonderbar und auf ganz andere Weise dunkel, als die ersten Monologen. Jene versteht, wer den heiligen Durst nach Erkenntniß der Einheit alles Seins je gefühlt hat, ja auch nur nachfühlend sich in ihn zu versetzen vermag, diese Probe von Exegese versteht kaum, wer die ganze Literatur der Logos=Lehre studirt hat: sie sieht aus, als wolle der Dichter sagen: da seht, ob ich nicht auch philosophiren kann. Es ist hier nicht der Ort, dem Einzelnen zu folgen, der Leser weiß längst, daß ich keinen Commentar schreibe; ich beschränke mich auf eine Bemerkung über die Worte: „und schreibe getrost: im Anfang war die That". Wenn Göthe so viel Werth darauf legt, den Ursprung des Universums auf eine Urthat, nicht blos auf einen Urgedanken zurückzuführen, so will es mir scheinen, es liege darin etwas wie eine Erklärung gegen Fichte. Man könnte einwenden, gerade nach Fichte sei ja die Welt ein Act, aber daß er diesen Act als Act des Ich faßte, diese Grund=Idee des subjectiven Idealismus mußte Göthe, dem Naturandächtigen, aufs Aeußerste mißfallen und er hat dieß Mißfallen bekanntlich oft ausgesprochen. An dem Begriff That gefiel ihm das völlige Heraustreten, der Schlag, wodurch das unbekannte Eine Wesen der Dinge Dasein wird und ist. „Gott ist das Dasein, das Dasein erkennen, heißt Gott erkennen," hat er ja gesagt. Alles, was innen ist in der Welt, ist auch heraus. Sein metaphysisches Denken, wenn man es so nennen kann, war tiefsinniger, von Gesetz zu Gesetz aufsteigender Empirismus. Die Einheit aller Einheiten, das Grundwesen aller Wesen getrennt von seinem Dasein in den Wesen in die Form des Begriffs zu fassen, war nicht Sache seines intuitiven Inductionsverfahrens. Er läßt sich also nicht ein auf die Frage, was das Subject zu dem Begriffe That und was der Grund und die Nothwendigkeit des sich Erschließens, des energischen Herausgehens sei, sondern gefällt sich einfach in der Vergegenwärtigung des Vollen und Resoluten, das in der Vorstellung der That liegt. Man könnte an Schopenhauers Willen und an Hartmanns Unbewußtes denken, nur müßte man sich dabei Alles fernhalten, was beide Philosophen auf diesem Grund aufgebaut haben und wovon man sich denken kann, wie es einen Göthe angewidert hätte. Wobei ich nun aber beharren möchte, das ist der Eindruck, daß die Stelle immerhin kein glückliches Einschiebsel im Faust sei, sondern ein Versuch des Dichters, den wartenden Philosophen einen guten Brocken zu bieten in einem Stück Metaphysik, welches nun doch immerhin etwas zu schwer und dunkel ist auch für ein Drama, das freilich immer nur Wenigen ganz verständlich sein kann.

Wir überspringen die Beschwörung und sehen uns gleich, wie er hervortritt, den Mephistopheles an, ehe wir an die Arbeit gehen, die bisherigen Andeutungen über sein Wesen und die Züge, die wir noch zu sammeln haben, strenger zusammenzufassen. Es mag wohlthun, vor Antritt des schwierigen Geschäfts rein betrachtend bei dem Doppelschein der Komik zu verweilen, in welchen der Höllensohn getaucht ist. Als dem Geiste des puren Realismus ist ihm jede ideale Erhebung, die ächte und die falsche, die Begeisterung wie die unvernünftige Excentricität, komisch und er weist ihr auf Schritt und Tritt diese Komik auf. Die Ironie ist daher sein Element, darin ist es ihm wohl, fühlt er sich bequem und schon dadurch hat seine Figur etwas Behagliches. Allein er ist auch selbst naiv, er lacht nicht nur über Andere, sondern wir lachen auch über ihn, das ist die zweite Quelle von Komik. Natürlich kann das nun eigentlich nicht sein; ein Wesen äzend wie Scheidewasser kann doch nicht naiv sein. Ebendieß Unmögliche hat nun aber der Dichter wirklich gemacht und dadurch wird Mephistopheles im poetischen Scheine zu einem wirklichen Wesen; er kann leben, denn er widerspricht sich: was fadengerad widerspruchslos ist, kann ja nicht leben, ist nur eine Linie, eine logische Kategorie. Aber nicht gewaltsam ist ihm dieser Widerspruch angeheftet; das Band besteht einfach eben darin, daß die bloße Eigenschaft, den Realismus zu repräsentiren, in eine Lust und Liebe, in einen menschlichen Appetit und hiedurch der Realismus in einen Realisten verwandelt ist. Daher ist er z. B. geizig, daher kann er sich verwundern, daher begreift er nicht, wie man Sonne, Mond und alle Sterne zum Zeitvertreib dem Liebchen in die Luft verpuffen könne; daher geräth er naiv in Wuth, da ein Pfaffe das erste Geschenk für Gretchen einstreicht; die Habsucht der Kirche ist ja eigentlich Wasser auf seine Mühle, jetzt aber vereitelt sie ihm gehabte Mühe und stört ihm einen Zweck, auch kann er ganz menschlich die Pfaffen nicht ausstehen, einfach, weil er grundgescheut ist; freilich er agirt zugleich seinen Zorn, er spielt ihn, doch nicht, daß er darum nur fingirt wäre, beides schimmert im Zwielicht durcheinander. Ebenso verhält es sich mit seiner Angst, er möchte von Frau Marthe Schwertlin geheirathet werden; er weiß, daß das nicht geht, dennoch wird ihm naiv bange. — Für diesen Doppelschimmer subjectiver und objectiver Komik hatte die Phantasie des Dichters freilich einen Anknüpfungspunct im Volksteufel und seiner Rolle in den Mysterien, aber wer außer ihm hat solche Tiefen daraus gezogen? —

Hier erinnere ich nun an die eigenthümliche Aeußerung Schillers im Briefwechsel, die ich im ersten Abschnitt angeführt habe, ohne bei ihr zu verweilen. Schiller sagt, eine Schwierigkeit finde er darin, daß der Teufel durch seinen Charakter, der realistisch sei, seine Existenz, die idealistisch sei, aufhebe, denn nur die Vernunft könne ihn so, wie er da sei, gelten lassen und begreifen. Man sollte meinen, das Umgekehrte sei aufzustellen, und ich habe dieß mittelbar schon gethan, als ich gegen den Schluß des ersten Abschnitts darauf hinwies, wie Göthe mit der Sage spielt, die Illusion aufhebt und wiederherstellt. Die Sache stellt sich so. Schillers Auffassung ist: Wahrheit hat der Teufel nur als Repräsentant einer Vernunft=Idee, d. h. der Idee des Bösen; alles einzelne Böse in die Einheit eines Begriffs gesammelt, dieß ist Mephistopheles und so genommen ist er eine Wahrheit für das Denken. Daraus wird gefolgert, Mephistopheles dürfte eigentlich nicht realistisch behandelt sein, nicht behaglich, als könnte er sinnlich existiren. Hienach kann es scheinen, als zöge Schiller eine pathetische Behandlung vor, einen Miltonischen oder Klopstockischen Teufel, denn er dachte sich wohl, da im Begriffe des Bösen wesentlich die Empörung gegen die Weltordnung enthalten sei, so sollte dieser Zug zu starkem rhetorischem Ausdruck gelangen; zugleich wird er ihm weniger Körper gewünscht haben, geisterhaftere Erscheinung, die recht merklich auf die Transcendenz der Bedeutung hinwiese. Unsere Auffassung dagegen ist diese: von dem Gesetze der Poesie ausgehend sagen wir: da Täuschung nöthig ist, muß der Teufel realistisch gehalten, es muß ihm der Schein sinnlicher Wahrheit geliehen werden, daher hat ihn Göthe behaglich, ja naiv behandelt; diese Wahrheit wird aufgehoben, wo Göthe den Mephistopheles so deutlich heraussagen läßt, daß er nur symbolischer Repräsentant einer Vernunftwahrheit sei. Beide Auffassungen gehen vom entgegengesetzten Ende aus. Dennoch gelangt Schiller von der seinigen nicht, wie es scheinen könnte, zu einem Tadel der Göthe'schen Behandlung; seine Sätze sind nur nicht ganz ausgeführt, er will wohl sagen: ich hätte eher einen pathetischen und einen transparenteren Teufel erwartet, allein auch so lasse ich mir ihn sehr gerne gefallen, da mich das Spiel des Dichters ergötzt, der mir den Widerspruch zumuthet, mir eine Vernunft-Wahrheit als behaglich sinnlich existirende Person vorzustellen. Und wir gelangen ebensowenig zu einem Vorwurf gegen den Dichter, vielmehr zu einem hohen Lobe, indem wir finden, daß er den Sinnenschein durch öfteres Hervorscheinen der Begriffs-Wahrheit aufhebt, denn wir finden ja zugleich, daß er ihn augenblicklich wieder herstellt durch irgend einen realistischen Zug (und wäre es eine gewisse Geberde wie in der Hexenscene). Und so treffen beide Ansichten von entgegengesetzten Ausgangspuncten zusammen und vereinigen sich im Wohlgefallen am Spiel zwischen Täuschung und Enttäuschung. — Ein anderer Punct ist der merkwürdige Stellenwechsel zwischen der Bedeutung, die Faust, und der, die Mephistopheles vertritt; Schiller berührt ihn ebenfalls, wir nehmen ihn an anderer Stelle auf.

Mephistopheles führt sich, wie er aus seinen Verwandlungen herausbeschworen ist, ganz im Sinne gut realistischer Illusion mit dem weltmännisch nachläßigen Wort ein: „wozu der Lärm?" Was aber nun folgt, scheint mir nicht zu den Zügen genialer Führung, Aufhebung und Wiedererzeugung der Illusion zu gehören. Es ist die harte Nuß seiner Selbstdefinition. Ich gestehe, noch jetzt wie früher (A. Krit. Gänge B. II., S. 55, 134, 200) der Ansicht zu sein, daß hier ein Stück wenig geglückter

Philosophie vorliegt. Die metaphysische Auslassung beginnt mit einem genialen Worte, das mir aber als zu starke Störung der Illusion erscheint:

> Ein Theil von jener Kraft,
> Die stets das Böse will und stets das Gute schafft.

Wahr und tief, aber kann Mephistopheles ein so **ausgesprochenes** Bewußtsein davon haben, daß das Böse schließlich der sittlichen Weltordnung dienen muß, und wenn er es hat, wird er bei Faust damit herausplatzen? Köstlins Erklärung, Mephistopheles wolle nicht sagen, daß durch das Böse sein Gegentheil herauskomme, sondern verstehe gerade unter dem Zerstören selbst das Gute, kann doch wohl kaum ernstlich gemeint sein. Ein anderer Punct in diesem an sich so tiefen Worte, der Begriff: Theil, ist wohl eher zuzugeben, als ich sonst meinte; es besagt: eine der Aeußerungsformen des Bösen, in einem besonderen Teufel vertreten, — die Fiction, die schon der Prolog im Himmel neben der ganz rationellen Wahrheit festhielt. Zwar bleibt immer etwas Unadäquates zurück, wenn auf eine Figur, die der Phantasie, der anthropomorphischen Vervielfältigung ihr Dasein verdankt, so nachdrücklich der logische Begriff des Theils angewendet wird, wie es hier noch besonders durch das folgende „Theil des Theils" geschieht, allein man läßt es sich um so eher gefallen, weil dadurch eine Rede des Mephistopheles eingeleitet wird, die zu seinen charakteristisch bedeutendsten gehört und aus der vorliegenden Stelle, deren Ganzes ich nicht zu den glücklichen zähle, sich als höchst werthvoll heraushebt; es ist eine der mitten in die Idee des ganzen Drama treffenden Wahrheiten, die Mephistopheles gegen die titanische Ueberhebung ausspricht: „wenn sich der Mensch, die kleine Narrenwelt, gewöhnlich für ein Ganzes hält, ich bin ein Theil des Theils" u. s. w. Wir werden diese Rede nicht vergessen, sparen es aber zur Erörterung des Contractschlusses auf, näher in sie einzugehen. Nun aber das Weitere, die Stelle im Ganzen, nämlich die Vertauschung des Begriffs des Bösen mit dem der Zerstörung in der Natur: was ist davon zu halten? Rationell betrachtet kann man nur sagen: das Zerstörende in der Natur kann als Metapher für das Böse dienen; Leiden, Vergehen, alles Uebel, wie es in der Begrenztheit, Endlichkeit der Dinge begründet ist, theilt mit dem Begriffe des Bösen den der Negation; aber damit ist keine innere Verwandtschaft zwischen beiden gesetzt; sie können in Zusammenhang treten, können sich aber auch abstoßen, d. h. Leiden kann Versuchung zum Bösen, aber auch Sporn zum Guten werden, umgekehrt enthält sinnliches Wohlsein Reiz zum Bösen und Mephistopheles liebt sich daher die vollen, frischen Wangen, aber es kann auch der naturvolle Träger sittlicher Tüchtigkeit sein. Allerdings kann man sagen, Mephistopheles liebe sich die rothen Wangen nur, um sie durch die Verführung und ihre Folgen zu bleichen, man kann hinzusetzen, wenn das Böse allgemein würde, so müßte am Ende das Menschengeschlecht auch physisch verderben; allein das sind Umwege des Gedankens, welche Göthe um so weniger durchlaufen haben kann, da ja sein Mephistopheles sich mit allem Finstern und Zerstörenden in der unorganischen Welt, also abgesehen von der Menschheit, identificirt. Er spricht wie ein Parse, dem Finsterniß und Zerstörung in der Natur nicht blos als Metapher des Bösen dient, der sie vielmehr mit ihm identificirt wie das Licht mit dem Guten. Erinnert man sich nun, wie die Naturphilosophie Gedanken und mythische Vorstellung zu mischen liebte, wie ihr Begründer Schelling das Böse aus dem „dunkeln Grund in Gott" ableitete, so kann man sehr wohl darauf kommen, diese Stelle als eine derjenigen anzusehen, worin Göthe den wartenden Philosophen zeigen wollte, daß er das Examen bestehen könne. Da aber Göthe Göthe ist, so fehlt es auch hier, wo er eigentlich aus der Poesie herausgeht, um es jenen zu Dante zu machen, nicht an Schönheiten, großen Anschauungen, körnig klangvollen Versen. Doch halt! Sollte nicht folgende Stelle uns auf eine ganz andere Erklärung führen? Es sind, nachdem Faust gesagt hat: „so setzest du der ewig regen" u. s. w., die Worte des Mephistopheles: „wir wollen wirklich uns besinnen! Die nächsten Male mehr davon!" Sollte das nicht etwa bedeuten: „du wirst schon merken, was eigentlich mein Territorium ist und wie ich dir für jetzt nur einen blauen metaphysischen Dunst vorgemacht habe?" Vielleicht; wer weiß? Ist aber die Schuld im Leser oder im Dichter, wenn man mit dieser skeptischen Frage abbrechen muß?

Nachdem einmal den Hauptinhalt dieses ersten Gesprächs zwischen Faust und Mephistopheles die Selbstdefinition des letzteren bildete und die eigentliche Aufgabe, den Faust noch ungleich stärker, als die Eindrücke des Spaziergangs es gethan, auf die Welt zu reizen, durch einen Geistergesang gelöst werden sollte, war es ein guter Griff des Dichters, die Scene so zu führen, daß Mephistopheles sich empfehlen möchte, ein Hinderniß im Drudenfuß auf der Schwelle findet und Faust im schmeichelnden Bewußtsein, den Teufel gefangen zu halten, „gute Mähr" von ihm zu hören wünscht. Es ist ein feines Motiv, daß durch diese Situation sein Appetit zur Welt merklich angeschärft wird. Dieß benützt denn Mephistopheles durch die Gesang-Aufführung seiner Geister, die wir bei der Frage besprochen haben, wie die manchen Opernstücke in unserem Drama zu schätzen seien. Ein Schlaf bildet nun die Grenze zwischen dem alten Zustand und dem neuen Lebensgang des Helden.

## Zweites Gespräch des Faust und Mephistopheles.
### Die Wette, der Bund.

Geht man nicht ohne Scrupel von dieser Scene hinweg, läßt sie sich jedenfalls nicht unter diejenigen zählen, welche beweisen, daß auch in den Jahren der Stockung des Gedichts (zunächst von 1790 bis 1807) in einzelnen Momenten doch wieder die rechte, ganze Stimmung über den Dichter kam, so liegt dagegen ein Vollbeweis der Wiederkehr seiner Schwungkraft vor in der ersten, größeren, während dieser Zeit entstandenen Hälfte des zweiten Gesprächs mit Mephistopheles, deren Mittelpunct der Abschluß des Vertrages bildet. Ein wahrer Lichtblitz fährt hier zwischen die Dünste der rathlosen Säumniß und die zweifelhaften halbhellen Streifen auf der breiten Haide dieser sieben Jahre, so stark und mächtig wie der Prolog im Himmel, vielleicht noch mächtiger, weil es hier doch noch ganz anders galt, geahnten Tiefsinn ganz in den Körper concreter Handlung einzusenken, denn hier wird ein durchsichtiges Hervorscheinen der Idee nicht so wie dort vom mythischen Apparat erleichtert, Mephistopheles agirt wohl als höllischer Geist, hat aber ganz realistisch wie ein kluger Weltmann eine stürmische Menschenseele zu bearbeiten, und nun war der Zustand dieser Seele darzustellen, wie darin — so sagt ja Göthe ein andermal vom Zustande verwandter Gemüther, von seinem eigenen in der Zeit des Sturmes und Dranges — „ein Bild des Unendlichen wühlt." Wir sind wieder ganz in jenem Elemente, wo begriffmäßiges Denken dem Dichter so schwer in die Tiefen seiner Ahnungsfülle folgt.

Wie sich das Neue dem Alten anschiftet, wird sich nun bei der Betrachtung des Gesprächsganges mitergeben. Daß in der ersten Ausgabe (1790) die Scene mitten in einem Satze mit den Worten Fausts begann: „und was der ganzen Menschheit zugetheilt ist," erinnert sich der Leser aus der Uebersicht der Entstehungsgeschichte im ersten Abschnitt.

Wieder ganz frischweg und behaglich führt Mephistopheles, dießmal in seiner Junkertracht, sich ein, um schon durch seine Erscheinung anzukündigen, daß es nun in die Welt gehen soll, und nur ein Blick, ein Accent wird sagen, was Alles in den Worten sich versteckt: „damit du losgebunden, frei, erfahrest, was das Leben sei." Erfahrung! Die kein Denken ersetzt! Deren Sinn keine Jugend ahnt, auch Faust, im späten Mannesalter jugendlich, nicht ahnt! Würde er es z. B. glauben, wenn man ihm sagte: du, ein edler, reiner Mensch von hohem Streben, wirst in Kurzem ein gutes Mädchen aufs Blutgerüst bringen und ihm den Bruder erschlagen? „Losgebunden, frei" — lautet harmlos heiter, scheint eben zu heißen: aus deiner engen Zelle

in die Welt geführt, ohne die Pflichten und Rücksichten deines
Amtes; nun wird ihm aber die Zauberhülfe des Mephistopheles
die Bewegung im Leben so erleichtern, daß er sich nirgends zu
binden braucht, er wird „fliegen," dieser Wunsch ist ihm erfüllt,
und die äußerliche Leichtigkeit, sich nicht zu binden, wird unmerk=
lich für einen an sich gewissenhaften Mann eine Verführung
werden, die Bande zu lockern, mit denen das Gewissen bindet.

Mit der ersten Gegenrede Fausts sind wir mitten in der
Frage über Wesen, Werth oder Unwerth der Illusion, also
mitten in einer Frage, welche die Theorie der Pessimisten zu
einer ganz modernen gemacht hat. Wir müssen uns, sieht man,
mehr als einmal mit diesem Standpunkte beschäftigen. Schon der
Prolog führte uns darauf und schon dort ist etwas von falschem Auf=
rechnen der Weltübel gesagt, von einem sich Verrennen und Verboh=
ren in die schwarzen Stellen des Lebens, aber es ist noch nicht des
Näheren davon die Rede gewesen, wohin in einer richtigen Welt=
rechnung die Illusion zu setzen ist. — Faust klagt über Ent=
behrung nicht darum, weil ihm seine Lage zu wenig Genuß er=
laubt; im ersten Monolog hat er wohl ausgerufen: „auch hab'
ich weder Gut noch Geld" u. s. w.; jetzt aber ist nach dem
klaren Wortlaut sein Klagepunct ein ganz anderer. „In jedem
Kleide werd' ich wohl die Pein des engen Erdenlebens fühlen,"
— also mitten im Ueberfluß des flotten Weltlebens, das ihm
Mephistopheles verspricht; wir erfahren, daß er, mag er nun
viel oder wenig genießen, im Genießen nicht genießt. Er sagt
allerdings, er sehe an jedem Morgen nur mit Entsetzen den Tag
kommen, der ihm auch nicht Einen Wunsch erfüllen werde, aber
er setzt hinzu: „der selbst die Ahnung jeder Lust mit eigen=

sinn'gem Krittel mindert, die Schöpfung meiner regen Brust mit tausend Lebensfratzen hindert." Bei dem eigensinnigen Krittel dachte ich früher nur an ein hypochondrisches Zerlegen und Zersetzen jeder Lebensfreude. Der nächste Sinn ist aber dieß nicht, denn Subject des Satzes ist ja der Tag, er ist es, der zu jeder Lust auch ihre Aufhebung bringt, das Uebel wird also zunächst als ein von außen kommendes bezeichnet. Der Krittel ist dasselbe, was die Lebensfratzen. Göthe sagt einmal zu Eckermann (es handelt sich zufällig eben vom zweiten Theil Faust), er müsse in frühen Morgenstunden die Dichtung vornehmen, wo er sich noch von Schlaf erquickt fühle und wo die Fratzen des täglichen Lebens ihn noch nicht verwirrt haben. Der Krittel und die Lebensfratzen sind zunächst alle Störungen, welche, von außen kommend, jede — so sieht es Faust an — gehobene und harmonische Stimmung durchkreuzen, an ihr nagen, kratzen, sie thatsächlich so verderben, wie ein krittelnder Mensch durch Reden am Guten nichts Gutes läßt. Faust hat für diese misère des Lebens und muß haben die ganze nervöse Empfindlichkeit geistiger Naturen. Man erinnere sich an: „O Tod, ich kenn's, es ist mein Famulus," und „darf eine solche Menschenstimme hier, wo Geisterfülle mich umgab, ertönen?" Unzeitige, unbequeme, langweilige Besuche sind recht ein Beispiel für alle die kleinen Steine, die uns der dumme Zufall zum Straucheln täglich in den Weg wirft, bis zum Schubfach, das nicht gehen will, bis zum Härchen in der Schreibfeder, für all die armseligen Geschäfte, die keinen Griff werth sind und zwanzig kosten. Faust ist nicht wie Andere, die das leicht verschmerzen, er spinnt sich wie alle Idealisten eine ganze Metaphysik der Verzweiflung daraus und sein Stolz ist es, keine Geduld dafür zu haben. Man versuche es, solchen Naturen Geduld zu predigen in den taglangen Reibungen mit dem Bagatell! Man wird übel ankommen, denn sie haben einen andern Begriff vom Werth ihrer Zeit, als das Weib, zu dessen Pflichten die Geduld in kleinen Dingen gehört, und als ein Mann, dem die Phantasie fehlt, um die Kobolde zu sehen, die sich in Holz, Leder, Feder und in lästige Menschen stecken, um uns das Leben sauer zu machen. Nun kommen erst die schwereren Erfahrungen, äußere und moralische, und zu diesen werden für Faust vor Allem die Erfahrungen menschlicher Kleinheit des Denkens, Gemeinheit der Gesinnung gehören. Für alles dieß hat er eine zu weiche Haut, ist schaalos wie Werther, wie — Hölderlin, der „**siebzig Mal an einem Tag vom Himmel auf die Erde geworfen wird;**" nur ist er männlicher und wüthet, wo diese seufzen. Der Idealist, wenn er daran gehen will, irgend ein inneres Bild wahrer Lebensfreude in die Wirklichkeit hineinzutragen, fährt in sich zurück, sobald er an ihre Kanten und Ecken anstößt, die ja allerdings irgend einen Riß in jede stoßen. Denn er hat sich ein Unendliches versprochen, sein inneres Bild war das Bild eines Vollkommenen, und er erträgt nicht den kleinsten der Makel daran, ohne die es doch bei der Realisirung nicht abgeht. So bricht er die Brücke zur Wirklichkeit ab, er kann das Unendliche in sich mit der Endlichkeit der Welt nicht vermitteln. Nun muß er, nachdem er dieß oft erfahren, an die Uebel denken, auch ehe sie kommen und während er sich bloß verstellt, er gienge daran, wieder einmal Freude zu suchen. „Die Sorge nistet gleich im tiefen Herzen" u. s. w. So wird der eigensinnige Krittel nun allerdings der seinige, er geht vom Ich aus, die Phantasie verwandelt ihm die Lebensfratzen in Geisterschaaren, die ihn im Schlaf überfallen:

> Auch muß ich, wenn die Nacht sich niedersenkt,
> Mich ängstlich auf das Lager strecken;
> Auch da wird keine Rast geschenkt,
> Mich werden wilde Träume schrecken.

Der Traumschauer vor diesen Gespenstern verhundertfacht ihm, was er am vorigen Tage Störendes erlitten und was er am folgenden vielleicht erleiden wird, ihm ist, als lebte er in einer fürchterlichen Larvenwelt. So sind sie, diese hochgestimmten Naturen: nervös, toll träumend, scheue Geisterseher, und wenn die Umstände ihnen das schönste Glück anbieten, zerpflücken sie es zum Voraus, indem sie denken: was wird auch viel daran sein? Hämische Kobolde werden dahinter lauern! — Dieß also ist gemeint mit dem Entbehren, und daß wir richtig auffassen, geht aus der folgenden Seligpreisung hervor: Faust beneidet Jeden, welcher vom Tode mitten in der Trunkenheit der Freude überrascht wird, welchem also keine Zeit gelassen ist, durch Denken über den Genuß den Genuß zu zersetzen, die Freude als Täuschung zu erkennen. Nun fragt es sich, ob Faust denn blos an Freuden, an die Güter des Lebens, gar nicht an das Gute denkt, d. h. — da es sich hier um die Frage der Lust handelt — an die Lust, die das ethische Thun und Wirken begleitet? Gerade diese Frage wird uns Licht in das Dunkel seines Zustandes bringen. Zunächst liegt einfach vor, daß er nur an die sogenannten Güter, nicht an das Gute, nicht an die Lust aus ethischer Thätigkeit denkt; zwar schweben ihm dazwischen hinein auch Thaten vor: den „blut'gen Lorbeerkranz" erwirbt man ja nicht, wenn man die Hände in den Schooß legt; doch liegt darauf kein Nachdruck, er will ja in die Welt hinaus, um — so wollen wir es vorerst un genau ausdrücken — das Leben genießend kennen zu lernen. Im Anfangsmonologe hat er außer Gut und Geld Ehr' und Herrlichkeit der Welt genannt. Die That wird er also vorerst nicht nach der Seite ihres Werthes, sondern nur ihres Glanzes betrachten. Von allen diesen sogenannten Gütern hat er nun aber keine Illusion. Zunächst muß uns also die Frage nach Grund oder Ungrund seiner Begriffe von Lust und Illusion beschäftigen.

Der moderne Pessimismus, auf den das ewig junge Gedicht so prophetisch hinausweist, betrachtet die Welt unter dem Standpunct des Eudämonismus. Der blinde, unvernünftige Wille bringt, mit der Vorstellung associirt, die Welt hervor, um Glückseligkeit zu schaffen, aber aus diesem Proceß ringt sich durch die Individuation das Bewußtsein hervor, welches, zur Klarheit fortschreitend, alle Glückseligkeit als Täuschung erkennt; der Wille hat also die ganze Arbeit nur vorgenommen, um sich durch das Bewußtsein als Selbstbetrüger zu erkennen, und das wahre Ziel des Weltprocesses ist hiemit, durch Erkenntniß der Unseligkeit alles Seins, des allgemeinen Welt=Elends dahin zu gelangen, daß der Wille zum Sein negirt wird. Nicht allgemeiner Selbstmord ist unter diesem Ziele verstanden, Ed. v. Hartmann verwirft den Selbstmord als Thorheit so stark als Schopenhauer; würde das ganze Menschengeschlecht sich tödten, das Unbewußte würde ein neues schaffen und der Jammer von vorn anfangen (— Entmannung, Selbstverschneidung wird neben=

bei auch genannt und abgewiesen —); es genügt, daß der höchst fortgeschrittene Intellect der Majorität zum gemeinsamen Beschluß gelangt, den Willen zum Sein aufzuheben, in sich zu verneinen, der Wille wird zu todt gedacht werden, und mit ihm die Welt, die hiemit ihr Ende nimmt. Wir beschäftigen uns hier nicht mit der Frage, ob eine Philosophie sich Monismus nennen kann, in welcher der Wille, um das Dasein zu Stande zu bringen, sich mit der Vorstellung in Compagnie setzen, dann aber erleben muß, daß diese vernünftig wird und ihm als einem Narren den Stab bricht, — uns erscheint es als ein Gebäude des höchst dualistischen, eigentlich manichäischen Wahnsinns —; es geht uns hier nur die Kritik der Illusion an, wie sie zu dem Schlusse gelangt, daß alle Lust nichtig sei. Ed. v. Hartmann widerspricht dem Satze Schopenhauers, daß die Lust nur Aufhebung des Schmerzes, also nur privativer, negativer Natur sei; sie ist positiv, direct, kann aber nur so kurz bestehen, daß sie doch ganz zum Verschwindenden wird gegen die unabsehliche Welt des Schmerzes. Nun werden alle Quellen der Lust, Güter, Freuden aufgereiht: Gesundheit, Jugend, Freiheit, Stillung des Hungers, Liebe, Ehre, Erwerb, Besitz u. s. w., in dieser Reihe tritt auch die Arbeit auf, die Freundschaft, die Ehe, die religiöse Erbauung, die Wissenschaft, die Kunst, das Wirken im höheren Sinn als Mitarbeit am Staat, an der Aufgabe der Menschheit, und von jedem dieser Genüsse, jeder dieser Thätigkeiten als Lustquellen wird aufgezeigt, daß die Lust darin doch eigentlich nur momentaner Traum, also im Grunde doch Täuschung sei. Nun kommen wir auf das Bild von einer falschen Rechnung zurück, das wir bei der Analyse des Prologs gebraucht haben. Auf diesem Zersetzungsgang, in dieser Zerreibungsarbeit ist durchaus die Illusion von der falschen Stelle aufgeführt, nämlich überall daneben; es sind zwei Colonnen; neben dieß und dieß und dieß, was man zu den Gütern zählt, wird immer die Frage gesetzt: wahre Lust oder Illusion? und dann, was immer findbar, aufgestöbert, um unter: wahre Lust? nein, und unter: Illusion? ja zu setzen. Dieß ist falsch; die Illusion gehört in die Reihe, so daß es nur Eine Colonne gibt. Oder ein anderes Bild, zum Lachen — geschmackvoll! Auf den Schüler-Arbeiten zeichnet der Lehrer die Fehler („Schnitzer") mit einem rothen Strich auf dem Falz an. So corrigirt der Pessimismus dem Urwillen seine Welt und die rothen Striche auf dem Falz besagen, daß die auf der Linie ihnen gegenüber verzeichnete Lust keine Lust, sondern nur Illusion sei. Herr Präzeptor mag die rothen Striche nur innen in den Text setzen und das Roth als Farbe der Freude gelten lassen. — Ist die Lust Illusion, so ist noch lange nicht bewiesen, daß sie keine Lust ist. Gewiß gibt es ohne Phantasiezuthat keine Lust! Jeder dem Complex unserer Persönlichkeit angemessene Zustand wird als Lust gefühlt, Lust ist Gefühl der Harmonie. Ein solcher Zustand kann, da alles Einzelne nothwendig beschränkt und mangelhaft ist, niemals ungetrübt bestehen. Nun gibt es aber kein Gefühl ohne Phantasie; ein Wesen, das fühlt, stellt auch vor; erhöhtes Gefühl erzeugt auch erhöhte Bilder, dieß muß selbst in der ärmsten Thierseele der Fall sein, obwohl wir uns von ihren Bildern und Träumen kein Bild zu machen vermögen. Die erhöhte Phantasie bringt aber dem erhöhten Gefühl etwas hinzu, sie geht in der Erhöhung höher als dieses, erhöht also das schon Erhöhte, tritt in die Lücken, ergänzt, schmückt und tröstet mit Bildern schönerer

Zukunft, wenn das Gefühl der Lust endigt und dem der Unlust weichen muß. Dieß Werk der Phantasie, von deren leisestem Antheil bis zur bilderreichsten und heißesten Verklärung nur Eine Linie geht, in welcher bestimmte Grenzen nicht zu unterscheiden sind, dieß Werk, die Illusion, ist an jedem Gute das eigentliche Gut, und beweisen, daß Illusion dabei ist, heißt also nicht beweisen, daß nichts an der Sache sei, sondern nur, daß man die Sache mit der Illusion zusammennehmen müsse, um ihren Werth zu schätzen, und diese Schätzung wird bejahend ausfallen, weil sich kein Grund auffinden läßt, den Werth der Phantasie zu bestreiten, der „seltsamen Tochter Jovis, seines Schooßkinds" und mit ihr „der älteren, gesetzteren Schwester, der stillen Freundin, der edlen Treiberin, Trösterin, Hoffnung." Die Phantasie wird uns wohl auch zur Qual, zur Selbstqual, aber dazu wird die Vernunft doch gut sein, ihr das bei Zeit zu verwehren; diese, welche die gesunde Phantasie als den bessern Theil der Sache selbst erkennt, wird ja auch gesunde und kranke Phantasie zu unterscheiden vermögen. Die schwersten Qualen bereitet uns die Phantasie in der Liebe; warum sollen wir darum vergessen, welche Schönheit sie ins Leben bringt, indem sie sich mit dem Geschlechtstrieb vereinigt! Schopenhauer hat entdeckt, die Liebe sei ein Spiel, das die Natur mit uns treibe, um die gesundesten Kinder zu zeugen, indem sie uns in die Illusion versetze, das Weib für das Weib aller Weiber zu halten, zu welchem wir racemäßig in einem Gegensatz stehen, der die fruchtbringendste Ergänzung verspricht. Die Thatsachen sind in Mehrheit dagegen; in unendlichen Fällen tritt die Anziehung zwischen Paaren ein, die in solchem eine tüchtige Mischungsfrucht versprechenden Gegensatze nicht stehen. Was es ist, das diesem Mann dieses Weib und umgekehrt als den einzigen Mann und das einzige Weib erscheinen läßt, ist rein unbestimmbar, wie alles schlechtweg Individuelle, unfindbar, wie der Grund, warum der Eine diese, der Andere jene Lieblingsspeise hat, die seiner Gesundheit häufig nicht eben zuträglich ist. Das Wesen der Sache aber ist, daß mit der Fixirung des Geschlechtstriebs auf Eine Person und mit der Phantasie-Täuschung, als wäre dieser Mann der absolute Mann, dieses Weib das absolute Weib, alle höheren Kräfte der Phantasie, das ganze Gedankenleben, alle edelsten ethischen Triebe, Wohlwollen, Muth der Aufopferung, Sinn für alles Liebwerthe und Schöne in der ganzen Welt in Blüthe treten, wie die Pflanze festlich ihr Höchstes in der Blume leistet, wenn sie in den Befruchtungsproceß eintritt. Dieser Blüthenstand der Phantasie ruht nun zwar auf einer Täuschung — obwohl doch gewiß selten auf einer ganzen, denn warum soll nicht viel Werth übrig bleiben, wenn man die Illusion absoluten Werths abzieht? — aber diese Täuschung selbst ist werthvoll, ist geheimnißvolles Werk eines unbewußten Zweckstrebens im Gattungsleben der Menschheit, den sinnlichsten ihrer Triebe zu ihrer Ethisirung zu benützen; der Geschlechtstrieb hebt sich durch diese Illusion über sich, wird im Sinnlichen unsinnlich, und so ist die Liebe, wenn auch Unzählige an ihr zu Grunde gehen, dennoch eine Wahrheit und dient zum Segen. Und dieß ist das rechte Bild für das Wesen aller Illusion. Sie ist die schönste unter den Einrichtungen der Natur, — der ganzen nämlich, die Menschen-Natur dazu gerechnet —, die Illusion ist das Gut der Güter. Ein Narr, wer sie sich zerstört! Vor Allem, weil er es erst nicht vermag, denn sie rächt sich, indem sie ihm die Satisfaction der Eitelkeit über dieses Zerstören als armen Ersatz=Brocken unterschiebt; ein Narr, weil diese Eitelkeit im Zehren am Gram eben auch eine Art von Illusion, nur aber eine klägliche, weil das Selbstbedauern und Selbstbespiegeln in der Seekrankheit ein trauriger Trost in der selbstgemachten Seekrankheit ist. Ein vernünftiger Mann will daher seine Illusion. Es gibt nun aber freilich Werth= Unterschiede in der Illusion. Der klarere Mensch kann nicht die Illusion Hampelmanns theilen, der Sonntags mit Familie in einen Garten wallt und in allem Elend dieser Sonntags= freuden „sich doch amüsirt," aber er wird über Hampelmann darum, obwohl lachen, doch nicht spotten, sondern sich wohl be= sinnen, daß er anderswo und anderswie selbst seine Vergnügungs= Illusionen hat, und ihm daher die seinige gönnen, wie — Faust, darin vernünftiger als jetzt in seiner finstern Stimmung, auf dem Spaziergang vor dem Thor. — Das Leben ist ein Theater; der Naive sitzt darin mit einer Täuschung, als geschehe wirklich, was ihm vorgespielt wird, der Blasirte mit gar keiner Täuschung, als mit der, daß es interessant sei, wenn er noch hineingeht, da er doch keine mehr hat; der richtige Mensch freut sich am in= haltsvollen Scheine, obwohl er den Schein als Schein weiß. Doch das Bild hinkt, denn das Leben ist kein Theater, wir spielen ja mit oder vielmehr, weil wir selbst auf der Bühne sind, ist es kein Spiel, sondern ein Wirken.

Sagen wir nun: Wirken, so sind wir mit diesem Begriff eigentlich aus dem Illusionsgebiet und hiemit aus dem Gebiete des Lustbegriffs zunächst heraus, denn im Worte Wirken liegt: Arbeiten für den Weltzweck, also der Begriff des an sich Werth=

vollen, der Begriff: Gehalt, und an die Stelle des Begriffs des Gutes tritt der Begriff des Guten. Selbst der Pessimismus besitzt diesen Begriff auf seine Weise. Arbeiten am Weltzweck heißt für ihn: arbeiten an der Enttäuschung der Menschheit, an der Verbreitung der Einsicht in das Nichts. Hartmann nennt seine Leute Arbeiter im Weinberge des Herrn — wo freilich nach dieser Lehre ein saurer wächst. Nun können wir aber ganz davon absehen, daß nach den Voraussetzungen dieser Ansicht der Weltzweck die Ironie seiner selbst ist; die Arbeit ist auch nach ihr dennoch eine ernste und verdienstvolle, ja gerade so werthvoll, als ob in dem Weinberg ein süßer wüchse; also gibt es auch nach ihr ein Verdienst, ein solches kann man sich aber nur erwerben in einer Sache, die Werth an sich hat, und hiemit sind eigentlich die Pessimisten mit uns aus dem bloßen Lust- und Illusionsgebiet heraus und ist es inconsequent, wenn sie das Wirken anderswo unter den täuschungsvollen Genüssen aufführen. Nun habe ich aber gesagt, es sei ein Werth-Unterschied unter den Arten der Illusion festzustellen, wiewohl sie gut, recht, nothwendig sei. Ein solcher läßt sich nicht finden, wenn man den Maßstab nicht außerhalb der Illusion nimmt. Ihre Werth-Unterschiede sind nach dem Werth-Unterschiede des Gegenstands oder Inhalts zu bestimmen, dem jene Erhöhung der Lust durch Phantasie gilt, welche wir Illusion nennen.

Ehe wir weiter gehen, ist von dem Gebiete des rein Werthvollen oder dem des Wirkens nach dem Gebiete der sogenannten Güter zurückzublicken. Es ist die Sphäre der Freuden, die uns werden, ohne daß wir uns bemühen, oder welche zu suchen wir uns so gerne bemühen, daß die Mühe nicht als Mühe gefühlt wird. Die Mühelosigkeit des Genusses führt den Schein mit sich, als verhalten wir uns blos receptiv; so entsteht die Vorstellung eines Gebietes der rein rezeptiven Lust. Umgekehrt erscheint die Arbeit als pure Thätigkeit ohne Genuß, hiemit ihr Gebiet als ein Gebiet der Unlust. Nach zwei Seiten sind diese Begriffe unrichtig. Wir sind auch im Genuß activ, nur (relativ) mühelos activ, während wir in der Arbeit mühevoll activ sind. So verhält es sich darum, weil dort unsere erste, gegebene Natur agirt, hier unsere zweite Natur, die sich auf der ersten aufbaut, aber auch mit ihr ringen muß, der Geist, der Geistwille. Die andere Seite des Irrthums ist die Meinung, daß die Arbeit, das mühevolle Wirken des Geistwillens nur von Unlust begleitet sei. Sobald dieser durch Gewöhnung Kraft gewinnt, stellt auch hier die Lust sich ein und zwar, da Lust und Illusion unzertrennbar sind, bestätigt und erhöht durch diese. Die Lust-Illusion im Wirken werden wir genauer zu betrachten haben; zuerst ist ein anderes Ergebniß ins Auge zu fassen. Nur an das innerlich Werthvolle wird sich Lust knüpfen, die nicht, sobald man sie näher prüft, in Schaum aufgeht. Wahren Werth haben wir nur im Wirken, in der Thätigkeit des Geistwillens gefunden. Blicken wir aber hinüber auf das Gebiet des sogenannten bloßen Genusses, so kann es sich doch nicht so mit ihm verhalten, daß die Lust, die er, erhöht durch Illusion, enthält, schlechthin keine Prüfung aushielte, sondern in Nichts verflöge. Ist doch auch der Genuß eine Art von Activität, so kann er zum Wirken, hiemit dem Werthvollen, nicht in absolutem Gegensatz stehen. Wir haben es so ausgedrückt: im Genuß sei nur unsre erste, gegebene Natur thätig. Diese bildet aber den Unter-

grund unserer zweiten, der Geist=Natur; es ist, wie bereits ange=
deutet, nicht vernünftig, diesen Untergrund nur als ihren Feind
anzusehen und zu behandeln; wiewohl sie ihn a u ch bekämpfen
muß, zieht doch die Geist=Natur aus ihm die allgemeine Stim=
mung zur Freudigkeit, die sie nicht entbehren kann, wenn sie
wirken will; naive Freude ist doch auch Vorbedingung für
Geist=Freude. Noch mehr: die beiden Gebiete sind auch darum
nicht absolute Gegensätze, weil sich vom wahrhaft Activen, vom
Wirken des Geistwillens in verschiedenen Graden ein Theil
hinübertragen läßt in das Gebiet des scheinbar nur receptiven
Verhaltens im Genusse, weil er sich mit Geist würzen läßt.
Dieß, der Grad des Herüberwirkens des Geistwillens in den
genießenden Naturwillen, begründet die Werth=Unterschiede inner=
halb des Genuß=Gebiets. Daran knüpft sich nun aber auch
der M a a ß b e g r i f f; seine wahre Bedeutung ergibt sich aus
diesem Verhältniß: die Lust und Illusion, die der sogenannte
Genuß enthält, ist werth„ gesucht zu werden, wir dürfen, ja
sollen sie wollen, so weit sie die Grenzlinie nicht überschreitet,
innerhalb welcher sie den gesunden Untergrund bilden kann für
das Gebiet der eigentlichen Activität, der des Geistwillens, und
innerhalb welcher wirklich auch Geist (Witz, Erfindung, Gedanken
wohlwollender Art, naturverklärende Phantasie) in sie hinüber=
getragen werden kann. Das Weitere zu untersuchen, diese Be=
griffe durchzuführen, ist Aufgabe der Moral und hier nur hin=
zuzusetzen, daß, wie sich aus dem Obigen ergibt, die edelste
Form im Lustgebiet die Liebe ist.

Nun wieder zum andern Gebiet, dem eigentlich activen, dem
Wirken! Es ist mühevoll, aber durch die Gewöhnung knüpft sich —

wie wir gesagt haben, aber nur der Entwicklung der ganzen Begriffs-Reihe zu lieb sagen mußten, da es jeder richtige Mensch von selbst weiß — knüpft sich an die Mühe die Lust und zwar nun wahre Lust; denn hier ist nicht erst indirect zu findender, sondern unzweifelhaft wahrer Werth und wahrhaft werthvolles Thun muß von wahrer, dauernder Lust begleitet sein. Man könnte es ein Dislociren der Lust vom Genußgebiete zum Arbeitsgebiete nennen, wenn dieses Wort nicht einen künstlichen Act zu bezeichnen schiene; die Lust mit ihrer wahren Fülle dislocirt sich durch die Gewöhnung zur inhaltsvollen Thätigkeit von selbst und tritt an die Stelle der Unlust, womit diese für den Trägen sich verbindet. Nun ist aber auch diese Lust zugleich Illusion und ohne die Illusion nicht wahre Lust. Und was heißt hier Illusion? Die Täuschung, als ob wir mit dem Wirken mehr erreichten, als dieß in Wahrheit der Fall ist. Wir müssen, um wirken zu können, die Menschen für empfänglicher, zum Guten und Vernünftigen williger halten, als sie sind. Wie? und dieser Täuschung sollen wir uns mit Wissen hingeben? Ja, weil es nur eine relative Täuschung ist. Denn nur überall weniger erreichen wir mit unserem Wirken, als wir hofften, aber nicht Nichts, sondern immer Etwas, aber eben dieß Etwas würden wir nicht erreichen, wenn wir nicht der Illusion uns erfreuten, als erreichten wir mehr, als dieß Etwas. Nur sie gibt die Frohheit und den Muth des Wirkens. Also brauchen wir sie; es ist also vernünftig, ist logisch, ist recht, sie zu hegen; will es Einer sich zu leide thun, daß er durch Aufsuchung und ewige Betrachtung alles Schlechten in der Welt sich allen Spaß verderbt, das ist seine Sache, aber daß er die Welt jedenfalls schlimmer macht, als sie schon ist, weil er die Frohheit des

Wirkens knickt, das ist ein ernstes Ding und dadurch wird er gemeinschädlich. Allerdings eigentlich knicken kann man sie nicht; wie sie von selbst da ist, von selbst aus dem zurechtgerückten Untergrunde der Natur aufsteigt, so läßt sie sich auch nicht mit der Furca austreiben; aber sie wird, wenn man sie mißhandelt, ein unfruchtbares Aufflimmern, das schnell wieder den genährten schwarzen Vorstellungen Platz macht, nur Oel in die Flamme der Selbstqual. „Sie (— die Natur in dem hohen Sinne des Allwesens, wie sie jener höchst merkwürdige Aufsatz Göthes meint: „Die Natur. Aphoristisch.") freut sich an der Illusion. Wer diese in sich und Andern zerstört, den straft sie als der strengste Tyrann. Wer ihr zutraulich folgt, den drückt sie wie ein Kind an ihr Herz."

Ueber den Eudämonismus aber ergibt sich nun dieses Resultat: ist erkannt und gezeigt, daß im Wirken für den Weltzweck — und auch das bescheidenste dient ihm — die wahre, also vorzüglich suchenswerthe Lust liegt, so scheint es gleichgültig, ob die Lust oder das Gute zum Princip der Ethik gemacht wird. Allein da die Lust nur aus der Thätigkeit fließt (relativ und bedingt aus derjenigen des Genießens, die blos Receptivität scheint, höher und wahrhaft aus der eigentlichen Thätigkeit), so bleibt sie das Secundäre und ihr Werth ist, wie sich erwiesen hat, nur aus dem Primären zu bemessen, aus dem Werthe der Thätigkeit an sich. Die Lust kann also nicht Moralprincip sein und Kant behält Recht, wenn er das Sittengesetz als absolutes Gebot hinstellt und die Negation jeder blos sinnlichen Triebfeder als Bedingung des Guten setzt; Unrecht nur darin, daß sein Begriff von Sinnlichkeit ganz mangelhaft ist: er kennt nur pure, keine von Seele und Geist durchdrungene Sinnlichkeit, er kennt die Natur im Menschen nicht als Untergrund des Geistwillens und nicht als eine Sphäre, die dieser zu sich hinauf und an sich nehmen kann; das Sinnliche in dieser Bedeutung verhält sich affirmativ zum Guten, nur als Triebfeder muß die Moral es abweisen, eben weil, ehe ihm Geltung beigelegt wird, vorher geprüft sein muß, ob es zu dem, was an sich werthvoll ist, zum Guten, in dieß bejahende Verhältniß gesetzt ist; das Gute aus Neigung, davon weiß auch Kant; wohl, aber da muß man vorher wissen, ob die Neigung gut ist: dieser Zirkel führt nothwendig darauf, daß seine Moralprincip nicht umzustoßen, wohl aber zu ergänzen ist. Unrecht behält aber Kant auch darin, daß er dem Guten nur die magere Lust des Gefühls der Selbstachtung beigesellt. Gibt es eine seelische, zum Guten affirmativ gestellte Sinnlichkeit, so ist das freie Mitergebniß des Guten noch eine ganz andere Lust: Begeisterung, Seligkeit. — Stehen bleibt nun aber der Satz: Lust ist Reflex der Thätigkeit im Subject als Gefühl; der bloße Reflex kann aber nicht Princip der Ethik sein. Der Eudämonismus ist Subjectivismus und er wird in seiner wahren Consequenz Pessimismus, denn wer von der Lust ausgeht, findet das an sich, das objectiv Werthvolle und gerade darum die wirkliche Lust nicht. Bei Schopenhauer begegnet man überall keinem wahren Begriff von der Arbeit; im Grunde darum nicht, weil er trotz seiner Lehre von den Ideen im ganzen praktischen Gebiete nichts davon weiß, daß das wahrhaft Seiende das Unsichtbare ist, der sinnlich nicht zu greifende innere Vollgehalt im Leben der thätigen Menschheit, im Bau ihrer Gesellschaft, der eben durch die Arbeit sich schafft und wirkt. Das Ungeheuer, der blinde Wille, treibt die Subjecte wie Schaumblasen hervor, sie schweben im

Leeren und da es objectiven Halt nicht gibt, suchen sie ihn in der Luft, ebendarum aber kann diese keine sein, und so bleibt nur das Geschäft, sie in Nichts aufzulösen und in dieser absoluten Unlust die höchste und unlustigste Weide der Lust zu suchen. Dieser Opiumgenuß ist die raffinirte Ausbildung des modernen Subjectivismus und die letzte welke Blüthe der Romantik.

Also wahre Lust im Wirken, im Guten, und relative Lust im Gebiete der sogenannten Güter, soweit sie mit Geist gewürzt werden und soweit aus dem Geistwillen die Maaßbestimmung für sie entnommen wird: dieß wäre unser einfaches Resultat. Der Begriff: wahre Lust, wird allerdings noch eine Berichtigung erfahren müssen. Es kann nicht bedeuten: absolute Lust, weil jedes Wirken auch Streben ist, jedes Streben aber bei jedem erreichten Ziele einen Rest und hiemit das Schmerzgefühl des Unerreichten zurückläßt; allein die Lust im strebenden Wirken wird dennoch diese beigemischte Unlust unzweifelhaft überwiegen, denn die Illusion, welche sie begleitet, haben wir ja als die beste und festhaltenswertheste aller Illusionen erkannt. Wir werden im folgenden Zusammenhang veranlaßt sein, den Schluß der Tragödie wieder heraufzunehmen und eine Stelle aufzuführen haben, welche diese tragische Seligkeit mit herrlichen Worten ausdrückt.

Doch es ist hohe Zeit, zu fragen: wie steht nun Faust zu dem Ganzen dieses Resultats? Ist er moderner Pessimist, und dieß etwa, weil Eudämonist? Wenn wir daran gehen, die Antwort aus dem Gedichte zu schöpfen, so wird sich denn zeigen, warum wir den großen Umweg der voranstehenden Untersuchung einschlagen mußten.

Faust hatte das Ethische besessen in der Idealform der

reinsten aller Leidenschaften, des Durstes nach Erkenntniß; er ist beschämt, glaubt sich in diesem Streben gescheitert, will sich jetzt ganz nur dem Weltdrang, den Trieben hingeben, die auf das Reale gehen, und vergißt ganz, daß es in diesem Gebiete das gibt, was wir Wirken, Arbeit im Dienste des Ganzen, des Weltzwecks nennen, und daß diese Thätigkeit, als werthvoll an sich, von einer wahren, den beigemischten Schmerz weit überwiegenden Lust begleitet ist. Er geht also vom unterscheidungslosen Eudämonismus aus, ist — für jetzt — Subjectivist, Egoist; in welchem Sinne consequent auch Pessimist? Der Antwort darauf müssen noch lange Erörterungen vorausgehen. — Er weiß also für jetzt nur von der Lust, die aus dem Verhalten fließt, welches blos receptiv scheint, nur vom Gebiet der Genüsse oder Güter; die Illusion, die den besten Theil der sie begleitenden Lust ausmacht, hat er als Illusion erkannt und meint, er müsse sie darum von sich stoßen; er irrt, wie wir gesehen haben; wir haben uns überzeugt, daß und warum, wenn es vernünftig ist, die höhere, edlere Illusion, die das Streben, das Wirken begleitet, als gewollte festzuhalten, es ebenso auch vernünftig ist, jene an Werth geringere Illusion festzuhalten, welche der eigentliche Grund der Freude in den sogenannten Freuden der Welt ist; wir haben zugleich gefunden, daß sich aus der Vergleichung mit dem rein Werthvollen ein Maaßbegriff für den Genuß dieser Freuden mit ihrer Illusion ergibt. Sollte Faust, obwohl er sie verwirft, sich dennoch in sie stürzen, so wird ihm dieser Begriff fehlen; doch dieß ist noch nicht zu verfolgen, sondern für jetzt nur zuzusehen, wo er zunächst steht. Er will nichts von den Freuden der Welt wissen, weil er die Illusion darin durchschaut und ihren relativen Werth mißkennt; das Gebiet der wirkenden Thätigkeit, worin das rein Werthvolle zu suchen ist, liegt seinen Blicken jetzt noch ganz verdeckt: so hat er — nichts. Die eigentliche Consequenz wäre Selbstmord. Es sind tiefwahre Worte, womit er nun das Gefühl ausdrückt, in sich eingezwängt zu sein, nicht aus sich hinauszukönnen:

> Der Gott, der mir im Busen wohnt,
> Kann tief mein Innerstes erregen,
> Der über allen meinen Kräften thront,
> Er kann nach außen nichts bewegen;
> Und so ist mir das Dasein eine Last,
> Der Tod erwünscht, das Leben mir verhaßt.

Ein Menschengedräng staut sich an einer Thüre; es will sich nicht theilen und weil alle zugleich hindurch wollen, kommt keiner hindurch, bis sie sich entschließen, Einer um den Andern sich hinauszubewegen. Genau so ist es mit dem inneren „Gewühl" in Faust. Er will immer seine ganze reiche innere Welt auf einmal hinausgeben oder auf einmal in einer Göttergabe des Lebens sich in der Außenwelt begegnen sehen. Das geht nicht; Eins ums Andere! Dazu fehlt dem Idealisten alle Geduld, aller Sinn der Vermittlung, alles Verständniß für Abschlagszahlungen, und so bleibt er eingekeilt, eingeklemmt in sich und muß sich in sich verzehren, wenn er nicht den Knoten durchhaut. Man sieht, wie er sich im Ringe dreht; ebenda stand er, als er die Giftschaale zum Munde führte, ebenda, als er fliegen zu können wünschte und die höllischen Geister um einen Zaubermantel bat, um aus sich hinauszukommen und sich ins Leben zu stürzen. Jetzt scheut er wieder davor, weil er keine Illusion kennt. Sie hat ihn aber ja doch; eben, als er sich vergiften wollte, hat sie

ihn erfaßt durch frommen Gesang, Glockenklang, rührende Rück=
versetzung in das Festgefühl der Kinderjahre. Daran erinnert
ihn nun sein zielend und treffend Mephistopheles und darauf
bricht er, beschämt, gereizt, geärgert in den wilden Fluch aus:
„wenn aus dem schrecklichen Gewühle — Geduld!" Der Fluch
besagt: nun soll es erst recht keine Illusion für mich geben! Als
Schluß beurtheilt, ist es reiner Unsinn, denn der Schluß heißt:
es gibt keine Illusion für mich; ich muß zugestehen, daß sie
doch Macht über mich hat; also — nun, logisch müßte folgen,
was wir uns oben gesagt haben: also werde ich meine Begriffe
berichtigen müssen, die Illusion wird doch gut und recht sein,
nur daß sie nach Werthgraden des Lebensinhalts festzuhalten
und zu pflegen ist; Fausts conclusio aber ist: also will ich in
der Illusion zappelnd sie verfluchen. Noch bestimmter, als in
der vorhergehenden Weltschmerzrede, stellt er in diesem Fluche
sein Wissen um die Leerheit des Scheins voran: Lock= und
Gaukelwerk, Blend= und Schmeichelkräfte, Blenden der Erscheinung,
heuchelnde Träume, und führt übrigens zwischen den Gütern,
Genüssen auch jetzt wieder Thaten auf. Man darf aber nicht
übersehen, daß er sie nur nebenher nennt als Anhängsel zum
Mammon: „verflucht sei Mammon, wenn mit Schätzen er uns
zu kühnen Thaten regt" u. s. w. Dieß geht sichtbar tief aus
der Absicht des Dichters hervor; vom inneren Werthe der That
hat Faust jetzt kein Bewußtsein; es gilt dasselbe, was wir schon
zu der vorhergehenden Stelle gesagt haben, wo er den sterbenden
Sieger beneidete: er sieht die That nur von Seiten ihres Glanzes
an, wirft sie so in das Gebiet der Genüsse und mit ihm von
sich; hätte er einen Begriff von ihrem inneren Werth, so müßte

ihn dieser zum Begriffe des höheren Werths führen, der im stetigen Wirken liegt, das aber kann ihm jetzt nicht einfallen. That ist momentan und effectvoll, Wirken stetig und bescheiden, es fügt "zum Bau der Ewigkeiten zwar Sandkorn nur um Sandkorn, doch von der großen Schuld der Zeiten streicht es Minuten, Tage, Jahre." — Und daraus entspringt also das ganze Wirrsal, worin er sich befindet.

Es folgt der Geistergesang, in welchem wir, da wir ihn im ersten Abschnitt bei den Opernmotiven aufführten, die symbolische Objectivirung des Gefühls einer Art von Selbstbedauern fanden, das in Faust nach seinem Fluche sich regt; und nun spricht Mephistopheles einfach, als hätte Faust das Gegentheil von dem gesagt, was er gesagt hat, —: "Hör' auf, mit deinem Gram zu spielen" u. s. w.: was hilft dir das Verfluchen, wenn du ja doch dir nicht das Leben nimmst, was bleibt dir, als eben einmal aus dir herauszugehen und es mit dem Object zu versuchen! Faust geht ein, der Contract wird geschlossen und nachher noch einmal durchgesprochen, was Faust eigentlich dabei denkt und will.

Und was ist es nun? Faust durchschaut alle Lust, alle Illusion, betrachtet sie als bloßen Schein und will sie doch. Er wiederholt ja dann zum zweitenmal die Versicherung seiner Täuschungslosigkeit, nämlich eben nach dem Schluß der "Wette" und gibt ebendadurch Anlaß zur nochmaligen Durchsprechung. "Was willst du, armer Teufel, geben?" — täglich neu begrünen". Man muß die letzten zwei Verse dieser Rede genau ansehen: "zeig' mir die Frucht, die fault, eh man sie bricht, und Bäume, die sich täglich neu begrünen": er weiß von jeder Lust, daß sie im Entstehen schwindet, und will es dennoch damit versuchen, Mephistopheles muß also dafür sorgen, daß für die faulende Frucht immer neue nachwächst: keine Lust wahre Lust, dennoch immer neu zugegriffen und gekostet! Faust gesteht damit zugleich, daß seine Täuschungslosigkeit nicht eigentlich aus Erfahrungen im Genußleben erwachsen ist. Die täglichen Störungen in seinen Geistesfreuden haben ihm genügt, den Schluß zu ziehen, daß es mit den Lebensfreuden nicht besser sein werde. — Nun, und warum will er sie dennoch? Es heißt flach beurtheilen, wenn man sagt, Faust suche, da er eben nicht weiter wisse, einfach Uebertäubung, Vergessen seines rathlosen innern Conflicts. Er will das freilich a u c h: „dem Taumel weih' ich mich" u. s. w., aber man muß diese nächste Meinung Fausts tiefer nehmen und statt des subjectiven Ausdrucks: Uebertäubung aus dem Wesen des Geistes erklären. Der Geist will Bewegung; wenn er sich auch vortäuscht, in was er sich bewege, sei gleichgültig, so will er sie doch; er will sie als reine Form. Die Räder der Mühle, denen nichts aufgeschüttet wird, reiben sich ab; Mephistopheles soll aufschütten, was er immer vermag. Ein Jagen soll es sein: „stürzen wir uns in das Rauschen der Zeit, ins Rollen der Begebenheit, da mag denn Schmerz und Genuß, Gelingen und Verdruß miteinander w e c h s e l n wie es kann." Diese Worte enthalten Beides, die Uebertäubung und die Bewegung einfach als Bewegung. Nun aber vertiefen sich diese Begriffe noch ganz anders, und zwar um zwei große Stufen. Faust will ja auch den S c h m e r z und so viel mehr den Schmerz, als die Freude, daß er sogar sagt: „du hörest ja, von Freud' ist nicht die Rede," und Faust will — dieß müssen wir jetzt nachdrücklich wieder aufnehmen — er will auch die That durchkosten, erfahren, erleben. Diese kommt jetzt ganz anders als vorhin zur Sprache, ja mit ihr zugleich das Streben. „Das Streben meiner ganzen Kraft ist grade das, was ich verspreche, — nur rastlos bethä= tigt sich der Mann." Gewiß heißt dieß jedenfalls nicht: gemein genießen wollen; allein nicht genug, der Horizont, auf den Faust ausschaut, erweitert sich ganz in's Ungemeine, wenn der tiefere Grund zum Vorschein kommt, warum er Freude und Schmerz, Genuß und That zu durchleben verlangt. Er will sich zur Menschheit erweitern; darum will er zu Freude und Genuß Schmerz und That, weil er zu fühlen verlangt, wie es der Menschheit zu Muthe ist, weil er das Ganze der Menschheit in sich concentriren will.

„Ihr Wohl und Weh auf meinen Busen häufen
Und so mein eigen Selbst zu ihrem Selbst erweitern —

Das Herausgehen aus der Vereinzelung des Ich, das sich Ergänzen mit dem Objecte, der Welt, wird hier ganz groß= artig gefaßt, das nihil humani a me alienum puto wird mit dem Feuer einer edeln Seele tief und mächtig ausgesprochen. Das wäre nun also ja das Rechte; das Individuum soll sich ja zur Gattung zu erweitern streben, das ist ja eigentlich der wahre Sinn im Worte: Bildung; Fausts Idealismus wird Universalismus.

Allein Fausts Zustand ist doch nicht dazu angethan, dieß an sich Rechte im rechten Sinne zu wollen, und es entsteht nun die schwere Aufgabe, in den Strudel von Verwirrung, in welchen ein wahrer Gedanke durch seine Wildheit zerstäubt, mit deut= licher Unterscheidung einzudringen.

Toll und wild ist daran vor Allem, daß er die mannigfachen Lebensformen, in denen die Menschheit ihre Triebe und Kräfte realisirt und ihr Schicksal zu erfahren bekommt, im denkbar größten Umfang eigentlich und wirklich durchleben will. Er will Bürger, Staatsmann, Herrscher, Ritter, Held, Künstler, alles Mögliche wirklich sein. Er verachtet als philisterhaft die Nüchternheit, mit der ein vernünftiger Mensch sich sagt: werden, sein will ich, so viel dem beschränkten Einzelnen möglich ist, und nicht mehr, will meine Kraft nicht in ein Zuviel von Thätigkeit umherstreuen, sondern in Einem Puncte fruchtbringend sammeln, im Uebrigen aber durch Schauen, Lernen mich ideal ausweiten, geistig in die möglichst vielen Lebensformen, in nahe und ferne, in die vergangenen wie in die gegenwärtigen mich versetzen, meinen Sehkreis immer weiter ausdehnen und zwar nicht theilnahmlos theoretisch, sondern mit lebendiger Einfühlung in alle noch so fremden Zustände. Statt dessen schwebt vor Fausts fiebernder Leidenschaft das Bild einer wilden Jagd, die, mit Zauberhilfe, durch alle diese Zustände wirklich hindurchsaust, eines wilden Gelages, das alle diese Becher, die bittern wie die süßen, im Taumel hinunterstürzt und den Rausch nicht fürchtet, sondern will. Also maaßlos! und hier bestätigt sich, was wir oben sagten, als zu zeigen war, wie der Verlust des Maaßbegriffs eine der nothwendigen Folgen davon sein müsse, daß Faust die verschiedenen Verhaltens-Arten des Willens nicht nach ihrem Werthe untereinander vergleiche. Zwar fanden wir dort nur erst, daß ihm der Maaßbegriff für den Genuß, der sogenannten Güter abhanden kommen müsse; jetzt will er auch in Bestrebungen und Thaten über alle Grenzen hinwegstürzen, auch dieß ist nur die begreifliche Consequenz davon, daß er immer noch keinen Begriff von einem gesammelten Wirken hat. Er unterscheidet jetzt That und Genuß und nennt den Schmerz dazu, aber er unterscheidet alle drei nicht von inhaltvoll stetigem Handeln, daher verschwimmen ihm die Unterschiede jener drei dennoch in die eine dunkle Vorstellung von einer Art verzweifelten Genusses. Maaßlos, schrankenlos: das heißt nun natürlich auch: ohne Resignation. Die Geduld, die sie vor Allem will, hat er ja vor Allem verflucht und wir haben verstanden, warum er es that: nicht blos darum, weil ihn Mephistopheles durch die Erinnerung an einen Act der Geduld beschämt hatte, sondern überhaupt weil alle Geister seiner Art ungeduldig und stolz darauf sind, es zu sein. In diesem tragisch rasenden Wollen ist nun Faust wie in seinem Wissensdurst ein Idealist, der Alles oder nichts will. Leicht ist vorauszusehen, daß dieß auch zu schwerer Schuld führen muß; wir erinnern jetzt an das: „losgebunden, frei" des Mephistopheles und seinen geheimen Sinn: die Schranken der Pflicht überspringend. Ein rollendes Fahrzeug ohne Hemmschuh, ein Dampfwagen ohne Bremse wird über die Lande stürzen, Saaten verwüsten, Menschen verwunden und tödten.

Was hierin schon enthalten ist, muß nun als Zweites herausgestellt und für sich betrachtet werden: diese Jagd denkt sich Faust ziellos. Er will nicht lernen, nicht bereichert von einer Lebensform zur andern fortschreiten. Denn er glaubt (für jetzt) an keinen Inhalt, keinen Kern, keinen Werth an sich, der in diese Genüsse und Thaten gelegt werden könnte, immer weil er nichts vom Wirken weiß und wissen will, oder umgekehrt — es bleibt sich gleich: — er will von diesem nichts wissen, weil er an keinen Kern glaubt. Hinter all dem ist nichts, — also ächt nihilistisch und pessimistisch, so scheint es vorerst. Ein solches Rennen wird auch zum eigenen Untergang führen: der Wagen wird in den Abgrund stürzen, zerschellen. An das Schuldigwerden, Verwüsten denkt er nicht, über den eigenen Schiffbruch aber täuscht er sich nicht, ja er will ihn: „und wie sie selbst am End' auch ich zerscheitern."

Auch hiemit ist der Sinn noch nicht erschöpft, wir stehen nur vorerst einen Augenblick still und sehen nach dem Dichter. Auf diesem Puncte besonders ist es merkwürdig, zu finden, wie er (mit dem guten Rechte, das wir ihm längst eingeräumt,) die eigene Persönlichkeit in sein Gedicht niederlegt und doch frei darüber schwebt. Er ist der Held im Gedicht, aber er ist es auch nicht, er ist der gefährlich kranke Faust, aber indem er ihn schildert, schon der gesunde oder gesundende. Göthe schreibt an Lavater 1771, also in der Zeit der ersten wilden Jahre in Weimar: „es mag so lange währen, als es will, so hab' ich doch ein Musterstückchen der Welt recht herzlich mitgenossen. Verdruß, Hoffnung, Liebe, Arbeit, Noth, Abenteuer, Langeweile, Haß, Albernheiten, Thorheit, Freude, Erwartetes und Unversehenes, Flaches und Tiefes, wie die Würfel fallen, mit Festen, Tänzen, Schellen, Seide und Flitter ausstaffirt, — es ist eine treffliche Wirthschaft." Fast wörtlich gleich lautet es im Drama: „Laß in den Tiefen der Sinnlichkeit — — Begebenheit! Da mag denn Schmerz und Genuß, Gelingen und Verdruß, miteinander wechseln wie es kann." Aber die nächste Rede Faust's schließt mit dem „Zerscheitern" und Göthes Brief schließt: „und bei Allem, lieber

Bruder, Gott sei Dank! in mir und meinen Endzwecken ganz glücklich. Ich habe keine Wünsche, als die ich wirklich mit schönem Wanderschritt mir entgegenkommen seh'." Wir mußten ja längst beiziehen, wie Göthe selbst auch zu viel umfassen wollte: Dichter, Künstler, Forscher, Staatsmann und Lebemensch in einem Strudel von Zerstreuungen, Großmeister aller geselligen Freuden und Narrheiten. Aber schon fühlt er voraus, wie er sich sammeln und beschränken wird, zurückziehen aus dem Lärm der Vergnügungen, den größeren Theil der Aemter abgeben und dann wohl noch weit mehr als andere Menschenkinder umfassen, aber nicht mehr, als die Erhaltung der Einheit mit sich, der Klarheit und des stillen Friedens in der Brust ertragen mag. Die Resignation, das Streben nach einem Ziele, der Wander= schritt — alles dieß kann sein Faust noch nicht und so wenig als Maaß und Schranke kennen, weil er von keinem Kern, keinem Inhalt, also keinem wahren Werthe irgend einer Lebens= form wissen will.

Noch liegen aber also hiemit nicht alle Fäden blos, aus welchen der wirre Knäuel von Fausts Zustand geschlungen ist. Ja gerade der rothe Faden ist es, der noch fehlt. Er ist der letzte, der zum Vorschein kommt. Die herabstimmenden Ein= und Zureden des Mephistopheles, die wir vorerst nicht verfolgen, scheinen stark zu wirken und Faust sagt zuletzt mit ermattendem Feuer:

>Ich fühl's, vergeblich hab' ich alle Schätze
>Des Menschengeists auf mich herbeigerafft,
>Und wenn ich mich am Ende niedersetze,
>Quillt innerlich doch keine neue Kraft;
>Ich bin nicht um ein Haarbreit höher,
>Bin dem Unendlichen nicht näher.

Es dient sehr zur Verständigung, wenn wir zuerst die letzten zwei Zeilen heraufnehmen. Faust verräth am Schluß des Gesprächs, was er von Anfang an eigentlich gemeint hat und will. Jetzt erst erhellt ganz, wie ungenügend es ist, seinen Zweck nur in Uebertäubung, leerer Form der Bewegung zu suchen. Er meint es titanisch; die Beschämung durch den Erdgeist hat ihn noch nicht von der Ueberhebung geheilt, dem Unendlichen gleich sein zu wollen, er trägt sie von dem Erkenntnißdrang auf den Lebensdrang über, daher hat er kurz vorher der Mahnung an die Schranken den einfachen Trotz seines energischen „allein ich will"! entgegengesetzt, daher hat er so eben gesagt: „was bin ich denn, wenn es nicht möglich ist, der Menschheit Krone zu erringen!"; — Worte, deren Sinn man natürlich viel zu eng faßte, wenn man sie einfach auf Herrschen deutete, daran wird Faust nur auch denken, Befriedigung davon aber nicht hoffen, er spricht eben überhaupt im Sinn des Verlangens nach einer unendlichen Größe. Wollte er vorher durch unbegrenzte Erkenntniß, so will er jetzt an Lebensumfang ein Gott, ein Erdengott werden. Man verdunkelt sich die Sache, wenn man sich seine Vorstellung deutlicher machen will, das Phantastische kann und soll ja nicht logisch sein. Was heißt das, ein All der Quantität nach in sich aufnehmen wollen, wenn Alles in dem All qualitativ keinen Kern haben soll? Das wäre ja eine Aufblähung zu einem hohlen Koloß und wie richtig sieht das Faust doch selbst ein, wenn er sagt, dabei quelle ihm innerlich doch keine neue Kraft! Wie kann er dennoch wollen, was so sich selbst widerspricht? Weil seinem dunkeln und wilden Titanismus eine Ahnung des Wahren zu Grunde liegt, und dieß führt wieder auf den Mittelpunct.

Wir haben es auf Schritt und Tritt mit der Frage vom Unendlichen und Endlichen zu thun. Sie hat uns schon bei den Anfangs-Monologen, bei der Beschämung durch den Erdgeist beschäftigt. Die Frage nach der Lust, die eudämonistische Erörterung, die wir anstellen mußten, bewegte sich eigentlich um die subjective Seite derselben Grundfrage; Lust ist der Reflex der Thätigkeit im Gefühl, alle Thätigkeit sucht das Unendliche in uns zu verwirklichen, Lust ist also Gefühl der Befreiung des Unendlichen in uns, Unlust das Gefühl des Drucks des Endlichen, womit wir behaftet sind. So wie wir es nun mit dem „Näherkommen" genauer nehmen, gelangen wir zu dem bei der Erkenntnißfrage ausgesprochenen Satz zurück, daß der Mensch ein wandelnder Widerspruch ist. Wer nichts von Monismus weiß, muß unbegreiflich finden, wie wir uns mit der einfachen Wahrheit, mit welcher er es hier zu thun zu haben glaubt, so bemühen mögen. Der menschliche Geist nähert sich nicht nur dem Unendlichen, sondern er lebt in ihm, trägt es in sich und ist von ihm umgeben. Es ist essentielle Gleichheit des Wesens; er hat das Unendliche. Aber er hat es auch nicht, weil er die Herkunft aus ihm mit so unzählig vielen und vielerlei Wesen theilt, daß an ihn als einzelnen nur ein unsagbar kleiner Bruchtheil abfällt, — wenn man von Bruchtheilen reden kann in einem so wesenhaften Verhältniß. Dieß verhindert uns im Forschen, unsern eigenen Ursprung (wir entspringen doch aus dem Universum) je ganz zu durchdringen; im Wollen und Streben hindert es uns, je ein Mikrokosmus zu werden. Der Geist wächst im Streben, die Schranken erweitern sich und ein energisches Menschenleben stellt daher eine zum Absoluten aufsteigende

Linie dar, aber es ist eine Linie, die niemals ankommt; und wir kommen eben hiemit auch bei uns selbst nie ganz an, sofern wir doch das Unendliche in uns tragen. Als Reflex im Gefühl ergibt sich daraus ein Schmerz, der keine Grenze zu haben scheint. Dieß ist die Tragödie des Menschenlebens, für deren Weh keine Vorstellung eines Jenseits Trost bringen kann, denn leben wir dort als Individuen fort, so leben wir eben dort auch wieder in endlichen Verhältnissen mit Endlichkeit behaftet, bleiben also der wandelnde Widerspruch von Unendlichem und Endlichem, Lust und Schmerz wie hier; die Vorstellung aber, daß wir dort vollkommene Individuen werden, hebt das Subject des Prädicates auf. — In Fausts Worten: „bin dem Unendlichen nicht näher" verräth sich nun schließlich ganz klar, was seinem titanischen Wollen zu Grunde lag: er meinte, das Näherkommen müsse doch einmal in ein Erreichen übergehen; die gründlich herabstimmenden Zwischenreden des Mephistopheles haben ihm jetzt diesen Wahn benommen und so blickt er trostlos in's Leere. Wäre er klar, hätte er den Begriff eines inhaltvollen Strebens, so stünde es anders um seine Stimmung, da er vom Wahne des Erreichens zurückkommt. Denn in der That, das Weh in dem Gedanken, daß wir beim Unendlichen nie ankommen, scheint ja nur grenzenlos; die Tragödie ist ja doch ein Schauspiel, worin es an Seligkeit nicht fehlt. Der Stachel des Schmerzes über das Unerreichte spornt ja die Lust am Erreichten. Tragische Seligkeit haben wir daher das wahre Gefühl des Lebens genannt, als wir in der allgemeinen Frage nach den Gütern, dem Wohle diesen tiefen Punct schon berührten; Faust soll die selige Trauer des Lebens kennen lernen. Hält man die Einheit aller

Dinge nicht für Nichts, sondern eben für ihre Einheit, also für das absolut reiche und volle Etwas, so muß es in allem Entbehren beseligen, durch Erkenntniß Blicke in diese Centralsonne der Wesen zu thun und durch Handeln als einer ihrer Strahlen zu wirken, Leben zu wecken und zu pflegen. Faust versenkt sich in das Negative des Widerspruchs und kann es nicht ertragen, weil er den unendlichen Trost nicht ahnt, der im Positiven dieses Widerspruchs liegt. Aber wir wollen jetzt nach dem klar gewordenen Faust vorausschauen, die Stelle aufnehmen, auf die wir längst hingedeutet haben: kurz vor seinem Tode, da er das Wirken kennen gelernt hat („**nun aber geht es weise, geht bedächtig**"), ruft er aus:

> Dem Tüchtigen ist diese Welt nicht stumm,
> Was braucht er in die Ewigkeit zu schweifen?
> Was er erkennt, läßt sich ergreifen.
> Er wandle so den Erdentag entlang
> ———
> Im Weiterschreiten find' er Qual und Glück,
> Er unbefriedigt jeden Augenblick.

Das stolz und groß Gehobene in diesen Worten läßt nicht zweifeln, daß das Sinngewicht hier auf das **Glück** fällt, auf das Gefühl der Befriedigung in der Unbefriedigung, wer dennoch zweifelte, wird den sonnenklaren Gegenbeweis in Fausts letzten Worten lesen, die wir mit Nächstem in's Auge fassen werden; es ist nur erst das Schlagwort der „Wette" einer neuen Betrachtung zu unterziehen.

Die Worte: „Werd' ich beruhigt je mich auf ein Faulbett legen" — „wie ich beharre, bin ich Knecht, ob dein, was frag' ich oder wessen," bieten dadurch wieder viel Schwierigkeit, daß

Fauſt im ahnenden Hellbunkel ſeiner Leidenſchaft die eine Hälfte einer ganzen Wahrheit von der andern losreißt. Er ſagt ja zunächſt etwas Großes, Gutes und Tiefes. Verloren iſt, wer nicht mehr ſtrebt, verloren iſt, wer ſtehen bleibt. Wir haben längſt uns klar gemacht, wie es ſich gar nicht blos, wenigſtens nicht zunächſt, um ein tiefes Sinken in Sinnlichkeit handelt, ſondern um jede Stagnation, jede Verhärtung der Elaſtizität, um alles verſchuldete Trägewerden des Geiſtes. Das Stehen= bleiben iſt immer auch ein Zurückkommen; ein Sinken und Ver= ſinken in niedrige Sinnlichkeit wird dann freilich auch nicht aus= bleiben. Der Begriff der Unendlichkeit, mit dem wir uns be= ſchäftigt haben, überträgt ſich nun von ſelbſt in den der Frei= heit. Der Menſchengeiſt als theilhaftig des Unendlichen heißt frei, wenn vom Streben, vom Vorwärtswollen, vom Greifen, vom Uebergreifen über Gegebenes, über Schranken die Rede iſt. Der Geiſt als Wille muß vermöge ſeiner Natur über jedes Be= ſtimmte, worein er ſich einläßt, als über ein Endliches, Be= ſchränktes hinausſtreben. Der Geiſt ſchreitet, ſchreitet vor, ſchreitet immer. Fauſt iſt ſich dieſer reinen Freiheit mit Stolz bewußt, er nennt ſie ſein „hohes Streben." Schreitet, ſtrebt ein Menſch nicht mehr, ſo erdrückt er dieſe Schwungfederkraft, ſtumpft ſie ab, lähmt ſie, wird „Knecht" des gegebenen end= lichen Verhältniſſes, worin er ſich befindet, wird von Mephi= ſtopheles in Feſſeln geſchlagen. Nun aber die andere Hälfte der Wahrheit! In endlichen Verhältniſſen ſind wir immer, ja in uns ſelbſt iſt unſere Unendlichkeit in ein endliches Verhältniß geſetzt, wir ſind äußerlich und innerlich gebunden, wir ſind frei und unfrei. Die Unfreiheit nach außen in jeder Lebensſituation

kennt Faust nur zu gut. Es ist hier gegeben, sein früheres
Wort aus dem Monolog nach Wagners Abgang wieder bei=
zuziehen:

> Die Sorge nistet gleich im tiefen Herzen,
> Dort wirket sie geheime Schmerzen,
> Unruhig wiegt sie sich und störet Lust und Ruh;
> Sie deckt sich stets mit neuen Masken zu,
> Sie mag als Haus und Hof, als Weib und Kind erscheinen,
> Als Feuer, Wasser, Dolch und Gift:
> Du bebst vor Allem, was nicht trifft,
> Und was du nie verlierst, das wirst du stets beweinen.

Wir legen in den Umkreis von Realem, den wir um
uns ziehen, um unsere Persönlichkeit zu erweitern, unser Selbst
hinein und sind stets in Gefahr, es daran zu verlieren, so daß
Verlust von Haus und Hof, Weib und Kind als Selbstverlust
gefühlt wird. Was ich nie verlieren kann, weil ich es nie
wahrhaft besessen — denn wahrhaft besitze ich nur mich selbst,
mein Bewußtsein von mir, mein Ich —, das beweine ich, wenn
es verloren geht, als hätte ich mich selbst verloren, ja ehe es
verloren geht, befürchte ich seinen Verlust und hierin den Selbst=
verlust. Faust will sich daher seine Freiheit bewahren, indem
er sich in solche Verhältnisse nicht einläßt. Falsch! und würde
er Einsiedler, lebte er als Diogenes, er würde sich in seine
Hütte, seine Tonne so einleben, daß er sie, die er nie verlieren
kann, beweinte, wenn sie verbrennte, ja um sie sorgte, als ver=
löre er sich, wenn er sie verlöre. Dieß ist nicht der Weg. Und
mit den innern Schranken, Unfreiheiten unseres Wesens verhält
es sich ebenso; Faust läugnet sie sich weg, es ist gleich falsch.
Was ist denn der Weg? Seine Grenzen klar erkennen, frei

anerkennen, also nicht mehr wollen, als man vermag, seine In=
dividualität mit diesen bestimmten Schranken zu einer Persön=
lichkeit ausbilden, die sich derselben bewußt ist und eben in dieser
Bestimmtheit das Mögliche leistet, kurz, das Nothwendige in ein
Gewolltes verwandeln, — die Persönlichkeit erweitern durch eine
Sphäre von Besitz, von realen Verhältnissen, ohne die wir unsere
Kräfte nicht entfalten, nicht fruchtbar machen können, sich ein=
lassen in die Welt, aber sich nicht daran verlieren, sondern sich
behalten, auf den Verlust gefaßt; „gefaßt sein ist Alles." Na=
türlich liegt in diesem Gesetz eingeschlossen, daß ein klarer Mensch
prüft, in welcher Richtung die bestimmte Anlage seiner Kraft
geht, daß er sie in dieser Richtung sammelt, concentrirt, und so
zur größtmöglichen Leistung ruft. Die freiwillig beschränkte
nächste reale Erweiterung unserer Persönlichkeit wächst selbst
wieder, das Streben und Wirken dehnt ihre Schranken aus, der
Kreis wird zu Kreisen wie der Wellenkreis im Wasser. Ge=
sammelte Kraft assimilirt sich mehr und immer mehr, sendet von
ihrem Kern aus mehr und mehr Radien ins Allgemeine, in
jedes menschlich Bedeutende, und gerade die Beschränkung bedingt
so die Universalität. Man ist immer wieder auf Göthe selbst
zurückgeführt. Er zersplittert seine Kraft anfangs durch Ueber=
nahme zu vieler Staatsämter, erkennt dann die Nothwendigkeit
der Beschränkung, entledigt sich eines Theils derselben, behält
diejenigen, die seiner Geistesrichtung nicht heterogen sind (Bildungs=
anstalten, Kunstpflege, Theater, Bergwesen), und lebt im Uebrigen
still der Naturwissenschaft, Kunstwissenschaft, Dichtung, still, ohne
sich gesellig so sehr abzusperren, daß er sich nicht an Kenntniß
und Gefühl des Menschenlebens von Tag zu Tag bereicherte, —

ein Musterbild der tiefen Sammlung und des steten Uebergreifens über ihre Schranken.

Also Beschränkung mit Vorbehalt der Freiheit, so wollen wir es in Kürze ausdrücken; treu im bestimmten Kreise und zugleich frei darüber! — Diese ganze zweite Hälfte der Wahrheit ist es nun also, die Faust verkennt. Diese Verkennung kennen wir eigentlich schon; es ist durch die letzte Betrachtung nur ein neues Licht darauf geworfen. Frei sein, streben bedeutet ihm ein leeres Vorwärtsstürzen, als ob jede Bindung die Freiheit aufhöbe; Freiheit bedeutet ihm nicht freie Beschränkung, sondern keinerlei Beschränkung. Es ist ein leerer Freiheitsbegriff, der ihm vorschwebt. Streben nach Nichts und Allem ist eigentlich Unsinn, dieser Unsinn ist seine Meinung. Gerade an diesem leeren Freiheitsbegriff packt ihn Mephistopheles; gerade das ist die Gefahr für Faust, vor lauter Freiheitsstolz unfrei zu werden, und daß der höllische Mentor dieß sehr wohl weiß, beweist sein Monolog am Schlusse, den wir ganz wohl gleich heraufnehmen können. „Verachte nur Vernunft und Wissenschaft — zu Grunde geh'n." Als negativen Grund zu guten Hoffnungen auf Gewinn der Wette nennt er die Verachtung der Vernunft und Wissenschaft, welche Fausts jetzige Stimmung ist; Vernunft ist das natürliche Denken dessen, was der menschlichen Bestimmung angemessen ist, im Gegensatz zu der ganzen Ueberstürzung, phantastischen Maßlosigkeit, worin Faust schwebt; die Wissenschaft ist die methodisch denkende Vernunft, deren Verachtung wir ja längst an ihm kennen. Positiv begründet sich Mephistopheles seine Hoffnung mit den Worten:

> Ihm hat das Schicksal einen Geist gegeben;
> Der ungebändigt immer vorwärts bringt
> Und dessen übereiltes Streben
> Der Erde Freuden überspringt.

Zunächst ist es das Apriorische in dem Faustischen Freiheitsstolze, worauf er baut. Faust verachtet die Erdenfreuden, wie wir schon gesehen, zum voraus, noch ehe er sie kennt; der Erfahrungslose soll nun erfahren, daß der Reiz doch ungleich stärker ist, als er glaubte.

> Den schlepp' ich durch das wilde Leben,
> Durch flache Unbedeutenheit!
> Er soll mir zappeln, starren, kleben,
> Und seiner Unersättlichkeit
> Soll Speis' und Trank vor gier'gen Lippen schweben.

Von der Gewalt des Scheines, den er so gut zu durchschauen meinte, überrascht, wird der Stolze die Leerheit des Scheines vergessen, anbeißen und sich darein verbeißen; dann wird Mephistopheles durch Retardiren (das Moment, dessen Wichtigkeit beim Prolog im Himmel besprochen ist) den Reiz verstärken, verdoppeln. Aber dieß ist noch nicht der ganze Sinn seiner Worte. Faust wird sich wohl in einer Leidenschaft verfangen, wie wir ja gleich in seinem ersten Lebensgang sehen; es führt jedoch die ganze Exposition des Drama's zur Erwartung, daß er von Genuß zu Genuß, von Leidenschaft zu Leidenschaft weiter eilen werde, von keiner befriedigt und sie doch wollend; diese Erwartung hat nun leider der Dichter nicht erfüllt; wir haben längst gesehen, welche Aufgabe er auf den irren und wüsten Traumwegen der eingeschobenen Walpurgisnacht umgeht, in den vier ersten Acten des zweiten Theils vergißt und durch Einführung eines Vergehens aus herrscherischer Eigenmächtigkeit im fünften Acte, gut dem Motive nach, mangelhaft in der Ausführung löst. Also von Leidenschaft zu Leidenschaft, und es ist klar, was Faust dabei vorschwebt: wissend, daß der Genuß keinen Kern hat, will er diese Leere durch Häufung, die fehlende Qualität also durch Quantität ersetzen. Der Stoff soll ihn niemals interessiren, nur die Form der Bewegung, wie wir es nannten, im stets neuen Wechsel. Auch dieß liegt in „Ueberspringen": Fortspringen von Genuß zu Genuß, jedenfalls dieß meint Mephistopheles mit: Unersättlichkeit. Es liegt demnach zweierlei vor: einerseits hofft er wohl den Faust in Einer Leidenschaft länger festzuhalten, als dieser für möglich hielt, aber er will doch auch dieß Forteilen unterstützen und hofft so, es zu einer Hetzjagd zu bringen, in welcher es gleichgültig wird, ob Faust für den Stoff sich interessirt, oder nur die Bewegung will. Faust genießt, zappelt und klebt eine Zeit lang, findet dann wirklich, daß der Genuß kein Inneres hat, aber da er jetzt doch nichts Anderes will, als Genuß, Leidenschaft, so bleibt ihm nichts, als dieß Spiel zu wiederholen, das eigentlich in eine unendliche Linie führt. „So taum!' ich von Begierde zu Genuß und im Genuß verschmacht' ich nach Begierde." Diese schlagend wahren Verse, die den tiefsten Aufschluß über die Natur alles Sinnengenusses geben, sollten nur an einer andern Stelle stehen, als in der Scene: Wald und Höhle; sie können sich nie auf Gretchen beziehen, sie gehören auf den Blocksberg. Mag also Faust vom Stoff auch gar nichts erwarten, es wird gerade so gut sein, wie wenn er doch vom Stoffe sich täuschen ließe. Man kann sich dieß gut am Beispiel eines Spielers deutlich machen. Seine Leidenschaft geht zunächst auf Geld, allein weit mehr noch auf den stets erneuten Reiz der Aufregung, Spannung im Hazardiren; es läßt ihm ja keine Ruhe, und wenn er Berge Goldes gewonnen hat, sie müssen verspielt sein; diese Gewohn= heit des Aufregungsschwindels brennt ihm endlich die Seele aus, Herz, Geist, Wille, Alles verglüht, verkohlt; nun ist es gerade so gut, wie wenn seine Leidenschaft einfach auf das tückische Metall ginge und die dunkeln Naturgeister aus der Tiefe der Erde ihn in den Abgrund zögen. Zu einem solchen roué hofft Faust den Mephistopheles zu machen; der Spieler dient uns dabei natürlich nur als verdeutlichendes Bild; es bleibt dabei, versteht sich, ganz gleichgültig, ob Mephistopheles vielleicht wirklich daran denken könnte, Faust auch zum Spiele zu verführen; gelingen würde es, wie wir diesen kennen, schwerlich; Klingers Faust wird Spieler. Das rechte Wort für den geschilderten Zustand ist Tantalus=Qual und damit wäre denn Faust des Teufels auch ohne Hölle und Teufel.

Die Zwischenreden des Mephistopheles möchte man am liebsten rein poetisch dem Tone nach betrachten und genießen, so behaglich, so teuflisch gemüthlich, wie sie sind. Ihr Sinn gilt zunächst einfach dem Zwecke, Faust zum „Kleben" zu stimmen. Wie appetitlich legt er's ihm hin, daß die Freuden des Ver= weilens werth seien, daß er es sich auch schmecken lassen soll! „Was Gut's in Ruhe schmausen." Aber auch die fortstürmende Leidenschaft Fausts läßt er gelten, er muß natürlich auch den falschen Freiheitsgeist nähren, nur muß er ihm ebenso gewiß die Tiefe, die Willens=Energie zu nehmen suchen, worin ihr besserer Keim verborgen liegt; so läßt er in der nächsten Rede das Fort= und Weiter=Jagen gelten:

> Beliebt's euch, überall zu naschen,
> Im Fliehen etwas zu erhaschen,
> Bekomm' euch wohl, was euch ergötzt,

aber er thut es, um zugleich ein recht gründliches Hineinlangen zu empfehlen: „nur greift mir zu und seid nicht blöde." Es folgt jener Satz, der uns schon bei der Analyse des Prologs als ein Hauptbeispiel gedient hat dafür, wie Mephistopheles nicht nur stachelt und reizt, sondern auch dämpft und kühlt und dabei tiefe Wahrheiten ausspricht, nur mit der höllischen Logik, unwahre Schlüsse daraus zu ziehen:

> O glaube mir, der manche tausend Jahre
> An dieser harten Speise kaut,
> Daß von der Wiege bis zur Bahre
> Kein Mensch den alten Sauerteig verdaut!
> Glaub' unser Einem: dieses Ganze
> Ist nur für einen Gott gemacht!
> Er findet sich in einem ew'gen Glanze,
> Uns hat er in die Finsterniß gebracht
> Und euch taugt einzig Tag und Nacht!

Kein Einzelwesen kann je das Ganze bewältigen, also? Ein guter Geist würde folgern: also mäßige dich im Genuß, concentrire dich in der Thätigkeit und suche vom bestimmten Punct aus dich geistig so auszuweiten, als menschenmöglich; Mephistopheles schließt: also versenke dich recht in den einzelnen Genuß. Wir haben uns bei der ganz ähnlichen Stelle im ersten Dialoge zwischen Faust und Mephistopheles nicht aufgehalten, als wir sie früher anführten, weil sie uns im jetzigen Zusammenhange besonders dienlich ist:

> „Bescheidne Wahrheit sprech ich dir.
> Wenn sich der Mensch, die kleine Narrenwelt
> Gewöhnlich für ein Ganzes hält:
> Ich bin ein Theil des Theils, der anfangs Alles war" u. s. w.

Hier und dort bekommt Faust zu hören, daß es Wahnsinn ist, an eine andere als ideale Erweiterung der individuellen Schranken zur Menschheit, zum Universum zu denken, factisch alle Lebensformen durchrennen und sich so zu einem Gott aufblähen zu wollen. Zunächst könnte gefragt werden, ob der Dichter seinen Teufel nicht mehr bedeutend als zweckmäßig verfahren lasse, wenn er ihm Warnungen von so gesunder Wahrheit in den Mund legt. Allein Mephistopheles darf nicht besorgen, daß Fausts Stimmung jetzt dazu angethan sei, heilsame Schlüsse aus guten Lehren für sich zu ziehen, die er mit schlimmer Absicht gibt. Diese Stimmung ist eine viel zu wild vorstürmende, als daß er hierin vorsichtig zu sein für nöthig halten müßte. Uebrigens haben wir nun hier ein Hauptbeispiel von dem Rollentausche zwischen Faust und Mephistopheles, dessen Schiller im Briefwechsel gedenkt: die Vernunft, die in Faust durch falschen Phantasie-Zusatz sich überfliegt, nimmt Mephistopheles gegen Faust in Schutz, und die Sinnlichkeit, die Mephistopheles vertritt, stemmt sich in Faust, eben durch den falschen Idealismus überheizt, den vernünftigen Lehren des Mephistopheles entgegen. Wir werden diesen Rollenwechsel noch einmal finden, in der Scene: Trüber Tag, Feld.

Von der nächstfolgenden Rede an: „Das läßt sich hören — Mikrokosmus nennen" tritt der höllische Weltmann in seine Rolle als Ironiker ein. Er verspottet das Streben, alle einander ausschließenden Kräfte und Lebensformen in sich vereinigen zu wollen, durch die Vergleichung mit einem schaalen Poeten, der in einem abstracten Idealbild dasselbe thut. Wiederum eine Predigt voll Wahrheit mit der falschen Folgerung: also beschränke dich gemein, statt: beschränke dich weise. Warum wirkt dann das Wort: „Du bist am Ende — was du bist. Setz' dir Perrücken auf von Millionen Locken, setz' deinen Fuß auf ellenhohe Socken, du bleibst doch immer, was du bist" so niederschlagend auf Faust, daß er erwidert: „ich fühl's, vergeblich hab' ich alle Schätze des Menschengeists auf mich herbeigerafft, und wenn ich mich am Ende niedersetze, quillt innerlich doch keine neue Kraft," und daß er eben hier ermattet hinzusetzt: „ich bin nicht um ein Haar breit höher, bin dem Unendlichen nicht näher"? Es kühlt ja wie ein breiter, kalter Schutt Wassers den Mann ab, dessen stolzes Feuer so eben nach der Krone der Menschheit glühte. Dieses Wort ist so ganz platt, bleiern phantasielos und phantasieentzaubernd, stellt in so kahler Einfachheit, so nackter Blöße die Wahrheit der Schranke hin, daß es stimmungtödtend wirken und das andere, höhere Stück der ganzen Wahrheit darüber vor den Blicken Fausts verschwinden muß, es ist horizontraubend. Die ganze Wahrheit ist ja die stete Schranke und das stete Ueberwinden der Schranke, der ewige Prozeß zwischen beiden. Sie könnte Faust, — das haben wir im Gange dieser Betrachtung schon erkannt, — wenn er klar wäre, nicht entmuthigen, er will aber, wie er ist, von Schranke gar nichts wissen, ist ohnedieß nur zu geneigt, wenn er von Schranke hört, das zweite Moment: die Bewegung in der Schranke über die Schranke hinaus, wegzulassen und in dieser trostlosen Vorstellung, als wäre es die einzig mögliche, bestärkt ihn Mephistopheles so, daß er nun die Flügel hängen läßt. Neu aber bemerke man, wie der Erzschelm vorwärts geht: nachdem sein ödes Wort von der Schranke = Schranke für jetzt die erwünschte Wirkung gethan, macht er wieder gut Wetter, indem er den Begriff der Schranke auf seine Art dennoch erweitert, nämlich gemein: „Mein guter Herr — vier und zwanzig Beine." Du kannst, sagt er hiemit, durch kein geistiges Streben dich zu einem Ganzen der Menschheit auch nur annähernd erweitern, aber sinnlich den engen Umfang dieses Einzellebens steigern, multipliciren, — das geht! Und wie angenehm und schmackhaft präsentirt er ihm nun das Bild eines vornehmen, reichen Herrn, etwa eines Geldprotzen, der mit sechsen dahersährt! Zuletzt spielt er den Trumpf aus:

> Ich sag' es dir: ein Kerl, der speculirt,
> Ist wie ein Thier auf dürrer Heide,
> Von einem bösen Geist im Kreis herumgeführt,
> Und rings umher liegt schöne grüne Weide.

Genau, wie er dem Schüler nachher sagt: „Grau, theurer Freund, ist alle Theorie und grün des Lebens goldner Baum." Beide Stellen sind so classisch gesagt, daß Mephistopheles damit nicht nur den Faust überrascht und vorerst schwankend macht, den Schüler blendet und verderblich reizt, sondern — fast alle Welt jetzt noch täuscht. Es sind Schlagwörter geworden, die man zu citiren liebt, als kämen sie nicht aus Teufels Mund. Freilich steckt auch hinter ihnen ein winziger Bruchtheil Wahrheit: die Wissenschaft soll den Forschenden nicht dem Leben entfremden und nicht unfruchtbar fürs Leben bleiben, aber vor Allem sind und bleiben sie Schlangenworte der Verführung. Die Wissenschaft ist ja freilich eine Todtengruft gegenüber dem Leben. Die Geschichte z. B. muß, was heute so frisch sich begibt und so unmittelbar erfahren wird, nach Jahren, Jahrhunderten aus staubigen Blättern mühsam zusammenbuchstabiren, die Naturwissenschaft das fluthende Leben, den rund geschloßnen Leib zerstäuben und zerschneiden, alle Philosophie vom fröhlichen Scheine Abschied nehmen und hinter ihm das Wahre suchen; ein Gefühl, als wandle man auf einer Schädelstätte, haucht eiskalt bei dieser Arbeit jugendfrische Wangen an. Das teuflische Wort bestätigt und hebt genial bestechend diesen Schein, dessen Unwahrheit dem Lügenredner nicht verborgen ist; er weiß, daß in jenen Grüften dem Geiste sein wahres Leben erst aufgeht: „verachte nur Vernunft und Wissenschaft, des Menschen allerhöchste Kraft."

Die Actien scheinen nun für den Satan nicht schlecht zu stehen; wir haben aber in Fausts wildem Wollen der guten und positiven Elemente so manche entdeckt, daß die Wagschale der besseren Aussicht mit der Wagschale der schlimmeren sichtbar hin und herschwankt. Jedenfalls ist er nicht blasirt. Auf die Frage, ob er Pessimist sei, antwortet uns aus seinen Reden kein ganzes Nein, aber auch kein Ja. Er flucht den Freuden, der Pessimist zersetzt ihre Täuschung kalt und ruhig mit Scheidwasser. Es ist das Feuer, womit er flucht, was Hoffnung für ihn gibt, denn es zeigt Mannheit und Mannheit wird den Werth der Freude und, was mehr ist, den Werth der Thätigkeit noch finden. Er will auch den Schmerz, der Schmerz aber ist erziehend. Er will die Leidenschaft, sie wird sich vertiefen; ist es die Liebe, so wird das Herz theilnehmen und anfangen, an einen Inhalt des Lebens zu glauben; da es doch Leidenschaft sein wird, und da seine Bestimmung fordert, sich nicht zu binden, so wird er schuldig werden, aber eine edle Natur lernt aus der Schuld. Er will auch die That, Mephistopheles wird ihm be=

deutende Sphären öffnen; er wird Interesse für Zwecke gewinnen, wohl auch wieder schuldig werden, z. B. durch Handlungen der Gewaltthätigkeit, und er wird auch aus dieser Schuld lernen. Er wird sich aus dem Lärm des Lebens öfters zurückziehen, das Forschen nach Wahrheit wieder aufnehmen und so sein wahres, ideales Selbst reinigen, stärken, verjüngen. Ueberall wird ihm Mephistopheles die Stirne auf die Schranken stoßen, er immer, um ihn zu gemeiner Beschränkung anzuleiten, dabei werden immer aufs Neue solche Worte fallen, die, bös gemeint, doch tiefe Lebenswahrheit enthalten, es ist Anhalt zur Hoffnung, daß diese mehr und mehr hängen bleiben und die böse Meinung abgleiten werde, und so könnte es kommen, daß Faust Streben und Selbstbeschränkung endlich im Wirken vereinigt, oder, wie wir es, nachdem wir oben den Freiheitsbegriff eingeführt, nun ausdrücken können: es öffnet sich Aussicht, daß Faust seinen leeren Freiheitsbegriff ausfüllen lernt.

Es ist wohl werth, hier einen Augenblick stille zu stehen, die inhaltsvolle Summe von Begriffen zu sammeln, die sich als Schlüssel zum Verständniß des classischen Paares und seiner Wechselreden darbieten, und sie selbst nach gegensätzlichen Paaren zu ordnen. Als einfachsten Gegensatz, der sich aus allem Gesagten von selbst ergibt, stellen wir vorauf: Subject und Object, Individuum und Welt. Die Wette ist nichts Anderes als der Weltgang jedes Menschen mit der Aufgabe, in möglichst weitem Umfang das Object seinem Fühlen, Schauen, Denken anzueignen und den Gehalt seines Subjects in die Welt der Objecte hinauszuführen, was werthvoll im Ich ist, ihr aufzuprägen, — mit der Aufgabe, die geschloßne Eigenart seines

Ichs der Welt zu öffnen, mit ihr zu vermitteln, ohne, was erhaltenswürdig an ihr ist, an die Welt zu verlieren. — Idealismus und Realismus: jener im Gegensatz gegen diesen, ist Unendlichkeitsdrang, der die Kluft der Endlichkeit überspringen will; Mephistopheles, zunächst lebendiges Symbol des Bösen, d. h. der Empörung des Willens gegen die Weltordnung, wird durch Vermittlungsglieder des Begriffs, die wir uns bereits klar gemacht haben, der Realismus, der Geist der Erfahrung, und zwar im ausschließenden Gegensatz gegen den Idealismus freilich der Realismus, der sein Recht und seine Wahrheit in Unrecht und Unwahrheit verkehrt. Schon zum Prolog haben wir mit Beziehung auf die Persönlichkeit Mercks gezeigt, daß man sich das Band zwischen dem Bösen und dieser Bedeutung auch so klar machen kann: in Mephistopheles ist mythisch angesammelt das realistische Denken verständiger Naturen, das immer so viel Recht hat und von dem doch nur ein Schritt zu schnöder Geistesverachtung ist; man trenne jenes von diesem Uebergang, so ist es eine gute, bildend wirksame Potenz und daher hat Mephistopheles so oft Recht; man nehme es mit dieser bösen Zuspitzung zusammen und steigere sie zum absolut Bösen, so hat man Mephistopheles in seiner Grundbedeutung. — „Verständig:" damit ist schon gesagt, daß der Gegensatz auch zu bezeichnen ist: Vernunft und Verstand, und dieß bedarf keiner weiteren Erklärung, da es genügend besprochen ist. — Als der von der Stimmung genommene Ausdruck für die Glieder dieser Gegensätze ist nun einzureihen: Enthusiasmus oder (da man Faust auf diesem Puncte der Handlung nicht enthusiastisch nennen kann) — Pathos und Ironie. Diese wird sich weiterhin noch ganz anders an die Stöße knüpfen, die der Hochgang des Faustischen Willens im Anprall an die Wirklichkeit erfährt. — Fassen wir die Frage vom Standpuncte der Ausdehnung der Willens-, der Geistesthätigkeit überhaupt, so heißt der Gegensatz: **Universalismus** und **Concentration der Richtung**. Was wahr und falsch an beiden ist, haben wir gesehen. — **Streben** und **Stillestehen**; jenes in der Gegensatz-Stellung Streben ohne Resignation, wir haben das Bild eines Wagens ohne Hemmschuh oder Bremse gebraucht; Stillestehen: gut im rechten Sinn, falsch im schlechten und gemeinen. — Dieß führt auf die zu Grund liegenden höheren Begriffe: **Freiheit** und **Bindung**, von denen wir eben herkommen; statt: Bindung sagen wir einfach: Beschränkung, Schranke, wenn man dieß Wort nicht lieber allgemein je auf das zweite Glied in allen diesen Begriffspaaren angewendet sehen will.

Warum führen wir nicht alle diese Gegensätze auf den Grundbegriff Geist und Sinnlichkeit zurück? Man kann sie alle daraus ableiten, aber auf Umwegen, deren Schwierigkeit denjenigen nicht bekannt scheint, die mit diesem simpeln Schlüssel das schwere Schloß zu öffnen glauben; wir haben es schon früher abgelehnt, die Frage unseres Drama auf diese Kategorie zu reduciren, weil sie eine Zuflucht der Seichtigkeit ist. Der Complex, den wir Welt, Wirklichkeit nennen, ist aus mehr als Einem Faden gewickelt, auch wenn wir die idealen Kräfte, wie die Gegensatzstellung in unsern Begriffspaaren es fordert, daraus weglassen. Die Sinnlichkeit ist wohl ein Hauptfaden darin, die Welt ist freilich voll von Versuchungen, uns in Liederlichkeit zu verstricken, allein ebenso voll von Schlingen, uns den

Schwung der Gedanken zu unterbinden, daß wir uns in armer Verständigkeit platter Standpuncte gefallen, die Welt ist vor Allem der Schauplatz der Interessen, des Egoismus; Sinnlichkeit aber und Egoismus sind zwei Begriffe, die sich nicht decken; Mephistopheles möchte Faust gar nicht blos zu einem Schlemmer, sondern zu einem herz- und phantasielosen Egoisten machen; aber auch in Verbrechen will er ihn verlocken und diese sind noch etwas Anderes, als Excesse der Sinnlichkeit. Faust auf der andern Seite ist ja gar nicht abstracter Geistes-Mann, nämlich auch vor der Verbindung mit Mephistopheles nicht: „vom Himmel fordert er die höchsten Sterne und von der Erde jede höchste Lust", nur freilich steht seine ideale Phantasie mit seiner Sinnlichkeit in solchem Bunde, daß er von Paradieses-Herrlichkeiten, von Götterfreuden träumt, und eben, weil es diese nicht gibt, ist er der bitter enttäuschte Mann geworden; aber auch jetzt, da er in den Tiefen der Sinnlichkeit glühende Leidenschaften stillen will, denkt er sich dabei eine sinnliche Gluth, die doch nicht blos sinnliche Gluth, sondern eine Phantasie-Steigerung ist, an der Mephistopheles nur halbe Freude wird haben können. Endlich müssen wir uns erinnern, daß Faust unter die Genüsse auch Thaten zählt, aber freilich, er unterscheidet sie nicht von jenen und dieß soll er lernen. So ist den übrigen Gegensätzen noch der weitere anzureihen: That und Genuß, jedoch mit dem nachdrücklichen Zusatz, daß der Thatendurst in Liebe zum Wirken übergehen muß. Dieß ist aufgezeigt, nun aber zum Aufgezeigten noch eine wesentliche Bestimmung hinzuzufügen. Faust, genial und feurig, wie er ist, wird, wenn er zu der Reife gelangt, sich für das Wirken zu entschließen, schöpferisch wirken wollen. Man kann dieß als eine Einheit von That und Wirken bezeichnen, That bedeutet dann im Wirken die großen momentanen Acte, wodurch Bleibendes, Segensreiches hervorgerufen wird. Dieß wollte wirklich Göthe sagen im letzten Acte seines zweiten Theils, nur daß ihm die Kraft versagte, es zur Anschauung zu bringen.

Dieß wären denn die Namen für die zwei Geister, die sich gegenüberstehen, und der Pact des Faust mit Mephistopheles bedeutet, in seiner Tiefe gefaßt, daß sie nun den Weg ihrer gegenseitigen Durchdringung antreten. Ich glaube dieß nun eingehender auseinandergesetzt zu haben, als früher (A. Krit. Gänge B. II. S. 137 und namentl. S. 207 ff.). Die Frage der Wette, d. h. des Erfahrungsgangs der Menschheit ist, ob beide Geister ineinander so übergehen werden, daß von Jedem das Unrecht seiner Einseitigkeit ausgeschieden wird. Ich habe (a. a. O.) auch den Ausdruck Copula gebraucht: „die Copula jener zwei Geister, die der Mensch ist, heißt in der mythischen Sprache des Dichters: Vertrag des Faust mit Mephistopheles." Nur ist dieser Ausdruck zu todt, deutet nicht die Kämpfe an, die es kostet, bis die gesuchte Einheit gefunden wird, sagen wir also: Durchdringungskampf. Niemand versteht diese verwickelte Bewegung, dem es an Dialektik des Denkens fehlt, und namentlich muß ihm der Rollenwechsel unverständlich bleiben, der sich aus der Natur des Kampfspiels ergibt und hier bei der Zusammenfassung noch einmal hervorzuheben war.

Einer besonderen Formel für das Facit des Durchdringungskampfes bedarf es eigentlich nicht. Die Bestimmung: Maaß ist als nur quantitativ unzulänglich; wir haben sie gelten lassen für das Gebiet der sogenannten Güter; der Maaßbegriff ergab

sich uns für diese Sphäre aus der schätzenden Vergleichung der=
selben mit der Sphäre des an sich Werthvollen; auch so ist er
im Grunde precär, denn er bedeutet eine Mitte zwischen zu
wenig und zu viel und soll dieß keine vage Bestimmung sein, so
wäre mathematische Messung erforderlich, die doch im Gebiete
des Qualitativen unmöglich ist. Stößt man sich aber nicht an
der Vagheit, so mag die Maaßbestimmung nun auch auf das
Gebiet des Guten, der wahren Thätigkeit, des stetigen und des
schöpferischen Wirkens für den Weltzweck übergetragen werden.
Faust wird, wenn es gut geht, auch im Wirken nicht zuviel und
namentlich nicht zu viel auf einmal vollbringen wollen. Volle
Lust aber im ethischen Wirken und ihr zugewogen zugleich die
Lust im gewöhnlichen Sinn des Genusses als relative Zugabe
in den Grenzen, die sich aus der Werthvergleichung beider
ergeben, wäre das höchste Gut. Auf diesen Begriff ist also zu=
rückzukommen und zu wiederholen, daß man auch sagen könne,
dieß sei es, um was es im Faust sich handelt.

Und nun sind wir angelangt, wohin diese Reihe von
Schritten gezielt hat. Wohl sei es, haben wir uns mit Fausts
eigenen Worten gesagt, Qual und Glück, was er, der auch
dann nie Befriedigte, im Weiterschreiten finden wird, aber das
Glück sei unendlich größer, als die Qual. Dann haben wir
uns klar gemacht, was der Faust, der mit Mephistopheles den
Vertrag eingeht, Alles erst lernen muß, bis er bei der Erkennt=
niß der wahren Einheit des Gutes und des Guten anlangt und
sich überzeugt, daß in der aufsteigenden Linie eines inhaltsvoll
strebenden Menschenlebens, obwohl sie das Unendliche nie er=
reicht, zeitlos ein unendlicher Werth und Gefühl des unendlichen

Werthes liegt. Das höchste Gut ist, es ist eine Wahrheit, es besteht in allen Räumen und Zeiten, soweit Herzen schlagen, nie als ein Ruhendes, stets als ein bewegtes; ist der Sieg des Guten über das Böse nur ein ewiger Sieg im ewig neuen Kampfe, so kann auch das Gefühl des Glücks in diesem Siege nie in einem Zeitmoment eine schattenlose Seligkeit sein, aber da der Mensch, der sich bewußt ist, dem Weltzweck zu dienen, aus der Zeit in's Zeitlose schaut, so wohnt er doch im Himmel des höchsten Gutes, so ist der Schatten doch nur Hebung des Lichts der Seligkeit. Es gibt ein Glück, ein wahres Glück. Und Seligkeit in diesem Glück, sich des höchsten Gut theilhaftig zu wissen, ist das Gefühl des scheidenden Faust, selig im Anblick seines Ithaka stirbt dieser Odysseus. Jetzt ist er selig im Anschauen der aufsteigenden Linie, obwohl sie nie bei dem Unendlichen ankommt, selig, „weil er weiß, daß im Aufsteigen selbst das höchste Gut liegt. Diese aufsteigende Linie enthält zweierlei. In jedem Momente ist sie ein Ringen um Freiheit und Leben, um wahres Leben.

> Das ist der Weisheit letzter Schluß:
> Nur der verdient sich Freiheit wie das Leben,
> Der täglich sie erobern muß.

Wer schlaff lebt, lebt nicht; das Leben genießt nicht, wer darin wie in einem sichern Besitze schwelgt, das Leben ist nicht ein Sein, sondern ein Thun, nur wer es täglich sich verdient, hat das Gefühl, es zu verdienen, d. h. ist glücklich. Das Zweite ist das Bewußtsein des Fortschreitens in diesem Ringen. Faust schaut zunächst in die Zukunft und ruht betrachtend auf dem

Bilde, wie sein Wirken von Stufe zu Stufe sich erhöhen, erweitern, tiefer und tiefer füllen wird; er schaut ebenso zunächst ein bestimmtes Ziel, bei dem es ankommen wird:

„Auf freiem Grund mit freiem Volke steh'n."

Wir wollen nun ganz davon absehen, daß in der vorhergehenden Darstellung dieses Bild gar nicht vorbereitet ist, die Zustände, aus denen dieser höhere Zustand hervorgehen soll, nicht entwickelt sind; wir haben längst bedauert, daß das Ringen mit dem Meer als stellvertretendes Sinnbild für das Gesammte der Thätigkeiten dienen muß, die ein edler Fürst zum Wohle des Landes ausübt, weckt und leitet; als Unterlage dafür wäre es ein ausgezeichnetes Motiv, nicht ist es dieß als allegorischer Ersatz; wir haben uns längst gesagt, daß es poetisch ganz wohl thunlich gewesen wäre, zu zeigen, wie Faust die Künste, die Wissenschaft pflegt, ebenso hätte es sich ganz gut in Scene setzen lassen können, wie er sein Volk zur politischen Freiheit erzieht und eine Verfassung vorbereitet, die er ihm zu geben gedenkt; allein hier gilt es keine Kritik mehr, sondern nur Freude an dem, was da ist, was der Greis mit zitternder Hand doch noch Herrliches gezeichnet hat. Auf freiem Grund mit freiem Volk! Auf der Basis wohlvertheidigten Besitzstands ein menschenwürdiges Dasein, ein hoher Geist zur Gesammtperson eines thätigen, gesetzlich freien und gebildeten Volks, zur idealen Persönlichkeit erweitert! Und in diesem Körper das einzelne Glied glücklich! In der That, wir dürfen bei dem höchsten Gute nicht blos an die Spitzen des Menschenlebens denken. Wer auch nur im kleinen Kreise, nur für das kleinste Ganze thätig ist, ja wer auch nur Holz spaltet und dabei bedenkt, wie gut er mit seiner Arbeit denen dient, die selbst auch dienen und zwar Solchen dienen, die wieder dienen, und so hinauf bis zum Mächtigsten, welcher eben auch dient, der hat seinen Theil am höchsten Gute. Dienen, dem Weltzweck dienen, der nicht Nichts ist: da ist das Glück. — Nun ist dieß Schauen Fausts zunächst zwar nur ein Schauen in eine Zukunft, diese Zukunft ist aber eine Zukunft, worin er ein Wachsendes schaut, also wieder nicht ein Stillstehendes, und so geht sein Blick von Zukunft in Zukunft, geht ins Zeitlose, ins Unendliche, er ruht aus im Bilde des nie Ruhenden, er steht still bei dem nie Stillstehenden, er sagt: Verweile! zu einem Augenblick, der die Ewigkeit in sich schließt. Dem Wortlaute des Contracts nach muß er sterben, Mephistopheles bekommt Recht, dem Sinne nach ist er gerettet, erlöst, selig, der Himmel ist es, der Recht behält. Wir haben uns bei der Erörterung des Prologs deutlich gemacht, daß mythisch in das Nacheinander von zwei Acten sich auseinanderlegt, was der Idee nach gleichzeitig immer wahr ist: dem Scheine nach ist die strebende Menschheit stets verloren, weil sie im Streben irrt, stockt, verweilt, sich beschränkt, der Wahrheit nach ist sie ewig gerettet, weil sie in der Schranke, im Irren, Stocken ewig strebt.

Faust genießt dieses sein hohes Glück auch im Gedanken an seinen Nachruhm:

> Es kann die Spur von meinen Erdentagen
> Nicht in Aeonen untergeh'n!

Er sagt also nicht mehr: „der Ehre schöne Götterlust, die wie ein Meteor verschwindet." Die Unsterblichkeit des Namens so gefaßt, wie er nun sie faßt: ihrer sich bewußt sein, ist

Götterlust. Durch segensreiche Mühen des Geistes seinen Namen dem Jahrhundert, ja der Ewigkeit auf- und einprägen: wer sich dieß sagen darf — wie der Dichter selbst es durfte —, der darf in seinem Werke sich auch seiner erfreuen, und genießt lebend in der Zeit das Vorgefühl auch der eigenen Ewigkeit. Die persönliche Fortdauer in alle Zeit hat nur diesen Sinn, jene des gewöhnlichen Glaubens entbehrt leicht, wer ihn versteht. Ich genieße lebend das Bewußtsein meines Fortwirkens über den Tod ins Unendliche, so fühle ich mich ewig mitten in der Zeit; ist der, der dieß Glück genossen, todt, so lebt ja eben der nicht mehr, der bedauern könnte, daß er es nicht mehr genießt. Doch nur Zugabe zu diesem Glück ist das Bewußtsein der Fortdauer meines Namens mit meinem Werke, sie wird den Hervorragenden zu Theil, unentbehrlich ist sie nicht zum Gefühl der wahren Unsterblichkeit; auch den Namenlosen überdauert sein Werk und wäre es das winzigste Glied in der Kette menschlicher Thätigkeiten. Arbeit macht froh.

Nun sehen wir uns noch die Worte des triumphirenden Mephistopheles an: „vorbei! ein dummes Wort!" bis „ewig Leere." Wir müssen auch hier vom Altersstyl absehen, wie wir ihn ja längst kennen, es sind undeutlich halbgesagte, uneinleuchtende Stellen in diesen Versen; klar aber ist: „vorbei und reines Nichts, vollkommnes Einerlei! Was soll uns denn das ew'ge Schaffen! — Da ist's vorbei! — es ist so gut, als wär' es nicht gewesen, und treibt sich doch im Kreis, als wenn es wäre. Ich liebte mir dafür das ewig Leere." Es gibt nach ihm nichts Wesenhaftes, keinen unzeitlichen bleibenden Kern im Zeitlichen; so hat auch Faust sich umsonst bemüht, all sein Thun war nur ein Beitrag zum stereotypen Spiel der allgemeinen Lebensposse mit wechselnden Masken. Wenigstens wer diese Stelle aufmerksam liest, wird uns keinen Vorwurf machen, daß wir so oft des modernen Pessimismus gedacht haben. Göthe spricht hier genau, als hätte er sein Aufkommen noch erlebt, wolle hier seine Sätze dem Mephistopheles in den Mund legen und durch Fausts Schlußworte, durch die Sinnbilder der folgenden himmlischen Scenen ihn Lügen strafen.

Diese letzteren Scenen sind nun — wie sie einmal sind. Man fühlt durch, daß das Gemüth des Greises im Anschauen der hohen Wahrheit, die er in das Ganze niedergelegt hat, in einer Art von Wonne und Seligkeit schwamm und zitterte, die zu angemessenem Ausdruck nicht gelangen konnte, weil er zu den stockkatholischen Bildern zu greifen beschloß. Mythus war nöthig, wie wir längst gesehen; aber es sei erlaubt, zu wiederholen, was ich vor Jahren gesagt habe: ein sparsamer, im protestantischen Geiste gedachter Mythus hätte vollständig genügt, — nicht nur genügt, sondern gehoben, reiner beleuchtet, während der überladen gothische Apparat nun den an sich so schönen Inhalt verdunkelt, ja ins leidig Komische verzerrt.

So sind wir wieder auf das Poetische als solches zu sprechen gekommen. Unser nächster Gegenstand, die Contractscene, ist recht eine derjenigen, bei denen man fühlt, wie schwer es ist, in der Behandlung des Faust gleichzeitig die unendliche Fülle des Sinns und den Werth der ästhetischen Form im Auge zu behalten. Folgt man dem Gespräche der beiden, so muß man staunen, wie es gelungen ist, so grundtiefen, so verwickelten, so schweren Inhalt ganz dichterisch in Ton, Stimmung, Farbe zu halten, nie den vollen Schein zu verletzen, daß wir hier nicht Standpuncte, sondern einen warmblütigen, athmenden Menschen, für den wir bangen, und einen dämonischen Geist vor uns haben, der doch auch ganz wie ein bestimmter Mensch mit Worten und Mienen spricht, schmunzelt, sticht, spottet, lockt, reizt und hinterhältisch droht. Sie stehen vor uns in der Rundheit greifbarer Personen und der unerschöpflich tiefe Sinn flirrt und knistert wie elektrische Funken zwischen ihnen herüber und hinüber. Dieß ins Einzelne zu verfolgen wäre eine Aufgabe, deren Lösung eigentlich ungetrennt mit der Auswicklung der vom Dichter so rein divinirten Gedankenreihe vorgenommen werden müßte. Hier muß der gegebene Wink genügen, diese Arbeit bescheidet sich, wie sie längst gestanden, einige Steine zu dem schweren Bau zu liefern, der in unserer Literatur noch aussteht: einer Zusammenfassung des Philosophischen und Aesthetischen, die dem Dichter ganz in das Einzelne, bis ins speciellste Bild und Wort hinein folgte. — Die Frage, wie es ihm in der vorliegenden Scene gelungen sei, das Neue an das Alte anzuschiften, haben wir bis hieher zurückgestellt. Von Weiße's Behauptung, der Contract, „die Wette," wie sie nun den vorderen Theil des Gespräches bildet, sei gar kein organisches Motiv, wird als längst widerlegt betrachtet werden dürfen, darauf nach unserer ganzen Betrachtung uns noch einzulassen, wäre müßig. Es folgen sich: auf des Mephistopheles behagliche Einladung zum Antritt des neuen Lebensgangs die Klage Fausts über das ewige Entbehren, das Nichthinauskönnen aus sich, dann nach seiner Beschämung durch das Wort des Mephistopheles vom braunen Safte, den Jemand in einer Nacht nicht ausgetrunken habe, der wilde Fluch auf alle

Güter der Welt, auf alle Illusion, hienach der Geistergesang; dieser legt sich, von Seiten der Composition betrachtet, allerdings sehr gut in die Mitte zwischen Fausts Fluch und den Abschluß des Bündnisses, wir haben ihn so aufgefaßt, daß es ganz erklärlich ist, wie nun Mephistopheles seine gemüthliche Einladung dazu folgen lassen kann, gerade als ob Faust nicht die Welt mit all ihren Freuden verflucht hätte; nach dem Abschluß ist das Unterschreiben mit Blut eingeschoben der Sage gemäß; findet man die Rede des Faust an dieser Stelle etwas breit, so vergesse man nicht, daß der Dichter dieser Breite bedurfte, um dem Mephistopheles die Worte auf die Lippen legen zu können:

> Wie magst du deine Rednerei
> Nur gleich so hitzig übertreiben!

Worte, die ja Niemand könnte entbehren wollen, da sie den Mephistopheles so behaglich treffend charakterisiren. Von da an wird das Beschlossene noch einmal durchgesprochen, dieß wird eingeleitet durch die energische Auslassung Fausts über die Absicht, die er bei einem Bündniß habe, von welchem er doch wirkliche Freude sich nicht verspreche; Mephistopheles setzt seinen Dämpfer auf: „euch ist kein Maaß und Ziel gesetzt" u. s. w.; Fausts hoffnungslose Leidenschaft sprüht darob nur heftiger auf und nun fügt sich mit einigen gewichtigen Reimzeilen das Neue ganz ohne daß die Fuge nur bemerkt wird in die Satzmitte ein, womit das alte Fragment in dieser Scene begann.

### Gespräch des Mephistopheles mit dem Schüler.

Zu den zauberhaftesten Einheiten von gedankensprühendem Tiefsinn und lebensvoller Poesie in unserem Gedichte rechnet die allgemeine Bewunderung längst das Gespräch des Mephistopheles mit dem Schüler. Seine einfache nächste Bedeutung ist, daß es Fausts Unmuth gegen alle gegebene Wissenschaft, das Ausgangsmotiv der ganzen Handlung, in die einzelnen Gebiete hineinleitet. Damit ist nun noch blutwenig gesagt, denn wie geschieht es, mit welchem humoristisch poetischem Leben! Die liebe Unschuld voll Ehrfurcht vor dem großen Mann, in welchem sie nicht den Teufel ahnt, darin der still wirkende Contrast gegen Faust, ähnlich dem zwischen ihm und Wagner (der Gute will ja auch Alles erfassen, was auf der Erde und im Himmel ist, die Wissenschaft und die Natur), das Verfahren des Mephistopheles, der, was er zerreibend tadelt, zugleich empfiehlt und so den armen Jungen rein schwindlich macht, bis er den hellen Teufel herauskehrt und den feinen Stachel der Wollust, den Reiz des Gedankens, das Amt des Arztes für Befriedigung ihres Kitzels zu mißbrauchen, in die junge Seele drückt, — das Alles blitzt wieder so von Geist, daß die Rechenschaft gebende Kritik nur das Nachsehen hat. Nicht daß jedes Wort, das Mephistopheles sagt, gleich wahr und tief wäre, Manches hat nur relative Wahrheit in der Opposition gegen den Stand der Wissenschaft zur Zeit der Abfassung. Die Ausfälle gegen die Logik und die herrliche Stelle vom Webermeisterstück des Geistes werden

oft seicht mißbraucht, als gäbe es jetzt nicht auch eine Psycho=
logie und Aesthetik, welche das unendliche Zusammenwirken der
geistigen Kräfte wohlbedenkt, wenn auch nicht durchdringt; frei=
lich treffen sie immer noch auch die fortgeschrittene Wissenschaft,
sobald sie dieser ihrer Grenze sich nicht bewußt ist; die Stelle
gegen die Logik hat subjective Wahrheit als Protest des Dichter=
geistes gegen den Zwang ihrer formalen Ordnungen, objective
hätte sie nur gegen eine formale Logik, die ihren Werth über=
schätzte, aber das Wort vom geistigen Bande der Theile, das
der Encheiresis naturae verborgen bleibe, zündet wieder mitten
hinein in den großen Zug des Geistes nach Erschauung einer
lebendigen Welt=Einheit. Dieser Zug und Drang hat uns
beschäftigt bei Betrachtung der Anfangs=Monologe und Scenen;
er ist Grund des Zustands unseres Helden, der die ganze
Handlung motivirt. Unendliches wäre über jenes tiefwahre Wort
zu sagen. Die Ursache aller Stockungen unseres Denkens, aller
falschen Parteiungen in der Wissenschaft ist das Weglassen:
das Trennen dessen, was zusammengehört. Hier hätte geradezu
eine Kritik der Kategorieen einzutreten, aber wir werden uns
wohl hüten, dem Dichterwort durch Dociren den Charakter der
blitzartig genialen Beleuchtung zu nehmen. — Der Hieb gegen
die Metaphysik ist schwach; er sagt nur, daß der Dichter sie
für leeren Wortkram hielt, worin er selbst gegen die Philosophie
seiner Zeit, die Wolffische, Unrecht hatte. Wir hören Göthe,
der schon frühe ahnte, daß sein Weg nur der des sinnigen Em=
pirismus sein konnte, wenn es galt, zur Wahrheit zu gelangen,
den Mann der Intuition, der nicht anders, als inductiv zu
großen Gesetzen aufstieg. Doch wenn er hätte zusehen können,

wie jetzt die Naturforschung wieder bei der Construction der Welt aus dem Atom angelangt ist, hätte er wohl klar erkannt, daß haarscharf an diesem Puncte die Metaphysik einsetzen und mit **ihren** Mitteln die Frage untersuchen muß, ob die Materie schließlich Substanz und Wesen habe oder nur das $μὴ ὄν$ sei, hinter dessen Scheine von unten auf der Geist verborgen ist. — In den Worten über das Recht springt mit schöner, kühner Inconsequenz aus dem teuflischen Ironiker plötzlich der lautere Geist des Revolutionsjahrhunderts, springt aus Voltaire Rousseau hervor. Sie sind schlechthin classisch, so classisch wie Schillers Worte von den ewigen Rechten, die droben hängen unveräußerlich und unzerbrechlich wie die Sterne selbst. Der ewige Kampf zwischen positivem Recht und zwischen ursprünglichem, zwischen zeitweilig bestehendem und schöpferisch geschichtlichem Recht, der Inhalt ganzer Berge von Schriften, der Stoff für unendliche Reihen von Untersuchungen ist wetterleuchtend in einige Zeilen, in ein paar Schlagworte zusammengefaßt. — Das Gift in der Theologie, das von der Arznei kaum zu unterscheiden ist, wird bedeuten: der studiosus theologiae sieht hinter die Coulissen, kann merken, wie Dogma und Kirche entstanden ist und — vergehen wird; darüber kann er das Verständniß und Gefühl des Wesens und Werths der Religion selbst verlieren: dieß ist das Gift, vielmehr nur die eine Art des Gifts; er kann vor den Consequenzen erschrecken, sich dagegen verstocken, die Thür des Weiterdenkens zuschlagen und ein erbaulicher Halber oder ein orthodoxer Zelot werden, dieß ist die andere Art des Giftes; er kann von Dogma und Kirche die Religion selbst unterscheiden lernen und ein frommer Mensch im reinen und freien Sinn des

Wortes werden: dieß ist die Arznei. — Der Auftritt ist zugleich
künstlerisch als ein äußerst glücklicher Ruhepunct nach dem Ab=
schluß des Bündnisses zu betrachten, denn obgleich voll feiner Be=
wegung und Aufforderungen zum Denken bringt er doch dem Leser
oder Zuschauer einen angenehmen Nachlaß von den Anspannungen
des vorangegangenen Bildes dunkler Seelenkämpfe und setzt zu=
gleich humoristisch das Punctum hinter das Stubenleben des
Universitätslehrers mit seinen inneren Conflicten. Voll tiefer
Bedeutung ist wieder die Wahl des Bibelspruchs für das Stamm=
buch. Er weist vom einzelnen Fall hinaus auf alle Gefahr in
aller Erkenntniß.

## Die Scene: Wald und Höhle.

Unser jetziger Gang bedingt es, daß wir alle folgenden
Auftritte bis zu der Scene: Wald und Höhle überspringen.
Wir befassen uns nicht mehr mit den Spuren des alten Planes,
die hier hauptsächlich stehen geblieben sind. Man muß eben die Frage
einfach bei Seite lassen, wie es wohl Göthe ursprünglich einleiten
wollte, daß sein Faust vom Erdgeist (denn diesen redet er im
Monologe an) trotz jener Zurückschreckung und Beschämung tiefer
Offenbarungen gewürdigt wird. Genug, er zieht sich aus der
Welt, aus dem Wirbel der Leidenschaft in seine alte Burg, in
die Stille des sinnenden Geistes zurück und reagirt hiemit willens=
kräftig gegen den Verführer. Es kann kein Zweifel sein, daß
dem Dichter dabei die Zeiten vorschweben, wo er sich aus den

Zerstreuungen des Hoflebens in die Waldeinsamkeiten Thüringens rettete und dort seinen Naturstudien sich hingab; „Niemand ahnt, mit welcher köstlichen Unsichtbaren ich mich unterhalte," schreibt er 1784 aus einem solchen Asyl an Frau von Stein. Göthe geht nun plötzlich in den hohen Styl, reimlose Jamben und Kothurn der Sprache über. Niemand wird darin einen Widerspruch gegen die Hans-Sachsreime fühlen, welche im Uebrigen herrschen und gleich nach dem Monolog wieder einsetzen: ein Beweis für meine Behauptung, daß der gut germanisch realistische Styl idealistische Formen, wenn sie nur nicht ganz und gar gräcisirend sind, keineswegs ausschließt. Stolzere Jamben sind wohl nie geschrieben worden. Auf die unvergleichliche, rein instinctiv gegriffene Klangnachahmung in den Versen: „Und wenn der Sturm — öffnen sich" habe ich längst (Aesth. B. III Abth. 2, S. 1234) aufmerksam gemacht. Was es ist, das den Einsamen so hoch stimmt, dieß mußte bei der Besprechung der ersten Monologen mitaufgenommen werden. Jene Einheit der Natur, welche er dort verzweifelnd suchte, ist ihm aufgegangen, er sieht das innere Band von Wesen zu Wesen laufen, er spricht von der Reihe der Lebendigen, er hat sie als Kette erkannt. Worin aber liegt der hohe, einzige poetische Hauch der Stelle? Eine Erkenntniß, welche die Wissenschaft mit ihren strengen, trockenen Mitteln langsam und schwer errungen, eine Erkenntniß, deren Schwelle der Dichter selbst mit Mühe des Lernens, Zerlegens, Experimentirens betrat, ist ganz in Stimmung übersetzt; man kann sagen, was den Chemiker, Physiker, Mineralogen, Botaniker, Anatomen und Zoologen als geheimes inneres Agens leiten mußte, um durch prosaische Untersuchung zu dem großen Resultat:

wachsende Reduction von Stoffen und Formen auf Einheiten und endlich zu dem Begriff: Entwicklung vorzudringen, was die Philosophie stille geführt hat, zu ihrer, nun von der Naturwissenschaft bestätigten Idee des ἓν καὶ πᾶν zu gelangen, das ist hier als die Poesie in diesem großen Entdeckungsgang tief ergreifend herausgestellt: die Ahnung; und ebenso, was diese Entdeckungen des Verstandes und Vernunft-Instincts im Gemüthe bewirken müssen: das Staunen. Dieß ist das Wunderbare, hoch Mystische in unserem Monolog. Das Wort von den Brüdern im stillen Busch, in Luft und Wasser ist schon im früheren Zusammenhange angeführt als besonders lichtbringend für die Idee, um die es sich handelt. Auch diese Bruderschaft gereicht Faust zum Staunen. Die Gleichgültigkeit, womit wir die Thiere ansehen, ist ein Theil der allgemeinen Stumpfheit, mit welcher der gewöhnliche Mensch, für den es eben dieß und jenes und einiges Andere so gibt, der ganzen Natur gegenübersteht. Um hier nur vom Seelenleben zu sprechen: daß Wesen ohne Sprache und Bewußtsein im unendlichen Abstand uns doch so ähnlich sind, daß wir in der ganzen Hemisphäre unseres Verhaltens und Thuns nur mit der unbewußten und doch so sicher gehenden Seele des Thieres handeln: dieß ist ja so wunderbar, daß der nicht stumpfe, sondern eingehende und sich vertiefende Mensch von einem Gefühle durchschauert wird, als wandle er in einem Geisterreich. — Nun ist aber noch der große Schritt zu beachten, mit welchem der Monolog die Reiche der Welt durchmißt. In der gewaltigen Stelle vom Sturm im Walde ist Alles mitbefaßt, was die Gebiete des unorganischen Lebens dem Auge und Ohre dessen, der auch ein Herz, eine Seele hat, unerschöpflich Staunenswerthes bieten, aber wie herrlich ist dann der Eintritt in die innere Welt durch die Selbstbetrachtung in der sichern Höhle motivirt! Mit den „geheimen, tiefen Wundern der eignen Brust" sind alle Forschungen des Menschen über seine Seele, ihre erkennenden und wollenden Kräfte und über ihre ethische Bestimmung in den Ton hoher, reiner Mystik gesetzt und mit der Vorwelt silbernen Gestalten, die von Felsenwänden, vom feuchten Busch herschweben, glaubt man die Marmorglieder der Götter- und Heldengebilde des Vatikans in weißem Mondlicht aufschimmern zu sehen: die ideale ästhetische Welt ist erschlossen.

Es folgt der tiefgefühlt schmerzvolle Absprung, da der so rein Gestimmte sich plötzlich des Gefährten erinnert, den ihm der Erdgeist zugegeben hat. Die weitere sichtbare Spur des alten Plans in diesem Ausdruck braucht uns nun um so weniger noch zu beirren, da — der Erdgeist uns alle an den Schandgesellen geschmiedet hat. Es ist eben das Gemeine im Menschen, die pure Sinnlichkeit, die selbstsüchtige Leidenschaft, der von der Vernunft getrennte frivole Verstand, die uns alle mitten selbst in der Stunde der gefühltesten reinen Betrachtung mit niedrigen, schmutzigen, geistläugnenden Vorstellungen überraschen. Wie ist der fressende Höllenstein dieser begeisterungtödtenden Macht mit dem Wort ausgesprochen: „wenn er gleich kalt und frech mit einem Worthauch deine Gaben wandelt!" Als Person in der Fabel muß diese Macht den Faust zu Gretchen zurücklocken. Faust kann noch sich selbst treu sein ohne den innern Vorwurf einer gewissenlosen Untreue gegen Gretchen (nämlich so wie jetzt die Scene steht; die Umstellung in der zweiten Ausgabe und ihre Nothwendigkeit ist schon besprochen). Seine Liebe hat sich veredelt, vertieft, ohne aufzuhören, Sinnenfeuer, heiße Sehnsucht zu sein; um so bräver, daß er vermocht hat, sich zu bezwingen und zurückzuziehen. Mephistopheles setzt seine Mittel in Bewegung; es gehört wieder zum Genialsten, wie Göthe seinen Charakter und die Scene führt; Mephistopheles ist hier mehr als je ganz Teufel. Zuerst Klage über Beschwerlichkeit des Dienstes („den ganzen Tag hat man die Hände voll" — vergl. Leporello: „keine Ruh' bei Tag und Nacht"), dann die sichere Waffe des Spottes, der dem Faust seine hohen Contemplationen in der Einsamkeit als obscure, spelunkenhafte, magisterhafte Gewohnheiten lächerlich zu machen sucht, dann, gründlich im Sinne der Niedertracht frivolen Verstandes, die hohe Mystik darin als Metastase des Geschlechtstriebs hinstellt. Die Gebärde dabei ist unnennbar frech, der Dichter aber kann selbst das Gewagteste, wenn er es zur Charakteristik einmal braucht, keiner Decenz, selbst der wahren Schaam nicht opfern. Nicht diese Mittel verfangen bei Faust, aber das letzte hat seine Wirkung: er weckt die Sehnsucht und wie! Die Sehnsucht nach der sich Sehnenden: sie wird so nahe gerückt, daß Faust und in ihm wir das arme Kind wie mit leiblichen Augen sehen. Die neun Worte allein: „sieht die Wolken ziehen über die alte Stadtmauer hin" documentiren den ganzen und ächten Dichter, in dessen Geist Alles Anschauung wird. Ziehende Wolken: auch Schiller kennt es, wie die Sehnsucht mit ihnen schwebt, aber wie viel natureinfacher diese Stelle, als der beredte Prachtmonolog: „eilende Wolken, Segler der Lüfte!" Dieß wirkt; Mephistopheles hilft dann noch mit ein paar verdichteten feinen Tropfen brennenden Reizes nach und Fausts Widerstand ist gebrochen. Er beschönigt seine Niederlage durch einen Ausbruch von tragischem Pathos, worin ihm seine Phantasie vorspiegelt, als ob Leidenschaft ein unwiderstehliches Fatum wäre, das wie eine Naturmacht ihn und auf der wilden Bahn seines Sturzes zugleich die friedliche Existenz des guten, halbunbewußten, im engen Kreise still beschlossenen Mädchens wirbelnd zum Abgrund reiße, doch schreit aus dieser Sturmrede zugleich das Gewissen, das ihm schon jetzt zu fühlen gibt, wie heiß die Hölle auch im Diesseits brenne. Dieß ist natürlich dem Mephistopheles wieder nicht nach Geschmack und Wunsch, die innere Höllenstrafe kommt ihm zu früh, er will einen kalten Verführer und mit den Worten „wie's wieder siedet, wieder glüht — verzweifelt" setzt er ein ächt teuflisches Punctum an den Schluß des Dialogs.

### Das Religionsgespräch zwischen Faust und Gretchen.

Die nächste unter den so ganz poetischen und so unerschöpflich philosophischen Stellen ist das Religionsgespräch zwischen Faust und Gretchen. Fausts Bekenntniß stellt sich durch Ton und freies Schweben zwischen rhythmisch gebundener und ungebundener Rede neben jene hymnischen Formen: „Grenzen der Menschheit, Das Göttliche, Meine Göttin, Ganymed" und bewegt sich mit ihnen in gleich hohem und reinem Aether. Der Sinn ist oft mißverstanden worden. Man kann nicht sagen: ich glaube an Gott, ihn eigentlich nicht nennen, nicht bekennen, denn er ist kein Object, keine einzelne Existenz; man würde sprechen, als sei er außer uns und nicht ebensosehr in uns, da er doch Alles ist, das Allleben, in Allem das wahre Leben. So ist er auch unser Gefühl von ihm und jedes höchste Gefühl und vor Allem das beseligende Gefühl der Liebe und so wenig ein Name die Himmelsgluth dieses Gefühls erschöpft, so wenig ist Gott mit einem Namen zu umfassen. So lautet die einfache Paraphrase, die nur zu geben ist, damit durch die Vergleichung mit ihrem Laute beim Dichter recht erkannt werde, was dieser vermag, denn athmendes, banges und entzücktes mystisches Ahnen ist bei ihm, was im philosophischen Ausdruck ganz poesielos klänge, wenn wir ihm nicht schon blühende Worte des Dichters beigemischt hätten. Jenes Gefühl, das uns in den Stunden ächt religiöser Stimmung überkommt, das Gefühl, als ob in uns und rings um uns, in Brust und in Haupt, in den Lüften und allen Wesen etwas Geheimnißvolles schwebe und flüstere, jenes Namenlose, das wir nicht begreifen, weil wir ein zu kleiner Theil von ihm sind: können Worte dafür tiefer aus dem Lebensgrunde geholt werden, als jene:

> Wölbt sich der Himmel nicht da droben?
> Liegt die Erde nicht hier unten fest?
> Und steigen freundlich blickend
> Ewige Sterne nicht herauf?
> Schau' ich nicht Aug' in Auge dir
> Und drängt nicht Alles nach Haupt und Herzen dir
> Und webt in ewigem Geheimniß
> Unsichtbar sichtbar neben dir?

Und daß das Eine sich und Alles in sich trägt, wie ist dieß gesagt in dem: „Der Allumfasser, Allerhalter, faßt und erhält er nicht dich, mich, sich selbst?" Der logische Widerspruch, daß Faust das Unnennbare doch nennt, nämlich männlich persönlich bezeichnet, kann dem Dichter als Dichter in diesem Erguß keine Besinnungsschwierigkeit bereiten. In der Aphorismen-Reihe „Die Natur" (um 1780) trägt das Wesen aller Wesen den weiblichen Namen dieser Ueberschrift. Man vergleiche mit dem Bekenntniß Fausts folgende Sätze daraus: „Natur! Wir sind von ihr umgeben und umschlungen — unvermögend, aus ihr herauszutreten, und unvermögend, tiefer in sie hineinzukommen. — Wir leben mitten in ihr und sind ihr fremde. Sie spricht ewig mit uns und verräth uns ihr Geheimniß nicht. — Jedes ihrer Werke hat ein eigenes Wesen, jede ihrer Erscheinungen den isolirtesten Begriff, und doch macht Alles Eins aus. — Sie liebt sich selber und haftet ewig mit Augen und Herzen ohne Zahl an sich selbst. Sie hat sich auseinandergesetzt, um sich selbst zu genießen. — Sie spritzt ihre Geschöpfe aus dem Nichts hervor und sagt ihnen nicht, woher sie kommen und wohin sie gehen. Sie sollen nur laufen; die Bahn kennt sie. — Sie hüllt den Menschen in Dumpfheit ein und spornt ihn ewig zum Lichte. — Sie hat keine Sprache noch Rede, aber sie schafft Zungen und Herzen, durch die sie fühlt und spricht. — Ihre Krone ist die Liebe. Nur durch sie kommt man ihr nahe. — Durch ein paar Züge aus dem Becher der Liebe hält sie für ein Leben voll Mühe schadlos. — Sie ist Alles. Sie belohnt sich selbst, erfreut und quält sich selbst. Sie ist rauh und gelinde, lieblich und schrecklich, kraftlos und allgewaltig. Alles ist immer da in ihr. Vergangenheit und Zukunft kennt sie nicht. Gegenwart ist ihr Ewigkeit. Sie ist gütig. Ich preise sie mit allen ihren Werken. Sie ist weise und still. — Sie hat mich hereingestellt, sie wird mich auch herausführen. Ich vertraue mich ihr. Sie mag mit mir schalten. Sie wird ihr Werk nicht hassen. Ich sprach nicht von ihr. Nein, was wahr ist und was falsch ist, Alles hat sie gesprochen. Alles ist ihre Schuld, Alles ihr Verdienst." Das unbekannte Allerzeugende wird auch hier als ein Unpersönliches und doch zugleich als ein Persönliches, dießmal also gemäß dem Geschlechte des Worts Natur als ein geheimnißvolles Weib behandelt, wiederum ein schöner logischer Widerspruch und besonders ächt Göthisch. Keinem Verständigen braucht übrigens gesagt zu werden, daß Göthe hier und sonst, wenn er mit Andacht von der Natur spricht, nicht das meint, was wir gemeinhin Natur nennen, sondern das Ganze, das Reich der Beseelung miteingeschlossen. Nun aber ist von der großen Lücke zu sprechen, die in jenem Bekenntniß und in diesen Aphorismen klafft. Wenn das Göttliche nicht neben und außer, sondern nur in der Welt und alles Leben ist, so werden doch in dieser seiner Wirklichkeit große Stufen zu unterscheiden, je werthvoller eine Daseinskraft, als desto intensivere Gegenwart des ewig Einen wird sie zu betrachten sein; das Bekenntniß nennt zwei Stufen: Natur und Menschenseele als die fühlende; als fühlend wirkt die Seele selbst noch in Naturform, erst als denkend und wollend ist sie wahrhaft Geist, und der Geist wird doch als solcher eine so viel vollere Existenzform des Göttlichen sein, als „das Herz." Der Wille als sittliches Wollen ist Handeln und soll Selbstbezwingung sein, wenn die Seele, das Herz, die Liebe mit Pflichten in Collision tritt. Göttlich ist die Natur, göttlich die fühlende Seele, göttlicher der klar handelnde und klar resignirende

Geist. Fausts Pantheismus ist Natur- und Gefühls-Pantheismus, also Pantheismus mit Auslassung der so viel höheren und reineren Daseinsform des Göttlichen, worin es als sittliches Leben, als Negation des bloßen Naturlebens der Seele wirkt. Würde Faust diesen, den ethischen Pantheismus bekennen, so müßte er auf der Stelle sich von Gretchen trennen, denn er ahnt ja doch, daß er sie verderben wird, da von Bindung keine Rede sein kann.

Hat der Dichter davon Einsicht, oder gibt er in Fausts Bekenntniß sein eigenes? Offenbar zunächst das Letztere; man sieht, er trägt eine Lieblings-Ansicht vor und die Aphorismen von der Natur bestätigen es. Göthe liebte das Universum vom Standpunct des Naturbegriffs zu betrachten, wie es dem Genie, dem Glückskinde der Natur ganz natürlich ist. Allein man vergesse nicht, er läßt ja seinen Faust in tiefe Schuld rennen; daß es der Faust mit solcher Religions-Ansicht ist, der Gretchen so unglücklich macht, der so schuldig und dadurch selbst so unglücklich wird, muß ihm doch vorgeschwebt haben, wenn er auch gewiß nicht sagen will, Faust werde durch solche Religions-Ansicht so schuldhaft. Gewiß nicht deutlich bewußt war er sich der hieraus folgenden Consequenz, die wir uns nun so ausdrücken können: Faust muß seinen Religionsbegriff erst ausfüllen, wie wir oben gesehen haben, daß er seinen Freiheitsbegriff ausfüllen muß. Doch in der Ahnung, wie gesagt, wird dieß dem Dichter sicherlich gedämmert haben. Man darf bei Naturen, wie Göthe, nur nicht meinen, ihr Betrachten schließe aus, was es nicht deutlich einschließt. Göthe, dieser Naturandächtige, hat ja auf stilleren Wegen als sein Faust doch selbst Resignation gelernt; der Verfasser der Aphorismen „die Natur" hat ja doch ein andermal gedichtet:

> Von der Gewalt, die alle Wesen bindet,
> Befreit der Mensch sich, der sich überwindet.

Die Gewißheit dieses Vorschwebens ergibt sich in unsrer Scene auch aus der Haltung Gretchens. Daß sie in ihrem Glauben ganz sicher bleibt und Fausts entzückte Worte einen nur sehr mäßigen Eindruck auf sie machen, dieß will ja nicht blos sagen, daß sie eben fest im Kinderglauben ihrer Kirche wurzelt. Dieser Kinderglauben hat einen Vorzug vor Fausts Glauben. Er legt seinem Gott die Eigenschaft der Heiligkeit bei. Die Personification abgezogen heißt dieß: das Urwesen ist nicht blos Natur, sondern in höherer Potenz Sittengesetz. Das kann sich Gretchen gewißlich nicht mit Bewußtsein so sagen, aber der Dichter läßt uns die Ahnung dieser Wahrheit als den wahren Grund ihrer Sicherheit ahnen. Daß sie jedoch diese Wahrheit nur in so helldunkler Form besitzt, ist ein Theil ihrer Blindheit und durch diese Blindheit, welche ihre Anmuth, aber auch ihre Schwäche ist, kommt sie doch zu Fall, obwohl sie einen strengeren Gott verehrt; Faust wird schuldig im Zusammenhang damit, daß seiner Religion ein wesentliches Stück Inhalt fehlt, nämlich die Verehrung des Göttlichen im Sittengesetz, Gretchen kommt zu Fall im Zusammenhang damit, daß die Form ihres zwar inhaltsvolleren Glaubens eine blinde ist und einen Theil ihrer Blindheit überhaupt bildet.

Es ist wieder eine der höchst genialen Wendungen, daß in demselben Gespräche Gretchen zuletzt ihr Grauen vor Mephi=

stopheles ausspricht. Und wie! kann das richtige Tastgefühl einer lauteren Seele den unbedingten Egoismus und jenen Verstand, der jedes Band zwischen Wesen und Wesen durchschneidet, ahnungsvoller charakterisiren? Man erkennt nicht die Tiefe der Stelle, wenn man nicht auch hier in Mephistopheles die Ansammlung verbreiteter Menschenzüge erfaßt und an jene Gesichter denkt, denen man ansieht, daß es da kein Sichhineinversetzen in andere Wesen, kein Eingehen gibt, wohl aber ein stetes Zucken der Mundwinkel über Alles im Menschen, woran noch Natur ist. Es ist aber auch die bevorstehende Treulosigkeit Fausts, was Gretchen in Mephistopheles verkörpert herausfühlt, und so ist das Hochgestimmte und das Anmuthige, rührend Naive der Scene auf einen Hintergrund von banger Schwüle gesetzt. Die eine von Fausts Antworten: „es muß auch solche Käuze geben" gehört wieder zu den Stellen, deren Bedeutung weit über den nächsten Sinn hinaus ins Allgemeine geht, sie führt geradezu auf den Inhalt des Prologs zurück: das Böse ein Ferment, ohne das keine Bewegung in der Geschichte wäre. Dort konnte es scheinen, als sei dieß ein gefährlicher Satz, auf den sich der Verbrecher berufen könnte. Allein diese Bedeutung hat ja das Böse nur für den Ueberschauenden, der es im Großen als einen Reiz und Hebel, vor Allem als die Schein-Macht erkennt, die dadurch, daß sie bekämpft sein will, das Gute schafft; wer mitten in den Kämpfen des Lebens stehend es auf seinem Wege findet, handelt sehr verkehrt, wenn er auf den Satz von der Unentbehrlichkeit des Bösen in der Weltordnung gestützt es im einzelnen Fall zulassen, ja thun zu dürfen glaubt; er läßt ja dann den Hauptgrund dieser Entbehrlichkeit weg, nämlich eben den, daß

es zur Bekämpfung herausfordert, daß also an seiner Selbst=
zerstörung arbeitet, wer ihm verfällt. Faust ist jetzt zu schwach,
dieser Einsicht zu folgen, aber daß sie ihm nicht fern ist, beweist
sein nachheriger Ausruf: „du ahnungsvoller Engel du!"

Nun sehe man zu, wie der Farbencontrast des hellen Lichts
und schwülen Grundes in dieser Scene noch gesteigert wird! —
Nicht durch Gretchens Zusage an sich. Es scheint nur für einen
Augenblick tiefe Ironie, ein ironischer Abfall von der Höhe in
die Tiefe, daß gerade an das Religionsgespräch diese Gewährung
sich knüpft; ein richtiges Gefühl besinnt sich augenblicklich, daß
dadurch das reine Licht des Anfangs nicht verdunkelt wird, son=
dern umgekehrt von ihm eine ideale Beleuchtung auf diese völlige
Hingabe herüberfällt. Sie fließt ja aus demselben Gefühl, mit
welchem Gretchen um Fausts Seelenwohl so rein und innig sich
kümmert. Gretchen ist natürlich nicht in dem Sinn unschuldig,
daß sie nicht wüßte, allein es gibt in ihr keine getrennte Sinn=
lichkeit; nur mit dem ganzen Herzen gibt sie die ganze Person
darein. Ihre Hingabe ist also rein; wäre eine solche an sich un=
rein, so könnte ja überhaupt keine Sanctionirung sie rein machen.
Und wären alle Menschen so gut wie Gretchen, so wären sie auch
treu und dann bedürfte es nicht der bürgerlichen und kirchlichen
Gesetze, um sie für's Leben zu verbinden. Aber freilich so sind eben
die Menschen zum größeren Theile nicht, daher hat ein Institut ge=
gründet werden müssen, das zwischen der Hingebung des Herzens
und der ganzen Person eine Marke setzt, einen starken Strich zieht.
Gretchen glaubt aber, die Menschen seien so gut wie sie, die Ah=
nung, die sich ihr an Mephistopheles knüpft, ist dunkel und unbewußt,
sie vertraut dem Geliebten; nicht unschöne Sinnlichkeit, sondern

ihr Vertrauen, also rührende Blindheit ist es, was sie stürzt. Anders freilich verhält es sich mit dem Schlummertrank für die Mutter. Der Moment, wo sie zur Anwendung dieses Mittels beredet wird, ist höchst unheimlich. Ihr Gewissen muß ihr sagen, daß ein Eingriff in das physische Leben der von der Natur ihr gestellten Wächterin der Sitte ein Verbrechen ist. Sie läßt sich das Gewissen mit der Beröstung beschwichtigen, der Trank könne nicht schaden. Allein auch bloßes Betäuben ist schuldvoller Eingriff und überdieß kann Niemand wissen, ob es nicht doch die schlimmste Folge für Gesundheit und Leben haben wird; es gibt Zufälle — ein Zuviel aus Versehen — vielleicht auch ein Zuoft — und diese Zufälle müßten ja doch auf ihre Verantwortung kommen.\*) Göthe hat durch den reinen Schluß=Accord ihrer letzten Worte dafür gesorgt, daß auch dieser schwere Schatten noch unter die vom Lichtkern ihrer Seele ausgehende Beleuchtung gefaßt wird ("Seh ich dich, bester Mann — übrig bleibt"). Wie viel schuldvoller steht Faust da! Er, der es so viel besser wissen kann, er, der Handelnde! Doch auch auf diese ungleich größere Schuld soll noch ein mildernder Strahl fallen. Es ist ein Meisterzug, daß Göthe zuletzt noch den Mephistopheles einführt, der gelauscht hat und zuerst über die Katechisation seinen Spott ergießt, wodurch noch das herzliche Wort hervorgerufen wird, womit Faust sich der Reinheit der Seele seiner Geliebten annimmt: "Du Ungeheuer siehst nicht ein, daß diese treue liebe Seele — verloren halten soll." So wird zum Schluß — und dieß

---

\* Meine früheren Einwendungen gegen die Rolle, die hier dem Zufall überlassen ist (A. Kr. G. 2, 174), waren sehr unrichtig.

ist der Farben=Contrast, von dem ich sprach, — aller starke Schatten auf den ersten, höllischen Verführer hinausgeworfen. Auch auf ihn freilich nicht so, daß nicht ein Schimmer von Durchsichtigkeit übrig bliebe; denn der Humor ist auch hier nicht vergessen: Mephistopheles kann es anhören, wenn man übel von ihm spricht, und über sich selbst lachen: „sie fühlt, daß ich ganz sicher ein Genie, vielleicht wohl gar der Teufel bin;" jedoch ganz und nur unheimlich ist sein letztes Wort: „hab' ich doch meine Freude dran." Dieß ist das rechte Punctum auf die Scene, hiedurch erst kreuzt sich ihr Himmelslicht mit höllischem Schwefelschein, der sich in ein trübes Helldunkel voll Ahnung des tragischen Endes verliert. Die Scene ist ein volles Kunst= werk im Kunstwerk. — Gleich in der nächsten (am Brunnen) bestätigt sich die düstere Ahnung und bricht dann Schlag um Schlag das Gewitter herein.

### Die letzten Scenen des ersten Theils.

Es bleibt von den Scenen, die sich durch untrennbar ge= einigten Werth der philosophischen Tiefe und der poetischen Voll= kraft auszeichnen, noch jener Wechsel wüthenden Vorwurfs und tödtlich schneidender Antwort zwischen Faust und Mephistopheles übrig: „Trüber Tag, Feld." Dieser Auftritt mußte nothwendig schon in der Besprechung des Prologs beigezogen werden. Schon dort ist gesagt, daß der Teufel diesmal nicht blos Verstand, sondern Vernunft predigt, und dieß zunächst an der ersten seiner Antworten gezeigt, die nur teuflisch kalter Hohn scheint: „es ist die erste nicht." Die zweite lautet:

„Nun sind wir schon wieder an der Grenze unseres Witzes, wo euch Menschen der Sinn überschnappt. Warum machst du Gemeinschaft mit uns, wenn du sie nicht durchführen kannst? Willst fliegen und bist vor'm Schwindel nicht sicher? Drangen wir uns dir auf oder du dich uns?"

Faust hat die Hölle eigentlich doch aufgesucht. Es war damals, als er so heftig wünschte, fliegen zu können, und die Geister in der Luft beschwor, ihm Flügel zu leihen. Die Hölle hat sich dann allerdings sehr bereitwillig an seine Fersen geheftet. Es gehört nun aber dieses Wort eigentlich zu denjenigen, die im Grunde zu einer Aufhebung der Illusion führen. Der Mensch ist überall von Reizen der Verführung umgeben und ihnen entspricht der Stachel, den er in seiner eigenen Natur trägt. Ob er widersteht oder fällt, das liegt schließlich doch an ihm selbst; die Schuld ist seine Schuld, er kann sie nicht abwälzen. Hiemit ist der Teufel eigentlich rein überflüssig, er ist eine Personification der Reize zum Bösen; wir sind wieder an einer der Stellen, wo wir die Kühnheit des Spiels mit dem poetischen Schein zu bewundern haben; der Mephistopheles, der sich für überflüssig erklärt, steht so leibhaft vor uns, wir sehen ihn grinsen, wir empören uns gegen ihn und müssen ihm doch Recht geben — also ganz ein wirkliches Wesen und doch keines: wie eigen packt und bewegt dieses tief dringende Zwielicht den täuschungslosen und doch getäuschten Leser!

„Willst fliegen und bist vor'm Schwindel nicht sicher:" die

Worte bestätigen ganz unsere Erklärung des Fliegenwollens auf dem Spaziergang vor dem Thor: es rege sich darin der Wunsch, durch's Leben zu jagen, ohne sich an Verhältnisse und Pflichten zu binden, die aus den gegebenen Situationen erwachsen. Es geht dieß als Faden durch; in dem „losgebunden, frei" des Mephistopheles haben wir den Faden wieder gefunden. Wer dieß durchführen will, muß aber auch kein Gewissen haben: „warum machst du Gemeinschaft mit uns, wenn du sie nicht durchführen kannst?" Also wieder der höllische Schluß aus einem richtigen Obersatz; die logische Folgerung hieße: also wolle nicht mehr fliegen; Mephistopheles schließt (stillschweigend): also werde ganz gewissenlos, gleichgültig gegen die Folgen deiner Verbrechen, bereue niemals! Es kann freilich in dem Bund mit Mephistopheles, den jeder Mensch abschließt, — er ist ja, wie wir längst gefunden haben, nichts Anderes, als der Schritt ins Leben, das sich Einlassen mit der Welt — ohne Schuld nicht abgehen, auch wenn auf das „Fliegen" verzichtet wäre. Sie bringt Reue. Unfruchtbare Reue soll nicht genährt werden; „deine einzige Reue sei eine bessere That" ist doch ein wahres, ein weises Wort von Jean Paul, ein Wort der ächten Ethik. Hinter dem höllischen Schlusse, Faust solle sich gegen die Reue verhärten, schwebt also noch eine zweite Wahrheit, verzerrt sich in ihm zu einer Unwahrheit. Sie heißt: versenke dich nicht, wenn du gefehlt, krankhaft in die Wirbel der Reue, nimm nicht, wie Orestes, „das Amt der Furien auf dich," ein „Dampf vom Acheron" umgibt die öde Reue, die „als ewige Betrachtung des Geschehenen verwirrend um das Haupt des Schuldigen sich umherwälzt"; strebe rüstig weiter, handle, wirke! Entnimmt sich

Faust dieß aus der teuflischen Rede, so hat er wiederum von Mephistopheles gelernt. Die folgenden Worte: „Greifst du nach dem Donner — Luft zu machen" sind von der einleuchtendsten Vernunftwahrheit. Mephistopheles kennt gründlich das Menschen= herz. Den Unwillen, den wir für unsere Fehler uns selbst schuldig sind, auf Andere werfen, die uns die Augen der Selbst= erkenntniß öffnen wollen, oder die unserer Leidenschaft im Wege stehen, das ist die Erleichterung, die wir lieben. Jeder möchte gern hexen können, wenn er so recht wild ist auf unbequeme Einredner, Hindernisse und auf fatale Folgen seiner Leidenschaft; es stünde traurig um die Weltordnung, wenn er dann des Donnerkeils sich bemächtigen könnte. Klinger hat in seinem Faust dieses Thema als Hauptmotiv der Handlung aufgenommen.

Bei der Contract=Scene haben wir uns mit dem vorüber= gehenden Rollenwechsel zwischen Faust und Mephistopheles be= schäftigt, der von Schiller so richtig beobachtet ist, und haben damals auf diese drittletzte Scene als eine Hauptstelle vorwärts gewiesen. Dabei war die Frage, ob Mephistopheles gegen seinen Zweck handelt, wenn er die Vernunft gegen Faust in Schutz nimmt, und verstärkt kehrt nun dieselbe wieder. Allein sie be= antwortet sich auch hier ohne Schwierigkeit. Mephistopheles hat auch in diesem Augenblick nicht zu besorgen, seine Vernunftpredigt könnte eine heilsame Nachwirkung üben, denn Faust kann jetzt an nichts denken, als an Gretchens Rettung. Hilft er ihm dazu, so kann er hoffen, die Abwehr der schlimmsten äußeren Folge seiner Schuld werde zu seiner Abstumpfung ein gutes Stück bei= tragen. Von Faust selbst kann man natürlich nicht sagen, daß er in diesem Gespräche ethisch gegen Mephistopheles reagire, da müßte er mehr Selbsterkenntniß zeigen, aber versunken ist er doch nicht, dieß zeigt ja sein Feuereifer, die Arme zu retten. Nicht nur dieß; in Gretchens Kerker eintretend ruft er aus: „der Menschheit ganzer Jammer faßt mich an!" Es ist ihm also geworden, der Menschheit Wohl und Weh auf seinen Busen zu häufen; aber es ist auch noch der Faust, der in seinem Weh das der Menschheit, im individuellen das der Gattung sieht; sein Auffassen bewegt sich also noch im Großen und Weiten, ist noch fähig, im einzelnen, eigenen Fall das allgemeine Menschenloos zu sehen und zu empfinden, sein Denken und Fühlen hat sich nicht verengt, er stagnirt nicht, sein Geist ist noch elastisch und somit wird sich Mephistopheles getäuscht, die Wahrheitspredigt, die stärkste, die der Erzlügner ihm gehalten, wird nachwirkende Strahlen in seine Seele gesenkt haben, die Saamenkörner von Vernunft, die der höllische Sämann neben Blüthenstaub von Giftpflanzen ausgestreut hat, werden doch auf gutes Land gefallen sein und Frucht tragen.

Die Scene: Nacht, offen Feld ist in ihrer traumartigen Genialität schon gewürdigt gegen den Schluß des ersten Abschnitts und ebendort auch die Kerkerscene in ihrem unvergleichlichen tragischen Werthe, freilich nur mit der gedrängten Kürze besprochen, die der Umfang der vorliegenden Aufgabe bedingt. Es bleibt noch übrig, auf den rapiden Ablauf in ihrem Schluß aufmerksam zu machen. Mit der Schnelle des Blitzes rollen sich die Schicksale ab. Sein Strahl beleuchtet mit reinem Lichte die Gestalt Gretchens, die von Faust sich scheidet, aus Fall und Schuld sich hoch aufrichtet und verklärt schon emporzuschweben scheint; grell zeichnet er die Umrisse der dämonisch dunkeln Erscheinung des zur Eile treibenden Mephistopheles, die wie aus dem Abgrund plötzlich aufsteigt; ein zweifelhafter Halbschatten fällt auf den schwerverschuldeten Mann, der vergeblich die Folge seines Verbrechens gut machen wollte und nun seine gefahrvolle Bahn mit dem höllischen Begleiter aufs Neue antreten wird. „Du sollst leben!" ruft er Margareten zu; er verspricht ihr ein Leben, das der innere Tod wäre, denn wie könnte sie mit gesunder Seele an der Seite des Mannes wandeln, der das ihr angethan und ihr den Bruder erstochen hat! Ebenso und noch viel schärfer dreht sich der Sinn der Worte, die Mephistopheles ruft, in das Gegentheil um: „Komm! komm! ich lasse dich mit ihr im Stich!" Als ob es nicht Rettung wäre, von ihm im Stich gelassen werden! Seine Worte sind die Ironie ihrer selbst. Gretchen übergibt sich dem Gerichte Gottes, dem Schirme der himmlischen Schaaren, ihr graut vor dem Geliebten. „Sie ist gerichtet!": von Menschen, vor Menschen; eine Engelstimme von oben bezeugt, daß sie gerettet ist. Das „Her zu mir!" womit Mephistopheles nun den Faust gewaltsam an sich reißt, ist ein neuer Ton aus seinem Munde; er ist immer behaglich gewesen, humoristisch, der Zorn gegen den Pfaffen war halb Spaß, wenn er Hohnworte sprach, that er es ganz ruhig; jetzt zum erstenmal brüllt das höllische Raubthier aus ihm; der Spaß wird Ernst. Um so tiefer besorgt fragen wir: was soll aus Faust werden? Die Stimme von innen, verhallend: „Heinrich! Heinrich!" ist Margaretens Stimme, sie ist in die innere Zelle zurückgetreten. Der Nachruf macht die harte Rede gut: „mir graut's vor dir;" nicht ganz ist die Liebe todt, sie regt sich als Mitleid und Sorge um das Schicksal des Freundes. Nimmt die Liebe noch an ihm

Theil: es ist auch die unsrige, sie begleitet ihn auf seinem schweren Pfade ins ungewisse Loos. Die mitleidig bange Stimme des armen Mädchens im Schauspiel erweitert sich so zur Stimme eines außerhalb befindlichen, doch unsichtbar anwesenden Chorus unzähliger Stimmen aus theilnehmenden Menschenherzen; das „von innen" behält ganz seine buchstäbliche Bedeutung und doch darf durch eine ungesuchte Ideen-Gesellung uns vorschweben, daß solche Theilnahme aus dem tief erschütterten Innersten dieser Herzen kommt. Und das Verhallen wird ebenso unbeschadet seiner einfachen nächsten Bedeutung zu einem Symbole all der bangen Fragen, mit denen wir in die weite Ferne, die lange Bahn ausblicken, auf welche Faust nun hinzieht. Bang und doch auch getröstet, denn ist der Schuldvolle noch werth, daß Gretchen und unsere Liebe an ihm Theil nimmt, so wird er ja nicht verloren sein. Wir vergessen auch nicht, daß hilfreiche Kräfte im Universum walten; es ist ausbedungen, daß der Himmel kein Wunder für Faust thun soll, es bedarf aber dessen auch nicht, er wird auf seiner Irrfahrt auch Freundschaft und Liebe noch finden, wird nicht mit Mephistopheles allein sein, die Menschheit hat auch Schätze des Geistes aufgehäuft, hat gesellige Ordnungen gegründet, Heilungsquellen werden ihm daraus fließen, Stützen werden ihm daraus erwachsen. So wird es zur wunderlosen Wahrheit werden, was die Engel am Schlusse des zweiten Theils singen: „und hat an ihm die Liebe gar von oben theilgenommen." Auch dieser versöhnende Gedanke klingt neben dem bangen Ton der verhallenden Stimme ganz von selbst an, auch diese Aussicht öffnet sich und knüpft so die letzte Scene des ersten

Theils mit magischem Faden an den großen, freien Inhalt des Prologs im Himmel.

Hier schließen wir. Nichts darf uns mehr verführen, noch einmal auf den zweiten Theil einzugehen. Er fällt, nach dem poetischen Werthe betrachtet, neben Scenen wie diese letzte, welcher die Geschichte des Drama's eine größere nicht zur Seite zu stellen hat, ganz in's Bodenlose. Der Eindruck ihrer wunderbaren Gewalt soll unversehrt bleiben und ebenso der Eindruck jener anderen Stellen und Scenen, von deren Betrachtung wir herkommen. Nicht in allen haben wir die gleiche ahnungsvolle Einheit von Gedankentiefe und Vollkraft der Anschauung gefunden, einzelne mußten wir dem geweckten Nachtwandler zuschreiben, der zu philosophiren versuchte, aber wo wir jene Einheit fanden, da durften wir mit dem Gefühle verweilen, daß hier Vollkommenes erreicht sei. Unsere übrige Kritik mußte, so wenig sie je vergaß, nach welchen ungewöhnlichen Maaßstäben ein solches Werk zu beurtheilen ist, Manches auch am ersten Theil, ja auf gewissen Puncten sehr herb aussetzen. Was tief ist und genial auch am zweiten, dem hat sie volle Gerechtigkeit widerfahren lassen. Ein Torso steht vor uns, den eine späte Hand zu ergänzen versucht hat; sie scheint dem ersten Meister ganz fremd; sieht man genauer hin, so wachsen aus der heterogenen Zuthat einzelne große Motive und Formen hervor, an denen die Identität mit dem Urheber sich erkennen läßt; dieß kann nicht genügen, den Eindruck des Vollendeten zu schaffen. Dante's großes Epos, ein Weltgedicht wie Göthe's Faust, ist vollendet, aber zu seiner Vollendung hat neben der Tiefe und Universalität des Geistes und der Großheit der Phantasie scholastische Gebundenheit des Vorstellens und des Geschmacks von vornherein mitgewirkt und pünctlich auszzirkelnd ein rundes Ganzes zu Stande gebracht. Göthe's Faust, noch in ganz anderem Sinn ein Weltgedicht, weltfrei, ein stürmendes Drama, den alten Himmel stürmend, der auch Dante's Himmel war, und zugleich gegen veralteten classischen Geschmack mit genialen Stößen und Würfen vorstürmend, hat in seinem zweiten Theile gegen seine innerste Natur den Himmel Dante's wieder herabgeholt und mit dem gothischen Zirkel des Florentiners sich abgerundet; wir denken uns diese Art von Vollendung lieber hinweg und kehren, vom Ende zum Anfang umlenkend, zu unserem Motto, zu Fausts eigenem Worte zurück:

> O, daß dem Menschen nichts Vollkommnes wird,
> Empfind' ich nun!

www.ingramcontent.com/pod-product-compliance
Lightning Source LLC
Chambersburg PA
CBHW030400230426
43664CB00007BB/674